Die Haftung der GmbH-Gesellschafter wegen Existenzvernichtung

Europäische Hochschulschriften
Publications Universitaires Européennes
European University Studies

Reihe II
Rechtswissenschaft

Série II Series II
Droit
Law

Bd./Vol. 4123

PETER LANG
Frankfurt am Main · Berlin · Bern · Bruxelles · New York · Oxford · Wien

Axel Wahl

Die Haftung der GmbH-Gesellschafter wegen Existenzvernichtung

Verletzung der Vermögensbindung in der GmbH

PETER LANG
Europäischer Verlag der Wissenschaften

Bibliografische Information Der Deutschen Bibliothek
Die Deutsche Bibliothek verzeichnet diese Publikation in der Deutschen Nationalbibliografie; detaillierte bibliografische Daten sind im Internet über <http://dnb.ddb.de> abrufbar.

Zugl.: Köln, Univ., 2004

D 38
ISSN 0531-7312
ISBN 3-631-53657-7

www.peterlang.de

Meinen Eltern

Vorwort

Für die Anfertigung einer Dissertation sind ohne Zweifel viele Umstände von Bedeutung. Unter ihnen beansprucht die Person des Betreuers die herausragende Position. Umso glücklicher durfte ich mich schätzen, mit Prof. Dr. Barbara Grunewald eine Betreuerin gefunden zu haben, die mir jederzeit bei der Bewältigung von Problemen zur Seite stand. Dabei erschöpfte sich ihre Unterstützung nicht in der Betreuung vorliegender Dissertation. Darüber hinaus erleichterte auch die angebotene Stelle als wissenschaftlicher Mitarbeiter am Lehrstuhl für Bürgerliches Recht und Wirtschaftsrecht an der Universität zu Köln die Erstellung der Arbeit. Zu großem Dank verpflichtet bin ich zudem Prof. Dr. Ulrich Ehricke, LL.M. (London), M.A. für die überaus zügige Erstellung der Zweitkorrektur und die sehr flexible Gestaltung des Termins der mündlichen Prüfung. Ferner möchte ich mich bedanken bei allen Angestellten des Lehrstuhls für Bürgerliches Recht und Wirtschaftsrecht sowie des Instituts für Anwaltsrechts an der Universität zu Köln für eine schöne Zeit.
Gewidmet ist die vorliegende Arbeit meinen Eltern, als unzureichender Dank für die von ihnen gewährte Unterstützung in jeglicher Lebenslage.

New York, September 2004
Axel Wahl

Inhaltsverzeichnis

1. Kapitel: Einleitung

A. Problemstellung

Die GmbH ist die von deutschen Unternehmen am häufigsten gewählte Gesellschaftsform[1]. Grund dafür ist die durch diese Rechtsform eröffnete Möglichkeit, das Risiko der unternehmerischen Tätigkeit auf das Gesellschaftsvermögen zu begrenzen. Das Privatvermögen der Gesellschafter ist vor dem Zugriff der Gesellschaftsgläubiger geschützt. Diese Zielsetzung ist legitim und begegnet solange auch keinen Bedenken, als sich das Gesellschafter- und das Gläubigerinteresse an einer erfolgreichen Geschäftstätigkeit der Gesellschaft decken. Zu einem Auseinanderfallen dieses Interessensgleichlaufs kann es kommen, sofern die Gesellschafter die GmbH zu Gunsten anderer Gesellschaften benachteiligen, oder in einer wirtschaftlichen Krise der GmbH Vermögen entziehen. Führen diese Verhaltensweisen zur Insolvenz der Gesellschaft, so stehen der Vorteilsziehung der Gesellschafter in aller Regel Ausfälle der Gesellschaftsgläubiger mit ihren Forderungen gegenüber. Die Unbilligkeit dieses Ergebnisses liegt auf der Hand, so dass sich die Frage nach Ansprüchen der Gläubiger oder der GmbH stellt, welche einen Ausgleich für den erlittenen Nachteil gewähren.

In Bezug auf Verhaltensweisen der Gesellschafter, welche eine Insolvenz der Gesellschaft zur Folge haben, erweist sich das gesetzliche Haftungssystem als defizitär. Um der so genannten „Konzerngefahr", also der Benachteiligung im Interesse anderer Gesellschaften zu begegnen, hatte der BGH in mehreren Entscheidungen die Rechtsfigur des qualifiziert faktischen Konzerns entwickelt[2]. Aufgrund dogmatischer Unstimmigkeiten hat er dieses Haftungskonzept jedoch aufgegeben[3]. Das war auch vor dem Hintergrund zu begrüßen, dass nunmehr der Weg frei war für die Herausbildung einer einheitlichen Haftung für Eingriffe in konzernierte und in unverbundene Gesellschaften. In BGHZ 149, S. 10 – „Bremer Vulkan" benannte der BGH in einem obiter dictum „bestandsvernichtende Eingriffe" als haftungsauslösende Verhaltensweisen einer solchen Rechtsfigur. Der BGH begnügte sich in dieser Entscheidung mit wenigen kryptischen Äußerungen hinsichtlich der Herleitung und den Voraussetzungen dieses neuen Haftungstatbestandes. In der Literatur setzte daraufhin eine breit geführte Diskussion ein, auf welche dogmatische Grundlage die alsbald unter dem Schlagwort „Existenzvernichtungshaftung" bekannte Rechts-

---

[1] 2002 wurden 91031 GmbH angemeldet. Von den übrigen Gesellschaftsformen war die Gesellschaft bürgerlichen Rechts mit 36331 Anmeldungen die Beliebteste. Quelle: Statistisches Jahrbuch 2003, S. 134. Ende 2002 bestanden rund 950000 GmbH, vgl. *Kornblum*, GmbHR 2003, S. 1157, 1172.

[2] BGHZ 95, S. 330 – „Autokran"; 107, S. 7 – „Tiefbau"; 115, S. 187 – „Video".

[3] Eine Abkehr von der Strukturhaftung des qualifiziert faktischen Konzerns lag bereits in der Entscheidung BGHZ 122, S. 123 – „TBB", wenngleich dies zunächst bezweifelt wurde. Die ausdrückliche Aufgabe der Haftungsfigur folgte in BGHZ 149, S. 10 – „Bremer Vulkan".

figur zurückzuführen sei[4]. In zwei Folgeentscheidungen[5] präzisierte der BGH sein Haftungskonzept. Ausgangspunkt ist die Bindung des Gesellschaftsvermögens zur vorrangigen Befriedigung der Gläubiger als Voraussetzung der Inanspruchnahme des Haftungsprivilegs. Tragen die Gesellschafter diesem Postulat nicht Rechnung, sondern entziehen der GmbH Vermögen, welches diese zur Bedienung ihrer Verbindlichkeiten benötigt, können die Gesellschaftsgläubiger ihren dadurch entstandenen Schaden unmittelbar von den Gesellschaftern ersetzt verlangen. Eine Berufung auf das Haftungsprivileg ist den Gesellschaftern verwehrt.

B. Zielsetzung und Gang der Untersuchung

Ziel der vorliegenden Arbeit ist es, den Haftungstatbestand der „Existenzvernichtung", seine Rechtsfolgen und die mit ihm verbundenen Probleme darzustellen bzw. einer Lösung zuzuführen. Die Erfüllung dieser Zielsetzung macht zunächst die Entwicklung einer dogmatischen Grundlage für die Haftung erforderlich. Denn die Begründung der Haftung wirkt sich auf die einzelnen Tatbestandsmerkmale aus und führt zu unterschiedlichen Problemstellungen. Die Herleitung der Haftung ist Inhalt des zweiten Kapitals. Es umfasst die Feststellung einer planwidrigen Regelungslücke als Voraussetzung für die Entwicklung einer Haftung wegen „Existenzvernichtung" sowie die Herausarbeitung der dogmatischen Grundlage dieser Haftung. Anhand der gewonnenen Ergebnisse werden im dritten Kapitel der Tatbestand, die Rechtsfolgen und die Regeln für die Geltendmachung des Haftungstatbestandes entwickelt. Anschließend wird dargelegt, für welche Fallkonstellationen die Haftung einschlägig ist. Das fünfte Kapitel behandelt die Frage nach den Folgen der Anerkennung dieser Haftungsfigur für eine Haftung aufgrund materieller Unterkapitalisierung sowie ihre Bedeutung im Lichte der EuGH-Rechtsprechung zur Behandlung EU-ausländischer Gesellschaften mit Sitz in Deutschland[6]. Den Abschluss bildet eine Zusammenfassung der gefundenen Ergebnisse.

---

[4] Siehe nur *Röhricht*, FS 50 Jahre BGH, S. 83; *Ulmer*, ZIP 2001, S. 2021; *K. Schmidt*, NJW 2001, S. 3577; *Altmeppen*, ZIP 2002, S. 1553; *ders.*, ZIP 2002, S. 961; *ders.*, NJW 2002, S. 321; *ders.*, ZIP 2001, S. 1837.

[5] BGHZ 150, S. 61 – „L. Kosmetik"; 151, S. 181 – „KBV".

[6] EuGH v. 30.9.2003 – RS. C-167/01 – „Inspire Art"

2. Kapitel: Dogmatische Herleitung einer „Haftung für existenzvernichtende Eingriffe“

A. Erfordernis einer „Gesellschafterhaftung wegen existenzvernichtender Eingriffe“

Eine Haftung der GmbH-Gesellschafter aufgrund existenzvernichtender Eingriffe ist gesetzlich nicht geregelt. Die Herausbildung nicht normierter Rechtsinstitute ist als Rechtsfindung praeter legem abhängig von einer planwidrigen Unvollständigkeit des Gesetzes bezüglich der in Frage stehenden Sachverhalte[7]. Ob eine derartige Regelungslücke besteht, ist zu beurteilen anhand der Konzeption des Gesetzes in Bezug auf die betreffenden Fallgestaltungen. Zur Feststellung einer Regelungslücke hinsichtlich existenzvernichtender Eingriffe soll zunächst die Haftung der GmbH-Gesellschafter nach dem GmbHG und dem allgemeinen zivilrechtlichen Haftungssystem dargestellt werden. Daran anschließend wird der Frage nachgegangen, inwieweit diese Regelungen zur angemessenen Bewältigung der Problematik existenzvernichtender Eingriffe geeignet sind. In einem letzten Schritt ist dann festzustellen, ob diese Lücke planwidrig ist, also weder vom Gesetzgeber gebilligt wurde, noch durch die Konzeption der Gesellschafterhaftung zwingend vorgegeben ist.

I. Einwirkungsmöglichkeiten der Gesellschafter auf die GmbH

Eine unmittelbare Möglichkeit, auf die Geschäftsführung der GmbH einzuwirken, kommt den Gesellschaftern qua Gesetz nur in den in § 46 GmbHG niedergelegten Fällen zu. Grundsätzlich sind Geschäftsführung und Vertretung der Gesellschaft Aufgaben der Geschäftsführer. Allerdings sind die Geschäftsführer den Weisungen der Gesellschafter unterworfen, § 37 Abs. 1 GmbHG. Das Weisungsrecht der Gesellschafter schließt unumstritten auch die Erteilung für die GmbH nachteiliger Weisungen ein[8]. Nur unwirksame Gesellschafterbeschlüsse haben die Geschäftsführer nicht zu befolgen[9]. Insbesondere Beschlüsse, die einen Verstoß gegen das Auszahlungsverbot beinhalten, sind unwirksam. Das Gleiche gilt für Weisungen, die eine Existenzvernichtung der GmbH auf andere Weise als durch Liquidation nach den §§ 65ff. GmbHG bewirken[10].

---

7 *Larenz*, Methodenlehre der Rechtswissenschaft, S. 372ff.; *Canaris*, Die Feststellung von Lücken im Gesetz, S. 16ff.; *Bydlinski*, Juristische Methodenlehre und Rechtsbegriff, S. 472ff.; *Klug*, FS Nipperdey, S. 71.

8 Vgl. die in Fn. 10 Genannten, sowie *Röhricht*, FS 50 Jahre BGH, S. 83, 92.

9 Vgl. nur Rowedder/Schmidt-Leithoff/*Koppensteiner*, GmbHG, § 43 Rdn. 33; Baumbach/Hueck/*Zöllner*, GmbHG, § 43 Rdn. 29; Münch.Hdb.GesR.III/*Marsch-Barner/Diekmann*, § 46 Rdn. 33; *Grunewald*, GesR, 2. F. Rdn. 54, S. 334f.

10 Für eine Unwirksamkeit bei Notwendigkeit der Geschäftsführerhaftung zur Befriedigung der Gläubiger: Lutter/Hommelhoff/*Hommelhoff/Kleindiek*, GmbHG, § 43 Rdn. 23; *Lutter*, GmbHR 2000, S. 301, 311; Hachenburg/*Mertens*, GmbHG, § 43 Rdn. 92. Rowedder/Schmidt-Leithoff/*Koppensteiner*, GmbHG § 43 Rdn. 32, 40. Eine Suspendierung von der Pflicht zur Befolgung von Weisungen bei existenzvernichtender Wirkung nehmen an: Scholz/*Schneider*, GmbHG, § 43 Rdn. 98; *Fleck*, ZHR 149 (1985), S. 387, 408;

Daraus folgt, dass die Gesellschafter nach der gesetzlichen Regelung keine Möglichkeit haben, die Geschäftsführer durch die Erteilung von Weisungen zu existenzvernichtenden Maßnahmen zu veranlassen. Faktisch sind die Geschäftsführer jedoch einem starken Druck ausgesetzt, den Weisungen der Gesellschafter Folge zu leisten[11]. Denn nach § 46 Nr. 5 GmbHG unterliegt die Bestellung und die Abberufung der Geschäftsführer der Bestimmung der Gesellschafter. Und nach § 38 Abs. 1 GmbHG ist die Bestellung der Geschäftsführer zu jeder Zeit widerruflich[12]. Geschäftsführer, die sich den Weisungen der Gesellschafter widersetzen, müssen mithin eine Kündigung ihres Anstellungsvertrages befürchten. Die daraus resultierende Abhängigkeit der Geschäftsführer von den Gesellschaftern führt häufig dazu, dass diese auch nicht bindende Weisungen ausführen. De facto haben die Gesellschafter damit doch die Möglichkeit, existenzvernichtende Eingriffe in die GmbH zu veranlassen.
Bei Vorhandensein einer Gesellschafterminderheit mit abweichendem Willen wird ein ausreichender Gläubigerschutz über eine Haftung der handelnden Gesellschafter wegen Verletzung ihrer Treupflicht erreicht[13]. Die Notwendigkeit einer Haftung der Gesellschafter für existenzvernichtende Eingriffe kann sich daher nur in Konstellationen ohne dissentierende Gesellschafterminderheiten ergeben. Zwingend existent ist diese Konstellation in der Einmann-GmbH. Da mit steigender Zahl von Gesellschaftern auch die Wahrscheinlichkeit dissentierender Gesellschafter zunimmt, käme einer derartigen Haftung Bedeutung insbesondere in Gesellschaften mit kleinem Gesellschafterkreis zu. In derartigen Gesellschaften ist es durchaus üblich, dass die Gesellschafter zugleich Geschäftsführer der GmbH sind. Dann haben die Gesellschafter aber ohnehin die Möglichkeit, nachteilig auf die GmbH einzuwirken. Auch wenn sie die fragliche Handlung dann aus ihrer Position als Geschäftsführer ausführen, stellt sich dennoch die Frage, ob sie gegebenenfalls neben der Geschäftsführerhaftung gegenüber der GmbH noch eine Haftung in ihrer Eigenschaft als Gesellschafter trifft. Denn Handlungen, welche zu einer Existenzvernichtung der GmbH führen können, fallen nicht mehr in die Befugnis der Geschäftsführer zur Geschäftsführung und Vertretung, sondern in die Kompetenz der Gesellschafterversammlung. Da eine Haftung für existenzvernichtende Eingriffe lediglich notwendig ist, wenn die Gesellschafter einvernehmlich handeln, müssen sich die Gesellschafter einig gewesen sein, die Handlung vorzunehmen. Dann erscheint es aber als möglich, sie wegen dieser Einigung haften zu lassen, welche erst die Notwendigkeit einer Haftung wegen Existenzvernichtung begründet.

Roth/*Altmeppen*, GmbHG, § 43 Rdn. 92ff.; *Lutter/Banerjea*, ZIP 2003, S. 2177, 2178; *Ebert*, GmbHR 2003, S. 444, 446; *Gieseke*, GmbHR 1996, S. 486, 490f.

11 Darauf verweist auch *Doralt*, VGR (2002), Bericht über die Diskussion der Referate Burgard und Vetter, S. 109, 111.

12 Auf die Möglichkeiten „mittelbarer Einflussnahmen" aufgrund dieser Vorschriften weist auch *Sotiropoulos*, Kredite, S. 65 hin.

13 S.u., 2. Kapitel B I 1, S. 46f.

II. Gesetzliche Konzeption des Gläubigerschutzes in der GmbH

Im Gegensatz zu den Personengesellschaften, bei denen zumindest ein Gesellschafter für die Gesellschaftsschulden unbeschränkt persönlich haftet, bestimmt § 13 Abs. 2 GmbHG, dass für die Verbindlichkeiten der GmbH nur das Gesellschaftsvermögen haftet. Die Gläubiger einer GmbH sind deshalb an einer ausreichenden Kapitalausstattung der Gesellschaft interessiert, damit diese ihren Verbindlichkeiten nachkommen kann. Nach § 5 Abs. 1 GmbHG ist eine GmbH bei ihrer Gründung mit einem Stammkapital von mindestens 25.000 € zu versehen, welches an die Gesellschafter nicht ausgezahlt werden darf, § 30 GmbHG. Als Hauptinstrumente des Gläubigerschutzes in der GmbH sind die Regelungen bezüglich Aufbringung und Erhaltung dieses Stammkapitals zwingend[14]. Zur Vermeidung seines Leerlaufens ist der Gläubigerschutz damit der Disposition der Gesellschafter entzogen. Die Rechtsfolgen einer Missachtung der Vorschriften über die Kapitalaufbringung können vorliegend außer Betracht bleiben, in Rede stehen Eingriffe in die bestehende GmbH, keine Handlungsweisen bei deren Gründung. Auch die Geltung der Vorschriften über die Kapitalaufbringung im Rahmen einer Kapitalerhöhung erfordert nicht ihre Behandlung. Behandelt werden sollen Handlungen, welche eine Begünstigung der Gesellschafter zu Lasten der Gesellschaftsgläubiger zur Folgen haben. Da eine Kapitalerhöhung, auch wenn sie unter Missachtung der Kapitalaufbringungsvorschriften erfolgt, keinen Nachteil für die Gläubiger bedeutet, braucht sie vorliegend nicht behandelt werden. Zahlungen, die entgegen den Vorschriften der Kapitalerhaltung geleistet werden, sind der Gesellschaft zu erstatten, § 31 GmbHG.
Dieser „mittelbare Gläubigerschutz"[15] über die Zuweisung der Ansprüche aufgrund Verletzung der Kapitalerhaltungsvorschriften an die GmbH wird ergänzt durch eine unmittelbare Außenhaftung der Gesellschafter im Falle der Verletzung allgemeiner deliktsrechtlicher Vorschriften. Von Bedeutung sind in diesem Zusammenhang insbesondere die §§ 826, 823 Abs. 2 BGB[16]. Auch die Vorschriften des Anfechtungsgesetzes bzw. der Insolvenzanfechtung sind Regelungen, die einen Schutz der Gesellschaftsgläubiger vor einer Verringerung des Gesellschaftsvermögens durch die Gesellschafter bewirken können.

1. Kapitalerhaltung

Nach § 30 GmbHG darf das zur Erhaltung des Stammkapitals erforderliche Vermögen der Gesellschaft nicht an die Gesellschafter ausgezahlt werden. Ob durch die fragliche Handlung das Stammkapital angegriffen wird, ist nach h.M. grundsätzlich mittels einer auf den Zeitpunkt der Auszahlung fortzuschreiben-

---

[14] Rowedder/Schmidt-Leithoff/*Pentz*, GmbHG, § 30 Rdn. 1; Baumbach/*Hueck/Fastrich*, GmbHG, § 5 Rdn. 1; Hachenburg/*Goerdeler/Müller*, GmbHG, § 30 Rdn. 2; *K. Schmidt*, GesR § 33 V 1, S. 994.

[15] BGH BB 1990, S. 802, 806; Hachenburg/*Goerdeler/Müller*, GmbHG, § 30 Rdn. 16; *Wilhelmi*, DZWIR 2003, S. 45, 54.

[16] S.u., 2. Kapitel A II 5, S. 9f.

den Jahresbilanz zu ermitteln[17]. Eine Beeinträchtigung des Stammkapitals liegt demnach bei Hervorrufen einer Unterbilanz vor, d.h. soweit die Aktiva der Gesellschaft abzüglich der Passiva infolge der Auszahlung nicht das Stammkapital decken[18]. Das gleiche gilt für die Verursachung einer Überschuldung, also einer Situation, in welcher der Wert der Aktiva unter dem Wert der Passiva liegt[19]. Aus dem der Norm zugrunde liegendem Gläubigerschutzgedanken folgt, dass § 30 GmbHG auch bei Auszahlungen, die im Zustand der Unterbilanz oder Überschuldung erfolgen, greift[20]. Denn auch in diesem Fall ist der geleistete Vermögensteil erforderlich, um das Stammkapital zu decken, auch wenn seine Rückzahlung allein dazu nicht ausreicht. Abweichend von der bilanziellen Betrachtung soll nach einer neueren Entscheidung des BGH eine Kreditgewährung an einen Gesellschafter auch dann unter § 30 GmbHG fallen können, wenn der Rückzahlungsanspruch vollwertig ist[21].
Der Begriff der Auszahlung umfasst dabei Leistungen aller Art, denen keine gleichwertige Gegenleistung gegenübersteht[22], und die causa societatis, d.h.

---

17 BGHZ 106, S. 7, 12; 109, S. 334, 337ff.; BGH NJW 1988, S. 139; Baumbach/*Hueck/Fastrich*, GmbHG, § 30 Rdn. 5f.; *Lutter/Hommelhoff*, GmbHG, § 30 Rdn. 14; Scholz/*H. P. Westermann*, GmbHG, § 30 Rdn. 13; Hachenburg/*Goerdeler/Müller*, § 30 Rdn. 29; Roth/*Altmeppen*, GmbHG, § 30 Rdn. 8ff.; *K. Schmidt*, GesR § 37 III 1 d), S. 1135; *Fleck*, FS GmbHG, 1992, S. 391, 394; *Sieker*, ZGR 1995, S. 250, 259.

18 Scholz/*H. P. Westermann*, GmbHG, § 30 Rdn. 13; *Lutter/Hommelhoff*, GmbHG, § 30 Rdn. 2a; Baumbach/*Hueck/Fastrich*, GmbHG, § 30 Rdn. 5.

19 BGH NJW 1990, S. 1730, 1731f.; Roth/*Altmeppen*, GmbHG, § 30 Rdn. 17; Scholz/*H. P. Westermann*, GmbHG, § 30 Rdn. 18; Baumbach/*Hueck/Fastrich*, GmbHG, § 30 Rdn. 9; Roth/*Altmeppen*, GmbHG, § 30 Rdn. 17.

20 BGH NJW 1990, S. 1730, 1732; Scholz/*H. P. Westermann*, GmbHG, § 30 Rdn. 18; *Lutter/Hommelhoff*, GmbHG, § 30 Rdn. 13; *K. Schmidt*, GesR, § 37 III 1 d), S. 1135; Baumbach/*Hueck/Fastrich*, GmbHG, § 30 Rdn. 9; Roth/*Altmeppen*, GmbHG, § 30 Rdn. 17; *Joost*, GmbHR 1983, S. 285, 287.

21 BGH, Urteil vom 24. 11. 2003 – II ZR 171/01 = NJW 2004, S. 1111. In einem solchen Fall liegt bilanzrechtlich betrachtet ein bloßer Aktivtausch vor, der das Vermögen der GmbH nicht beeinträchtigt. Der zweite Zivilsenat begründet seine Auffassung mit der Erwägung, Vermögensschutz erschöpfe sich nicht in der Garantie einer bilanzmäßigen Rechnungsziffer, sondern gebiete die Erhaltung einer die Stammkapitalziffer deckenden Haftungsmasse. Der Austausch liquider Haftungsmasse gegen eine zeitlich hinausgeschobene Forderung verschlechtere die Vermögenslage der Gesellschaft und die Befriedigungsaussichten der Gläubiger. Auch könne unter Berücksichtigung der Möglichkeit der Umgehung des Stundungsverbots die Gewährung eines Darlehens nicht gebilligt werden. Verbotene Auszahlungen könnten andernfalls als Darlehen verschleiert werden. Zuvor bereits in diesem Sinne: *Stimpel*, FS GmbHG, S. 335, 349, 352; *Schön*, ZHR 159 (1995), S. 351, 362. A.A.: RGZ 150, S. 28, 34ff.; Baumbach/*Hueck/Fastrich*, GmbHG, § 30 Rdn. 16; Scholz/*Westermann*, GmbHG, § 30 Rdn. 25; Rowedder/Schmidt-Leithoff/*Pentz*, GmbHG, § 30 Rdn. 34; *K. Schmidt*, GesR, § 37 III 1 c), S. 1134. Vergleiche zu diesem Themenkomplex unten, 3. Kapitel A I 2, S. 103ff.

22 *Lutter/Hommelhoff*, GmbHG, § 30 Rdn. 8; Rowedder/Schmidt-Leithoff/*Pentz*, GmbHG, § 30 Rdn. 30. Daraus folgt zugleich, dass der steuerrechtliche Begriff der „verdeckten Gewinnausschüttung" in diesem Kontext unerheblich ist, denn eine solche Ausschüttung setzt ebenfalls eine Leistung causa societatis ohne entsprechendes Äquivalent voraus. Für einen Anspruch aus §§ 30, 31 GmbHG ist es aber unerheblich, ob die Auszahlung offen oder verdeckt erfolgt, vgl. auch BGHZ 136, S. 125, 127, *Fleck*, FS GmbHG, 1992, S. 391,

aufgrund des Mitgliedschaftsverhältnisses erfolgen[23]. Sanktionsnorm für gegen das Verbot des § 30 GmbHG verstoßende Zahlungen ist § 31 Abs. 1 GmbHG. Danach sind derartige Leistungen der Gesellschaft zurückzugewähren. Ein Erlass des Anspruches seitens der Gesellschaft scheidet nach § 31 Abs. 4 GmbHG aus. Mittlerweile wird überwiegend anerkannt, dass auch die Beschränkungen des § 19 Abs. 2 GmbHG, namentlich der Ausschluss von Aufrechnung und Zurückbehaltungsrechten, auf den Anspruch aus § 31 GmbHG analog anzuwenden sind[24]. Auf diese Weise soll sichergestellt werden, dass das zur Gläubigersicherung vorgesehene Vermögen auch tatsächlich in der Gesellschaft verbleibt.

2. Organpflichten in der insolventen GmbH

§ 64 GmbHG soll dem Gläubigerschutz durch Aufrechterhaltung der Haftungsmasse Rechnung tragen[25]. Zu diesem Zweck statuiert Absatz 1 die Pflicht der Geschäftsführer, bei Insolvenzreife der GmbH die Eröffnung eines Insolvenzverfahrens zu beantragen. Absatz 2 regelt die Erstattung von Zahlungen, die in diesem Zustand geleistet wurden, und die mit der Sorgfalt eines ordentlichen Kaufmanns nicht vereinbar sind.

a) § 64 Abs. 1 GmbHG

Indem § 64 Abs. 1 GmbHG eine Insolvenzantragspflicht der Geschäftsführer bei Zahlungsunfähigkeit oder Überschuldung der Gesellschaft normiert, soll die weitere Teilnahme derartiger Gesellschaften am Rechtsverkehr verhindert werden. Eine Schmälerung der Haftungsmasse[26] durch die Fortsetzung der Geschäftstätigkeit und die damit einhergehende Schädigung von Gläubigern soll verhindert werden[27]. § 64 Abs. 1 GmbHG ist nach allgemeiner Ansicht ein

---

400; *Stimpel*, FS GmbHG, 1992, S. 335, 341; Michalski/*Heidinger*, GmbHG, § 30 Rdn. 93f.

23 Hachenburg/*Goerdeler/Müller*, GmbHG, § 30 Rdn. 59; Scholz/*H. P.* Westermann, GmbHG, § 30 Rdn. 19. Auch Zuwendungen an Dritte, wie z.B. Strohmänner bzw. mit einem Gesellschafter wirtschaftlich verbundene Personen können wie Auszahlungen an Gesellschafter behandelt werden. Maßgebend ist, dass die Leistung causa societatis erfolgt, vgl. nur *K. Schmidt*, GesR § 37 III 1 e), S. 1136f.; Scholz/*H. P. Westermann*, GmbHG, Rdn. 28.

24 BGHZ 146, S. 105, 107f.; *Ulmer*, FS GmbHG, 1992, S. 363, 380ff.; Lutter/*Hommelhoff*, GmbHG, § 31 Rdn. 24. A.A. Baumbach/*Hueck/Fastrich*; GmbHG, § 31 Rdn. 18; Hachenburg/*Goerdeler/Müller*, GmbHG, § 31 Rdn. 59.

25 Baumbach/Hueck/*Schulze-Osterloh*, GmbHG, § 64 Rdn. 1; Michalski/*Nerlich*, GmbHG, § 64 Rdn. 9; *K. Schmidt*, GesR, § 36 II 5 b) aa), S. 1083f. Inwieweit daneben auch der Schutz des Geschäftsverkehrs durch die Fernhaltung insolvenzreifer GmbH vom Markt bezweckt ist, kann hier dahinstehen.

26 BHGZ 100, S. 19, 23f.; Scholz/*K. Schmidt*, GmbHG, § 64 Rdn. 10; *ders.*, GesR, § 36 II 5 b) aa), S. 1084; Michalski/*Nerlich*, GmbHG, § 64 Rdn. 9.

27 BGHZ 126, S. 181, 194; Hachenburg/*Ulmer*, GmbHG, § 64 Rdn. 1.

Schutzgesetz zugunsten der Gläubiger i.S.v. § 823 Abs. 2 BGB[28]. Im Falle eines Verstoßes gegen diese Vorschrift haben die Gläubiger damit die Möglichkeit, unmittelbar gegen die Geschäftsführer vorzugehen.
Der Begriff der Zahlungsunfähigkeit ist in § 17 Abs. 2 S. 1 InsO legal definiert. Danach ist ein Schuldner zahlungsunfähig, der nicht in der Lage ist, die fälligen Zahlungsverpflichtungen zu erfüllen. Das ist gemäß § 17 Abs. 2 S. 2 InsO der Fall, wenn der Schuldner seine Zahlungen eingestellt hat. Für juristische Personen gilt neben der Zahlungsunfähigkeit der Insolvenzeröffnungsgrund der Überschuldung. Eine juristische Person ist überschuldet, wenn ihr Vermögen die bestehenden Verbindlichkeiten nicht mehr deckt, § 19 Abs. 2 S. 1 InsO. Bei der Bewertung des Vermögens des Schuldners sind dabei nach § 19 Abs. 2 S. 2 InsO Fortführungswerte anzusetzen, wenn eine Fortführung des Unternehmens überwiegend wahrscheinlich ist. Ist eine Fortführung nicht wahrscheinlich, ist die Überschuldungsbilanz im Umkehrschluss basierend auf Liquidationswerten zu erstellen[29]. Der drohenden Zahlungsunfähigkeit, § 18 InsO, kommt zur Verhinderung gläubigerschädigenden Verhaltens keine praktische Bedeutung zu, da dieser Tatbestand nur bei einem Antrag seitens der Schuldner Eröffnungsgrund ist[30].

b) § 64 Abs. 2 GmbHG

Die Haftung der Geschäftsführer für Zahlungen, die nach Eintritt der Zahlungsunfähigkeit oder der Feststellung der Überschuldung der Gesellschaft geleistet werden, § 64 Abs. 2 GmbHG, ist als Innenhaftung konzipiert. Eine Haftung scheidet nach § 64 Abs. 2 S. 2 GmbHG aus, wenn die Zahlungen mit der Sorgfalt eines ordentlichen Geschäftsmanns vereinbar sind.

3. Anfechtungsregeln

Rechtshandlungen, die auf eine Benachteiligung der Gläubiger abzielen, sind bei Kenntnis des anderen Teils von der Benachteiligungsabsicht anfechtbar. Nach Eröffnung des Insolvenzverfahrens regelt dies § 133 Abs. 1 InsO, außerhalb der Insolvenz greift die entsprechende Vorschrift des § 3 Abs. 1 AnfG. Rechtsfolge einer erfolgreichen Anfechtung ist die Pflicht zur Rückgewähr des anfechtbar Erlangten, § 142 Abs. 1 S. 1 InsO bzw. § 3 Abs. 1 S. 1 AnfG. Über den Verweis des jeweiligen Satzes 2 der Normen in das Bereicherungsrecht

---

28 BGHZ 29, S. 100, 102ff.; 75, S. 96, 106; 100, S. 19, 21; 126, S. 181, 190; 138, S. 211, 214; Scholz/*K. Schmidt*, GmbHG, § 64 Rdn. 37; Baumbach/Hueck/*Schulze-Osterloh*, GmbHG, § 64 Rdn. 82; Rowedder/*Schmidt-Leithoff*, GmbHG, § 64 Rdn. 38; Hachenburg/*Ulmer*, GmbHG, § 64 Rdn. 47ff.; MünchKomm/*Mertens*, BGB, § 823 Rdn. 195. A.A. *Altmeppen/Wilhelm*, NJW 1999, S. 673, 679; *Altmeppen*, ZIP 2001, S. 2201, 2204ff..

29 Siehe zur Entwicklung des Tatbestandes der Überschuldung insbesondere Scholz/*K. Schmidt*, GmbHG, vor § 64 Rdn. 16ff.; MünchKommInsO/*Drukarcyk/Schüler*, § 19 Rdn. 84ff.

30 Kritisch gegenüber der Konzeption des § 18 InsO als Antragsrecht des Schuldners schon vor seiner Kodifizierung: *K. Schmidt*, Wege zum Insolvenzrecht, S. 45f.

sind gegebenenfalls auch die Surrogate zurückzugewähren bzw. die gezogenen oder schuldhaft nicht gezogenen Nutzungen herauszugeben.

4. Geschäftsführerhaftung nach § 43 GmbHG

Nach § 43 Abs. 2 GmbHG haften die Geschäftsführer, welche ihre Obliegenheiten verletzen, der Gesellschaft auf Ersatz des entstandenen Schadens. Nach § 43 Abs. 3 S. 3 GmbHG wird diese Verpflichtung nicht durch die Befolgung eines Beschlusses der Gesellschafter aufgehoben, soweit dessen Ausführung gegen die Kapitalerhaltungsregeln verstoßen würde und der Ersatz zur Befriedigung der Gläubiger der Gesellschaft erforderlich ist. Aus einem Umkehrschluss hierzu ergibt sich, dass die Geschäftsführer grundsätzlich von der Haftung nach Absatz 2 befreit sind, soweit sie in Befolgung eines Gesellschafterbeschlusses gehandelt haben[31]. Diese Regelung trägt der Pflicht der Geschäftsführer zur Befolgung von Gesellschafterweisungen Rechnung[32]. Daraus folgt, dass der Gesellschafter-Geschäftsführer einer Einmann-GmbH grundsätzlich von der Haftung freigestellt ist[33]. Für existenzvernichtende Eingriffe kann der Geschäftsführer allerdings keine Haftungsfreistellung in Anspruch nehmen, da darauf abzielende Weisungen unwirksam sind[34].

5. Deliktsrecht

Handlungen der Gesellschafter sind auch nach dem allgemeinen Deliktsrecht zu bewerten. Eine Haftung aus § 823 Abs. 1 BGB scheidet dabei allerdings in der Regel aus, denn den Gläubigern droht lediglich ein Ausfall ihrer Forderungen, somit ein Vermögensschaden[35], der von § 823 Abs. 1 BGB nicht erfasst wird. Existenzvernichtende Eingriffe der Gesellschafter können jedoch Schadensersatzansprüche der Gläubiger wegen vorsätzlicher sittenwidriger Schädigung i.S.v. § 826 BGB[36] oder aus § 823 Abs. 2 BGB i.V.m. Schutzgesetzen[37] nach sich ziehen. Diese Ansprüche können von den geschädigten Gläubigern selbst geltend gemacht werden, und sind nicht auf Leistung an die Gesellschaft, sondern direkt an die Gläubiger gerichtet.

---

[31] Allgemeine Ansicht, vgl. BGHZ 122, S. 333, 336; Scholz/*Schneider*, GmbHG, § 43 Rdn. 95; Lutter/Hommelhoff/*Hommelhoff/Kleindiek*, GmbHG, § 43 Rdn. 22; *Lutter/Banerjea*, ZIP 2003, S. 2177; Baumbach/Hueck/*Zöllner*, GmbHG, § 43 Rdn. 28.

[32] BGHZ 119, S. 257, 260; Scholz/*Schneider*, GmbHG, § 43 Rdn. 95; Lutter/Hommelhoff/*Hommelhoff/Kleindiek*, GmbHG, § 43 Rdn. 22.

[33] Scholz/*Schneider*, GmbHG, § 43 Rdn. 108; Lutter/Hommelhoff/*Hommelhoff/Kleindiek*, GmbHG, § 43 Rdn. 22; Baumbach/Hueck/*Zöllner*, GmbHG, § 43 Rdn. 28; Michalski/*Haas*, GmbHG, § 43 Rdn. 179.

[34] S.o., Fn. 10.

[35] *Westermann*, NZG 2002, S. 1129, 1134.

[36] Vgl. BGHZ 107, S. 7, 22 – „Tiefbau"; 151, S. 181, 183ff. – „KBV"; *Röhricht*, FS 50 Jahre BGH, S. 83, 97; *Ulmer*, JZ 2002, S. 1049, 1052.

[37] Als einschlägige Schutzgesetze kommen neben § 64 Abs. 1 GmbHG z.B. § 263 StGB; § 265b StGB, § 266 StGB, § 82 Abs. 2 Nr. 2 GmbHG; § 41 GmbHG, §§ 283, 283b StGB in Betracht, vgl. Scholz/*K. Schmidt*, GmbHG, § 64 Rdn. 59ff.

III. Schwächen der gesetzlichen Konzeption

Zur Feststellung einer Regelungslücke ist der relevante Normenkomplex daraufhin zu untersuchen, ob bestimmte Sachverhalte nicht erfasst werden. Entscheidend ist damit, ob die oben[38] dargestellten Regelungen eine angemessene Behandlung der fraglichen Verhaltensweisen ermöglichen.

1. Kapitalerhaltung

Im Zentrum der Haftungsverfassung der GmbH stehen die Vorschriften der Kapitalerhaltung[39]. Die Auslegung der unterschiedlichen Tatbestandsmerkmale der §§ 30, 31 GmbHG ist umstritten, zur Beantwortung der Frage nach dem Umfang des Schutzes jedoch essentiell. Im Folgenden wird daher die Reichweite der einzelnen Tatbestandsvoraussetzungen festgestellt und die Schwäche der gefundenen Ergebnisse dargetan.

a) Der Begriff der Auszahlung

§ 30 GmbHG verbietet die Auszahlung des zur Erhaltung des Stammkapitals erforderlichen Vermögens. Auszahlung ist jede Verringerung des Gesellschaftsvermögens[40]. Ob eine bestimmte Maßnahme zu einer Schmälerung des Gesellschaftsvermögens geführt hat, hängt damit zusammen, auf welche Weise man den Begriff „Vermögen" i.S.v. § 30 GmbHG definiert.

aa) Erfordernis der Bilanzwirksamkeit

Nach bisher h.M. ist für die Feststellung einer Auszahlung eine bilanzielle Betrachtungsweise maßgebend[41]. Das bedeutet, Maßnahmen ohne Bilanzwirksamkeit führen nicht zum Vorliegen einer Auszahlung.
Einer anderen Ansicht zufolge[42] ist für die Beurteilung einer Schmälerung des Stammkapitals auf das objektiv tatsächliche Brutto- bzw. Aktivvermögen der Gesellschaft abzustellen. Denn das Bilanzvermögen sei in Bezug auf das tat-

---

[38] S.o., 2. Kapitel A II, S. 5ff.

[39] *K. Schmidt*, GesR, § 37 I 2, S. 1111.

[40] BGHZ 31, S. 258, 276; 122, S. 333, 337f.; *Rowedder*/Schmidt-Leithoff, GmbHG, § 30 Rdn. 30; Hachenburg/*Goerdeler/Müller*, GmbHG, § 30 Rdn. 56; Baumbach/*Hueck/Fastrich*, GmbHG, § 30 Rdn. 12; *Lutter/Hommelhoff*, GmbHG, § 30 Rdn. 8; Michalski/*Heidinger*, GmbHG, § 30 Rdn. 34; *Fleck*, FS GmbHG, S. 391, 399; *Goette*, DStR, 1997, S. 1495, 1498.

[41] BGHZ 106, S. 7, 12; 109, S. 334, 337ff.; BGH NJW 1988, S. 139; Baumbach/*Hueck/Fastrich*, GmbHG, § 30 Rdn. 5f.; *Lutter/Hommelhoff*, GmbHG, § 30 Rdn. 14; Scholz/*H. P. Westermann*, GmbHG, § 30 Rdn. 13f.; Hachenburg/*Goerdeler/Müller*, § 30 Rdn. 29; Roth/*Altmeppen*, GmbHG, § 30 Rdn. 8ff.; *Fleck*, FS GmbHG, S. 391, 394; *Stimpel*, FS GmbHG, 1992, S. 335, 337; *K. Schmidt*, GesR III 1 d), S. 1135; *Sieker*, ZGR 1995, S. 250, 259.

[42] *Schön*, ZHR 159 (1995), S. 351, 359; *Wilhelmi*, Der Grundsatz der Kapitalerhaltung im System des GmbH – Rechts, 2001, S. 102ff.; *ders.*, DZWIR 2003, S. 45, 53; *Mülbert*, ZGR 1995, S. 578, 593f.

sächliche vorhandene Vermögen nur begrenzt aussagekräftig[43]. Vor dem Hintergrund einer teleologischen Auslegung des § 30 GmbHG sei aber das tatsächliche Vermögen der GmbH entscheidend. § 30 GmbHG bezwecke nicht die Garantie der bilanzmäßigen Rechnungsziffer, sondern die Erhaltung bzw. Nichtbeeinträchtigung einer die Schulden der Gesellschaft deckenden Haftungsmasse[44]. Dem stehe nicht entgegen, dass das Vermögen nur wertmäßig geschützt sei, nicht gegenständlich. Denn letztendlich erfolge die Erfüllung der Gesellschaftsverbindlichkeiten mittels des tatsächlichen Vermögens[45]. § 42 Abs. 1 GmbHG, der für den Jahresabschluss den Ausweis des Stammkapitals in der Bilanz nach den §§ 242, 264 HGB als gezeichnetes Kapital bestimmt, enthalte keine Definition des Stammkapitals, sondern regele lediglich seine Bilanzierung[46]. Der Vorteil dieser Auffassung liegt in ihrer größeren Reichweite bei der Erfassung von negativen Eingriffen in die Gesellschaft. So könnten anhand einer –wenn auch unter Umständen komplizierten– Bewertung aller Vermögenspositionen der GmbH auch solche Eingriffe sanktioniert werden, die zwar zu schwerwiegenden Folgen für die GmbH führen, jedoch keine Bilanzwirksamkeit entfalten, wie z.B. der Entzug von Mitarbeitern oder Geschäftsfeldern[47].

Letzterer Ansicht ist darin zuzustimmen, dass § 42 Abs. 1 GmbHG keine Definition des Stammkapitals enthält. Allerdings muss diese Feststellung nicht dazu führen, die Verweisung völlig außer Acht zu lassen. Vielmehr folgt aus § 42 Abs. 1 GmbHG, dass eine Auszahlung i.S.v. § 30 GmbHG nur die Beeinträchtigung der bilanziellen Deckung des Bilanzpostens „Gezeichnetes Kapital" sein kann[48]. So ist in der nach den §§ 242, 264 HGB aufzustellenden Bilanz das Stammkapital nach § 266 Abs. 3 A I HGB auszuweisen. Dann aber ist für die Feststellung eines Eingriffs in das Stammkapital zumindest eine bereits bestehende Unterbilanz erforderlich.

Dagegen wird eingewandt, das gezeichnete Kapital in der Bilanz sei abgeleitet aus dem Stammkapital, welches nach den §§ 5, 19 GmbHG der realen Kapitalaufbringung unterliege[49]. Nach diesem Prinzip stünde dem Stammkapital aber ein tatsächliches und kein bilanzielles Vermögen gegenüber, weshalb nur das tatsächliche Vermögen auch im Rahmen des § 30 GmbHG maßgebend sein könne. Dieser Befund werde noch verstärkt, wenn man bedenke, dass dem Bilanzrecht gegenüber dem Gesellschaftsrecht nur eine erklärende, nicht aber gestaltende Funktion zukomme[50]. Dem ist insofern zuzustimmen, dass die Regelungen bezüglich der realen Kapitalaufbringung im Gründungsstadium der Gesellschaft eine objektive tatsächliche Bewertung von Vermögensgegenständen erforderlich machen. Das muss jedoch nicht bedeuten, dass eine derartige

---

43 So *Freitag*, WM 2003, S. 805, 807.
44 *Schön*, ZHR 159 (1995), S. 351, 362.
45 *Wilhelmi*, Der Grundsatz der Kapitalerhaltung im System des GmbH – Rechts, S. 105f.
46 *Wilhelmi*, Der Grundsatz der Kapitalerhaltung im System des GmbH – Rechts, S. 107.
47 So *Wilhelmi*, DZWiR 2003, S. 45, 53.
48 *Stimpel*, FS 100 Jahre GmbHG, S. 335, 337.
49 *Wilhelmi*, Der Grundsatz der Kapitalerhaltung im System des GmbH – Rechts, S. 107f.
50 So auch *Schön*, ZHR 1995, S. 351, 359; *Joost*, GmbHR 1983, S. 285ff.

Behandlung auch bei der existierenden GmbH maßgebend ist. Aus dem Fehlen detaillierter Regelungen wie den §§ 5 Abs. 4; 7 Abs. 2 und 3; 8 Abs. 1 Nr. 4 und 5, Abs. 2; 9; 19 GmbHG in § 30 GmbHG lässt sich im Umkehrschluss vielmehr folgern, eine tatsächliche Betrachtungsweise solle hier gerade nicht Platz greifen.
Dem kann nicht entgegengehalten werden, die analoge Anwendung des § 19 Abs. 2 GmbHG im Rahmen des § 31 Abs. 4 GmbHG aufgrund des funktionalen Zusammenhanges zwischen Kapitalaufbringung und Kapitalerhaltung[51] würde eine tatsächliche Bewertung des Vermögens auch bei § 30 GmbHG erfordern. Denn anders als § 31 Abs. 4 GmbHG bietet § 30 GmbHG keinen Anhaltspunkt für eine derartige Wertung, da es gerade nicht um die Realisierung eines Anspruches der Gesellschaft geht sondern um die Verminderung ihres Vermögens. Die bilanzielle Auslegung kommt auch dem Interesse der Gesellschafter und Geschäftsführer an einer zuverlässigen Beantwortung der Frage, ob eine verbotene Auszahlung vorliegt, entgegen[52]. Denn Geschäftsführer und Gesellschafter müssen sich nach dieser Ansicht nur an die Bewertungsrichtlinien der Handelsbilanz halten, die ihnen geläufig sind. Zudem ist nicht ersichtlich, warum im Rahmen des § 30 GmbHG von einer bilanziellen Behandlung des Stammkapitals abgewichen werden soll, wie sie in § 42 Abs. 1 GmbHG vorgegeben wird. Auch der Rechtssicherheit wird dadurch Rechnung getragen, da eine Bewertung des tatsächlichen objektiven Vermögens mit großen Schwierigkeiten verbunden ist, wie das Beispiel des Entzugs eines Geschäftsfeldes mit ungewissen Geschäftschancen zeigt.
Für die Bewertung nach dem tatsächlichen Vermögen spricht somit zwar eine effektivere Sicherung der Gläubigerinteressen, allerdings ist ihr aus systematischen und praktischen Erwägungen nicht Folge zu leisten. Die Bestimmung des zur Erhaltung des Stammkapitals erforderlichen Vermögens ist demnach grundsätzlich an einer bilanziellen Betrachtungsweise auszurichten. Das Vorliegen einer Auszahlung i.S.v. § 30 GmbHG kann daher grundsätzlich nur im Falle der Bilanzwirksamkeit der fraglichen Handlung bejaht werden.

bb) Ausnahmen bei Unterbilanz

§ 30 GmbHG schützt das Stammkapital als Haftungsreserve zugunsten der Gläubiger. Solange ausreichend Haftungsmasse vorhanden ist, greift § 30 GmbHG nicht ein. Für die Beantwortung der Frage, ob ein Verstoß gegen das Gebot der Kapitalerhaltung in Betracht kommt, ist nach vorstehend Gesagtem allein eine bilanzielle Betrachtungsweise maßgebend[53]. Bilanzneutrale Maßnahmen bleiben demnach bei einer Prüfung der §§ 30, 31 GmbHG grundsätz-

---

[51] Für diese Analogie BGHZ 146, S. 105, 107f.; *Ulmer*, FS GmbHG, S. 363, 380ff.; *Lutter/Hommelhoff*, GmbHG, § 31 Rdn. 24. A.A. Baumbach/*Hueck/Fastrich*, GmbHG, § 31 Rdn. 18; Hachenburg/*Goerdeler/Müller*, GmbHG, § 31 Rdn. 59.

[52] *Stimpel*, FS GmbHG, S. 335, 337, 346.

[53] Auf die Maßgeblichkeit der bilanziellen Betrachtungsweise lediglich für die Frage, wann die Eingriffsschwelle des Auszahlungsverbotes greift, weist auch *Wessels*, ZIP 2004, S. 793, 794 hin.

lich außer Betracht, da sie nicht zum Entstehen einer Unterbilanz führen können. Liegt allerdings bereits eine Unterbilanz vor, stellt sich die Frage, inwieweit in diesem Stadium von einer bilanziellen Betrachtungsweise abgewichen werden kann.

(1) Auskehr stiller Reserven

Nach bilanzieller Betrachtungsweise liegt auch dann keine Auszahlung i.S.v. § 30 GmbHG vor, wenn die Gesellschaft im Zustand der Unterbilanz Gegenstände zum Buchwert an Gesellschafter veräußert, obwohl der Verkehrswert den Buchwert übersteigt[54]. Bilanziell betrachtet liegt –die Zahlungsfähigkeit des Gesellschafters unterstellt– ein ergebnisneutraler Aktivtausch vor[55]. Wirtschaftlich betrachtet werden der GmbH dadurch jedoch Reserven in Höhe des Differenzbetrages entzogen, die im Falle ihrer Aufdeckung oder Realisierung zu einer Auffüllung des Stammkapitals geführt hätten[56].

Die wohl überwiegende Meinung geht deswegen davon aus, dass eine derartige Auskehr stiller Reserven bei Bestehen einer Unterbilanz gegen § 30 GmbHG verstößt[57]. Dem ist zuzustimmen. Als Kehrseite der Haftungsbeschränkung verpflichtet § 30 GmbHG die Gesellschafter dazu, das Stammkapital als Haftungsreserve der Gläubiger nicht durch Auszahlungen zu schmälern. Dem widerspräche es aber, dürften die Gesellschafter das Gesellschaftsvermögen auch noch im Zustand der Unterbilanz real mindern. Die bilanzielle Betrachtungsweise verfolgt nicht den Zweck, den Gesellschaftern eine sanktionslose Schmälerung des Haftungsfonds zu ermöglichen, sondern soll neben der besseren Information der Geschäftsführer und Gesellschafter der Durchsetzung des Auszahlungsverbotes, mithin dem Schutz der GmbH dienen[58]. Diesem Zweck widerspräche es jedoch, wenn die bilanzielle Betrachtungsweise dazu führte, dass den Gesellschaftern stille Reserven ausgekehrt werden dürften. Die dermaßen begründete Abkehr von der Maßgeblichkeit der Bilanz erfasst jede Ausschüttung von Vermögensgegenständen unter ihrem Verkehrswert, insbe-

---

[54] Ohne Begründung unter Verweis auf die aus dem lediglich wertbezogenen Schutz des Gesellschaftsvermögens folgende Maßgeblichkeit der Bilanz BGH NJW 1988, S. 139. Nunmehr eine rein bilanzielle Betrachtungsweise ablehnend: BGH NJW 2004, S. 1111; *Hommelhoff*, FS Kellermann, S. 165, 166.

[55] Hachenburg/*Goerdeler/Müller*, GmbHG, § 30 Rdn. 41; Rowedder/Schmidt-Leithoff/*Pentz*, GmbHG, § 30 Rdn. 11.

[56] Hachenburg/*Goerdeler/Müller*, GmbHG, § 30 Rdn. 41; Rowedder/Schmidt-Leithoff/*Pentz*, GmbHG, § 30 Rdn. 11.

[57] BGHZ 60, S. 324, 331f.; Hachenburg/*Goerdeler/Müller*, GmbHG, § 30 Rdn. 41; Rowedder/Schmidt-Leithoff/*Pentz*, GmbHG, § 30 Rdn. 11; Baumbach/*Hueck/Fastrich*, GmbHG, § 30 Rdn. 12, Roth/*Altmeppen*, GmbHG, § 30 Rdn. 12, 77; *Stimpel*, FS GmbHG, S. 335, 340ff.; *Fleck*, FS GmbHG, 1992, S. 391, 400; Michalski/*Heidinger*, GmbHG, § 30 Rdn. 33; letztendlich auch Scholz/*H. P. Westermann*, GmbHG, § 30 Rdn. 16; *Lutter/Hommelhoff*, GmbHG, § 30 Rdn. 11. A.A.: *Hommelhoff*, FS Kellermann, S. 165, 166.

[58] Baumbach/*Hueck/Fastrich*, GmbHG, § 30 Rdn. 12; Michalski/*Heidinger*, GmbHG, § 30 Rdn. 33; Hachenburg/*Goerdeler/Müller*, GmbHG, § 30 Rdn. 42; Roth/*Altmeppen*, GmbHG, § 30 Rdn. 12, 77.

sondere auch solcher immaterieller Art, wie z.B. Patente oder Markenrechte[59]. Befindet sich eine GmbH also im Zustand der Unterbilanz, ist bei der Beurteilung der für § 30 GmbHG festzustellenden Minderung des Gesellschaftsvermögens nicht allein auf eine bilanzielle Sicht abzustellen. Entscheidend sind bei der Auskehr stiller Reserven vielmehr die objektiven bzw. tatsächlichen Werte der entzogenen Vermögensgegenstände. Anhand der Bilanz ist lediglich zu ermitteln von welchem Zeitpunkt an § 30 GmbHG greift[60].

(2) Vergabe von Darlehen

Auch die Vergabe von Darlehen stellt bei Solvenz des Darlehensempfängers aufgrund des daraus resultierenden Rückzahlungsanspruchs bilanziell einen neutralen Aktivtausch dar[61].

Zum Teil wird aus dem Fehlen einer bilanziellen Vermögensminderung gefolgert, die Vergabe eines Darlehens an die Gesellschafter stelle keine verbotene Auszahlung i.S.v. § 30 GmbHG dar, sofern die Verzinsung marktüblich sei[62]. Ein Absehen von der bilanziellen Betrachtungsweise führe zu einem von den Kapitalerhaltungsvorschriften gerade nicht intendierten Schutz des Gesellschaftsvermögens in seiner konkreten Zusammensetzung[63]. Außerdem könne eine Vergabe von Darlehen bei günstiger Verzinsung wirtschaftlich vorteilhaft für die GmbH sein, so dass auch aus Gründen des Gläubigerschutzes eine Erfassung von Darlehen nicht veranlasst sei[64].

---

[59] Michalski/*Heidinger*, GmbHG, § 30 Rdn. 33; Rowedder/Schmidt-Leithoff/*Pentz*, GmbHG, § 30 Rdn. 11; *Lutter/Hommelhoff*, GmbHG, § 30 Rdn. 11f.; *Servatius*, GmbHR 1998, S. 723, 724; Hachenburg/*Goerdeler/Müller*; GmbHG, § 30 Rdn. 41.

[60] *Stimpel*, FS GmbHG, S. 335, 340; Rowedder/Schmidt-Leithoff/*Pentz*, GmbHG, § 30 Rdn. 11.

[61] BGH NJW 2004, S. 1111; *K. Schmidt*, GesR, § 37 III 1 c), S. 1134; Michalski/*Heidinger*, GmbHG, § 30 Rdn. 49; *U. H. Schneider*, GmbHR 1982, S. 197, 200; *Brockfeld*, Darlehen der AG und der GmbH an ihre Gesellschafter, S. 50ff.; *Sotiropoulos*, GmbHR 1996, S. 653, 654; *Müller*, BB 1998, S. 1804, 1805. A.A. Roth/*Altmeppen*, GmbHG, § 30 Rdn. 59.

[62] *U. H. Schneider*, FS Döllerer, S. 537, 543f.; Scholz/*U. H. Schneider*, GmbHG, § 43a Rdn. 63; Baumbach/*Hueck/Fastrich*, GmbHG, § 30 Rdn. 16; Scholz/*H.P. Westermann*, GmbHG, § 30 Rdn. 25; Rowedder/Schmidt-Leithoff/*Pentz*, GmbHG, § 30 Rdn. 34; *K. Schmidt*, GesR, § 37 III 1 c), S. 1134; *Sotiropoulos*, Kredite, S. 34ff.; *ders.*, GmbHR 1996, S. 653, 654; *Müller*, BB 1998, S. 1804, 1806; *Helmreich*, GmbHR 2004, S. 457, 459f; *Schilmar*, DB 2004, S. 1411, 1411ff.

[63] Scholz/*H. P. Westermann*, GmbHG, § 30 Rdn. 25. Gegen einen gegenständlichen Vermögensschutz auch: *Joost*, ZHR 148 (1984), S. 27, 54; *K. Schmidt*, GesR, § 37 III 1 b), S. 1132; *Helmreich*, GmbHR 2004, S. 457, 459; *Vetter*, VGR (2002), S. 69, 77; *Bähr/Hoos*, GmbHR 2004, S. 304, 305.

[64] Rowedder/Schmidt-Leithoff/*Pentz*, GmbHG, § 30 Rdn. 34; *Helmreich*, GmbHR 2004, S. 457, 462.

Die Gegenansicht[65], die neuerdings auch der BGH[66] vertritt, weist demgegenüber darauf hin, eine schuldrechtliche Forderung biete den Gläubigern nicht die gleiche Befriedigungsaussicht wie liquide Haftungsmasse. Auch das Kapitalsicherungsrecht fordere sofortige Leistung bei Verletzung der Einzahlungspflichten bzw. der Kapitalerhaltung[67]. Damit unterschieden auch die relevanten Normen zwischen sofort verfügbarer Haftungsmasse und schuldrechtlichen Ansprüchen.

Die Auffassung, eine Sanktionierung von Darlehensvergaben sei aus Gründen des Gläubigerschutzes nicht geboten, ist nicht zutreffend. Die Vergabe von Krediten aus dem liquiden Vermögen der Gesellschaft bewirkt einen Nachteil für die Befriedigungsaussicht der Gläubiger: Diese können sich bezüglich dieses Postens nicht unmittelbar an die GmbH halten, sondern sind auf eine Pfändung und Überweisung des Anspruchs beim Gesellschafter angewiesen. Das Bedürfnis nach einem Schutz der Gläubiger vor der Vergabe von Darlehen zeigt auch die Tatsache, dass der überwiegende Teil der Autoren, die einen durch die Vorschriften der Kapitalerhaltung vermittelten Schutz ablehnen, über eine analoge Anwendung von § 43a GmbHG einen Ausgleich im Interesse der Gläubiger erreichen möchten[68].

Das Stammkapital soll den Gläubigern der GmbH als Befriedigungsreserve zur Verfügung stehen. Durch den Abfluss liquider Mittel im Austausch gegen einen schuldrechtlichen Anspruch auf Rückzahlung wird dieser Funktion nur unzureichend Rechnung getragen[69]. Wollen die Gläubiger auf die Forderung zugreifen, so sind sie auf die Pfändung des Anspruchs bei der Gesellschaft angewiesen, was eine Erschwerung der Durchsetzung bedeutet. Allerdings bestehen nicht nur Nachteile bezüglich der Art und Weise, wie die Gläubiger eine Erfüllung ihrer Ansprüche erreichen können, sondern auch Nachteile hinsichtlich des Umfangs der Befriedigungsaussicht. Denn wird der Gesell-

---

65 *Stimpel*, FS 100 Jahre GmbHG, S. 335, 351f.; *Schön*, ZHR 1995, S. 351, 361; Roth/*Altmeppen*, GmbHG, § 30 Rdn. 93; Michalski/*Heidinger*, GmbHG, § 30 Rdn. 49ff.; *Saenger/Koch*, NZG 2004, S. 271, 272f. Ebenso im Ergebnis: *Brockfeld*, Darlehen der AG und der GmbH an ihre Gesellschafter, S. 50ff., der jedoch schon den Buchwert des Vermögens als beeinträchtigt sieht. Der Gesetzgeber hat von einer gesonderten Haftung für Kreditvergaben an Gesellschafter anders als an die Geschäftsführer nach § 43a GmbHG abgesehen, weil er der Ansicht war, § 30 GmbHG griffe diesbezüglich ein, BT-DrucksS. 8/1347, S. 74.

66 BGH NJW 2004, S. 1111. Eine Hinwendung zu dieser Ansicht konnte man bereits aus dem Urteil BGHZ 81, S. 311 – „Sonnenring" herauslesen, in dem der BGH eine Stundung einer Entgeltforderung als Verstoß gegen das Auszahlungsverbot des § 30 GmbHG wertete.

67 *Stimpel*, FS 100 Jahre GmbHG, S. 335, 349ff.; *Lutter/Hommelhoff*, GmbHG, § 31 Rdn. 10; Michalski/*Heidinger*, GmbHG, § 30 Rdn. 50. Dieser Meinung ist auch Rowedder/Schmidt-Leithoff/*Pentz*, GmbHG, § 30 Rdn. 34, der dennoch eine Subsumtion von Darlehen unter § 30 GmbHG ablehnt.

68 Vgl. die in Fn. 62 Genannten. *K. Schmidt*, GesR, § 37 III 1 c), S. 1134 sieht den Vorteil einer analogen Anwendung des § 43a GmbHG darin begründet, dass diese Methode einen wirksameren Schutz böte. Rowedder/Schmidt-Leithoff/*Pentz*, GmbHG, § 30 Rdn. 34 lehnt indes auch einen über § 43a GmbHG analog vermittelten Schutz ab, da ein solcher nicht erforderlich sei.

69 *Saenger/Koch*, NZG 2004, S. 271, 273.

schafter insolvent, so erhalten die Privatgläubiger einen vorrangigen Zugriff auf sein Vermögen[70]. Schließlich zeigen auch die §§ 7 Abs. 2, 19 Abs. 2, 31 GmbHG, dass das Recht des Kapitalschutzes nicht von einer Gleichwertigkeit des tatsächlich verfügbaren Kapitals und der schuldrechtlichen Ansprüche ausgeht. Soweit dem entgegengehalten wird, das Stundungsverbot gelte nur auf der Rechtsfolgenseite des § 31 GmbHG, könne aber nicht zu einer Begründung des Tatbestandes des § 30 GmbHG führen[71], ist dem entgegenzutreten. Auch die Differenzierung auf der Rechtsfolgenseite illuminiert die vom GmbHG vorgenommene Unterscheidung zwischen liquiden Mittel und Ansprüchen. Vor diesem Hintergrund erscheint es auch als systematisch zulässig, bilanzrechtlich neutrale Maßnahmen als Auszahlungen im Rahmen von § 30 GmbHG zu begreifen. Allein der Verweis der Gegenposition auf die von § 30 GmbHG nicht bezweckte gegenständliche Vermögensbindung überzeugt dagegen nicht. In der Gewährung von Darlehen an die Gesellschafter im Zustand der Unterbilanz der GmbH kann somit eine Auszahlung i.S.v. § 30 GmbHG liegen.

(3) Bestellung von Sicherheiten

Ähnliche Probleme wie die Gewährung von Darlehen aus dem Gesellschaftsvermögen wirft die Bestellung von Sicherheiten für die Verbindlichkeiten von Gesellschaftern auf. Da eine Sicherheit grundsätzlich nur unter der Bilanz vermerkt wird, § 251 HGB, ist sie erst dann in die Bilanz aufzunehmen, wenn ihre Inanspruchnahme objektiv wahrscheinlich ist[72]. Denn von diesem Zeitpunkt an ist bei gewissenhafter kaufmännischer Beurteilung gemäß § 249 Abs. 1 S. 1 HGB eine Rückstellung zu bilden[73]. Voraussetzung für einen bilanziellen Nachteil ist dann freilich, dass der Rückzahlungsanspruch gegen den Gesellschafter nach § 31 GmbHG bzw. aus dem zugrunde liegenden schuldrechtlichen Vertrag nicht gleichzeitig aktiviert werden kann[74]. Im Falle der Inanspruchnahme der Sicherheit bzw. ihrer objektiven Wahrscheinlichkeit wird das jedoch nur ausnahmsweise der Fall sein. Denn die Inanspruchnahme droht regelmäßig gerade deshalb, weil der Hauptschuldner seinen Verpflichtungen nicht nachkommen kann[75]. Fraglich ist jedoch, wie die Bestellung von Sicher-

---

70 *Schön*, ZHR 159 (1995), S. 351, 361; BGH NJW 2004, S. 1111.

71 *K. Schmidt*, GesR, § 37 III 1 c), S. 1134; *Wessels*, ZIP 2004, S. 793, 794.

72 *Adler/Düring/Schmaltz*, § 249 Rdn. 75; *Mülbert*, ZGR 1995, S. 578, 586; Scholz/*H. P. Westermann*, GmbHG, § 30 Rdn. 31b; *Baumbach/Duden/Hopt*, HGB, § 249 Rdn. 2; *Lutter/Hommelhoff*, GmbHG, § 30 Rdn. 31ff.; *Steinbeck*, WM 1999, S. 885, 887; *Peltzer/Bell*, ZIP 1993, S. 1758, 1760. Mehr Gründe, die für als gegen eine Inanspruchnahme sprechen, fordert der BFH, BStBl. II 1985, S. 44.

73 Baumbach/*Hueck/Fastrich*, GmbHG, § 30 Rdn. 19; *Mülbert*, ZGR 1995, S. 578, 588; *Bastuck*, WM 2000, S. 1091, 1093; *Esters*, GmbHR 2003, S. 105, 108.

74 Scholz/*H. P. Westermann*, GmbHG, § 30 Rdn. 31b; Michalski/*Heidinger*, GmbHG, § 30 Rdn. 57; *Groß/Sonnenhol*, GmbHR 1995, S. 561, 563; *Peltzer/Bell*, ZIP 1993, S. 1758, 1760; *Diem*, ZIP 2003, S. 1283, 1286; *Bastuck*, WM 2000, S. 1091, 1093.

75 *Diem*, ZIP 2003, S. 1283, 1286. Ähnlich Scholz/*H. P. Westermann*, GmbHG, § 30 Rdn. 31a; Michalski/*Heidinger*, GmbHG, § 30 Rdn. 57.

heiten zu bewerten ist, soweit sich diese noch nicht in der Bilanz niederschlagen.
Allgemein anerkannt ist, dass in der Bestellung einer Sicherheit eine Auszahlung i.S.v. § 30 GmbHG liegen kann[76]. In Übertragung der Grundsätze zur Darlehensgewährung ist allerdings umstritten, unter welchen Umständen die Bestellung einer Sicherheit eine Auszahlung darstellt. Die Vertreter der bilanziellen Betrachtungsweise gehen nur bei Bilanzwirksamkeit der Bestellung von einer Auszahlung aus[77], also dann, wenn die Inanspruchnahme der Sicherheit schon bei ihrer Bestellung überwiegend wahrscheinlich und gleichzeitig der Regressanspruch nicht vollwertig ist. Die gegensätzliche Ansicht sieht demgegenüber bereits dann in der Bestellung der Sicherheit einen Verstoß gegen die Kapitalerhaltung, soweit eine Unterbilanz der GmbH gegeben ist[78].
Parallel zur Behandlung der Darlehensgewährung ist auch bei der Bestellung von Sicherheiten von einer Belastung des Gesellschaftsvermögens zugunsten des Gesellschafters auszugehen. Wirtschaftlich entspricht die Bestellung von Sicherheiten der Darlehensvergabe an die Gesellschafter[79]. Im Unterschied zur Darlehensvergabe ist die Inanspruchnahme der Sicherheit allerdings nicht gewiss, bzw. vollzieht sich die Auskehr liquider Mittel infolge der Inanspruchnahme zu einem späteren Zeitpunkt. Da diese Folge bereits durch die Bestellung der Sicherheit vorgezeichnet wird, wäre es aber unlogisch, erst auf die tatsächliche Verwertung abzustellen mit dem Argument, erst zu diesem Zeitpunkt liege eine bilanzielle Minderung vor. Die Bestellung der Sicherung wirkt

---

76 BGH NZG 2000, S. 479, 480; *Stimpel*, FS 100 Jahre GmbHG, S. 335, 357; *Schön*, ZHR 159 (1995), S. 351, 359ff.; Michalski/*Heidinger*, GmbHG, § 30 Rdn. 54, 59; Baumbach/*Hueck/Fastrich*, GmbHG, § 30 Rdn. 19; Rowedder/Schmidt-Leithoff/*Pentz*, GmbHG, § 30 Rdn. 32; Scholz/*H. P. Westermann*, GmbHG, § 30 Rdn. 31b; *Lutter/Hommelhoff*, GmbHG, § 30 Rdn. 8; *Sotiropoulos*, Kredite, S. 96ff.; *Steinbeck*, WM 1999, S. 885, 887; *Peltzer/Bell*, ZIP 1993, S. 1757, 1761; *Kleindiek*, NZG 2000, S. 483, 484; *Früh*, GmbHR 2000, S. 105, 107; *Esters*, GmbHR 2004, S. 105, 108. BGH NJW 1976, S. 751, 752f. stellt bezüglich der Einlagenrückgewähr bei der KG ebenfalls auf die durch die Bestellung der Sicherheit eintretende Verschlechterung der Befriedigungsmöglichkeiten der Gläubiger ab.

77 BGH NZG 2000, S. 479, 480; Scholz/*H. P. Westermann*, GmbHG, § 30 Rdn. 31b; *Sotiropoulos*, Kredite, S. 96ff.; *Peltzer/Bell*, ZIP 1993, S. 1757, 1761; *Mülbert*, ZGR 1995, S. 578, 593; *Steinbeck*, WM 1999, S. 885, 887; *Früh*, GmbHR 2000, S. 105, 107; *Diem*, ZIP 2003, S. 1283, 1286; *Esters*, GmbHR 2004, S. 105, 109.

78 *Stimpel*, FS 100 Jahre GmbHG, S. 335, 357; *Schön*, ZHR 159 (1995), S. 351, 359ff.; Michalski/*Heidinger*, GmbHG, § 30 Rdn. 59; Baumbach/*Hueck/Fastrich*, GmbHG, § 30 Rdn. 19; Roth/*Altmeppen*, GmbHG, § 30 Rdn. 95ff.; *Lutter/Hommelhoff*, GmbHG, § 30 Rdn. 8; *Reemann*, MittRhNotK 1996, S. 113, 120; *Kleindiek*, NZG 2000, S. 483, 484. *Wilhelmi*, DZWIR 2003, S. 45, 53; *Kühbacher*, Darlehen an Konzernunternehmen, S. 45. Ebenso: Rowedder/Schmidt-Leithoff/*Pentz*, GmbHG, § 30 Rdn. 32, der allerdings in einer Darlehensgewährung keine Auszahlung sieht. Die andere Betrachtungsweise bei der Bestellung von Sicherheiten ist anscheinend darauf zurückzuführen, dass er die Darlehensgewährung als potentiell vorteilhaft einstuft, was bei der Sicherheitenbestellung nicht der Fall ist. Es steht zu vermuten, dass auch der BGH zu einer anderen Einschätzung der Sicherheitenbestellung gelangt, nachdem er jetzt auch die Einstufung der Auskehr von Darlehen als Auszahlungen i.S.v. § 30 GmbHG für möglich hält.

79 *Wessels*, ZIP 2004, S. 793, 797.

sich ebenso nachteilig für die Gläubiger aus wie die Vergabe von Darlehen an die Gesellschafter. Das Gegenargument, die Bestellung von Sicherheiten bedeute einen gegenständlichen Vermögensschutz[80], überzeugt im Falle dinglicher Sicherheiten nicht. Geschützt wird nicht die Fähigkeit der Gesellschaft, den konkreten Gegenstand zu belasten. Sanktioniert wird die Verringerung des Gesellschaftsvermögens durch die Belastung[81]. Der Betrag der Vermögensminderung entspricht dann dem Betrag der Verbindlichkeit, für welche die Sicherheit bestellt wurde.
Für eine Qualifizierung schon der Sicherheitenbestellung als Schmälerung des Haftungsfonds sprechen auch insolvenzrechtliche Aspekte[82]. In der Insolvenz der Gesellschaft steht den Grundpfandgläubigern ein Recht auf abgesonderte Befriedigung zu. Damit steht dieses Vermögen aber für den relevanten Fall der Insolvenz der GmbH nicht mehr zur Befriedigung der Gläubiger zur Verfügung. Aber auch im Falle der Bestellung einer Bürgschaft kann der Darlehensgeber seine Forderung gegen die bürgende Gesellschaft als Masseanspruch geltend machen, es sei denn, der GmbH steht die Einrede der Vorausklage, § 771 BGB, zu[83]. Die dadurch bewirkte Schmälerung der Haftungsmasse bedeutet eine Benachteiligung der anderen Gläubiger durch Verminderung ihrer Insolvenzquote. Der entstehende Regressanspruch gegen den Gesellschafter ist wie bereits dargetan kein hinreichender Ausgleich. Folgte man der gegensätzlichen Auffassung könnten die Gesellschafter eine nach § 30 GmbHG verbotene Auszahlung von Darlehen zudem dadurch erreichen, dass sie das Darlehen eines Dritten von der GmbH sichern lassen[84]. Zur Vermeidung solcher Umgehungsmöglichkeiten und ansonsten entstehender Wertungswidersprüche zur Kreditgewährung an Gesellschafter ist auch die Bestellung von Sicherheiten bei Bestehen einer Unterbilanz als Auszahlung nach § 30 GmbHG zu behandeln.

b) Bilanzansatz zu Fortführungs- oder Liquidationswerten

In der Literatur wird die Ansicht vertreten, im Falle existenzbedrohender Eingriffe sei die für § 30 GmbHG maßgebliche Bilanz nicht nach Fortführungs-, sondern nach Liquidationswerten aufzustellen[85]. Derartige Verhaltensweisen könnten im Interesse eines wirksamen Gläubigerschutzes nicht toleriert werden. Nach dem System des GmbHG setze eine Beendigung der Gesellschaft ein

---

80 Scholz/*H. P. Westermann*, GmbHG, § 31b.

81 Roth/*Altmeppen*, GmbHG, § 30 Rdn. 99.

82 *Schön*, ZHR 159 (1995) S. 351, 360.

83 MünchKommInsO/*Lwowski/Bitter*, § 43 Rdn. 11; *Uhlenbruck*, InsO, § 68 Rdn. 4c; MünchKomm/*Habersack*, BGB, § 773 Rdn. 5.

84 *Reemann*, MittRhNotK 1996, S. 113, 120.

85 *Ulmer*, FS Pfeiffer, 1988, S. 853, 868f., der allerdings für eine Modifizierung der Bilanz durch Wertberichtigungen auf der Aktivseite und die Bildung von Rückstellungen eintritt; Scholz/*H. P. Westermann*, GmbHG § 30 Rdn. 16.

den Gläubigerinteressen dienendes Verfahren voraus[86]. Deshalb sei –ähnlich den Regeln zur Berechnung der Überschuldung der GmbH nach § 19 InsO– eine Fortbestehensprognose für die Gesellschaft aufzustellen. Falle diese nicht positiv aus, sei nach den obigen Grundsätzen zu verfahren[87].

Dem ist nicht zu folgen Auch im Falle existenzbedrohender Eingriffe ist an der üblichen bilanziellen Bewertung nach dem going-concern-Prinzip festzuhalten[88]. Eine abweichende Bewertung wäre bilanzrechtlich nur gangbar, wenn die Gesellschafter jederzeit ein angemessenes Stammkapital vorzuhalten hätten. Nur dann kann eine bestandsgefährdende Auskehr von Gesellschaftsvermögen als Verstoß gegen § 30 GmbHG aufgefasst werden[89]. Denn in § 30 GmbHG ist nur von dem zur Erhaltung des Stammkapitals erforderlichen Vermögen die Rede, nicht dem zur Existenzwahrung benötigten. Solange aber eine GmbH nur ein nominelles Mindeststammkapital aufbringen muss, kann sie auch nur verpflichtet werden, dieses zu achten. Für die Gesellschafter wäre eine andere Regelung nur annehmbar, wenn sie zuverlässig beurteilen könnten, wann eine Existenzgefährdung vorliegt. Ein greifbares Kriterium dafür ist jedoch nicht erkennbar. Auch im Falle der Existenzgefährdung der GmbH wird die für § 30 GmbHG maßgebliche Bilanz also nach Fortführungswerten erstellt.

c) Schutzumfang auf der Rechtsfolgenseite

Nach § 31 Abs. 1 GmbHG müssen Zahlungen, welche den Vorschriften des § 30 GmbHG zuwider geleistet worden sind, der Gesellschaft erstattet werden. Damit beschränkt sich die Rechtsfolge eines Verstoßes gegen die Kapitalerhaltung nach allgemeiner Auffassung auf den Ersatz des Betrages, um den das Stammkapital durch den Auszahlungsvorgang gemindert wurde[90] bzw. auf die Verpflichtung zur Herausgabe des erlangten Gegenstandes oder entsprechenden Wertersatz[91]. Weitergehende Schäden, die über diese Auszahlung von

---

86 *Winter*, Mitgliedschaftliche Treubindungen im GmbH-Recht, S. 202ff.; *Priester*, ZGR 1993, S. 512, 520ff.; *Röhricht*, FS 50 Jahre BGH, S. 83, 99ff.; Scholz/*H. P. Westermann*, GmbHG, § 30 Rdn. 16; *Schnauder/Müller-Christmann*, JuS 1998, S. 980, 984.

87 *Ulmer*, FS Pfeiffer, S. 853, 869; Scholz/*H. P. Westermann*, GmbHG, § 30 Rdn. 14.

88 BGHZ 109, S. 334, 337; *Röhricht*, FS 50 Jahre BGH, S. 83, 95f.; Rowedder/Schmidt-Leithoff/*Pentz*, GmbHG, § 30 Rdn. 51; Baumbach/*Hueck/Fastrich*, GmbHG, § 30 Rdn. 6; *Schnauder/Müller-Christmann*, JuS 1998, S. 980, 985.

89 *Röhricht*, FS 50 Jahre BGH, S. 83, 95f.

90 Vgl. nur Hachenburg/*Goerdeler/Müller*, GmbHG, § 31 Rdn. 25; Roth/*Altmeppen*, GmbHG, § 31 Rdn. 10; *Lutter/Hommelhoff*, GmbHG, § 31 Rdn. 8; Baumbach/*Hueck/Fastrich*, GmbHG, § 31 Rdn. 13.

91 Einzelheiten bzgl. des Inhaltes eines Anspruches nach § 31 GmbHG wegen der Weggabe von Gegenständen oder der Erbringung von Dienstleistungen sind freilich umstritten: Grds. für die Verpflichtung zur Herausgabe des konkreten Gegenstandes: Scholz/*H. P. Westermann*, GmbHG, § 31 Rdn. 2; Baumbach/*Hueck/Fastrich*, GmbHG, § 31 Rdn. 13; Rowedder/Schmidt-Leithoff/*Pentz*, GmbHG, § 31 Rdn. 15; *Ulmer*, FS GmbHG, S. 363, 376ff.; *Hommelhoff*, FS Kellermann, S. 165, 168f. Für die Wahl des Empfängers: *K. Schmidt*, GesR § 37 III 2 a), S. 1138; *Joost*, ZHR 148 (1984), S. 27, 54; *Tries*, Die verdeckte Gewinnausschüttung im GmbH-Recht, S. 231.

Stammkapital hinausgehen, sind nach § 31 Abs. 1 GmbHG nicht erstattungsfähig[92].

d) Konsequenzen

Eingriffe in das Vermögen der GmbH, die das Stammkapital der Gesellschaft nicht berühren, werden von den §§ 30, 31 GmbHG nicht erfasst. Die bilanzielle Betrachtungsweise im Rahmen des § 30 GmbHG hat zur Folge, dass Maßnahmen ohne Auswirkungen auf die Bilanz –soweit die GmbH sich nicht im Stadium der Unterbilanz befindet– keine Erstattungsansprüche nach § 31 Abs. 1 GmbHG auslösen[93]. Selbst wenn eine Maßnahme als Verstoß gegen § 30 GmbHG einzuordnen ist, hat das nicht immer zur Folge, dass die Kapitalerhaltung einen ausreichenden Schutz bietet. Denn der Erstattungsanspruch aus § 31 Abs. 1 GmbHG führt lediglich zur Rückgewähr der verbotenen Zahlungen. Mittelbare Schäden, welche die Auszahlung verursacht, insbesondere durch Verursachung der Insolvenz der GmbH, werden nicht ersetzt[94]. Die Regeln der Kapitalerhaltung bieten den Gläubigern also keinen Schutz gegen Eingriffe seitens der Gesellschafter oberhalb der Stammkapitalziffer, oder solchen ohne Bilanzwirksamkeit[95], sieht man von der Situation der Unterbilanz ab. Zu einer Existenzvernichtung führende Eingriffe wie beispielsweise der Abzug notwendiger Liquidität oberhalb der Stammkapitalziffer, der Entzug zur Aufrechterhaltung der Produktion benötigter Maschinen oder die Einstellung von Geschäftsbereichen werden daher in der Regel nicht durch die Kapitalerhaltungsregeln sanktioniert. Aber auch wenn Eingriffe von § 30 GmbHG erfasst sind, werden die mit ihnen verbundenen Nachteile nicht in jedem Fall vollständig ausgeglichen.

2. Insolvenzantragspflicht, § 64 Abs. 1 GmbHG

Die Insolvenzantragspflicht nach § 64 Abs. 1 GmbHG basiert auf dem Gedanken, dass die frühzeitige Anmeldung der GmbH zur Insolvenz einer möglichst umfassenden Gläubigerbefriedigung dient[96]. Die Insolvenzanmeldung soll die Fortsetzung der Geschäftstätigkeit im bisherigen Umfang und damit die Anhäufung weiterer Verluste[97] sowie die Gefährdung von Gläubigern durch Ge-

---

92 *Röhricht*, FS 50 Jahre BGH, S. 83, 93; *Altmeppen*, ZIP 2002, S. 1553, 1559; *Wiedemann*, ZGR 2003, S. 283, 292; *Lutter/Banerjea*; ZGR 2003, S. 402, 421f.; *Keßler*, GmbHR 2002, S. 945, 949; *Bitter*, WM 2001, S. 2133, 2136; *Benecke*, BB 2003, S. 1190; *Schaub*, DNotZ 2002, S. 468, 470.

93 Auf die Schwäche der bilanziellen Betrachtungsweise verweist auch *Röhricht*, VGR (2002), S. 3, 26.

94 Zur diesbezüglichen Schwäche der Kapitalerhaltungsvorschriften, vgl. die in Fn. 92 aufgeführten Autoren.

95 *Hölzle*, ZIP 2003, S. 1376, 1378; *Benecke*, BB 2003, S. 1090, 1090.

96 *Vonnemann*, Haftung der GmbH-Gesellschafter bei materieller Unterkapitalisierung, S. 43f.

97 BHGZ 100, S. 19, 23f.; Scholz/*K. Schmidt*, GmbHG, § 64 Rdn. 10; Michalski/*Nerlich*, GmbHG, § 64 Rdn. 9.

schäfte mit der GmbH verhindern[98]. Voraussetzung für einen effektiven Gläubigerschutz nach dieser Vorschrift ist demnach, dass die Pflicht zur Stellung des Insolvenzantrags rechtzeitig aktualisiert wird. Eine Verletzung der Insolvenzantragspflicht wird durch einen Schadensersatzanspruch nach § 823 Abs. 2 BGB geahndet.

a) Effizienz des Tatbestandes der Zahlungsunfähigkeit

Bei Zahlungsunfähigkeit der GmbH haben die Gesellschafter gemäß § 64 Abs. 1 S. 2 GmbHG ohne schuldhaftes Zögern, spätestens aber drei Wochen nach Eintritt dieses Zustandes einen Insolvenzantrag zu stellen. Zahlungsunfähigkeit liegt vor, wenn der Schuldner nicht in der Lage ist, die fälligen Zahlungspflichten zu erfüllen, § 17 Abs. 2 S. 1 InsO. Nach § 17 Abs. 2 S. 2 InsO wird die Zahlungsunfähigkeit vermutet, wenn der Schuldner seine Zahlungen einstellt. Kurzfristige und unerhebliche Liquiditätslücken begründen dabei nicht den Tatbestand der Zahlungsunfähigkeit[99].
Ein effektiver Gläubigerschutz wird durch diese Vorschrift nicht gewährt. Der Eintritt der Zahlungsunfähigkeit besagt nichts über die zur Gläubigerbefriedigung vorhandene Haftungsmasse. Diese wird bei Zahlungsunfähigkeit in der Regel bereits sehr gering sein, da eine Gesellschaft mit ausreichender Haftungsmasse regelmäßig in der Lage ist, sich durch Kreditaufnahme oder den Verkauf von Gegenständen Liquidität zu beschaffen und so der Zahlungsunfähigkeit zu entgehen. Kommt es zur Insolvenz, lassen sich die restlichen Gegenstände häufig nicht zu ihren tatsächlichen oder ihren Buchwerten, sondern nur zu einem deutlich darunter liegenden Preis verwerten[100]. Die dadurch erforderlichen Abschreibungen führen dazu, dass das Stammkapital aufgebraucht wird, und eine zumeist erhebliche Überschuldung entsteht. Damit hat die Gesellschaft ihre Fähigkeit zur Erfüllung ihrer Verbindlichkeiten eingebüßt. Es bleibt damit zu konstatieren, dass der Eröffnungsgrund der Zahlungsunfähigkeit eine ausreichende Haftungsmasse nicht zu sichern vermag. Er kann lediglich dazu führen, dass in einer manifest gewordenen Krise einigermaßen

---

98 BGHZ 126, S. 181, 194; Hachenburg/*Ulmer*, GmbHG, § 64 Rdn. 1; *K. Schmidt*, GesR, § 36 II 5 b) aa), S. 1084.

99 Überwiegende Ansicht: *Uhlenbruck*, KTS 1994, S. 169, 170f.; FK/*Schmerbach*, InsO, § 17 Rdn. 5, 15f.; *Haarmeyer/Wutzke/Förster*, Hdb. InsO, 1/Rdn. 83ff.; Braun/*Kind*, InsO § 17 Rdn. 7ff.; *Smid*, InsO, § 17 Rdn. 10. Von welcher Dauer der illiquide Zeitraum sein darf, wird nicht einheitlich beantwortet. Nach Aufgabe der Merkmale der Dauerhaftigkeit und Wesentlichkeit der Zahlungsunfähigkeit in § 17 InsO muss der Begriff der Zahlungsstockung aber restriktiv interpretiert werden, um den Willen des Gesetzgebers nicht zu konterkarieren. Für eine Insolvenzantragspflicht auch bei kurzfristigen Zahlungsstockungen: *Stobbe*, Die Durchsetzung gesellschaftsrechtlicher Ansprüche der GmbH in Insolvenz und masseloser Liquidation, Rdn. 102ff.; MünchKommInsO/*Eilenberger*, § 17 Rdn. 22; *Paulus*, DZWIR 1999, S. 53, 56.

100 Hachenburg/*Ulmer*, GmbHG, § 63 Rdn. 32; *Mülbert*, DStR 2001, S. 1937, 1939. Das zeigen auch die in der Praxis geringen Insolvenzquoten, s.u., 2. Kapitel A III 2 c) bb), S. 24f.

zügig ein Insolvenzverfahren eingeleitet wird, auch ohne dass eine Überschuldung vorliegt[101].

b) Effizienz des Tatbestandes der Überschuldung

Eine juristische Person ist überschuldet, wenn das Vermögen des Schuldners die bestehenden Verbindlichkeiten nicht mehr deckt, § 19 Abs. 2 S. 1 InsO. Entscheidend für die Frage nach dem Bestand einer Überschuldung ist die Methode der Bewertung der Aktiva. Der Ansatz der Aktiva zu Fortführungswerten hat in der Regel zur Folge, dass die Gesellschaft nicht überschuldet ist[102]. Werden die Aktiva nur noch mit den deutlich niedrigeren Liquidationswerten[103] angesetzt, führt dies häufig zu einer deutlichen Überschuldung. Da sich die Aktiva im Falle der Insolvenz häufig nicht einmal zu den in der Vermögensbilanz angesetzten Einzelveräußerungswerten verwerten lassen[104], ist die Deckungsquote in der Praxis extrem niedrig.

§ 19 Abs. 2 InsO macht die Methode der Vermögensbewertung von einer Prognoseentscheidung hinsichtlich der Lebenschancen des Unternehmens abhängig. Fortführungswerte sind danach anzusetzen, wenn eine Weiterführung des Unternehmens nach den Umständen überwiegend wahrscheinlich ist, andernfalls sind die Liquidationswerte maßgeblich. Da die Feststellung der Überschuldung maßgeblich von der Bewertungsmethode bestimmt wird, diese wiederum von der Fortführungsprognose abhängt, ist das Bestehen einer Überschuldung letztendlich von der Fortführungsprognose abhängig[105]. Die Prognoseentscheidung[106] ist damit der neuralgische Punkt und zugleich der entscheidende Nachteil des Überschuldungstatbestandes[107]. Denn die Prognose ist zwangsläufig mit Unsicherheiten behaftet, weshalb dem Geschäftsführer bezüglich der Bewertungsmethode auch ein erheblicher subjektiver Spielraum offen steht[108]. Dadurch besteht die Möglichkeit, erst bei Hoffnungslosigkeit der wirtschaftlichen Lage der GmbH zu einer Bewertung des Vermögens nach Liquidationswerten überzugehen, mit der Konsequenz, dass die Deckungsquote aufgrund des späten Insolvenzantrags sehr gering ausfällt[109]. Die Abhängigkeit von dieser nur schwer justitiablen Prognose führt letztendlich dazu, dass dem

---

101 *Konzen*, FS Ulmer, S. 323, 332.

102 *Konzen*, FS Ulmer, S. 323, 332.

103 *Mülbert*, DStR 2001, S. 1937, 1939.

104 *Röhricht*, FS 50 Jahre BGH, S. 83, 94f.; *Eckhold*, Materielle Unterkapitalisierung, S. 105.

105 *Dauner-Lieb*, ZGR 1998, S. 617, 631; *Bork*, ZIP 2000, S. 1709.

106 Inwieweit die Einbeziehung einer Prognose zur Vermeidung der Insolvenz gerade junger Unternehmen bzw. aus ökonomischen Gesichtspunkten wünschenswert ist, kann hier dahinstehen, siehe dazu *Dauner-Lieb*, ZGR 1998, S. 617, 631.

107 *Konzen*, FS Ulmer, S. 323, 332; *Dauner-Lieb*, ZGR 1998, S. 617, 630f.; Kübler/Prütting/*Noack*, Gesellschaftsrecht, Rdn. 76.

108 BGHZ 126, S. 181, 199; *Konzen*, FS Ulmer, S. 323, 332; *Vonnemann*, Die Feststellung der Überschuldung, S. 16f.; *Eckhold*, Materielle Unterkapitalisierung, S. 106; Kübler/Prütting/*Noack*, Gesellschaftsrecht, Rdn. 76.

109 S.o., 2. Kapitel A III 2, S. 20ff.

Überschuldungstatbestand als Eröffnungsgrund für eine Insolvenz nur geringe praktische Bedeutung zukommt[110].

c) Bewertung

aa) Schwächen der Konzeption

Gedanklicher Anknüpfungspunkt der Insolvenzgründe ist es, durch eine möglichst frühzeitige Anmeldung der Gesellschaft zur Insolvenz die für die Gläubigerbefriedigung zur Verfügung stehende Masse so weit wie möglich zu erhalten. Diesem Ansatz liegt die Vorstellung zu Grunde, die Insolvenz werde durch eine schlechte Ertragslage, mithin nach und nach bewirkt. In einer derartigen Konstellation wird bei einer Beendigung der werbenden Tätigkeit abgesehen von den Abwicklungskosten das restliche Vermögen der GmbH unangetastet bleiben. Anders verhält es sich aber bei den in Frage stehenden existenzvernichtenden Eingriffen. Durch sie werden der Gesellschaft oftmals auf einen Schlag sämtliche Vermögenswerte entzogen. Da die Konzeption der Insolvenzgründe auf ein solches Verhalten der Gesellschafter nicht ausgerichtet ist, vermögen sie in diesen Fällen auch keinen effektiven Schutz zu leisten. Denn die Antragspflicht würde erst nach einem derartigen Eingriff aktuell werden, zu einem Zeitpunkt also, zu dem die Gesellschaft ohnehin schon eines wesentlichen Teils ihrer Aktiva beraubt ist. Aber auch in anderen Fallgestaltungen als dem Entzug großer Teile der Aktiva verhindern die Schwächen des § 64 Abs. 1 GmbHG eine wirkungsvolle Sanktionierung existenzvernichtender Verhaltensweisen. So wird die Wirkung der Insolvenzgründe dadurch abgeschwächt, dass zahlungsunfähige Gesellschaften schnell weitere Verbindlichkeiten anhäufen[111], z.B. die Kosten eines Sozialplanes. Diese können von dem in der Regel nur geringen Stammkapital nicht in nennenswertem Umfang aufgefangen werden[112], so dass auch hierdurch die Masse in beträchtlichem Umfang gemindert werden kann. Eine Schwachstelle ist auch die Regelung, dass die Geschäftsführer den Insolvenzantrag bei Vorliegen eines Eröffnungsgrundes nicht sofort, sondern nur ohne schuldhaftes Zögern, spätestens aber nach drei Wochen stellen müssen. Dadurch wird dem Geschäftsführer für den genauen Zeitpunkt der Anmeldung ein Spielraum belassen[113], wodurch eine zusätzliche Masseschmälerung infolge der fortgeführten Geschäftstätigkeit entstehen kann.

---

110 *Konzen*, FS Ulmer, S. 323, 332; MünchKommInsO/*Eilenberger*, § 17 Rdn. 1; MünchKommInsO/*Drukarczyk/Schüler*, § 19 Rdn. 20; *Penzlin*, NZG 2000, S. 464; *Smid*, InsO, § 19 Rdn. 2, *Stobbe*, Die Durchsetzung gesellschaftsrechtlicher Ansprüche der GmbH in Insolvenz und masseloser Liquidation, Rdn. 140ff.

111 *Fleck*, ZHR 149 (1985), S. 387, 395; *ders.*, FS GmbHG, S. 391, 392f.; *Winter*, Mitgliedschaftliche Treuebindungen im GmbH-Recht, 1988, S. 204; *Vonnemann*, Haftung der GmbH-Gesellschafter bei materieller Unterkapitalisierung, S. 205.

112 *Röhricht*, FS 50 Jahre BGH, S. 83, 94f.; *Dauner-Lieb*, ZGR 1998, S. 617, 618.

113 *Konzen*, FS Ulmer, S 323, 332; *Eckhold*, Materielle Unterkapitalisierung, S. 106. Die Auswirkung dieser Regelung wird dadurch gemindert, dass dem Geschäftsführer die Beweislast dafür obliegt, dass die spätere Stellung des Insolvenzantrags gerechtfertigt war, BGH ZIP 1994, S. 1103, 1107f.

bb) Massequoten in der Praxis

Dieser Befund bezüglich der Unfähigkeit des § 64 Abs. 1 GmbHG zur Sicherung einer ausreichenden Masse wird bestätigt durch einschlägige Statistiken. So wurde 2002 in 10252 Fällen die Eröffnung eines Insolvenzverfahrens über eine GmbH mangels Masse abgelehnt[114]. Dem standen nur 9518 eröffnete Verfahren gegenüber. Dies lässt darauf schließen, dass in diesen Fällen masseloser Insolvenz entweder der Insolvenzantrag zu spät gestellt wurde, oder aber weitere entstehende Verbindlichkeiten zu einer Aufzehrung der Masse führten. Das sich an die Fälle masseloser Insolvenzen anschließende Liquidationsverfahren bietet nur mangelhaften Gläubigerschutz, da es von den GmbH-Organen geleitet wird, und daher insbesondere hinsichtlich etwaiger Ansprüche aus dem Recht der Kapitalerhaltung zu Interessenskollisionen führt[115]. Zudem ist in den Konstellationen der Ablehnung eines Insolvenzverfahrens mangels Masse Vermögen in nennenswertem Umfang nicht vorhanden. Aber auch in den eröffneten Fällen lag die Befriedigungsquote der bevorrechtigten Forderungen bei 31,9%, die nicht bevorrechtigter Forderungen bei 3,3%, in den neuen Ländern und Berlin-Ost noch deutlich darunter (15,6% bzw. 1,5%)[116].

cc) Prozessuale Schwierigkeiten

Als problematisch stellen sich zudem die Durchsetzung sowie die Bereitschaft zur Geltendmachung dieser Ansprüche in der Praxis dar. Die mangelnde Bereitschaft der Gläubiger zur prozessualen Geltendmachung ihrer Forderungen ist auf eine geringe Befriedigungsaussicht selbst im Erfolgsfalle zurückzuführen. Zwar haben Neugläubiger der Gesellschaft bei Einschlägigkeit des § 64 Abs. 1 GmbHG Anspruch auf Ersatz des vollen Vertrauensschadens[117], der ihnen durch die Aufnahme von Rechtsbeziehungen zur insolvenzreifen Gesellschaft entstanden ist. Doch sind die Altgläubiger –welche im Regelfall den Großteil der Gläubiger ausmachen– mit ihrem Anspruch auf den Ersatz des Verlustes beschränkt, der ihnen infolge der Fortführung der Geschäftstätigkeit und der dadurch bewirkten Minderung der Quote trotz Antragspflicht entstanden ist. Dieser über die Quotendifferenz zu berechnende Ersatzanspruch ist sehr gering. Denn als Referenzquote dient nicht 100%, sondern vielmehr eine deutlich niedrigere Quote, nämlich diejenige, die bei rechtzeitiger Eröffnung

---

[114] Statistisches Jahrbuch 2003, S. 138.

[115] So auch *Stobbe*, Die Durchsetzung gesellschaftsrechtlicher Ansprüche der GmbH in Insolvenz und masseloser Liquidation, Rdn. 3; S. 295ff.; Kübler/Prütting/*Noack*, Gesellschaftsrecht, Rdn. 94.

[116] Statistisches Jahrbuch 2003, S. 141f.

[117] H.M. und st. Rspr., seit BGHZ 126, S. 181ff.; Lutter/Hommelhoff/*Lutter/Kleindiek*, GmbHG, § 64 Rdn. 48 m.w.N.; Kübler/Prütting/*Noack*, Gesellschaftsrecht, Rdn. 314ff.; *Goette*, DStR 1994, S. 1048, 1052; *Kübler*, ZGR 1995, S. 481, 494; *Wiedemann*, EWiR § 64 GmbHG 1/93, S. 583, 584; *Flume*, ZIP 1994, S. 337, 339ff.; *Bork*, ZGR 1995, S. 505, 512ff.; Für eine Herleitung der Haftung aus culpa in contrahendo Scholz/*K. Schmidt*, GmbHG, § 64 Rdn. 40. A.A. Baumbach/Hueck/*Schulze-Osterloh*, GmbHG, § 64 Rdn. 84 m.w.N.

des Insolvenzverfahrens erzielt worden wäre[118]. Auch bei rechtzeitiger Insolvenzeröffnung führen anfallende Verbindlichkeiten zu einer Schmälerung der Quote, so dass die Insolvenzverschleppung nicht ursächlich für den Teil der Unterdeckung ist, der auch ohne sie entstanden wäre. Als nachteilig für die Motivation der Gläubiger zur Verfolgung entsprechender Ansprüche stellt sich zudem die prozessuale Situation dar. Der Beweis für den Bestand der Antragspflicht obliegt dabei den Gläubigern, ein Umstand der die Rechtsverfolgung erheblich erschwert. Denn der Nachweis der Antragspflicht setzt Kenntnisse der relevanten betrieblichen Daten voraus, die den Gläubigern regelmäßig nicht zur Verfügung stehen. Prozesse um die Geltendmachung des Quotenschadens sind daher extrem selten[119], so dass die Geschäftsführer trotz Insolvenzverschleppung in der Praxis auf Haftungsfreiheit hoffen können. Diese Tatsache lässt einen rechtzeitigen Insolvenzantrag als unwichtig erscheinen und führt dadurch zu späten Anträgen mit der damit verbundenen geringen Quote.

dd) Anspruchsgegner

Eine weitere Schwäche der Haftung nach § 823 Abs. 2 BGB i.V.m. § 64 Abs. 1 GmbHG liegt darin begründet, dass Anspruchsgegner nur der Geschäftsführer ist. Die Gesellschafter haften nur als Anstifter oder Gehilfen nach § 830 Abs. 2 BGB[120] oder wenn sie als faktische Geschäftsführer anzusehen sind.

Die Einordnung eines Gesellschafters als faktischer Geschäftsführer ist davon abhängig, dass betriebsintern alle maßgeblichen Entscheidungen von ihm getroffen werden, die formellen Geschäftsführer ihm untergeordnet sind und er sichtbar im Außenverhältnis auftritt[121]. Soweit ein Gesellschafter seine Einflussnahme auf die Durchführung des existenzvernichtenden Eingriffs be-

---

118 BGHZ 126, S. 181, 190; *Dauner-Lieb*, ZGR 1998, S. 617, 626; *K. Schmidt*, ZIP 1988, S. 1497, 1502; *ders.*, NZI 1998, S. 9, 13; Rowedder/*Schmidt-Leithoff*, GmbHG, § 64 Rdn. 42; Baumbach/Hueck/*Schulze-Osterloh*, GmbHG, § 64 Rdn. 85; Hachenburg/*Ulmer*, GmbHG, § 64 Rdn. 53.

119 Nach BGHZ 126, S. 181, 197 war wegen „beängstigender Schwierigkeiten" und „praktischer Undurchführbarkeit" bis dahin kein Prozess bekannt geworden, in dem der Ersatz des Quotenschadens ernstlich verfolgt worden wäre. Vgl. nunmehr aber BGH ZIP 1997, S. 1542ff.

120 Vgl. zur Haftung der Gesellschafter als Teilnehmer BGHZ 75, S. 96, 107; Hachenburg/*Ulmer*, GmbHG, § 64 Rdn. 75; Scholz/*K. Schmidt*, GmbHG, § 64 Rdn. 9; Baumbach/Hueck/*Schulze-Osterloh*, GmbHG, § 64 Rdn. 89; Michalski/*Nehrlich*, GmbHG, § 64 Rdn. 101ff.; *Ehricke*, ZGR 2000, S. 351. *Mansdörfer/Timmerbeil*, WM 2004, S. 362, 364 weisen aufgrund der Weisungsgebundenheit des Geschäftsführers zudem noch auf § 831 BGB hin.

121 BGHZ 150, S. 61, 69; 104, S. 44, 48; BGH NJW 1988, S. 1789, 1789f.; BGH ZIP 2000, S. 1390, 1391; BGHSt 31, S. 118, 121f.; *K. Schmidt*, EWiR 1988, S. 905, 905f.; Scholz/*K. Schmidt*, GmbHG, § 64 Rdn. 7; *Blaurock*, FS Stimpel, S. 553, 563; *Kramer*, WM 2004, S. 305, 307f. A.A. *Stein*, Das faktische Organ, S. 119ff., 183ff.: Zu einer Haftung wie ein Organ kann danach einerseits die „fehlerhafte Organstellung" führen, die einen förmlichen Bestellungsakt voraussetzt. Andererseits kann eine solche Haftung sich auch aus der Verdrängung des Organs ergeben. Gegen die Notwendigkeit eine Auftretens nach außen *Burgard*, VGR (2002), S. 45, 58; *ders.*, NGZ 2002, S. 606, 607f. Dagegen *Röhricht*, VGR (2002), Bericht über die Diskussion der Referate Burgard und Vetter, S. 109, 112.

schränkt, kommt eine Haftung als faktischer Geschäftsführer mithin nicht in Betracht. Denn dann kann nicht davon gesprochen werden, dass alle betriebsinternen Entscheidungen von ihm getroffen werden. Zudem setzt die Veranlassung einer derartigen Maßnahme nicht zwingend ein Auftreten nach außen voraus. Möglich ist auch, dass der Geschäftsführer auf eine Weisung des Gesellschafters handelte, auch wenn diese unwirksam ist[122]. Das Bedürfnis nach einer speziellen Gesellschafterhaftung für existenzvernichtende Eingriffe kann somit nicht durch die Geschäftsführerhaftung nach § 64 Abs. 1 GmbHG und die Rechtsfigur des faktischen Geschäftsführers beseitigt werden[123].
Die Haftung der Gesellschafter als Anstifter oder Teilnehmer greift dagegen ein, wenn die Gesellschafter den Geschäftsführer zu einer verspäteten Stellung des Insolvenzantrags veranlassen. Für den Fall, dass die Gesellschafter den Geschäftsführer umgehen, gilt dies allerdings nicht, so dass nicht für jede Verhaltensweise der Gesellschafter eine Haftung begründet werden kann.

ee) Zusammenfassung

Die Insolvenzantragspflicht ist also aufgrund der Schwäche der Eröffnungstatbestände, der Probleme bei der Geltendmachung des Schadensersatzanspruches und des Anspruchsgegners nicht geeignet, einen ausreichenden Schutz der Gläubiger gegen existenzvernichtende Eingriffe der Gesellschafter zu gewährleisten. Insbesondere kann es geschehen, dass die Haftung nach § 64 Abs. 1 GmbHG nicht greift, wenn der Geschäftsführer unmittelbar nach einem existenzvernichtendem Eingriff Insolvenzantrag stellt. Zu einem Ersatz der durch den Eingriff verursachten Schäden kommt es dann nicht.

3. Pflicht zur Erhaltung der Haftungsmasse, § 64 Abs. 2 GmbHG

Die Ersatzpflicht des § 64 Abs. 2 GmbHG betrifft Zahlungen nach Eintritt der Insolvenzreife, die mit der Sorgfalt eines ordentlichen Geschäftsmanns nicht vereinbar sind. Da sie aber erst nach Insolvenzreife greift, stellt sie kein wirksames Instrument des Gläubigerschutzes gegen existenzvernichtende Eingriffe dar. Denn Handlungsweisen vor Eintritt der Insolvenzreife, und um solche wird es sich bei existenzvernichtenden Eingriffen handeln, werden vom Tatbestand nicht erfasst.

4. Anfechtungsregeln

Nasall[124] ist der Ansicht, mit Hilfe der Anfechtungsregeln des § 133 InsO und des § 3 AnfG ließen sich die Folgen existenzvernichtender Eingriffe weitge-

---

[122] Zu dem Problem der faktischen Abhängigkeit der Geschäftsführer von den Gesellschaftern vgl. oben, 2. Kapitel A I, S. 3ff.

[123] Auf die Schwäche der Konzeption des faktischen Organs weist auch *Ziemons*, Die Haftung der Gesellschafter für Einflussnahmen auf die Geschäftsführung der GmbH, S. 73f. hin. Ebenso: *Ehricke*, ZGR 2000, S. 351, 354.

[124] *Nasall*, ZIP 2003, S. 969, 974ff.

hend beseitigen. Die Beweisbarkeit der subjektiven Tatbestandsvoraussetzungen sei aufgrund der vom BGH entwickelten Erleichterungen bei der Darlegungslast des Anfechtenden nicht problematisch[125]. Den Einwand, durch die Anfechtung werde zwar die jeweilige Maßnahme rückgängig gemacht, ein etwaiger durch die Insolvenzverursachung entstandener weitergehender Schaden jedoch nicht ersetzt, weist *Nasall* zurück. Die GmbH habe einen Anspruch auf die Vorteile, die der Begünstigte erzielt hat, oder schuldhaft nicht erzielt hat[126]. Nach Ausgleich dieser Vorteile sei ein verbleibender Schaden der Gesellschaft häufig ausgeschlossen.
Dagegen spricht, dass diese Vorteile insbesondere beim Entzug von Liquidität nur selten über den Betrag des entzogenen Vermögens hinausgehen, der im Regelfall gerade nicht die durch die Insolvenz entstandenen Verluste ausgleicht[127]. Aber auch in den anderen in Betracht kommenden Fallgruppen erscheint diese Annahme angesichts der sich infolge der Insolvenz schnell auftürmenden Verbindlichkeiten als illusorisch. Die Anfechtungsregeln vermögen daher keine ausreichende Sanktionierung existenzvernichtender Eingriffe zu gewährleisten.

5. Geschäftsführerhaftung nach § 43 GmbHG

Die Haftung der GmbH-Geschäftsführer nach § 43 GmbHG vermag keinen hinreichenden Schutz gegen existenzvernichtende Eingriffe der GmbH-Gesellschafter zu bieten. Sie krankt an der gleichen Schwäche wie auch die Haftung wegen Insolvenzverschleppung. Sie erlaubt lediglich einen Zugriff auf die Geschäftsführer, nicht aber auf die oftmals finanziell besser ausgestatteten Gesellschafter, soweit kein Fall der faktischen Geschäftsführung vorliegt.

6. Deliktsrecht

Neben den speziellen Haftungsgrundlagen des GmbH-Rechts kommt für die Gesellschafter, die in existenzvernichtender Weise in die GmbH eingreifen eine Haftung gegenüber den Gläubigern der Gesellschaft nach dem Deliktsrecht in Betracht.

---

125 *Nasall*, ZIP 2003, S. 969, 975. Das ist allerdings nicht fern liegend, denn der Gläubigerbenachteiligungsvorsatz erfordert lediglich das Wissen und Wollen einer potentiell masseschmälernden Wirkung. Dabei genügen inkongruente Leistungen nach st. Rspr., BGH ZIP 2002, S. 85, 86; BGH, ZIP 2000, S. 82, 83 als Indiz sowohl für den Gläubigerbenachteiligungsvorsatz des Schuldners, als auch für die Kenntnis des Anfechtungsgegners. In den in Rede stehenden Fallgestaltungen wird eine solche inkongruente Leistung unschwer zu erkennen sein.

126 *Nasall*, ZIP 2003, S. 969, 975.

127 Vergleiche diesbezüglich auch die Ausführungen betreffend der Kapitalerhaltungsregeln, wo dargelegt wurde, dass die bloße Rückzahlung des entzogenen Vermögens die nachteiligen Auswirkungen der Insolvenz nicht auszugleichen vermag, oben, 2. Kapitel A III 1 c), S. 19f.

a) § 823 Abs. 2 BGB

Wichtigstes Schutzgesetz im Rahmen des § 823 Abs. 2 BGB hinsichtlich existenzvernichtender Eingriffe ist § 266 StGB, der die Untreue zum Nachteil der Gesellschaft erfasst. Tätigt ein Gesellschafter oder Geschäftsführer nachteilige Eingriffe in das GmbH-Vermögen, so kann er sich nach § 823 Abs. 2 BGB i.V.m. § 266 StGB schadensersatzpflichtig machen[128]. Das gleiche gilt für den Fall, dass der Geschäftsführer auch Gesellschafter der GmbH ist. Denn bezüglich des Vermögens einer GmbH ist weit überwiegend anerkannt, dass es auch im Verhältnis zum Alleingesellschafter bzw. zu einverständlich handelnden Gesellschaftern „fremd" i.S.v. § 266 StGB ist, da die juristische Person GmbH diesen gegenüber verselbständigt ist[129]. Das ist auch konsequent, die Gesellschafter können sich zur Vermeidung ihrer Haftung nicht auf die Vermögenstrennung berufen, zur Vermeidung einer Strafbarkeit wegen Untreue aber Vermögenseinheit geltend machen[130]. Zu einem Ausschluss dieses Schadensersatzanspruches mittels eines tatbestandsausschließenden Einverständnisses kann jedoch die Zustimmung der Gesellschafter führen[131]. Denn das Vermögen der GmbH mag zwar fremd für die Gesellschafter sein, doch haben die Gesellschafter die Befugnis, den Einsatz des Vermögens autonom zu bestimmen, so dass die Zustimmung den Missbrauch der Verfügungsbefugnis bzw. die Pflichtverletzung ausschließt[132]. Streitig ist insbesondere die Reichweite dieser Zustimmungsbefugnis. Die Bedeutung der Beantwortung dieser Frage liegt auf

---

128 Allgemeine Ansicht und ständige Rechtsprechung, vgl. nur BGHSt 34, S. 379; 35, S. 337; Schönke/Schröder/*Lenckner*/*Perron*, StGB, § 266 Rdn. 21 m.w.N.; *Kohlmann*, Die strafrechtliche Verantwortlichkeit des GmbH-Geschäftsführers, Rdn. 170ff.

129 BGHSt 3, S. 32, 39f.; 34, S. 379, 384; Lackner/*Kühl*, StGB § 266 Rdn. 3; Schönke/*Schröder*, StGB, § 266 Rdn. 6; Tröndle/*Fischer*, StGB, § 266, Rdn. 11. Davon gehen auch die in Fn. 131 Genannten aus, andernfalls wäre die Frage nach einer Qualifizierung der Gesellschafterzustimmung unerheblich. Denn ist das Vermögen gegenüber den Gesellschaftern nicht fremd ist, greift der Tatbestand des § 266 StGB ohnehin nicht, so dass es auf das Vorliegen eines Rechtfertigungsgrundes bzw. eines tatbestandsausschließenden Einverständnisses nicht mehr ankommt. A.A. *Kramer*, WM 2004, S. 305, 307, der eine Wahrnehmung fremder Interessen ablehnt.

130 BGHSt 34, S. 379, 385; *Ulmer*, FS Pfeiffer, S. 853, 860f.; Rowedder/Schmidt-Leithoff/*Schaal*, GmbHG, Vor §§ 82-85, Rdn. 16.; *Brammsen*, DB 1989, S. 1609, 1610.

131 Allgemeine Ansicht, BGHSt ZIP 2004, S. 1200, 1205; BGHSt 34, S. 379, 386f.; 35, S. 333, 335; Schönke/Schröder/*Lenckner*/*Perron*, StGB, § 266 Rdn. 21; *Kohlmann*, Die strafrechtliche Verantwortlichkeit des GmbH-Geschäftsführers, Rdn. 170ff.; *ders.*, FS Werner, S. 402f.; Hachenburg/*Kohlmann*, GmbHG, vor § 82 Rdn. 183ff.; Lackner/*Kühl*, StGB § 266 Rdn. 20; Tröndle/*Fischer*, StGB, § 266, Rdn. 49; Scholz/*Tiedemann*, GmbHG, Vor §§ 82ff.; SK/*Samson*/*Günther*, StGB, § 266 Rdn. 46; *Ziemons*, Die Haftung der Gesellschafter für Einflussnahmen auf die Geschäftsführung der GmbH, S. 190; *Flum*, Der strafrechtliche Schutz der GmbH gegen Schädigungen mit Zustimmung der Gesellschafter, S. 72; *Wodicka*, Die Untreue zum Nachteil der GmbH bei vorheriger Zustimmung aller Gesellschafter, S. 332; *Vonnemann*, GmbHR 1988, S. 329, 330. Für die Einordnung der Zustimmung als Rechtfertigungsgrund noch BGHSt 3, S. 32, 39; 9, S. 203, 216.

132 BGHSt 34, S. 379, 386f.; 35, S. 333, 335; Schönke/Schröder/*Lenckner*/*Perron*, StGB, § 266 Rdn. 21; Tröndle/*Fischer*, StGB, § 266 Rdn. 49; Lackner/*Kühl*, StGB §, 266 Rdn. 20.

der Hand: Sollten die GmbH-Gesellschafter auch im Falle existenzvernichtender Eingriffe eine Untreue durch ihr Einverständnis ausschließen können, käme diesem Haftungstatbestand keine Bedeutung im Rahmen der Sanktionierung solcher Verhaltensweisen zu.

aa) Reichweite eines Einverständnisses der Gesellschafter

Nach h.M.[133] scheidet ein tatbestandsausschließendes Einverständnis der Gesellschafter lediglich bei Verstößen gegen das Kapitalerhaltungsgebot oder bei Existenzgefährdung aus. Die Kapitalerhaltungsvorschriften und das Bestandsinteresse der GmbH seien für die Gesellschafter nicht disponibel[134]. Der Gegenansicht[135] zufolge wirkt die Einwilligung der Gesellschafter generell tatbestandsausschließend. Soweit es um die Interessen der GmbH gehe, sei allein der Wille der Gesellschafter als „wirtschaftliche Eigentümer" maßgebend, da durch sie als oberstes Willensbildungsorgan auch der Wille der Gesellschaft bestimmt werde. Eine Beeinträchtigung von Gläubiger- oder Allgemeininteressen sei unbeachtlich, § 266 StGB diene lediglich dem Schutz der Gesellschaft.

(1) Absolute Dispostionsbefugnis?

Letztere Meinung ist abzulehnen. Sie würde eine Negierung jeglicher Unabhängigkeit der juristischen Person GmbH von ihren Gesellschaftern bedeuten. Wäre dies der Fall, so bestünde auf der anderen Seite auch kein Grund, den Gesellschaftern das Haftungsprivileg des § 13 Abs. 2 GmbHG zuzugestehen[136]. Denn dieses beruht gerade auf der Verselbständigung der juristischen Person GmbH[137]. Eine absolute Dispositionsbefugnis der Gesellschafter ist im Rahmen

---

133 BGHSt 35, S. 333, 337f.; BGH NJW 1989, S. 112, 113; 2000, S. 154, 155; 2003, S. 2996, 2998; *Gribbohm*, ZGR 1990, S. 1, 17; Hachenburg/*Kohlmann*, GmbHG, vor § 82 Rdn. 200f.; Scholz/*Tiedemann*, GmbHG, Vor §§ 82ff. Rdn. 15. Nach Ansicht von *Ziemons*, Die Haftung der Gesellschafter für Einflussnahmen auf die Geschäftsführung der GmbH, S. 195f., ist lediglich eine Verletzung der Kapitalerhaltungsvorschriften beachtlich, eine Berücksichtigung der Existenzgefährdung verstoße gegen den Bestimmtheitsgrundsatz des Art. 103 Abs. 2 GG.

134 BGHSt 34, S. 379, 384f.; BGH NJW 1989, S. 112, 113; *Kohlmann*, FS Werner, S. 387, 399; Lackner/*Kühl*, StGB § 266, Rdn. 20; Hachenburg/*Kohlmann*, GmbHG, Vor § 82 Rdn. 183; *Wodicka*, Die Untreue zum Nachteil der GmbH bei vorheriger Zustimmung aller Gesellschafter, S. 253f. Für Unwirksamkeit jedenfalls bei Verstoß gegen die Kapitalerhaltungsvorschriften: *Hellmann*, wistra 1989, S. 214, 216f.; *Brammsen*, DB 1989, S. 1609, 1614f.; *Schäfer*, GmbHR 1993, S. 780, 793ff.; *Radtke*, GmbHR 1998, S. 361, 365f.

135 Schönke/Schröder/*Lenckner/Perron*, StGB, § 266 Rdn. 21; Tröndle/*Fischer*, StGB, § 266 Rdn. 53; SK/*Samson/Günther*, StGB, § 266 Rdn. 48; *Arloth*, NStZ 1990, S. 570, 573f.; *Nelles*, Untreue zum Nachteil der Gesellschaften, S. 523, 546ff.; *Muhler*, wistra 1994, S. 283, 287; *Reiß*, wistra 1989, S. 81, 83ff.; *Labsch*, wistra 1985, S. 1, 7f.

136 BGHSt 34, S. 379, 385; Rowedder/Schmidt-Leithoff/*Schaal*, GmbHG, Vor §§ 82-85 Rdn. 16; *Ulmer*, FS Pfeiffer, S. 853, 860f.; *Wilhelm*, Rechtsform und Haftung bei der juristischen Person, S. 2; *Brammsen*, DB 1989, S. 1609, 1610.

137 *Wilhelm*, Rechtsform und Haftung bei der juristischen Person, S. 1ff.

des § 266 StGB mithin nicht anzuerkennen[138]. Damit stellt sich die Frage, ob und welche Grenzen die Gesellschafter bei Eingriffen in das GmbH-Vermögen bzw. bei Weisungen an die Geschäftsführer zu beachten haben.

(2) Grenze in den Kapitalerhaltungsvorschriften?

Die Kapitalerhaltungsvorschriften verhindern im Interesse der Gläubiger eine Schmälerung des Haftungsfonds der GmbH zugunsten der Gesellschafter. Einige Autoren folgern daraus, als eine das Gläubigerinteresse schützende Vorschrift sei § 30 GmbHG im Rahmen des § 266 StGB nicht beachtlich[139]. Denn geschütztes Rechtsgut von § 266 StGB ist das Vermögen derjenigen Person, deren Vermögensinteressen der Täter zu betreuen hat[140]. Damit kann ein Verstoß gegen § 30 GmbHG im Rahmen der Untreue nur dann beachtlich sein, wenn diese Norm die Vermögensinteressen der Gesellschaft schützt. Das ist zu bejahen. Der Anspruch aus § 31 GmbHG steht der Gesellschaft zu, die damit Schutzadressat ist. Die Tatsache, dass dieser Anspruch reflexartig auch den Gläubigern zugute kommt[141], spricht nicht gegen die Einstufung als Schutzrecht zugunsten des Gesellschaftsvermögens[142]. Maßgebend ist insofern die primäre Schutzrichtung. Ein Einverständnis der Gesellschafter bei einem Verstoß der jeweiligen Maßnahme gegen die Kapitalerhaltungsvorschriften ist mithin unbeachtlich.

(3) Ausschluss bei existenzvernichtendem Eingriff?

Ein explizites Verbot existenzvernichtender Eingriffe gibt es hingegen nicht. Man könnte versuchen, ein solches aus dem Tatbestand des Bankrotts, § 283 Abs. 2 StGB herauszulesen[143]. Allerdings nimmt § 283 StGB Bezug auf Zahlungsunfähigkeit und Überschuldung, welche –wie oben dargetan– einen umfassenden Schutz der Gläubiger vor existenzgefährdenden Handlungsweisen eben nicht zu sichern vermögen. Der Tatbestand des Bankrotts kann mithin ein umfassendes Verbot existenzvernichtender Verhaltensweisen nicht enthalten.
Die Beachtlichkeit einer Zustimmung der Gesellschafter zu existenzgefährdenden Eingriffen ist davon abhängig, inwieweit der Bestand der Gesellschaft zur

---

[138] *Ulmer*, FS Pfeiffer, S. 853, 860f.; *Kohlmann*, FS Werner, S. 387, 397; Rowedder/Schmidt-Leithoff/*Schaal*, GmbHG, Vor §§ 82-85 Rdn. 16.

[139] Schönke/Schröder/*Lenckner/Perron*, StGB, § 266 Rdn. 21; Tröndle/*Fischer*, StGB, § 266 Rdn. 53; *Arloth*, NStZ 1990, S. 570, 573f.; *Nelles*, Untreue zum Nachteil der Gesellschaften; S. 523, 546ff.; *Muhler*, wistra 1994, S. 283, 287; *Reiß*, wistra 1989, S. 81, 84; *Labsch*, wistra 1985, S. 1, 8.

[140] Allgemeine Ansicht, vgl. nur: BGHSt 43, S. 293, 297; Schönke/Schröder/*Lenckner/Perron*, StGB, § 266, Rdn. 1; Tröndle/*Fischer*, StGB, § 266 Rdn. 2; *Ulmer*, FS Pfeiffer, S. 853, 860; *Kohlmann*, FS Werner, S. 395, 398; SK/*Samson/Günther*, StGB, § 266 Rdn. 48.

[141] Hachenburg/*Goerdeler/Müller*, GmbHG, § 30 Rdn. 16; *Kolks*, Die Durchgriffshaftung, S. 222.

[142] *Ulmer*, FS Pfeiffer, S. 853, 860.

[143] Scholz/*Tiedemann*, GmbHG, Vor §§ 82ff., Rdn. 15.

Disposition der Gesellschafter steht. Maßgeblich hierfür sind die Wertungen des Gesellschaftsrechts[144]. Denn eine Weisung, welche den Gesellschaftern nach dem GmbHG gestattet ist, kann schwerlich eine Haftung unter strafrechtlichen Gesichtspunkten auslösen[145]. Das folgt schon aus dem Gedanken der Einheit der Rechtsordnung[146]. Für eine solche Dispositionsbefugnis wird angeführt, den Gesellschaftern stünde es frei, die GmbH zu liquidieren[147]. Das ist zwar richtig, allerdings sind die Gesellschafter in diesem Falle an die Einhaltung der zwingenden gesetzlichen Liquidationsvorschriften gebunden. Somit können die Gesellschafter die GmbH zwar auflösen, allerdings ist die Art der Abwicklung ihrer Disposition entzogen[148]. Durch die Beendigung der GmbH mittels eines existenzvernichtenden Eingriffs werden die gesetzlichen Regelungen hinsichtlich des Liquidationsverfahrens missachtet. Die Dispositionsbefugnis der Gesellschafter bezüglich der Liquidation der GmbH umfasst also nicht die Zerstörung der GmbH mittels existenzvernichtender Eingriffe[149].

Unter Berücksichtigung des Schutzzwecks des Straftatbestandes der Untreue wäre ein Verstoß der vom einvernehmlichen Gesellschafterwillen gedeckten Handlungen gegen das Bestandsinteresse unbeachtlich, soweit dieses allein dem Gläubigerschutz dient. Die Befürworter eines auf Bestandserhaltung gerichteten Eigeninteresses der Gesellschafter verfolgen das Ziel, auf diese Weise die Gläubiger der Gesellschaft zu schützen[150]. Ähnlich den Vorschriften der Kapitalerhaltung muss das aber nicht bedeuten, dass dieses Interesse nicht primär das Vermögen der Gesellschaft betrifft. Außerhalb der Liquidation haben die Gesellschafter der Eigenständigkeit der juristischen Person GmbH dadurch Rechnung zu tragen, dass sie das in ihr gebundene Vermögen nur in den durch die §§ 30, 31 gezogenen Grenzen abziehen dürfen. Das Gesetz

---

144 *Hellmann*, wistra 1989, S. 214, 216; *K. Schmidt*, JbFSt, 1988/1989, S. 150f.; *Wodicka*, Die Untreue zum Nachteil der GmbH bei vorheriger Zustimmung aller Gesellschafter, S. 190; *Wellkamp*, NStZ 2001, S. 113, 115; *Vonnemann*, GmbHR 1988, S. 329ff.; *Brammsen*, DB 1989, S. 1609, 1614.

145 *Winter*, Mitgliedschaftliche Treubindungen im GmbH-Recht, S. 210; *Flum*, Der strafrechtliche Schutz der GmbH gegen Schädigungen mit Zustimmung der Gesellschafter, S. 77; *Wodicka*, Die Untreue zum Nachteil der GmbH bei vorheriger Zustimmung aller Gesellschafter, S. 185f.

146 *Winter*, Mitgliedschaftliche Treubindungen im GmbH-Recht, S. 210; *Gribbohm*, ZGR 1990, S. 1, 3ff.; *Flum*, Der strafrechtliche Schutz der GmbH gegen Schädigungen mit Zustimmung der Gesellschafter, S. 6ff.

147 So noch *Wiedemann*, Die Unternehmensgruppe im Privatrecht, S. 87. Mittlerweile aber a.A., *ders.*, FS BGH, S. 337, 353.

148 *Winter*, Mitgliedschaftliche Treubindungen im GmbH-Recht, S. 202ff.; *Priester*, ZGR 1993, S. 512, 520ff.; *Röhricht*, FS 50 Jahre BGH, S. 83, 99ff.; Scholz/*H. P. Westermann*, GmbHG, § 30 Rdn. 16; *Schnauder/Müller-Christmann*, JuS 1998, S. 980, 984.

149 So auch BGHSt 35, S. 333, 337f.; BGH NJW 1989, S. 112, 113; 2000, S. 154, 155; 2003, S. 2996, 2998; *Gribbohm*, ZGR 1990, S. 1, 17; Hachenburg/*Kohlmann*, GmbHG, vor § 82 Rdn. 200f.; Scholz/*Tiedemann*, GmbHG, Vor §§ 82ff. Rdn. 15.

150 *Priester*, ZGR 1993, S. 512, 520ff.; *Röhricht*, FS 50 Jahre BGH, S. 83, 99ff.; Ebenso: *Hommelhoff*, Die Konzernleitungspflicht, S. 256; *Ulmer*, ZHR 148 (1984), S. 391, 421; *Assmann*, JZ 1986, S. 928, 931; *Nissing*, Eigeninteresse der Gesellschaft oder Liquidation auf kaltem Wege, S. 50; *Hölzle*, ZIP 2003, S. 1376, 1379f.; *Raiser*, Recht der Kapitalgesellschaften, S. 635.

schreibt weiter vor, dass die Gesellschafter die GmbH nur nach den §§ 65ff. GmbHG beenden dürfen. Den Gesellschaftern ist es somit untersagt, auf anderen Wegen die Existenz der GmbH zu vernichten. Das hierauf gerichtete Eigeninteresse der GmbH wird konstituiert durch ihre Funktion als Rechtsträger, der den Gesellschaftern zwar einerseits das Haftungsrisiko abnimmt, im Gegenzug aber auch seine Respektierung verlangt und damit auch Rücksichtnahme auf seine Fähigkeit zur Erfüllung der Verbindlichkeiten[151]. Damit ist zugleich zum Ausdruck gebracht, dass durch das so verstandene Interesse an der Bestandserhaltung die Gläubiger lediglich reflexartig über das Vehikel der GmbH geschützt werden. Die GmbH ist mithin der Träger der Gläubigerinteressen[152]. Eingriffe in die GmbH, die deren Bestand vernichten, sind also im Rahmen des § 266 StGB in jedem Falle beachtlich. Denn damit werden Vermögensinteressen der GmbH geschädigt.
Die Unbeachtlichkeit einer Zustimmung der Gesellschafter zu existenzvernichtenden Eingriffen ergibt sich aus den Wertungen des GmbHG, welche den Gesellschaftern für die Beendigung ihrer GmbH ein den Gläubigerinteressen dienendes Verfahren auferlegt. Befolgen die Gesellschafter diese Vorgaben nicht, verstoßen sie gegen die gesellschaftsrechtlichen Wertungen, welche auch im Strafrecht insoweit Geltung beanspruchen, als die Dispositionsbefugnis der Gesellschafter hinsichtlich ihrer Gesellschaft sich anhand der gesellschaftsrechtlichen Wertungen zu bestimmen hat. Da dieses Ergebnis mithin aus den Reglungen des GmbHG folgt, kann diesbezüglich nicht von einer Verletzung des strafrechtlichen Bestimmtheitsgrundsatzes gesprochen werden[153]. Die Zustimmung der Gesellschafter zu existenzvernichtenden Maßnahmen kann mithin eine Haftung nach § 823 Abs. 2 BGB i.V.m. § 266 StGB nicht beseitigen.

bb) Bewertung des Schutzes nach § 823 Abs. 2 BGB i.V.m. § 266 StGB

Eine Haftung der Gesellschafter aus § 823 Abs. 2 BGB i.V.m. § 266 StGB erfordert die Ausübung von Geschäftsführungsangelegenheiten durch die Gesellschafter. Die Voraussetzungen für eine Qualifizierung als faktischer Geschäftsführer sind dabei nicht erforderlich, denn die Vermögensbetreuungspflicht muss nicht auf Dauer bestehen, auch eine einmalige Handlung kann ausreichen[154]. Für Einflussnahmen der Gesellschafter auf die Geschäftsführer mittels Weisungen bleibt eine Haftung der Gesellschafter wegen Teilnahme[155].

---

[151] BGHZ 151, S. 181, 186–„KBV"; *Röhricht*, FS 50 Jahre BGH, S. 83, 99ff.; siehe auch unten, 2. Kapitel B II 3, S. 58ff.

[152] *Winter*, Mitgliedschaftliche Treubindungen im GmbH-Recht, S. 210f.; *Priester*, ZGR 1993, S. 512, 520ff.; *Röhricht*, FS 50 Jahre BGH, S. 83, 99ff..

[153] A.A.: *Ziemons*, Die Haftung der Gesellschafter für Einflussnahmen auf die Geschäftsführung der GmbH, S. 195f.

[154] *Flum*, Der strafrechtliche Schutz der GmbH gegen Schädigungen mit Zustimmung der Gesellschafter, S. 239ff.

[155] *Ziemons*, Die Haftung der Gesellschafter für Einflussnahmen auf die Geschäftsführung der GmbH, S. 188. Detailliert: *Ehricke*, Das abhängige Konzernunternehmen, S. 214ff.,

Die Haftung aus § 823 Abs. 2 BGB i.V.m. § 266 StGB ist in vielen Fällen geeignet, existenzbeendende Handlungen der Gesellschafter zu erfassen[156]. Als Hürde kann sich allerdings der Nachweis der Vorsätzlichkeit des Gesellschafterhandelns erweisen.

cc) Ausschluss der Regelungslücke?

Angesichts dieses weitgehenden Gleichlaufs mit einer Existenzvernichtungshaftung könnte man folgern, dass eine solche nicht mehr erforderlich bzw. unzulässig wäre, da § 823 Abs. 2 BGB i.V.m. § 266 StGB diese Verhaltensweisen bereits umfassend sanktionierte. Ohne ihre Vorgehensweise zu erläutern, wenden Rechtsprechung und überwiegende Literatur die Deliktshaftung neben der Existenzvernichtungshaftung an[157]. Dabei geht der BGH augenscheinlich ebenfalls von einem Gleichlauf beider Haftungstatbestände aus, wenn er die Haftung aus § 823 Abs. 2 BGB i.V.m. § 266 StGB lediglich mit einem Hinweis auf die zuvor erläuterte Ablehnung einer Haftung wegen existenzvernichtender Eingriffe verneint[158]. Hierzu ist Folgendes anzumerken: Eine Verhaltensweise, die strafrechtlich sanktioniert ist, muss auch zivilrechtlich bewehrt sein. Das folgt schon daraus, dass Strafrecht immer nur als ultima ratio dienen kann. Damit gilt umgekehrt auch, dass eine Verhaltensweise, die zivilrechtlich zulässig ist, auch strafrechtlich nicht relevant sein darf. Ferner ist für die Beurteilung gesellschaftsrechtlicher Vorfragen im Strafrecht das Gesellschaftsrecht maßgebend[159]. In concreto bedeutet dies, dass die Dispositionsbefugnis der Gesellschafter über die GmbH im Rahmen der Untreue nach den gesellschaftsrechtlichen Vorgaben zu entscheiden ist. Im Falle existenzvernichtender Eingriffe ist die Dispositionsbefugnis der Gesellschafter mithin nur soweit ausgeschlossen, wie auch das Gesellschaftsrecht derartige Verhaltensweisen nicht genehmigt. Dann aber setzt eine untreuerechtliche Haftung existenzvernichtender Verhaltensweisen eine gesellschaftsrechtliche Haftung voraus. Unabhängig davon, ob man der Haftung nach § 823 Abs. 2 BGB i.V.m. § 266 StGB den gleichen Anwendungsbereich zuweist wie einer Haftung für

---

ders., ZGR 2000, S. 351; *Heermann*, in: Entwicklungen zur Durchgriffs- und Konzernhaftung, S. 11, 25.

156 In der Alternative des Treuebruchtatbestandes soll der Anwendungsbereich der Untreue auch den Entzug von Geschäftschancen umfassen. Die Pflichtverletzung des Geschäftsführers liege hier in dem Unterlassen der Mehrung des Gesellschaftsvermögens, die Garantenstellung in der Treuepflicht begründet, vgl. *Polley*, Wettbewerbsverbot und Geschäftschancenlehre, S. 169.

157 S.u., 3. Kapitel A IV 3, S. 38ff.

158 BGHZ 150, S. 61, 68. Gegenteiliges folgt nicht aus dem Urteil BGHZ 149, S. 11, „Bremer Vulkan", in dem eine Haftung aus existenzvernichtendem Eingriff abgelehnt, eine Pflicht zum Schadensersatz aus § 823 Abs. 2 BGB i.V.m. § 266 StGB hingegen bejaht wird. Denn obige Ausführungen beziehen sich nur auf die Fälle, in denen ein existenzvernichtender Eingriff vorliegt, was in dieser Entscheidung hingegen nicht der Fall war.

159 Auf die Notwendigkeit der Übertragung der gesellschaftsrechtlichen Grundsätze auf das Strafrecht weist auch der 5. Strafrechtssenat des BGH hin, BGHSt ZIP 2004, S. 1200, 1208.

existenzvernichtende Eingriffe[160], kann daraus nicht die Unzulässigkeit der gesellschaftsrechtlichen Haftung folgen. Vielmehr ist diese wegen ihrer Spezialität vorrangig zum Deliktsrecht und in ihren Wertungen maßgebend. Dem entspricht auch die allgemeine rechtliche Systematik, wonach die Haftung aus der Verletzung einer Sonderbeziehung durch gleichzeitig verwirklichte deliktische Haftungstatbestände nicht verdrängt wird. Die Haftung der Gesellschafter wegen Vernichtung der Existenz ihrer GmbH ist fraglos eine derartige Haftung. Denn egal, wie man diese Haftung konkret dogmatisch verankert, so trifft sie die Gesellschafter letztendlich aufgrund ihrer besonderen Einflussmöglichkeiten auf die GmbH. Vor dem Hintergrund der Existenzvernichtungshaftung als genuin gesellschaftsrechtlicher Regel kann eine Verdrängung durch deliktische Tatbestände nicht anerkannt werden[161].

b) § 826 BGB

§ 826 BGB bewehrt die vorsätzliche, sittenwidrige Schädigung anderer Personen mit einem Anspruch auf Schadensersatz. Existenzvernichtende Eingriffe der Gesellschafter in die Gesellschaft können daher aufgrund ihrer gläubigerschädigenden Wirkung auch nach § 826 BGB Schadensersatzansprüche auslösen[162]. Dabei deckt § 826 BGB alle aus dieser Handlungsweise resultierenden Schäden ab, auch erst durch die Verursachung der Insolvenz entstehende Nachteile. Ein solcher Anspruch wird jedoch z.T. aufgrund von Beweisschwierigkeiten insbesondere hinsichtlich der subjektiven Tatbestandsvoraussetzungen als zum Gläubigerschutz vor existenzvernichtenden Eingriffen unzureichend empfunden[163]. Angesichts der Tatsache, dass auch bedingter Vorsatz genügt, und der Täter nur die Richtung, in der sich sein Verhalten zum Schaden anderer auswirken könnte, und die Art des möglichen Schadens voraussehen

---

160 *Ulmer*, in Ulmer (Hrsg.), Haftung im qualifizierten faktischen GmbH-Konzern, S. 41, 59f. und *Röhricht*, FS 50 Jahre BGH, S. 83, 100 sprechen den deliktischen Tatbeständen aufgrund ihrer Abhängigkeit vom Einzelfall eine entsprechende Schutzwirkung ab. Ähnlich: *Altmeppen*, ZIP 2001, S. 1837, 1842.

161 BGHZ 151, S. 181, 183ff.; 149, S. 10, 16; *Röhricht*, FS 50 Jahre BGH, S. 83, 115f.; *Decher*, in Ulmer (Hrsg.), Haftung im qualifizierten faktischen GmbH-Konzern, S. 25, 32; *Ulmer*, in Ulmer (Hrsg.), Haftung im qualifizierten faktischen GmbH-Konzern, S. 41, 59f.; *Wiedemann*, Die Unternehmensgruppe im Privatrecht, S. 35; Emmerich/*Habersack*, Konzernrecht, Anh. § 318 Rdn. 40; *Henze*, NZG 2003, S. 649, 658. Im Ergebnis auch *Altmeppen*, ZIP 2001, S. 1837, 1842. Für den Fall der Anerkennung als gesellschaftsrechtliche Regelung stimmt dem auch *Wilhelmi*, DZWIR 2003, S. 45, 56 zu. A.A.: *Raiser*, Recht der Kapitalgesellschaften, S. 497. Zweifelnd: *Goette*, in Ulmer (Hrsg.), Haftung im qualifizierten faktischen Konzern, S. 11, 23f.

162 Vgl. BGHZ 151, S. 181 – „KBV“; *Goette*, in Ulmer (Hrsg.), Haftung im qualifizierten faktischen, S. 11, 22f.; *Röhricht*, VGR (2002), S. 3, 29.

163 *Röhricht*, FS 50 Jahre BGH, S. 83, 97; *Ehricke*, ZGR 2000, S. 351, 353; *Henze*, NZG 2003, S. 649, 658; *Hölzle*, ZIP 2003, S. 1376, 1379; *Benecke*, BB 2003, S. 1190. Auf Beweisschwierigkeiten hinsichtlich der subjektiven Tatbestandsseite weisen auch *Ziemons*, Die Haftung der Gesellschafter für Einflussnahmen auf die Geschäftsführung der GmbH, S. 210f. und *Koppensteiner*, FS Honsell, S. 607, 613 hin.

muss[164], überrascht dieser Befund[165]. Denn ein bedingter Schädigungsvorsatz ist gegenüber den Gesellschaftsgläubigern schon dann gegeben, wenn der Täter die Insolvenz der GmbH (mit ihren negativen Folgen für die Gläubiger) als mögliche Folge seines Handelns erkennt.
Schwieriger festzustellen ist das Merkmal der Sittenwidrigkeit der Schädigung[166]. Erforderlich ist eine Handlung des Täters, die in ihrem Unwert deutlich über das Maß hinausgeht, welches durch andere Normen ohnehin sanktioniert wird. So reichen bloße Vermögensverschiebungen zu Lasten der Gläubiger allein nicht aus, der Täter muss seine Interessen rücksichtslos und einseitig vor die bevorrechtigten Interessen der Gläubiger stellen[167]. Insbesondere können Vermögensverschiebungen oberhalb des Stammkapitals nicht schon per se als sittenwidrig eingestuft werden, da das GmbHG sie zunächst in §§ 30, 31 GmbHG von einer Sanktionierung ausschließt[168]. Es ist jedes Mal eine Einzelfallbetrachtung unter Berücksichtigung des Ausnahmecharakters der Vorschrift vorzunehmen, ob die fragliche Handlung sittenwidrig ist. In die Feststellung der Sittenwidrigkeit kann dabei auch eine Existenzgefährdung der Gesellschaft einfließen, da eine solche Verhaltensweise den berechtigten Erwartungen des Rechtsverkehrs an einer sorgfältigen Führung der GmbH durch die Gesellschafter diametral entgegen läuft. Aufgrund der Abhängigkeit der Sittenwidrigkeit von den Umständen des konkreten Einzelfalles und von subjektiven Wertungen kann eine Haftung nach § 826 BGB eine gleichmäßige Behandlung entsprechender Verhaltensweisen nicht gewährleisten. Zudem würde auch eine Haftung für existenzvernichtende Eingriffe nach § 826 BGB die Ausbildung konkreter Verhaltensregeln erfordern. Eine Erleichterung wäre insofern mit einer Sanktionierung existenzvernichtender Eingriffe allein über § 826 BGB nicht verbunden. Aufgrund des gesellschaftsrechtlichen Charakters dieser Regeln ist es überzeugender, eine gesellschaftsrechtliche Lösung herauszuarbeiten[169]. § 826 BGB ist damit nicht geeignet, die Schutzlücke im GmbH-Recht zu schließen[170].
§ 826 BGB stellt insbesondere aufgrund der in der Höhe unbeschränkten Haftungsfolge eine wichtige Ergänzung der gesellschaftsrechtlichen Schutzinstrumente dar. Aufgrund des Ausnahmecharakters der Vorschrift kann aber nicht

---

164 MünchKomm/*Mertens*, BGB, § 826 Rdn. 62; Staudinger/*Oechsler*, § 826 Rdn. 61ff.; 75ff.; Erman/*Schiemann*, BGB, § 826 Rdn. 14f.

165 So auch *Burgard*, WuB II C, § 13 GmbHG 1.03; *Banerjea*, ZIP 1999, S. 1153, 1157; *Raiser*, Entwicklungen zur Durchgriffs- und Konzernhaftung, Diskussionsbericht, S. 76.

166 *Raiser*, Entwicklungen zur Durchgriffs- und Konzernhaftung, Diskussionsbericht, S. 76. Zu Schwierigkeiten bei der Bestimmung der Sittenwidrigkeit auch *Henze*, NZG 2003, S. 649, 658. Nach *Ziemons*, Die Haftung der Gesellschafter für Einflussnahmen auf die Geschäftsführung der GmbH, S. 210, ist nicht jede existenzvernichtende Weisung sittenwidrig i.S.d. § 826 BGB.

167 BGH WM 1979, S. 229; *Burgard*, WuB II C. § 13 GmbHG 1.03.

168 BGHZ 93, S. 146, 148; 95, S. 330, 340 – „Autokran"; BGH NJW 1996, S 1283, 1283.

169 *Röhricht*, VGR (2002), S. 3, 29 spricht sogar davon, ebenso gut könnte man das gesamte Schuldrecht durch § 242 BGB ersetzen.

170 *Henze*, NZG 2003, S. 649, 658.

jede Existenzvernichtung zu einer Haftung nach § 826 BGB führen[171]. So wurde eine vorsätzliche sittenwidrige Schädigung in einem Fall der sog. GmbH-Stafette, also der Beendigung des Geschäftsbetriebs einer GmbH und seiner Fortführung durch eine neue GmbH für nicht einschlägig befunden[172]. Denn in die Bewertung der Sittenwidrigkeit ist auch die weitgehende Eingriffsbefugnis der GmbH-Gesellschafter gegenüber ihrer Gesellschaft als maßgebliche Wertung des Gesetzgebers einzubeziehen[173]. § 826 BGB vermag mithin keinen umfassenden Schutz der Gläubiger gegen schädigende Eingriffe der Gesellschafter in die GmbH zu gewährleisten[174], auch wenn in den meisten der bislang entschiedenen Fällen auch eine Haftung nach § 826 BGB für die existenzvernichtende Verhaltensweise eine Rolle spielte[175]. Auch systematisch vermag eine Sanktionierung der betreffenden Verhaltensweisen allein durch die vorsätzliche, sittenwidrige Schädigung nicht zu überzeugen[176].

7. Umfassender Gläubigerschutz durch die Gesamtheit der maßgeblichen Normen?

Nach der gesetzlichen Konzeption wird der Schutz der Gläubiger einer GmbH in erster Linie durch die Regeln der Kapitalerhaltung gewährleistet. Dieser Schutz ist jedoch lückenhaft gegenüber Eingriffen oberhalb der Stammkapitalziffer. Selbst wenn Eingriffe von § 30 GmbHG erfasst werden, gleicht der Rückgewähranspruch des § 31 GmbHG die mit ihnen verbundenen Nachteile nicht immer vollständig aus. Die übrigen gläubigerschützenden Vorschriften des GmbHG erfassen existenzvernichtende Engriffe nicht, oder gewähren keinen Zugriff auf das Vermögen der Gesellschafter. Die deliktische Schadensersatznorm des § 823 Abs. 2 BGB i.V.m. § 266 StGB bietet zwar ausreichenden Schutz, ist aber letztendlich von einer gesellschaftsrechtlichen Sanktionierung existenzvernichtender Eingriffe abhängig und daher insoweit unbeachtlich. Der Tatbestand der vorsätzlichen sittenwidrigen Schädigung ist aufgrund

---

171 *Burgard*, VGR (2002), S. 45, 60; *ders.*, WuB II C. § 13 GmbHG 1.03, S. 73, 74f.; *Vetter*, VGR (2002), S. 69, 93.

172 BGH NJW 1996, S. 1283; MünchKomm/*Mertens*, BGB, § 826 Rdn.190.

173 Auf die Maßgeblichkeit der gesellschaftsrechtlichen Wertung für die Beurteilung der Sittenwidrigkeit weist auch *Koppensteiner*, FS Honsell, S. 607, 613 hin. Das lässt es für ihn nahe liegend erscheinen, auch die Rechtsfolge dem Gesellschaftsrecht zu entnehmen. Ebenso *Lutter/Hommelhoff*, GmbHG, § 13 Rdn. 25.

174 Ähnlich auch MünchKomm/*Mertens*, BGB, § 826 Rdn. 190. Einen Gleichlauf der Tatbestandsvoraussetzungen des § 826 BGB und des existenzvernichtenden Engriffs nimmt hingegen das LAG Köln in seinem Urteil ZIP 2003, S. 1893, 1897 an.

175 BGHZ 151, S. 181 – „KBV"; LAG Köln, ZIP 2003 S. 1893. Lediglich im Falle des OLG Jena, ZIP 2002, S. 631 = GmbHR 2002, S. 112 wurde eine derartige Schadensersatzpflicht nicht diskutiert. Das OLG Rostock, ZIP 2004, S. 118 ließ das Bestehen eines Anspruches aus § 826 BGB offen, da die Haftung des Beklagten in streitgegenständlicher Höhe ohnehin nach den Grundsätzen über den existenzvernichtenden Eingriff begründet war.

Siehe zur parallelen Problematik bei § 823 Abs. 2 BGB i.V.m. § 266 StGB oben, 2. Kapitel A III 6 a) cc), S. 33f.

der notwendigen restriktiven Anwendung nicht in der Lage, die Schwächen des GmbHG komplett auszugleichen.
Eine Zusammenschau der gesetzlichen Gläubigerschutzvorschriften zeigt also, dass diese keinen ausreichenden Schutz gegen die fraglichen Eingriffe der GmbH-Gesellschafter bieten.

8. Zwischenergebnis

Aufgrund der Schwächen des gesetzlichen Haftungskonzepts ist dieses ungeeignet, einen umfassenden Schutz der Gläubiger gegen existenzvernichtende Eingriffe der Gesellschafter zu gewähren. Im Hinblick auf diese Verhaltensweisen liegt mithin eine Regelungslücke vor.

IV. Planwidrigkeit der Regelungslücke

Ob eine bestehende Lücke planwidrig ist, bestimmte Sachverhalte also ausdrücklichen Rechtsfolgeanordnungen ungewollt nicht unterfallen, ist anhand einer Gesamtschau der das betreffende Rechtsgebiet regelnden Normen und ihrer Intentionen zu ermitteln[177]. In Bezug auf das Gläubigerschutzsystem der GmbH ist zunächst festzustellen, welche Zielsetzung mit der Einführung dieser Gesellschaftsform und ihrer speziellen Haftungsregelung verbunden war, und auf welche Weise die unterschiedlichen Interessen Berücksichtigung finden. In einem zweiten Schritt ist herauszuarbeiten, ob der ungenügende Schutz gegen existenzvernichtende Eingriffe der GmbH-Gesellschafter dieser Zielsetzung oder dem getroffenen Interessensausgleich zuwiderläuft. Die Lücke des Gesetzes hinsichtlich dieser Verhaltensweisen ist damit planwidrig, wenn die Untersuchung die Absicht des Gesetzgebers erkennbar macht, die Gesellschafter im Falle existenzvernichtender Eingriffe einer Haftung zugunsten der Gläubiger zu unterwerfen[178].

1. Rechtspolitische Motivation des Haftungsprivilegs in der GmbH

Die Begrenzung der Haftung allein auf das Vermögen der GmbH hat in erster Linie die Funktion, den Gesellschaftern ihre Risikoaversität zu nehmen, und dadurch die Vornahme volkswirtschaftlich vorteilhafter Geschäfte zu veranlassen[179]. Müssten die Gesellschafter im Falle eines Fehlschlagens einer Unternehmung ihren persönlichen Ruin befürchten, so wären sie nicht bereit, risikoreiche Geschäfte zu tätigen, auch wenn die Gewinnerwartungen über den potentiellen Verlusten liegen, und ihre Vornahme auch im Interesse der Gesamtwirtschaft läge. Die Beschränkung der Haftung auf das Gesellschaftsvermögen

---

177 *Larenz*, Methodenlehre der Rechtswissenschaft, S. 372ff.; *Bydlinski*, Juristische Methodenlehre und Rechtsbegriff, S. 473; *Wilhelmi*, DZWIR 2003, S. 45, 54.

178 Vgl. *Haas*, WM 2003, S. 1929, 1930.

179 *Bitter*, Konzernrechtliche Durchgriffshaftung, S. 180; *Ulmer*, FS Duden, S. 661, 663; *Kübler*, NJW 1993, S. 1204; *Ehricke*, AcP 1999, S. 257, 302; *Raiser*, ZGR 1994, S. 156, 165; *Koppensteiner*, FS Honsell, S. 607, 612; *Lehmann*, ZGR 1986, S. 345, 353f.

erlaubt den Gesellschaftern eine Begrenzung der möglichen Verluste. Die Gesellschafter sind deshalb bereit, gewinnträchtige Unternehmungen auch dann durchzuführen, wenn sie mit Risiken behaftet sind.

2. Gewährleistung des Gläubigerschutzes ohne persönliche Haftung im GmbHG

Das Haftungsprivileg nach § 13 Abs. 2 GmbHG steht in einem Spannungsverhältnis zum Schutz der Gesellschaftsgläubiger. Es bewirkt, dass anders als bei den Personengesellschaften, in denen zumindest ein Gesellschafter persönlich unbeschränkt haftet, dem Zugriff der Gesellschaftsgläubiger nur das Vermögen der GmbH offen steht. Damit besteht für die Gläubiger die Gefahr, mit ihren Forderungen ganz oder zum Teil auszufallen, obwohl die Gesellschafter der GmbH noch über ein ausreichendes Vermögen verfügen, dieses jedoch nicht dem betrieblichen Zweck gewidmet ist. Deshalb ist eine besondere Sicherung des GmbH-Vermögens als einziger Haftungsmasse der Gläubiger insbesondere gegen übermäßige Entnahmen der Gesellschafter erforderlich. Dieses Sicherungsinteresse der Gläubiger steht jedoch im Widerstreit zu dem Interesse der Gesellschafter, den mit der GmbH erwirtschafteten Gewinn bzw. deren Ressourcen nach ihren Vorstellungen zu nutzen. Ohne eine Anerkennung auch dieses Interesses wäre die Aufnahme einer Geschäftstätigkeit in der Rechtsform einer GmbH nur wenig attraktiv. Das GmbHG löst den Interessenwiderspruch in Form der Kapitalerhaltungsregeln auf. Nach der Aufbringung des Stammkapitals ist es verboten, Auszahlungen an die Gesellschafter vorzunehmen, soweit das ausgeschüttete Vermögen zur Erhaltung des Stammkapitals erforderlich ist. Kommt es dennoch zu derartigen Auszahlungen, so steht der GmbH ein Rückgewähranspruch aus § 31 GmbHG zu. Oberhalb des Stammkapitals sind Entnahmen im Interesse der Gesellschafter grundsätzlich zulässig. Die Regeln der Kapitalerhaltung greifen ineinander mit der Pflicht der Geschäftsführer zur Beantragung des Insolvenzverfahrens bei Zahlungsunfähigkeit oder Überschuldung nach § 64 Abs. 1 GmbHG. Ist die GmbH zur Erfüllung ihrer Verbindlichkeiten nicht mehr in der Lage, so soll dadurch das Interesse der Gläubiger an der Rückzahlung eines möglichst großen Teils ihrer Forderungen gesichert werden. Neben diesen GmbH-spezifischen Regeln kommen auch allgemeine Regeln zum Schutz der Gläubiger zur Anwendung.

3. Wertung des Gesetzgebers

Die gesetzlichen Regelungen bezüglich der GmbH sehen also einen möglichst umfassenden Schutz der Gläubiger vor, tragen aber gleichzeitig anzuerkennenden Zielen der Gesellschafter Rechnung. Fraglich ist, ob der Interessensausgleich dergestalt, wie er im Gesetz seinen Niederschlag gefunden hat, auch der Intention des Gesetzgebers entspricht, oder ob bestimmte Handlungsweisen, welche dieser Zielsetzung zuwiderlaufen entgegen der gesetzgeberischen Absicht nicht erfasst werden. Die Untersuchung hat sich mithin an der Frage auszurichten, ob der unzureichende Schutz gegen existenzvernichtende Eingriffe vom Gesetzgeber gewollt, bzw. durch seine Wertungen zwingend vorgegeben ist.

a) „Eigeninteresse" der GmbH an Bestandserhaltung

Für die Annahme der Vereinbarkeit einer Haftung wegen existenzvernichtender Eingriffe mit dem Haftungssystem der GmbH ist der Nachweis unabdingbar, dass den Gesellschaftern nicht freigestellt ist, auf welche Art und Weise sie die Existenz der GmbH beenden wollen. Nur dann kann gegensätzliches Verhalten haftungsauslösend wirken. Dieser Ansatzpunkt steht denn auch im Mittelpunkt der unterschiedlichen Auffassungen, die eine Planwidrigkeit der Regelungslücke annehmen. Nach einem in der Literatur vertretenen Ansatz folgt dieses Verbot, die GmbH nach der Maßgabe der Gesellschafter zu zerstören, aus einem Eigeninteresse der Gesellschaft.
Auf eine begrenzte Verselbständigung der GmbH gegenüber ihren Gesellschaftern in Form eines Eigeninteresses hat zuerst *Ulmer*[180] hingewiesen. Das Vorhandensein dieses Interesses stützte er dabei allerdings auf konzernspezifische Gefahren für die abhängige Gesellschaft und ihre Gläubiger, so dass hiervon nicht direkt auf ein Eigeninteresse auch unabhängiger Gesellschaften geschlossen werden kann. Gerichtet sei dieses Gesellschaftsinteresse im Regelfall zumindest auf Bestandserhaltung der GmbH als das Minimum der Interessen der verschiedenen Beteiligten.
Fleck[181] hat sich schon früh dafür ausgesprochen, ein Verbot existenzvernichtender Eingriffe auch in der nicht abhängigen GmbH anzuerkennen. § 43 Abs. 1 GmbHG schütze nicht nur die Interessen der Gesellschafter, sondern auch diejenigen der Gläubiger, der Allgemeinheit und der Arbeitnehmer[182]. Denn außerhalb der Fälle des § 43 Abs. 3 GmbHG diene die sorgfältige Geschäftsführung zwar in erster Linie dem Interesse der Gesellschaft, trage mittelbar durch den Schutz der GmbH aber auch den Belangen der Gläubiger und der Allgemeinheit Rechnung. Dieser Schutz auch von Drittbelangen verlange einen nicht disponiblen Kernbereich pflichtgemäßer Sorge für die Gesellschaft[183]. Bei einem lebenden Unternehmen sei das dessen wirtschaftliche Existenzfähigkeit. Gegen einen nicht verfügbaren Kernbereich spräche auch nicht das Recht der Gesellschafter, die jederzeitige Auflösung der GmbH zu beschließen. Denn es mache einen Unterschied, ob dies nach ordentlicher Planung und unter Berücksichtigung der §§ 111, 112 BetrVG geschehe, oder die Abwicklung aufgrund des wirtschaftlichen Zusammenbruchs erfolge. Denn im Zuge der an existenzvernichtende Eingriffe anschließenden Insolvenzver-

---

180 *Ulmer*, ZHR 148 (1984), S. 391, 418ff.
181 *Fleck*, ZHR 149 (1985), S. 387, 394ff.
182 So auch *Hommelhoff*, Die Konzernleitungspflicht, S. 256.
183 Diese Drittinteressen bilden auch bei *Wilhelm*, Rechtsform und Haftung bei der juristischen Person, S. 335 den Ausgangspunkt für ein Verbot willkürlicher Maßnahmen des Alleingesellschafters.Ebenfalls schon früh für ein Integritätsinteresse der Einmann-GmbH gegenüber dem Alleingesellschafter: *K. Schmidt*, BB 1985, S. 2074, 2077; *ders.*, ZIP 1986, S. 146, 148f.

fahren komme es in aller Regel nur zu einer geringen quotalen Befriedigung der Gläubiger, wenn sie nicht aufgrund von Masselosigkeit der GmbH völlig leer ausgingen[184].

Die Methode, die Interessen Dritter als Eigeninteresse der GmbH zu bündeln kann indes nicht vollends überzeugen. Der Schutz der Interessen Dritter wird im System des GmbHG zwar zu weiten Teilen mittelbar durch die Zuteilung von Ersatzansprüchen an die Gesellschaft bewirkt, doch ist nicht einleuchtend, weshalb aus dem Schutz Dritter ein Interesse der GmbH an ihrem Bestand folgen soll. Denn der Bestand der GmbH steht in der Tat zur Disposition der Gesellschafter, und die Interessen der Dritten lassen sich ebenso effektiv auf andere Weise schützen. Das Schlagwort von dem Eigeninteresse der GmbH an der Erhaltung ihres Bestands kann daher nicht begründen, wieso die bestehende Regelungslücke nicht der Absicht des Gesetzgebers entspricht.

b) Verbot kalter Liquidation

Einen ähnlichen Ansatzpunkt zur Begründung eines dem GmbH-Recht immanenten Verbots existenzvernichtender Verhaltensweisen wählt auch *Winter*[185]. Den Gesellschaftern stehe es zwar frei, die GmbH jederzeit aufzulösen, § 60 Abs. 1 Nr. 2 GmbHG, dies habe jedoch nach den überwiegend zwingenden gesetzlichen Liquidationsvorschriften zu erfolgen. Eine Ergänzung erführen diese dem Gläubigerschutz dienenden Vorschriften durch den Arbeitnehmerschutz in den §§ 111, 112 BetrVG. Den Zeitpunkt der Beendigung könnten die Gesellschafter mithin frei wählen, nicht aber die Modalitäten der Abwicklung. Hinweise darauf, der Gesetzgeber habe den Gesellschaftern eine Umgehung dieser zwingenden Gläubigerschutzvorschriften mittels einer „Liquidation auf kaltem Wege" ermöglichen wollen, seien nicht ersichtlich[186]. Damit sei eine Vernichtung der GmbH in ihrem Bestand außerhalb der Liquidationsvorschriften nach dem Sinn und Zweck des GmbHG nicht zulässig. Dem folgend vertreten auch *Priester*[187] und *Röhricht*[188] die Ansicht, die den Gesellschaftern gewährte Dispositionsbefugnis hinsichtlich der Beendigung der GmbH bestünde nur innerhalb des vom Gesetz vorgezeichneten Rahmens. Die Existenzerhaltung außerhalb einer den gesetzlichen Vorgaben entsprechenden Abwicklung sei das Minimum der Interessen aller Beteiligten, insbesondere der Gläubiger und Arbeitnehmer[189]. Die Gesamtheit der Vorschriften bezüglich des Gläubigerschutzes bringe den Willen des Gesetzgebers zum Ausdruck, diesen Schutz durch ein System in einander greifender gesellschaftsrechtlicher Regeln zu

---

184 Vergleiche dazu auch oben, 2. Kapitel A III 2 c) bb), S. 24f.

185 *Winter*, Mitgliedschaftliche Treubindungen im GmbH-Recht, S. 202ff.

186 Dem folgend: *Ziemons*, Die Haftung der Gesellschafter für Einflussnahmen auf die Geschäftsführung der GmbH, S. 129.

187 *Priester*, ZGR 1993, S. 512, 520ff.

188 *Röhricht*, FS 50 Jahre BGH, S. 83, 99ff.

189 Ebenso: *Hommelhoff*, Die Konzernleitungspflicht, S. 256; *Ulmer*, ZHR 148 (1984), S. 391, 421; *Assmann*, JZ 1986, S. 928, 931; *Nissing*, Eigeninteresse der Gesellschaft oder Liquidation auf kaltem Wege, S. 50; *Hölzle*, ZIP 2003, S. 1376, 1379f.; *Raiser*, Recht der Kapitalgesellschaften, S. 635.

gewährleisten. Eine Sanktionierung existenzvernichtender Eingriffe durch die nur punktuell eingreifenden deliktischen Vorschriften sei nicht gewollt. Dabei sei der Gesetzgeber von einem Interesse auch der Gesellschafter am Erhalt der GmbH ausgegangen, weshalb detaillierte Schutzvorschriften gegen ein abweichendes Verhalten nicht für nötig erachtet wurden. Sofern es doch einmal zu einer der schwer zu typisierenden systemwidrigen Verhaltensweisen kommen sollte, sei auf eine Lösung durch die Rechtsprechung vertraut worden[190]. Das Fehlen einer normierten Haftung der Gesellschafter für existenzvernichtende Eingriffe beruhe also nicht auf dem Willen des Gesetzgebers, solche Handlungen zu tolerieren. Eine Sanktionierung dieser Verhaltensweisen wäre danach dem System der GmbH innewohnend, die festgestellte Lücke planwidrig.

Gegen die Einfügung einer Haftung wegen Existenzvernichtung in das Haftungssystem der GmbH wird eingewandt, da es den Gesellschaftern nach § 60 GmbHG freistehe, die GmbH jederzeit aufzulösen, laufe ein derart vermittelter Bestandsschutz der GmbH den Wertungen des GmbHG zuwider[191]. Das Unterlassen einer Normierung der Haftung für existenzvernichtende Eingriffe sei damit nicht unbeabsichtigt erfolgt, sondern sei systemkonform. Das überzeugt nicht. Den Gesellschaftern steht es zwar tatsächlich frei, die GmbH aufzulösen, die Verfahrensweise für die nachfolgende Abwicklung ist allerdings durch die zwingenden Liquidationsvorschriften vorgegeben. Nach der gesetzlichen Wertung ist die freie Verfügung der Gesellschafter über die GmbH also durch Gläubigerschutzvorschriften begrenzt. Es ist nicht ersichtlich, und würde diesem Schutzsystem auch widersprechen, dass es den Gesellschaftern freistehen soll, die Auflösung der Gesellschaft ohne Beachtung dieser zwingenden Vorschriften zu betreiben. Damit spricht die Befugnis der Gesellschafter, die GmbH jederzeit unter Beachtung dieser Vorschriften aufzulösen, eher für eine Sanktionierung existenzvernichtender Eingriffe als dagegen[192].

Die Herleitung eines Schutzes der Gesellschaft vor existenzvernichtenden Eingriffen der Gesellschafter aus dem Gesichtspunkt der „kalten Liquidation" wird auch von *Hartmann*[193] abgelehnt. Der Schutz der Gesellschaft gegen eine Aushöhlung des Gesellschaftsvermögens erfolge über § 30 GmbHG. Die §§ 65ff. GmbHG bewirkten Gläubigerschutz durch die Priorität des Zugriffs, seien aber dementsprechend auf das im Zeitpunkt der Auflösung tatsächlich vorhandene Vermögen beschränkt. Die „kalte Liquidation" dagegen betreffe ein zeitlich vor der Auflösung liegendes Verhalten und sei damit nicht durch die Wertung der §§ 65ff. GmbHG verboten. Diese Argumentation geht vom

---

190 *Röhricht*, FS 50 Jahre BGH, S. 83, 102.

191 So noch *Wiedemann*, Die Unternehmensgruppe im Privatrecht, S. 87; mittlerweile aber a.A., *ders.*, FS 50 Jahre BGH, S. 337, 353.

192 *Fleck*, ZHR 149 (1985), S. 387, 395f.; *Winter*, Mitgliedschaftliche Treuebindungen im GmbH-Recht, S. 203ff.; ders., ZGR 1994, S. 570, 585; *Priester*, ZGR 1993, S. 512, 520f.; *Ulmer*, ZHR 148 (1984), S. 391, 418ff.; Hachenburg/*Ulmer*, GmbHG, Anh. § 77 Rdn. 86f.; Scholz/*Emmerich*, GmbHG, Anh. § 44 Rdn. 89f.; *Ziemons*, Die Haftung der Gesellschafter für Einflussnahmen auf die Geschäftsführung der GmbH, S. 129; *Nissing*, Eigeninteresse der Gesellschaft oder Liquidation auf kaltem Wege, S. 96f.; *Priester*, ZGR 1993, S. 512, 520f..

193 *Hartmann*, GmbHR 1999, S. 1061, 1066.

falschen Ansatzpunkt aus. *Hartmann* will aufzeigen, dass der Schutz gegen existenzvernichtende Eingriffe nicht auf das Verbot „kalter Liquidation“ gestützt werden kann. Zutreffender sei die Herleitung dieses Schutzes aus § 30 GmbHG. Die „kalte Liquidation“ soll gar nicht dogmatische Basis einer Haftung sein. Sie dient lediglich dem Beleg, dass die Gesellschafter, falls sie ihre GmbH beenden, dies nicht ohne Rücksichtnahme auf andere Interessen tun können. Unter diesem Gesichtspunkt ist es aber nicht verkehrt, auf die Vorschriften der Liquidation zu rekurrieren. Denn diese schreiben für die Auflösung ein zwingendes Verfahren im Sinne des Gläubigerschutzes vor. Daraus kann gefolgert werden, dass es den Gesellschaftern nicht überlassen ist, dieses Verfahren durch existenzvernichtende Eingriffe faktisch leer laufen zu lassen, weil ein zu verteilendes Gesellschaftsvermögen nicht mehr vorhanden ist. Die Bezugnahme dient lediglich dem Beleg, dass einem Haftungstatbestand wegen Existenzvernichtung die gesetzlichen Vorschriften nicht entgegenstehen.
Die Anerkennung eines im Gläubigerschutzsystem der GmbH enthaltenen Verbots „kalter Liquidation“ entkräftet ebenso das Argument, eine derartige Haftung unterlaufe die gesetzlich vorgenommene Interessensabwägung[194]. Vielmehr wird ein solches Verbot durch die gesetzliche Wertung vorgegeben. Das Verbot der kalten Liquidation vermag damit überzeugend zu begründen warum die Regelungslücke hinsichtlich existenzvernichtender Eingriffe nicht auf dem Willen des Gesetzgebers beruht, derartige Eingriffe zuzulassen.

c) Abschließende Wertung der Kapitalerhaltungsvorschriften

Gegen die Annahme einer planwidrigen Regelungslücke wird angeführt, das gesetzliche System des Gläubigerschutzes habe eine spezielle und abschließende Wertung getroffen. Diese löse das Spannungsverhältnis zwischen dem Wunsch der Gläubiger nach Sicherung ihrer Forderungen und dem Interesse der Gesellschafter, mit der GmbH nach ihrem Willen zu verfahren, auf[195]. Ausgangspunkt des Schutzes des Vermögens der Gesellschaft gegenüber Eingriffen der Gesellschafter seien die §§ 30, 31 GmbHG. Insbesondere die Rechtsfolgenregelung in § 31 GmbHG sei aufgrund der in ihr zum Ausdruck kommenden Interessenabwägung auch nach Ansicht des BGH[196] abschließend[197]. Weitergehende Ansprüche der Gläubiger seien vor dem Hintergrund schwer zu begründen, dass das System des Gläubigerschutzes gerade nicht von einem uneingeschränkten Vorrang der Gläubigerinteressen ausgehe. Auch

194 So aber *Wilhelmi*, DZWIR 2003, S. 45, 57.
195 *Wilhelmi*, DZWIR 2003, S. 45, 57.
196 *Wilhelmi*, DZWIR 2003, S. 45, 57 bezieht sich dabei auf BGHZ 142, S. 92, 96.
197 *Wilhelmi*, Der Grundsatz der Kapitalerhaltung im System des GmbH-Rechts, S. 180ff., 202; *ders.*, DZWIR 2003, S. 45, 55. Ähnlich *Mülbert*, DStR 2001, S. 1937, 1939, 1944 der für den Fall der Existenzbedrohung jedoch keinen abschließenden Charakter anerkennt. Gegen die Annahme des § 31 Abs. 3 GmbHG als abschließende Regelung auch im Falle schuldhafter Mitwirkung an einer Auszahlung wendet *Burgard*, NZG 2002, S. 606, 607 ein, in diesem Falle könne von einem unkalkulierbaren Haftungsrisiko nicht gesprochen werden. Ein schuldhafter Verstoß sei dort auch überhaupt nicht geregelt.

wenn der BGH dies in einer Entscheidung[198] zunächst gegenteilig formuliert habe, folge dies letztlich aus der dort festgestellten Beschränkung der Ausfallhaftung der Gesellschafter nach § 31 Abs. 3 GmbHG auf den Gesamtbetrag des Stammkapitals[199]. Eine unbegrenzte Haftung aus existenzvernichtenden Eingriffen würde das begrenzte Rückzahlungsgebot des § 31 GmbHG ebenso unterlaufen wie die in Absatz 3 angelegte Haftungsbeschränkung zugunsten der Mitgesellschafter. Da der Gläubigerschutz in der GmbH in erster Linie durch die Kapitalerhaltungsvorschriften gewährt werde, könne eine weitergehende Haftung der Gesellschafter grundsätzlich nicht anerkannt werden.

Als Beleg für diese Folgerungen wird BGHZ 142, S. 92, 96 zitiert. Dieses Urteil statuiert den abschließenden Charakter des § 31 GmbHG[200] jedoch lediglich in Bezug auf Verstöße gegen § 30 GmbHG. Da die in Rede stehende Haftung sich nicht auf gegen das Kapitalerhaltungsgebot verstoßende Maßnahmen beschränkt, sondern andere Voraussetzungen hat[201], ist dieses Urteil für die Beurteilung der Planwidrigkeit der Regelungslücke ohne Belang. Auch der BGH scheint davon auszugehen, wenn er im dritten Leitsatz dieses Urteils den Fall der Existenzvernichtung von der abschließenden Wirkung des § 31 Abs. 3 GmbHG ausnimmt. In den anderen –im einzelnen noch darzustellenden– Voraussetzungen der Existenzvernichtungshaftung sind die zusätzlichen haftungsbegründenden Elemente zu erkennen, im Falle deren Hinzutretens auch *Wilhelmi* eine abschließende Wirkung der §§ 30, 31 GmbHG nicht anerkennt[202]. Das Argument, es würde der gesetzgeberischen Wertung widersprechen, aus der auf Rechtsfolgenlimitierung angelegten Regelung des § 31 GmbHG die Regelungslücke zu folgern, die eine qua Rechtsfortbildung entwickelte Haftung erst ermögliche[203], geht aus nämlichen Grund fehl. Denn die Haftungsbegrenzung ist eben nicht auf die zu entwickelnde Haftung bezogen.

d) Systemimmanenz der Existenzgefährdung

Bitter[204] wendet ein, die Anknüpfung einer Haftung an die Existenzvernichtung sei mit dem Ziel des Haftungsprivilegs nicht zu vereinbaren[205]. Denn dieses solle Unternehmern die Scheu vor effizienten Projekten nehmen, die gleichzeitig mit einem gewissen Risiko behaftet sind. Damit aber setze der Sinn des Haftungsprivilegs eine Existenzgefährdung der GmbH voraus. Diese sei somit

---

198 BGHZ 150, S. 61 – „L. Kosmetik.

199 Einen in diesem Urteil liegenden Wertungswiderspruch zwischen der beschränkten Ausfallhaftung der Mitgesellschafter einerseits und der unbegrenzten Durchgriffshaftung in Ergänzung zu § 31 GmbHG sieht auch *Ulmer*, JZ 2002, S. 1049, 1051.

200 Der abschließende Charakter wird z. T. bestritten, *Wilhelm*, DB 1999, S. 2349, 2349ff.; *Altmeppen*, ZIP 1999, S. 1354, 1354f.

201 S.u., 3. Kapitel A, S. 101ff.

202 *Wilhelmi*, DZWIR 2003, S. 45, 55 geht für derartige Fallgestaltungen freilich von einem Vorrang des Deliktsrechts aus.

203 *Mülbert*, DStR 2001, S. 1937, 1939; *Wilhelmi*, DZWIR 2003, S. 45, 54.

204 *Bitter*, WM 2001, S. 2133, 2136.

205 Anzuknüpfen sei vielmehr an die Insolvenzwahrscheinlichkeit als entscheidendes Kriterium.

gerade erwünscht. Wenn sich dieses Risiko dann in Gestalt eines Marktaustritts aufgrund der Insolvenz des Unternehmens tatsächlich realisiere, könne darin kein missbilligenswerter Vorgang gesehen werden. Ein Verbot kalter Liquidation sei mithin nicht anzuerkennen, da das Scheitern des Unternehmens durch das GmbHG bereits einkalkuliert sei. Einen ähnlichen Ansatzpunkt verfolgt *Wilhelmi*[206], wenn er feststellt, die Haftungsbeschränkung der GmbH sei insofern notwendig mit der Existenzgefährdung verbunden, als sie erst bei Beendigung der Gesellschaft Bedeutung erlange. Vorher könnten sich die Gläubiger problemlos an die GmbH halten.
Auch wenn man eine derartige Verbindung von Haftungsprivileg und Existenzgefährdung als gegeben betrachtet, sind die daraus gezogenen Folgerungen nicht zwingend. So dient die Haftungsbeschränkung zwar dem Bedürfnis der Gesellschafter nach Schutz vor den Risiken unternehmerischer Betätigung. Auch ist eine gewisse Gefährdung jeder Gesellschaft in ihrer Existenz nicht von der Hand zu weisen, die im Falle ihrer Realisierung zum Marktaustritt des Unternehmens führt, der nicht schon per se missbilligenswert ist. Daraus kann aber nicht gefolgert werden, die Gesellschafter könnten mit der GmbH nach ihrem Belieben verfahren. Denn der Marktaustritt ist eben nur dann nicht unzulässig, wenn auch er der gesetzlichen Regelung entspricht, die eine ordnungsgemäße Liquidation voraussetzt. Die vom Gesetz beabsichtigte Risikoteilung zwischen Gläubigern und Gesellschaftern entbehrt jedenfalls dann ihrer Grundlage, wenn die Existenzvernichtung eben nicht auf der Vornahme von riskanten Unternehmungen beruht, sondern auf Handlungen der Gesellschafter, welche diese begünstigen, aber keinen Bezug zum Geschäftsbetrieb der GmbH aufweisen. Auf derartige Verhaltensweisen ist das GmbHG, das von einem Gleichklang des Gesellschafter- und des Gesellschaftsinteresses ausgeht[207], nicht ausgerichtet. Die Risikoteilung soll der Risikoaversität der Gesellschafter bei risikobehafteten Geschäftschancen entgegenwirken. Denn die Wahrnehmung auch unsicherer Geschäftchancen liegt im gesamtwirtschaftlichen Interesse[208]. Einer Schädigung der Gesellschaft und ihrer Gläubiger außerhalb der Unternehmung der GmbHG soll durch das Haftungsprivileg kein Vorschub geleistet werden. Diesem Aspekt ist durch eine Abgrenzung von lediglich risikobehafteten Geschäften und existenzvernichtenden Eingriffen Rechnung zu tragen. Aus der Verbindung von Haftungsprivileg und Existenzgefährdung lässt sich die Systemwidrigkeit einer Haftung für existenzvernichtende Eingriffe nicht herleiten.

---

[206] *Wilhelmi*, DZWIR 2003, S. 45, 54.
[207] BGHZ 69, S. 334, 337; 122, S. 123, 126; Emmerich/*Habersack*, Aktien- und GmbH-Konzernrecht, Anh. I § 318 Rdn. 4; *Ulmer*, ZHR 148 (1984), S. 391, 396f.; *Röhricht*, FS 50 Jahre BGH, S. 83.
[208] *Raiser*, ZGR 1995, S. 156, 165; *Lehmann*, ZGR 1986, S. 345, 353f.

e) Dispositionsbefugnis der Gesellschafter über den Gesellschaftszweck

Nach *Zöllner*[209] folgt aus der Befugnis der Gesellschaftergesamtheit, den Gesellschaftszweck zu ändern[210], dass ein Eigeninteresse der GmbH nicht besteht[211]. Ohne ein derartiges, von den Gesellschaftern unabhängiges Interesse sei außerhalb des § 43 Abs. 3 GmbHG ein Schutz der GmbH auch gegen „schuldhafte" Schädigungen ihres Alleingesellschafters bzw. der Gesellschaftergesamtheit nicht zu begründen. Denn wenn der Gesellschaftszweck auf die Verfolgung fremder Interessen gerichtet sei, könne die Verfolgung derartiger Interessen auch keine Haftung nach sich ziehen. Zwar habe auch der Alleingesellschafter bzw. die Gesellschaftergesamtheit nach dem GmbHG Eingriffsgrenzen zugunsten der Gläubiger zu beachten, hieraus ließe sich jedoch kein Eigeninteresse der GmbH entwickeln, aus welchem dann in begriffsjuristischer Manier Folgerungen bezüglich einer Einwirkungsgrenze gezogen würden.
Dem ist zuzugeben, dass das Interesse der Gesellschaft sich in erster Linie am Gesellschaftszweck der GmbH und damit am Willen der Gesellschafter zu orientieren hat. Dies kann jedoch nur soweit gelten, als nicht der Bestand der GmbH in Frage gestellt wird. Denn auch bei der Anerkennung von außerhalb der GmbH liegenden Interessen als Gesellschaftszweck führt eine Existenzgefährdung der GmbH zu einer Gefährdung dieser Ziele. Zumindest die Existenz der Gesellschaft kann daher von den Gesellschaftern nicht im Rahmen einer Änderung des Gesellschaftsvertrages in Frage gestellt werden[212].

f) Bewertung

Die gegen eine Systemimmanenz einer Sanktionierung existenzvernichtender Eingriffe vorgebrachten Argumente vermögen nicht zu überzeugen. Aus dem Verbot der kalten Liquidation folgt dagegen, dass die Gesellschafter nach der Konzeption des Rechts der GmbH ihre Gesellschaft nicht sanktionslos vernichten dürfen. Die Lücke des Gesetzes hinsichtlich der Normierung einer Haftung der Gesellschafter für existenzvernichtende Eingriffe entspricht nicht dem Willen des Gesetzgebers, ist mithin planwidrig[213].

---

209 Baumbach/Hueck/*Zöllner*, GmbHG, Schlussanhang I, GmbH-KonzernR Rdn. 83.

210 Die Befugnis der Gesellschafter zur Bestimmung des Gesellschaftszwecks ist unbestritten, und folgt schon aus dem Wortlaut des § 1 GmbHG, vgl. nur *Michalski*, GmbHG, § 1 Rdn. 7; Baumbach/*Hueck/Fastrich*, GmbHG, § 1 Rdn. 5; Scholz/*Emmerich*, GmbHG, § 1 Rdn. 1.

211 Ebenfalls gegen ein Eigeninteresse der GmbH: *Hartmann*, GmbHR 1999, S. 1061, 1062; *Lutter*, ZIP 1985, S. 1425, 1428; *Rehbinder*, AG 1986, S. 85, 94f.

212 *Fleck*, ZHR 149 (1985), S. 387, 394; *Winter*, Mitgliedschaftliche Treuebindungen im GmbH-Recht, S. 214f.; *Priester*, ZGR 1993, S. 512, 521.

213 So auch *Röhricht*, VGR (2002), S. 3, 26.

V. Zusammenfassung

Der gesetzlich normierte Schutz der Gläubiger einer GmbH gegenüber existenzvernichtenden Eingriffen ist defizitär. Diese Lücke ist vom Gesetzgeber nicht gewollt und auch keine zwingende Folge der Systematik des Rechts der GmbH. Es war vielmehr Absicht des Gesetzgebers, einen möglichst umfassenden Schutz der Gläubiger zu gewährleisten, ohne die Vorteile der Rechtsform der GmbH für die Gesellschafter leer laufen zu lassen. In diese Interessenabwägung fügt es sich ein, wenn die Gesellschafter, sofern sie die Existenz der GmbH zerstören und damit das zur Verfügung gestellte Kapital der Gläubiger gefährden, für den Ausfall einzustehen haben. Die Lücke des Gesetzes im Bereich existenzvernichtender Eingriffe der GmbH-Gesellschafter ist damit einer Ausfüllung durch die Rechtspraxis zugänglich.

B. Lösungsvorschläge

I. Schutz von Gläubigern abhängiger GmbH vor „Bremer Vulkan"

Vor der Entscheidung BGHZ 149, S. 10 – „Bremer Vulkan" stützte sich der Schutz der Gläubiger bei existenzvernichtenden Eingriffen der GmbH-Gesellschafter im Wesentlichen auf zwei Haftungsgrundlagen: Bei der Existenz von Minderheitsgesellschaftern konnten die Gläubiger eine Verletzung der Treuepflicht geltend machen. Als weiterer möglicher Haftungstatbestand kam die Rechtsfigur des qualifiziert faktischen Konzerns in Betracht.

1. Bei Vorhandensein von Minderheitsgesellschaftern: BGHZ 65, S. 15 – „ITT"

Seit der Entscheidung BGHZ 65, S. 15 – „ITT" vom 5.6.1975 ist anerkannt, dass eine Haftung der Gesellschafter für nachteilige Einflussnahmen auch aus der Verletzung der mitgliedschaftlichen Treuepflicht resultieren kann[214]. Diese Treuepflicht besteht sowohl gegenüber der Gesellschaft als auch im Verhältnis zu den Mitgesellschaftern[215]. Aus einer Verletzung der Treuepflicht resultierende Schadensersatzansprüche der Gesellschaft können durch die Minderheitsgesellschafter im Wege der actio pro socio geltend gemacht werden[216]. Der Anspruch auf Schadensersatz soll nach überwiegender Ansicht entsprechend §§ 317 Abs. 4, 309 Abs. 4 S. 3 AktG aber auch von den Gläubigern geltend

[214] Vgl. nur Scholz/*Emmerich*, GmbHG, § 13 Rdn. 38a; *K. Schmidt*, GesR § 20 IV, S. 587ff.; Baumbach/*Hueck/Fastrich*, GmbHG, § 13 Rdn. 31 m.w.N.

[215] BGHZ 65, S. 15 (insbes. S. 18); Emmerich/*Habersack*, Konzernrecht, Anh. § 318 Rdn. 27; Hachenburg/*Raiser*, GmbHG, § 14 Rdn. 54; Lutter/Hommelhoff/*Lutter/Bayer*, GmbHG, § 14 Rdn. 18ff., 28ff.; *K. Schmidt*, GesR § 20 IV 2 b), S. 590; Scholz/*Emmerich*, GmbHG, § 13 Rdn. 36ff.; *Michalski*, GmbHG, § 13 Rdn. 25.

[216] *Michalski*, GmbHG, § 13 Rdn. 26; Emmerich/*Habersack*, Konzernrecht, Anh. § 318 Rdn. 24. Zu den Voraussetzungen einer Geltendmachung durch die Gesellschafter vgl. *Grunewald*, Die Gesellschafterklage, S. 72ff.

gemacht werden können[217]. Als Reflex des Schutzes der Minderheitsgesellschafter gewährleisten die Treupflichten somit zugleich einen wirksamen Gläubigerschutz[218]. Sind keine Minderheitsgesellschafter vorhanden oder handeln die Gesellschafter übereinstimmend, vermag die Treuepflicht jedoch einen adäquaten Gläubigerschutz nicht zu gewährleisten[219].

2. Der qualifiziert faktische Konzern

a) Ausgangspunkt

Nachteilige Eingriffe der Gesellschafter in die GmbH beschäftigten Rechtsprechung und Literatur zunächst vorrangig in Bezug auf Konzernsachverhalte. Geschuldet war dies der höheren Anfälligkeit konzernierter Gesellschaften für derartige Einflussnahmen im Vergleich zu unabhängigen GmbH. Denn verfolgt ein Gesellschafter mit Einflussmöglichkeiten innerhalb der GmbH noch anderweitige unternehmerische Interessen, ist das für den Rechtsverkehr wesentliche Regulativ eines Gleichlaufs der Interessen der Gesellschaft, der Gesellschafter und der Gesellschaftsgläubiger häufig nicht mehr vorhanden[220]. Vielmehr besteht die Möglichkeit, dass dieser Gesellschafter seinen Einfluss dahingehend ausübt, dass er die Geschäftstätigkeit der abhängigen GmbH zu deren Nachteil und zum Schaden der Gläubiger seinen anderweitigen unternehmerischen Interessen unterordnet. Lassen sich infolge der Dichte der Einflussnahmen einzelne schädigende Eingriffe nicht mehr isolieren, führt dies zur Wirkungslosigkeit der Haftungstatbestände des GmbHG und des allgemeinen Zivilrechts[221]. So war es denn auch weithin unbestritten, dass das Recht der GmbH eines besonderen Konzernrechts bedurfte[222]. Die Untätigkeit des Ge-

---

217 Emmerich/*Habersack*, Konzernrecht, Anh. § 318 Rdn. 32; Hachenburg/*Ulmer*, GmbHG, Anh. § 77 Rdn. 91; *Ulmer*, ZIP 2001, S. 2021, 2027f.; *Altmeppen*, ZIP 2001, S. 1837, 1846. BGHZ 95, S. 330, 340 – „Autokran“: „spricht viel dafür“.

218 Rowedder/Schmidt-Leithoff/*Koppensteiner*, GmbHG, Anh. § 52 Rdn. 78; Scholz/*Emmerich*, GmbHG, Anh. KonzernR Rdn. 88; Emmerich/*Habersack*, Konzernrecht, Anh. § 318 Rdn. 33; *Henze*, NZG 2003, S. 649, 654; *Winter*, Mitgliedschaftliche Treuebindungen im GmbH-Recht, S. 214; *Rehbinder*, AG 1986, S. 85, 92; *Semler*, FS Goerdeler, S. 551, 553.

219 BGHZ 95, S. 330, 340 – „Autokran“; 122, S. 333, 336; 142, S. 92, 95; Emmerich/*Habersack*, KonzernR, Anh. § 318 Rdn. 33; *Lutter/Hommelhoff*, GmbHG, Anh. § 13 Rdn. 17; Rowedder/Schmidt-Leithoff/*Koppensteiner*, GmbHG, § 43 Rdn. 5; Baumbach/Hueck/*Zöllner*, GmbHG, Anh. KonzernR Rdn. 83; *Burgard*, VGR (2002), S. 45, 50f.

220 Vergleiche zu dieser so genannten „Konzerngefahr“: BGHZ 95, S. 330, 334, 342 – „Autokran“; ausführlich *Ulmer*, ZHR 148 (1984), S. 391, 396ff.; Hachenburg/*Ulmer*, GmbHG, Anh. § 77 Rdn. 97; Emmerich/*Habersack*, Konzernrecht, Anh. § 318 Rdn. 4; *Emmerich*, Der GmbH-Konzern, S. 3, 9ff.; *Limmer*, Die Haftungsverfassung des faktischen GmbH-Konzerns, S. 11f.

221 BGHZ 95, S. 330, 341f. – „Autokran“; 107, S 7, 18 – „Tiefbau“; 122, S. 123, 127 – „TBB“.

222 BT-DruckS. VI/30088 und VII/253; *Emmerich*, Der GmbH-Konzern, S. 3, 6; *H. P. Westermann*, Der GmbH-Konzern, S. 25, 26f.; *Schilling*, FS Hefermehl, S. 383,

setzgebers in dieser Hinsicht bedeutete keine gegenteilige Entscheidung. Vielmehr sollten zunächst für dringlicher erachtete Problemfelder einer Kodifizierung zugeführt werden[223]. Um der Konzerngefahr entgegenzuwirken, oblag es damit Rechtsprechung und Literatur, ein Haftungskonzept zu entwickeln. Dies tat der BGH durch die Schöpfung der Rechtsfigur des qualifiziert faktischen Konzerns[224], die in mehreren Entscheidungen in Zusammenarbeit mit der gesellschaftsrechtlichen Literatur ausgestaltet wurde.

b) Leitentscheidungen

aa) BGHZ 95, S. 330 – „Autokran"[225]

Der in BGHZ 95, S. 330 – „Autokran" zu behandelnde Sachverhalt zeichnete sich dadurch aus, dass der Beklagte als wirtschaftlicher Alleingesellschafter die Leitung von sieben GmbH als Leasingnehmerinnen von Autokränen umfassend ausgeübt hatte. Die Klägerin nahm den Beklagten in seiner Eigenschaft als Gesellschafter der GmbH in Anspruch, nachdem Zwangsvollstreckungen in das Vermögen der Gesellschaften einen nur geringen Erlös brachten, und die Gesellschaften als Vertragspartner der Leasingverträge schließlich vermögenslos waren.

Mit dem zu diesem Sachverhalt ergangenen Urteil des II. Zivilsenats des BGH vom 16.9.1985 fand die Rechtsfigur des qualifizierten faktischen Konzerns Eingang in die Rechtspraxis. Der BGH begründete in entsprechender Anwendung der §§ 303, 322 Abs. 2 und 3 AktG eine Ausfallhaftung des herrschenden Konzernunternehmens, wenn dieses die Geschäfte der abhängigen GmbH „dauernd und umfassend" selbst geführt hatte. Dieser Haftung könnte das herrschende Unternehmen entgehen, indem es die aus der dauernden und umfassenden Leitung folgende Vermutung, dass auf die eigenen Belange der einzelnen Gesellschaften der Unternehmensgruppe keine Rücksicht genommen worden war und das Konzerninteresse ihre Geschäftstätigkeit entscheidend bestimmt hatte, ausräumte. Dazu musste es ähnlich § 317 Abs. 2 AktG dartun, dass der pflichtgemäß handelnde Geschäftsführer einer selbstständigen GmbH deren Geschäfte unter den gegebenen Umständen nicht anders geführt haben würde.

Dogmatischer Anknüpfungspunkt der Haftung war die parallele Interessenslage beim Beherrschungsvertrag im aktienrechtlichen Vertragskonzern. Durch einen Beherrschungsvertrag ist die abhängige Gesellschaft der Leitung des herrschenden Unternehmens unterstellt, und auch an dessen nachteilige Weisungen gebunden. Im GmbH-Konzern könne ein solcher, die abhängige Gesellschaft, ihre außenstehenden Gesellschafter und ihre Gläubiger ebenso gefährdender

---

397f.; *Sigle*, Heidelberger Konzernrechtstage, S. 167, 181; *Limmer*, Die Haftungsverfassung des faktischen GmbH-Konzerns, S. 3.

[223] *Ulmer*, ZIP 2001, S. 2021, 2027; Roth/*Altmeppen*, GmbHG, § 43 Rdn. 62.

[224] Der Begriff geht zurück auf einen Vorschlag des Arbeitskreis GmbH-Reform, Thesen und Vorschläge zur GmbH-Reform Band II, 1972, S. 50.

[225] BGH, Urteil vom 16.9.1985 – II ZR 275/84.

Zustand auch ohne vertragliche Grundlage vom Mehrheits- bzw. Alleingesellschafter tatsächlich hergestellt werden. Dann sei aber auch ein vergleichbarer Gläubigerschutz geboten. Zwar ordne § 303 AktG lediglich Sicherheitsleistung durch das herrschende Unternehmen an, da diese jedoch im Falle der Vermögenslosigkeit der abhängigen Gesellschaft keinen Sinn mehr machte, hafte das herrschende Unternehmen unmittelbar auf Zahlung. Dem stünde auch nicht der Charakter des § 303 AktG als Ausfallhaftung entgegen. Auf die vorrangige Inanspruchnahme der GmbH dürfe sich das herrschende Unternehmen nach § 242 BGB nicht berufen.

bb) BGHZ 107, S. 7 – „Tiefbau"[226]

In BGHZ 107, S. 7 –„Tiefbau" nahm der Konkursverwalter eines Tiefbauunternehmens die Hausbank dieser GmbH auf Verlustausgleich analog § 302 AktG in Anspruch. Diese hatte zuvor über eine komplizierte Konstruktion unter Einbindung von Strohmännern die Stellung eines herrschenden Unternehmens über die GmbH erlangt. Bis zum Zusammenbruch der Gesellschaft wurden auf Weisung der Hausbank verschiedene Maßnahmen zum Nachteil der abhängigen GmbH durchgeführt.

Das Urteil stellte im Wesentlichen eine Fortsetzung der „Autokran"-Rechtsprechung dar. Die Herleitung der Haftung aus § 302 AktG wurde damit begründet, diese Vorschrift sei von § 303 AktG als Teil einer zusammengehörigen Regelung nicht zu trennen. Der Tatbestand des qualifizierten faktischen Konzerns wurde dahingehend präzisiert, dass er bereits dann erfüllt sein konnte, wenn ein Unternehmen die Leitung eines anderen Unternehmens im finanziellen Bereich völlig an sich gezogen hatte. Die Möglichkeit, die Vermutung unzureichender Rücksichtnahme auf die Interessen der Gesellschaft, der außenstehenden Gesellschafter und ihrer Gläubiger zu widerlegen, wurde in Abkehr von BGHZ 95, S. 330 erschwert. Genügte dort noch in Anlehnung an § 317 Abs. 2 AktG der Nachweis, das herrschende Unternehmen habe die Geschäfte der abhängigen GmbH pflichtgemäß wie der Geschäftsführer einer selbständigen Gesellschaft geführt, so musste das herrschende Unternehmen fortan den Beweis führen, dass die eingetretenen Verluste auf Umständen beruhten, die mit der Ausübung der Leitungsmacht nichts zu tun hatten[227]. Denn die Verlustübernahmepflicht habe als Ausgleich für die Außerkraftsetzung der Kapitalsicherungsvorschriften nichts mit ordnungsgemäßer Geschäftsführung zu tun.

---

[226] BGH, Urteil vom 20.2.1989 – II ZR 167/88.

[227] Die Bezugnahme auf § 317 Abs. 2 AktG war im Schrifttum weitgehend auf Ablehnung gestoßen, vgl. *Ulmer*, AG 1986, S. 123, 128; *ders.*, NJW 1986, S. 1579, 1584f.; *K. Schmidt*, BB 1985, S. 2074, 2078; *Rehbinder*, AG 1986, S. 85, 96. Bereits vorher gegen eine analoge Anwendung der §§ 311ff. AktG: *Ulmer*, ZHR 148 (1984), S. 391, 411f.; *Hommelhoff*, Die Konzernleitungspflicht, S. 252f.; *Flume*, Die juristische Person, S. 89, 128; *Schilling*, FS Hefermehl, S. 383, 390, 402.

cc) BGHZ 115, S. 187 – „Video“[228]

In der BGHZ 115, S. 187 zu Grunde liegenden Fallgestaltung machte die Klägerin, die Videofilme vervielfältigte, gegen den Beklagten der zunächst Mehrheits- und später Alleingesellschafter einer Videothek in der Rechtsform einer GmbH war, einen Anspruch auf Verlustausgleich nach § 303 AktG analog geltend. Zu der Zeit, in der die fraglichen Forderungen entstanden waren, war der Beklagte alleiniger Geschäftsführer der GmbH. Neben der Beteiligung an dieser GmbH hatte der Beklagte als Einzelkaufmann noch ein anderweitiges Gewerbe betrieben und war an anderen GmbH maßgebend beteiligt.

Durch das Urteil des II. Zivilsenats vom 23.9.1991 erfuhr die Rechtsprechung zum qualifiziert faktischen Konzern eine erhebliche Ausweitung. In Übereinstimmung mit den vorangegangenen Urteilen wurde auch hier analog § 303 AktG eine Ausfallhaftung des Gesellschafters angenommen. Bezüglich der Tatbestandsvoraussetzungen stellte der Senat fest, schon aus der Stellung als Mehrheits- bzw. Alleingesellschafter und Geschäftsführer ergebe sich eine dauernde und umfassende Leitung der abhängigen Gesellschaft, eine intensivere Ausübung der Leitungsmacht sei kaum vorstellbar. Dies habe zur Folge, dass der Allein- oder Mehrheitsgesellschafter einer GmbH, der gleichzeitig alleiniger Geschäftsführer sei, und sich dazu noch anderweitig unternehmerisch betätige, grundsätzlich nach den Haftungsregeln im qualifiziert faktischen Konzern hafte. Die Möglichkeit der Vermeidung der Haftung durch den Nachweis fehlender Kausalität zwischen dem Eintritt der Verluste und der Ausübung der Leitungsmacht stand dem Alleingesellschafter weiter frei. Dieser Nachweis sei aber nicht bereits dann geführt, wenn die Verluste auf Forderungsausfällen beruhten, die in der jeweiligen Branche und dem speziellen Kundenkreis üblich seien. Erforderlich sei vielmehr, dass die Verluste in außergewöhnlichem Ausmaß infolge eines plötzlichen unvorhergesehenen Ereignisses einträten. Die Haftung greife des Weiteren unabhängig davon, ob die Verluste der abhängigen Gesellschaft vom herrschenden Unternehmen tatsächlich ausgeglichen worden seien oder nicht.

Das „Video“-Urteil führte zu einer wahren Flut von Kritik im Schrifttum[229]. Kritisiert wurde, dass die aufgestellte „Vermutungskaskade“ praktisch zu einer Aufhebung des Haftungsprivilegs des § 13 Abs. 2 GmbHG für den Allein- oder herrschenden Gesellschafter und Geschäftsführer, der auch noch anderweitig unternehmerisch tätig war führte[230]. Hatte der Kläger eine weitere unternehmerische Tätigkeit des herrschenden GmbH-Gesellschafters nachgewiesen, so folgte daraus die Vermutung, dass der Gesellschafter die Leitungsmacht dauernd und umfassend ausgeübt hatte. Daran knüpfte wiederum die Vermutung

---

228 BGH, Urteil vom 23.9.1991 – II ZR 135/90.

229 *Lutter*, Heidelberger Konzernrechtstage, S. 183, 205; *Hommelhoff*, Heidelberger Konzernrechtstage, S. 245, 265f.; *Altmeppen*, DB 1991, S. 2225, 2225ff.; *ders*,. ZIP 1992, S. 1668, 1669; *Flume*, DB 1992, S. 25; *Gäbelein*, GmbHR 1992, S. 273ff.; *Knobbe-Keuk* DB 1992, S. 1461; *Mertens*, AG 1991, S. 434; *Emmerich*, JuS 1992, S. 157, 158.

230 So auch der erste Leitsatz von BGHZ 115, S. 187. Ebenso *Altmeppen*, DB 1991, S. 2225; *Röhricht*, FS 50 Jahre BGH, S. 83, 84; Hachenburg/*Ulmer*, GmbHG, Anh. § 77 Rdn. 106.

an, er habe diese Leitungsmacht allein im Konzerninteresse und zum Nachteil der Gesellschaft ausgeübt, woraus die entstandenen Verluste resultierten. Die faktische Unmöglichkeit, letztere Vermutung zu widerlegen[231] hatte deshalb für den Gesellschafter einer Einmann-GmbH, der auch anderweitig unternehmerisch tätig war, eine deutliche Einschränkung des Haftungsprivilegs zur Folge.

c) „Klarstellung" der Rechtsprechung: BGHZ 122, S. 123 – „TBB"[232]

Vor dem Hintergrund dieser Kritik nutzte der II. Zivilsenat die nächste Gelegenheit zu einer „Klarstellung" seiner Rechtsprechung.

In BGHZ 122, S. 123 – „TBB" war der Beklagte an mehreren Gesellschaften – unter anderem der TBB-GmbH– als Gesellschafter beteiligt, die er auch als Geschäftsführer leitete. Nachdem die Gesellschaften aufgelöst, bzw. bei den GmbH die Konkursanträge mangels Masse abgelehnt worden waren, forderte der Kläger vom Beklagten die Begleichung von Forderungen aus mit der TBB-GmbH geschlossenen Bauverträgen, unter anderem aus dem Gesichtspunkt des qualifiziert faktischen Konzerns.

In den Urteilsgründen stellte der BGH fest, der Zugriff auf das Vermögen des herrschenden Unternehmens sei nur dann zu gestatten, wenn die abhängige Gesellschaft in einer Weise behandelt werde, die einen objektiven Missbrauch der beherrschenden Gesellschafterstellung darstelle. Das sei der Fall, wenn die Konzernleitungsmacht ohne angemessene Rücksicht auf die eigenen Belange der abhängigen Gesellschaft ausgeübt werde, ohne dass sich der zugefügte Nachteil durch Einzelausgleichsmaßnahmen kompensieren ließe. Im Falle einer Einpersonengesellschaft fehle es an dieser Rücksichtnahme, wenn die Gesellschaft infolge der im Konzerninteresse ausgeübten Einwirkungen ihren Verbindlichkeiten nicht nachkommen könne. Als „Klarstellung" bezeichnete der Senat seine Feststellung, Haftungstatbestand sei nicht die dauernde und umfassende Leitung, sondern die Beeinträchtigung der Interessen der abhängigen Gesellschaft. Eine solche Beeinträchtigung könne nicht bereits anhand einer derartigen Ausübung der Leitungsmacht vermutet werden. Andernfalls könnte auch der geschäftsführende beherrschende Gesellschafter der die Interessen der GmbH nicht beeinträchtigt habe, in die Haftung einbezogen werden, nur weil er den schwer zu erbringenden Gegenbeweis nicht führen könne. Nötig sei daher, dass der Kläger Umstände darlege und beweise, die eine Beeinträchtigung der Belange der abhängigen Gesellschaft im Konzerninteresse zumindest nahe legten. Da es für einen außenstehenden Gläubiger jedoch außerordentlich schwierig sein könne, dieser Darlegungs- und Beweislast zu genügen, könnten ihm Erleichterungen hinsichtlich seiner Substantiierungslast in der Weise gewährt werden, dass der Beklagte nähere Angaben zu machen habe, wenn er

---

[231] *Goette*, GmbH, § 9 Rdn. 18; *Röhricht*, FS 50 Jahre BGH, S. 83, 84; Michalski/*Zeidler*, GmbHG, Syst. Darst. 4 Rdn. 260

[232] BGH, Urteil vom 29.3.1992 – II ZR 265/91.

im Gegensatz zum Kläger die maßgebenden Tatsachen kenne und ihm die Darlegung des Sachverhalts zumutbar sei[233].
Wohl unter dem Eindruck der vehementen Kritik des Schrifttums hat der BGH in diesem Urteil die für den geschäftsführenden herrschenden Gesellschafter so verhängnisvolle Vermutungsfolge aufgegeben. Hätte dies allein wohl ausgereicht, die durch „Video" erhitzten Gemüter zu besänftigen, so bedeutete der vom Senat herausgestellte Haftungstatbestand im Gegensatz zu dem verwendeten Begriff der „Klarstellung" eine weitgehende Änderung der Rechtsprechung. Durch die Eliminierung der dauernden und umfassenden Leitung aus dem Haftungstatbestand konnte von einer Haftung bei qualifizierter faktischer Konzernierung keine Rede mehr sein. Für das Eingreifen der Haftung war diese fortan weder hinreichende noch notwendige Bedingung[234]. Inwieweit eine Haftung nach den „TBB"-Grundsätzen überhaupt noch eine Konzernlage voraussetzte, oder ob mit dem Urteil der Übergang zu einer reinen Missbrauchshaftung vollzogen war, wurde kontrovers diskutiert[235]. Anlass zu einer Deutung als Konzernhaftungstatbestand gab neben der Bezugnahme auf die vorangegangenen Urteile zum qualifizierten faktischen Konzern die entsprechende Anwendung der §§ 302, 303 AktG als Anspruchsgrundlage. Die entgegengesetzte Ansicht stützte sich auf die explizite Erwähnung des „objektiven Missbrauchs" als Voraussetzung der Haftung. Vor dem Hintergrund, dass die Entscheidung BGHZ 149, S. 10 – „Bremer Vulkan" zweifelsohne keine Konzernhaftung darstellt und auf „TBB" Bezug nimmt, sprechen letztendlich die besseren Argumente dafür, dass bereits mit diesem Urteil die Abwendung von der Konzernhaftung verbunden war.

II. Das neue dogmatische Konzept der Rechtsprechung

1. BGHZ 149, S. 10 – „Bremer Vulkan"[236]

Mit Urteil vom 17.9.2001 hat der II. Zivilsenat über eine Klage der Bundesanstalt für vereinigungsbedingte Sonderaufgaben (BvS) als Rechtsnachfolgerin der Treuhandanstalt gegen mehrere ehemalige Vorstandsmitglieder der Bremer Vulkan Verbund AG (BVV) entschieden. Liquide Mittel der MTW Schiffswerft GmbH, einer Tochtergesellschaft der BVV, in Höhe von 590 Mio. DM,

233 Zu dieser „sekundären Behauptungslast" s.u., 3. Kapitel B III 1 a), S. 171f.
234 *Ulmer*, ZHR Beiheft 70, S. 41, 43f.; *ders.*, ZIP 2001, S. 2021, 2022; *Bitter*, ZIP 2001, S. 265, 272; *Röhricht*, VGR Bd. 5 (2001), S. 1, 10; *Schaub*, DNotZ 2002, S. 468, 469.
235 Gegen die Voraussetzung eines Konzerntatbestandes: *Bitter/Bitter*, BB 1996, S. 2153, 2156; *K. Schmidt*, NJW 1994, S. 447; *ders.*, AG 1994, S. 189, 195; *Kübler*, NJW 1993, S. 1204, 1205; *Versteegen*, DB 1993, S. 1225, 1226ff.; *Bauder*, BB 1993, S. 1103, 1104f. Dafür die wohl h.M.: BAG ZIP 1994, S. 1378; *Hartmann*, EWiR 1999, S. 391; Hachenburg/*Ulmer*, Anh. § 77 Rdn. 126; *Drygala*, GmbHR 1993, S. 317, 322; *Kohl*, MDR 1993, S. 715, 717; *Michalski/Zeidler*, NJW 1996, S. 224, 225; *Krieger*, ZGR 1994, S. 375, 377f.; *Mutter*, JuS 1993, S. 999, 1002; *Ziegenhain*, ZIP 1994, S. 1007.
236 BGH, Urteil vom 17.9.2001 – II ZR 178/99. Mittlerweile ist auch das Urteil in der Strafsache „Bremer Vulkan" ergangen, BGH, Urteil vom 13.5.2004 – 5 StR 73/03 = ZIP 2004, S. 1200.

die diese von der Treuhandanstalt erhalten hatte, waren auf Veranlassung der BVV in den konzernweiten Liquiditätsverbund (Cash Pool) eingebracht worden. Diese Mittel waren mit der Maßgabe einer Verwendung zu Gunsten der MTW ausgezahlt worden. Ab Ende 1995 war die BVV aufgrund von Illiquidität zur Rückzahlung dieses Betrages nicht mehr in der Lage. Durch die dadurch erforderliche Wertberichtigung der Forderungen in der Bilanz der MTW wäre dieser ihrerseits in die Insolvenz gefallen, hätte die Klägerin nicht die Ausgliederung aus dem Konzern veranlasst und ihr Überleben durch weitere finanzielle Unterstützung gesichert. Der MTW standen Forderungen gegen den Liquiditätsverbund von 527 Mio. DM und gegen die BVV von 4 Mio. DM zu. Die Klägerin nahm die Beklagten aus den Gesichtspunkten fehlerhafter Konzernführung, der Untreue und des Betruges in Anspruch.

Der BGH hob die Klageabweisung der Vorinstanz[237] auf und verwies den Rechtsstreit zurück. Es sei nicht auszuschließen, dass der Klägerin Schadensersatzansprüche gegen die Beklagten zuständen. Neben deliktischen Ansprüchen der Klägerin gegen die Beklagten[238] nimmt der BGH Stellung zu einer Haftung im Rahmen eines qualifizierten oder einfachen faktischen Konzerns. Die analoge Anwendung des Aktienkonzernrechts wird dabei abgelehnt. Der Schutz einer abhängigen GmbH richte sich nach den Vorschriften der Kapitalerhaltung und der Gewährleistung eines Bestandsschutzes in dem Sinne, dass der Alleingesellschafter bei Eingriffen in das Vermögen und die Geschäftschancen der GmbH Rücksicht auf ihre seiner Disposition entzogenen eigenen Belange zu nehmen hat[239]. Daran fehle es, wenn die GmbH infolge der Eingriffe ihren Verbindlichkeiten nicht mehr nachkommen könne. Zu einer Haftung führe ein solcher bestandsvernichtender Eingriff aber nur dann, wenn sich die Fähigkeit der GmbH zur Befriedigung ihrer Gläubiger nicht schon durch die Rückführung entzogenen Stammkapitals gemäß § 31 GmbHG wiederherstellen lasse.

Eine Aussage zur dogmatischen Verankerung dieser Haftung ist dem Urteil nicht zu entnehmen[240], so dass man diesbezüglich auf Spekulationen angewiesen war[241]. In der Literatur stieß das Urteil auf breite Zustimmung[242], was zum Teil wohl auch der Unschärfe von Tatbestand und dogmatischer Verortung

---

237 OLG Bremen vom. 18.5.1998 – 3 U 2/98; erstinstanzlich LG Bremen v. 19.11.1997 – 4 O 1073/96.

238 Gegen die positive Bescheidung der auf § 823 Abs. 2 BGB i.V.m. § 266 StGB gestützte Verurteilung der beklagten Vorstandsmitglieder wendet sich *Kramer*, WM 2004, S. 305.

239 Eine Hinwendung des zweiten Senats zu einer Haftung wegen Existenzvernichtung war bereits vor diesem Urteil Äußerungen zweier Mitglieder zu entnehmen: *Röhricht*, FS 50 Jahre BGH, S. 83ff.; *Henze*, GmbHR 2000, S. 1069, 1072.

240 *K. Schmidt*, NJW 2001,S. 3577, 3579; Emmerich/*Habersack*, Konzernrecht, Anh. § 318 Rdn. 35; *Goette*, DStR 2001, S. 1857; *Hoffmann*, NZG 2002, S. 68, 71; *Römermann/Schröder*, GmbHR 2001, S. 1015, 1018; *Döser*, AG 2003, S. 406, 413.

241 Für die Einordnung als Durchgriffshaftung wegen Nichtbeachtung der Eigenbelange der GmbH OLG Jena, ZIP 2002, S. 631, 633f.; zu den in der Literatur vertretenen Haftungskonzepten, s.u., 2. Kapitel B III, S. 68ff.

242 *K. Schmidt*, NJW 2001, S. 3577, 3579; *Altmeppen*, ZIP 2001, S. 1837, 1839; *Ulmer*, ZIP 2001, S. 2021, 2029; *Keßler*, GmbHR 2001, S. 1095; *Mülbert*, DStR 2001, S. 1937, 1941; *Bitter*, WM 2001, S. 2133.

geschuldet war, die eine Interpretation des Urteils in Richtung der jeweils eigenen Lehrmeinung zuließen[243].

a) Aufgabe der Analogie zum Aktienkonzernrecht

Die Relevanz des Urteils resultiert nicht aus den das Revisionsurteil tragenden Erwägungen zu den deliktischen Schadensersatzansprüchen, sondern aus den Aussagen bezüglich einer Haftung der Beklagten in entsprechender Anwendung der §§ 309 Abs. 2, 317 Abs. 3 AktG im Rahmen eines qualifiziert faktischen Konzerns. Da die konzernrechtliche Schadensersatzhaftung nach § 317 AktG nach allgemeiner Auffassung mangels ausreichender Analogiebasis keine Anwendung für die Veranlassung nachteiliger Weisungen gegenüber faktisch abhängigen GmbH-Töchtern finden soll[244], hätte der Senat diesen Anspruch mit einer knappen Erläuterung ausschließen können. Stattdessen formulierte er in einem zum Leitsatz erhobenen obiter dictum[245], der Schutz einer abhängigen GmbH gegen Eingriffe ihres Alleingesellschafters folge nicht dem Haftungssystem des Konzernrechts des Aktienrechts, sondern sei auf die Erhaltung ihres Stammkapitals und die Gewährleistung ihres Bestandsschutzes beschränkt, der eine angemessene Rücksichtnahme auf die Eigenbelange der GmbH erfordere. An dieser Rücksichtnahme fehle es, wenn die GmbH infolge der Eingriffe ihres Alleingesellschafters ihren Verbindlichkeiten nicht mehr nachkommen könne[246]. Wurde im Anschluss an „TBB" noch gezweifelt, inwiefern die dort behandelte Haftung konzernrechtlicher Natur war[247], so bedeutete die Entscheidung „Bremer Vulkan" nach nahezu einhelliger Auffassung den Abschied von der Rechtsfigur des qualifiziert faktischen Konzerns[248].

b) Eingriff in das Vermögen oder in Geschäftschancen der GmbH

Deutlich formuliert sind die sanktionierten Verhaltensweisen. Neben dem bestandsvernichtenden Eingriff in das Vermögen wird ausdrücklich auch ein

---

243 *Benecke*, BB 2003, S. 1190, 1192.

244 BGHZ 95, S. 330, 340 – „Autokran"; Baumbach/Hueck/*Zöllner*, GmbHG, Schlussanhang I, GmbH-KonzernR Rdn. 82; *K. Schmidt*, NJW 2001, S. 3577, 3578; Hachenburg/*Ulmer*, GmbHG, Anh. § 77 Rdn. 55f.; *Ulmer*, ZHR 148 (1984), S. 391, 412; *ders.*, ZIP 2001, S. 2021, 2022; *H. P. Westermann*, Der GmbH-Konzern, S. 41ff.; *Flume*, Die juristische Person, S. 89, 128; *Hommelhoff*, Die Konzernleitungspflicht, S. 252f.; *Lutter/Hommelhoff*, GmbHG, Anh. § 13 Rdn. 16; *Lutter*, ZGR 1982, S. 244, 260f.; *Bitter*, WM 2001, S. 2133, 2135.

245 *Altmeppen*, ZIP 2001, S. 1837, 1839, Fn. 23; *K. Schmidt*, NJW 2001, S. 3577, 3578; *Römermann/Schröder*, GmbHR 2001, S. 1015, 1017; *Bitter*, WM 2001, S. 2133; Münch.Hdb.GesR.III/*Decher*, § 69 Rdn. 6; *Michalski*, GmbHG, Syst. Darst. 4 Rdn. 260a.

246 BGHZ 149 S. 10 – „Bremer Vulkan".

247 S.o., 2. Kapitel B I 2 c), S. 51f.

248 *Altmeppen*, ZIP 2001, S. 1837, 1838; *Ulmer*, ZIP 2001, S. 2021, 2024; *Goette*, GmbH, § 9 Rdn. 22; *Keßler*, GmbHR 2001, S. 1095, 1097; *Hoffmann*, NZG 2002, S. 68, 74; *Bitter*, WM 2001, S. 2133, 2135; *Römermann/Schröder*, GmbHR 2001, S. 1015; *Röhricht*, VGR Bd. 5 (2001), S. 1, 10; zweifelnd lediglich *K. Schmidt*, NJW 2001, S. 3577, 3581.

derartiger Eingriff in die Geschäftschancen der Gesellschaft angeführt[249]. Daraus kann geschlossen werden, dass der BGH einen möglichst umfassenden Schutz der GmbH gegenüber existenzvernichtenden Eingriffen seitens der Gesellschafter bezweckte.

c) Existenzvernichtung

Die Auslösung einer Haftung für existenzvernichtende Eingriffe setzt nach Ansicht des BGH nicht die tatsächliche Beendigung der Gesellschaft voraus. Über das Vermögen der MTW wurde weder ein Insolvenzverfahren eröffnet, noch wurde sie gelöscht. Die MTW existierte aufgrund finanzieller Unterstützung seitens der Klägerin weiter[250].

d) Subsidiarität

Die Haftung wegen bestandsvernichtender Eingriffe soll nur dann zum Tragen kommen, wenn sich die Fähigkeit der GmbH zur Befriedigung ihrer Gläubiger nicht schon durch die Rückführung entzogenen Stammkapitals gemäß § 31 GmbHG wiederherstellen lässt[251]. Demzufolge ist die Haftung aufgrund bestandsvernichtender Eingriffe subsidiär, soweit § 31 GmbHG den zugefügten Nachteil auszugleichen vermag. Allerdings soll nicht jede Kompensationsmöglichkeit durch Einzelausgleich die Haftung abwenden, sondern aufgrund der ausdrücklichen Erwähnung nur diejenige nach § 31 GmbHG. Etwa bestehende deliktische Ansprüche können somit nicht zu einem Ausschluss der Haftung führen.

e) Anspruchsinhaber

Die Urteilsbegründung ließ offen, ob ein Schadensersatzanspruch der Gesellschaft oder ein Durchgriffsanspruch der Gläubiger entsteht[252]. Für die Ausgestaltung als Innenhaftung spricht die Begründung der Haftung aus Eigenbelangen und Bestandsschutz der Gesellschaft sowie die Benennung als Anspruch der Gesellschaft wegen eines bestandsvernichtenden Eingriffs in ihr Vermögen[253]. Auf der anderen Seite ist von einer Haftung des Alleingesellschafters für die Verbindlichkeiten der GmbH die Rede[254]. Daraus folgt zugleich eine Unsicherheit über den Umfang der fraglichen Haftung. Die Innenhaftung gegenüber der GmbH wäre auf Ersatz des Schadens der GmbH gerichtet. Die

---

249 BGHZ 149, S. 10, 16 – „Bremer Vulkan".
250 BGHZ 149, S. 10, 18 – „Bremer Vulkan".
251 BGHZ 149, S. 10, 16 – „Bremer Vulkan".
252 So auch *Lutter/Banerjea*, ZGR 2003, S. 402, 404; *Bitter*, WM 2001, S. 2133, 2137. Vgl. auch die unterschiedlichen Auffassungen hierzu: Deutung als Außenhaftung bei *Hoffman*, NZG 2002, S. 68, 74; für Binnenhaftung: *Ulmer*, ZIP 2001, S. 2021, 2027; *Bitter*, WuB II C. § 13 GmbHG 1.02, S. 149, 152; *Raiser*, FS Ulmer, S. 493, 504f.
253 BGHZ 149, S. 10, 16 – „Bremer Vulkan".
254 BGHZ 149, S. 10, 16 – „Bremer Vulkan".

Haftung für die Verbindlichkeiten hingegen als Ausfallhaftung nur auf den Ersatz des Betrages der jeweiligen Forderungen.

2. BGHZ 150, S. 61 – „L. Kosmetik“[255]

Im dem Urteil des BGH vom 25.2.2002 zugrunde liegenden Sachverhalt verlangte der Kläger als Konkursverwalter einer GmbH von den Beklagten, die mit umfassenden, von den Gesellschaftern übertragenen Rechten ausgestattet waren, die Zahlung von 1,8 Mio. DM Schadensersatz. In dieser Höhe waren Verbindlichkeiten eines Gesellschafters zu Lasten der GmbH getilgt worden.
Auch in diesem Urteil lehnte der BGH im Ergebnis eine Haftung wegen Existenzvernichtung ab. Diese Ausfallhaftung treffe zwar auch die mittels eines Einverständnisses mit dem Vermögensabzug an der Existenzvernichtung mitwirkenden Gesellschafter, doch sei nicht dargelegt, dass die Beklagten durch ihr Verhalten die Existenz der GmbH vernichtet hätten. Der Senat nutzte die Gelegenheit zur erneuten Klarstellung, dass er die Rechtsfigur des qualifiziert faktischen Konzerns aufgegeben habe[256]. An ihre Stelle sei die Ausfallhaftung wegen existenzvernichtender Eingriffe getreten. Die Grundsätze der Haftung wegen Treuepflichtverletzung gegenüber den Mitgesellschaftern fänden weiter Anwendung[257]. Von Bedeutung für die Ausgestaltung der Haftung wegen Existenzvernichtung sind mehrere Aspekte des Urteils:

a) Abzug von Vermögen und Eingriff in Geschäftschancen der GmbH

Eine Vernichtung der Existenz der GmbH durch den Vermögensabzug sah der BGH als nicht erwiesen an, hält einen solchen aber für geeignet, zu einer Haftung wegen Existenzvernichtung zu führen. Der Kläger hatte weiter vorgetragen, ein bestandsvernichtender Eingriff hätte darin gelegen, dass die Beklagten den Beraterstamm der Gesellschaft ohne Gegenleistung hätten vereinnahmen wollen. Der BGH geht auf diesen Aspekt nicht näher ein, sondern weist die Maßgeblichkeit des Vorbringens „schon deswegen“ zurück, weil es bei dem Versuch der Abwerbung geblieben war[258]. Ob man daraus schließen konnte, der BGH würde Eingriffe in die Geschäftschancen im Unterschied zu „Bremer Vulkan“ künftig nicht ausreichen lassen, war unklar. Fraglich war auch, ob die Beschränkung auf den Begriff des Vermögensabzugs gegenüber dem vorher gebrauchten Terminus des Eingriffs in das Vermögen eine Verengung der Haftungsvoraussetzungen bedeutete, zumal in den Urteilsgründen auch weiterhin von existenzvernichtenden Eingriffen die Rede war.

---

[255] BGH, Urteil vom 25.2.2002 – II ZR 196/00.
[256] BGHZ 150, S. 61, 68 – „L. Kosmetik“.
[257] BGHZ 150, S. 61, 68 – „L. Kosmetik“.
[258] BGHZ 150, S. 61, 68 – „L. Kosmetik“.

b) Existenzvernichtung

Ob der Eingriff der Gesellschafter nach der Urteilsbegründung zu einer Vernichtung der Existenz der GmbH geführt haben muss, oder ob auch eine Bestandsgefährdung ausreicht, geht aus den Urteilsgründen nicht zweifelsfrei hervor. So lehnt der Senat auf der einen Seite eine Haftung der Beklagten ab, da nicht erwiesen sei, dass ihr Verhalten die Existenz der Gesellschaft vernichtet hätte[259]. An anderer Stelle spricht er jedoch davon, dass nicht nachgewiesen sei, dass ein Verhalten dazu geführt hätte, dass die weitere Existenz der GmbH nicht mehr gewährleistet wäre[260].

c) Subsidiarität

In der Urteilsbegründung prüft der Senat die Haftung wegen Existenzvernichtung, obwohl er vorher bereits eine Haftung der Beklagten nach § 31 Abs. 3 GmbHG annimmt. Trotz der Feststellung in „Bremer Vulkan", dass die Existenzvernichtungshaftung nicht zum Tragen kommt, soweit die Haftung nach § 31 GmbHG zur Wiederherstellung der Fähigkeit zur Erfüllung ihrer Verbindlichkeiten ausreicht, ist das nur konsequent[261]. Denn im konkreten Fall umfasste die Haftung der Mitgesellschafter nach § 31 Abs. 3 GmbHG nur einen Teil der ausstehenden Verbindlichkeiten der GmbH, während die Haftung wegen Existenzvernichtung grundsätzlich alle Verbindlichkeiten erfasst, die infolge der Existenzvernichtung nicht erfüllt werden können[262].

d) Subjektive Voraussetzungen

Der Senat lehnt eine weitergehende Haftung als nach § 31 Abs. 3 GmbHG bei schuldhafter Mitwirkung an dem Vermögensentzug ab[263]. Soweit hieraus der Schluss gezogen wird, die Haftung wegen Existenzvernichtung müsse verschuldensunabhängig sein[264], ist dem nicht zuzustimmen. Denn zum einen ist im Kontext dieser Aussage lediglich von Vermögensentzug als Haftungsgrund die Rede, nicht aber von Eingriffen, welche die Existenz der Gesellschaft vernichten. Zum anderen wollte der BGH damit anscheinend nur einer Haftung wegen schuldhafter Mitwirkung an der Auszahlung eine Absage erteilen[265]. Einen Bezug zur Existenzvernichtungshaftung weist diese Passage nicht auf.

---

259 BGHZ 150, S. 61, 67 – „L. Kosmetik".
260 BGHZ 150, S. 61, 68 – „L. Kosmetik".
261 *Altmeppen*, ZIP 2002, S. 961, 964.
262 *Henze*, BB 2002, S. 1011.
263 BGHZ 150, S. 61, 66f. – „L. Kosmetik".
264 *Bitter*, WuB II C. § 13 GmbHG 2.02, S. 793, 795; *Burgard*, NZG 2002, S. 606, 607.
265 In BGHZ 93, S. 146 hatte der BGH eine Verschuldenshaftung des GmbH-Gesellschafters nach „allgemeinen Regeln" angenommen, soweit dieser an einer verbotenen Auszahlung zugunsten eines Mitgesellschafters mitwirkt. Diese Rechtsprechung hatte er freilich in BGHZ 142, S. 92 wieder aufgegeben, weil dadurch die differenzierte, tendenziell auf eine Haftungsbegrenzung des Mitgesellschafters angelegte Regelung des § 31 GmbHG unterlaufen würde.

Aus ihr lässt sich somit nicht die Verschuldensunabhängigkeit der Existenzvernichtungshaftung herleiten.

e) Anspruchsinhaber

Die Bezeichnung der Haftung wegen Existenzvernichtung als Ausfallhaftung deutet auf die Annahme einer Außenhaftung hin[266] denn ein Ausfall mit Forderungen kann nur seitens der Gläubiger in Betracht kommen.

f) Haftungserstreckung auf teilnehmende Gesellschafter

Augenfälligste Erweiterung des nur rudimentären „Bremer Vulkan" – Konzeptes ist die in Anlehnung an § 31 Abs. 3 GmbHG erfolgende Erstreckung der Haftung auch auf die an der Existenzvernichtung durch ihr Einverständnis mitwirkenden Gesellschafter.

3. BGHZ 151, S. 181 – „KBV"[267]

Gegenstand des BGH-Urteils vom 24.6.2002 war die Direkthaftung der Gesellschafter der „Kindl Backwaren Vertriebs-GmbH" („KBV"). Ein Gesellschafter war mit 40%, sein Schwiegersohn, der gleichzeitig Geschäftsführer war, mit 60% an der „KBV-GmbH" beteiligt. Die Klägerin konnte ihren titulierten Werklohnanspruch gegen die GmbH nicht durchsetzen. Vier Monate nach der Rechnungsstellung hatten die Beklagten beschlossen, den Geschäftsbetrieb ohne ein ordnungsgemäßes Liquidationsverfahren einzustellen. Der Geschäftsbetrieb wurde von einer Auffanggesellschaft weitergeführt, der Anfang 1996 die Aktiva der KBV übertragen wurden. Im Gegenzug übernahm die Auffanggesellschaft Verbindlichkeiten der KBV, unter denen sich die Forderung der Klägerin indessen nicht befand. Unter Zugrundelegung eines Vermögensstatus' der KBV ergab sich, dass die Beklagten Vermögen der KBV netto i.H.v. mindestens 380.000 DM auf die Auffanggesellschaft verschoben hatten. Die beantragte Eröffnung des Konkursverfahrens über die „KBV" wurde mangels Masse abgelehnt. Auch bei der Auffanggesellschaft war die Eröffnung eines Konkursverfahrens mangels Masse abgelehnt worden. Nach dem Vortrag der Klägerin hatte der Schwiegervater des Weiteren Anlagegüter der KBV übernommen und den Gegenwert mit Zahlungsrückständen der „KBV" aus einem Mietvertrag verrechnet.

Das „KBV"-Urteil war die vorerst letzte Entscheidung des BGH bezüglich existenzvernichtender Engriffe der GmbH-Gesellschafter[268]. In ihr stellte der BGH zum ersten Mal fest, dass die Voraussetzungen einer Haftung von Gesellschaftern nach diesem Haftungskonzept gegeben seien. Zur Klärung von § 826

---

[266] *Lutter/Banerjea*, ZGR 2003, S. 402, 405; *Bitter*, WuB II C. § 13 GmbHG 2.02, S. 793, 795.

[267] BGH, Urteil vom 24.6.2002 – II ZR 300/00.

[268] Vgl. nunmehr auch die ebenfalls einen existenzvernichtenden Eingriff bejahenden Urteile des LAG Köln, ZIP 2003, S. 1893ff. sowie des OLG Rostock, ZIP 2004, S. 118ff.

BGB betreffenden Umständen wurde der Rechtsstreit an das Berufungsgericht zurückverwiesen.
Der Senat führte in Anknüpfung an die beiden vorangegangenen Urteile[269] aus, der Alleingesellschafter oder einverständlich handelnde Gesellschafter einer GmbH müssten für Verluste einstehen, die bei den Gesellschaftsgläubigern dadurch anfallen, dass die Gesellschafter der Gesellschaft Vermögen entzogen haben, welches diese zur Erfüllung ihrer Verbindlichkeiten benötigt. Zur Begründung gab das Gericht an, das System der auf das Gesellschaftsvermögen beschränkten Haftung beruhe auf der unausgesprochenen, für das Recht der Kapitalgesellschaften jedoch grundlegenden Voraussetzung, dass das Gesellschaftsvermögen, das zur Erfüllung der im Namen der Gesellschaft eingegangenen Verbindlichkeiten benötigt wird, zum Zwecke der Befriedigung ihrer Gläubiger in der Gesellschaft verbleiben müsse und damit der –im Recht der GmbH im übrigen sehr weitgehenden– Dispositionsbefugnis der Gesellschafter entzogen sei[270]. Die GmbH habe zwar keinen Anspruch gegen ihre Gesellschafter auf Gewährleistung ihres Bestandes[271]. Diese könnten die Existenz der Gesellschaft im Grundsatz jederzeit –sei es im Rahmen einer freiwilligen Liquidation, sei es im Rahmen eines Insolvenzverfahrens– beenden. In jedem Fall habe ihre Beendigung jedoch in einem geordneten Verfahren zu erfolgen, in dem die Vermögenswerte der Gesellschaft zunächst zur Befriedigung ihrer Gläubiger zu verwenden seien. Keinesfalls sei es ihnen erlaubt, der Gesellschaft Vermögen ohne Rücksichtnahme auf ihre gesetzliche Funktion, anstelle ihrer Gesellschafter als Haftungsträger zu dienen, zu entziehen, und ihr dadurch die Möglichkeit zu nehmen, ihre Verbindlichkeiten –ganz oder wenigstens teilweise– zu erfüllen. Den Gesellschaftern stehe innerhalb wie außerhalb der Liquidation nur der Zugriff auf den zur Erfüllung der Gesellschaftsverbindlichkeiten nicht benötigten Überschuss zu. Die Notwendigkeit der Trennung des Vermögens der Gesellschaft von dem übrigen Vermögen der Gesellschafter und die strikte Bindung des ersteren zur vorrangigen Befriedigung der Gesellschaftsgläubiger bestünde während der gesamten Lebensdauer der GmbH. Beide –Absonderung und Zweckbindung– seien unabdingbare Voraussetzung dafür, dass die Gesellschafter die Beschränkung ihrer Haftung auf das Gesellschaftsvermögen in Anspruch nehmen könnten. Allein dieses Zusammenspiel von Vermögenstrennung und Vermögensbindung einerseits sowie der Haftungsbeschränkung andererseits vermöge das Haftungsprivileg des § 13 Abs. 2 GmbHG zu rechtfertigen. Entzögen die Gesellschafter unter Außerachtlassung der gebotenen Rücksichtnahme auf diese Zweckbindung des Gesellschaftsvermögens der Gesellschaft durch offene oder verdeckte Entnahmen Vermögenswerte und beeinträchtigten sie dadurch in einem ins Gewicht fallenden Ausmaß die Fähigkeit der Gesellschaft zur Erfüllung ihrer Verbindlichkeiten, so liege

[269] BGHZ 149, S. 10 – „Bremer Vulkan"; 150, S. 61 – „L.-Kosmetik".
[270] BGHZ 151, S. 181, 186 – „KBV".
[271] Mit dieser Aussage will der Senat wohl Missverständnissen im Anschluss an die in der Entscheidung BGHZ 149, S. 10, 16 - „Bremer Vulkan" erfolgte, explizite Erwähnung des Bestandsschutzinteresses der GmbH vorbeugen.

darin, wie der Senat schon früher ausgesprochen habe[272], ein Missbrauch der Rechtsform der GmbH, der zum Verlust des Haftungsprivilegs führen müsse, soweit nicht der der GmbH durch den Eingriff insgesamt zugefügte Nachteil schon nach §§ 30, 31 GmbHG vollständig ausgeglichen werden könne oder kein ausreichender Ausgleich in das Gesellschaftsvermögen erfolge[273]. Das gelte auch und erst recht bei Vorliegen einer Unterbilanz. Außerhalb des Insolvenzverfahrens müssten die Gläubiger, soweit sie von der Gesellschaft keine Befriedigung erlangen könnten, grundsätzlich berechtigt sein, ihre Forderungen unmittelbar gegen die Gesellschafter geltend zu machen.

a) Entzug von Vermögen

Den Missbrauch der Rechtsform der GmbH sieht der Senat im konkreten Fall im Entzug von Vermögenswerten unter Außerachtlassung der gebotenen angemessenen Rücksichtnahme auf die Zweckbindung des Vermögens[274]. Eine Berücksichtigung von Eingriffen in die Geschäftschancen der Gesellschaft findet in „KBV" keinen Anklang. Zwar wird ein Anspruch der Klägerin aus dem Gesichtspunkt des sog. existenzvernichtenden Eingriffs geprüft, doch taucht der Begriff „Eingriff" in den Urteilsgründen in Abkehr zu „Bremer Vulkan"[275], aber in Übereinstimmung zu „L. Kosmetik"[276] nicht auf. Stattdessen rügt der BGH lediglich den „Zugriff" der Gesellschafter auf das Vermögen der KBV.

Das Abstellen auf einen „Entzug" von Vermögen stellt eine Restriktion des Tatbestandes verglichen mit dem Terminus des „Eingriffs" dar. Denn ein Entzug bedeutet die Überführung von Vermögensbestandteilen in fremde Hand. Handlungen, die sich in einer Benachteiligung der GmbH erschöpfen, reichen dafür nicht aus. Durch die Bezugnahme auf das Vermögen der Gesellschaft scheidet eine Erfüllung des Tatbestandes durch Einflussnahmen auf die Mitarbeiter aus. Diese zählen unzweifelhaft nicht zum Vermögensbestand der Gesellschaft. Auch Handlungsweisen wie Betriebsstilllegungen, oder –einschränkungen, Personalabzug oder die Eingehung übergroßer Risiken stellten mangels Zugehörigkeit zum Gesellschaftsvermögen keine Außerachtlassung der Vermögensbindung zur vorrangigen Befriedigung der Gläubiger dar[277].

Für eine weitere Auslegung der Haftung für existenzvernichtende Eingriffe könnte die Begründung des Missbrauchs durch den BGH sprechen. Der Missbrauch der juristischen Person GmbH wird in der Beeinträchtigung der Fähigkeit der Gesellschaft zur Erfüllung ihrer Verbindlichkeiten gesehen. Diese Fähigkeit kann aber auch durch andere Handlungsweisen als den Entzug von

---

[272] Und zwar in BGHZ 122, S. 123 – „TBB".
[273] BGHZ 151, S. 181, 187 – „KBV".
[274] BGHZ 151, S. 181 – „KBV", Leitsatz 1.
[275] Vgl. oben, 2. Kapitel B II 1 b), S. 54f.
[276] Vgl. oben, 2. Kapitel B II 2 a), S. 56f.
[277] *Wiedemann*, ZGR 2003, S. 283, 292f.; *Lutter/Banerjea*, ZGR 2003, S. 402, 414f.

Vermögen beeinträchtigt werden[278]. Zudem handelte der einschlägige Sachverhalt in „KBV" von einem Fall der Vermögensverlagerung, so dass der BGH sich auch nur darauf zu beziehen brauchte. Die einschränkende Wortwahl stellte sich dann lediglich als richterliche Selbstbeschränkung dar, ohne eine Limitierung des Tatbestandes zu beabsichtigen. Eine Haftung auch in anderen Fällen als dem Vermögenszugriff entspräche auch der bisherigen Rechtsprechung zum qualifiziert faktischen Konzern[279].

Letztendlich fügt sich die Beschränkung auf einen Entzug von Vermögen der Gesellschaft jedoch besser in das vom BGH im „KBV"-Urteil gezeichnete Konzept ein. Danach ist Voraussetzung für die Haftungsbeschränkung der Verbleib des zur Erfüllung ihrer Verbindlichkeiten erforderlichen Vermögens in der Gesellschaft. Die GmbH hat kein Recht gegen ihre Gesellschafter auf Gewährleistung ihres Bestandes[280]. Ihre Beendigung hat lediglich in einem geordneten Verfahren zu erfolgen, in dem die Vermögenswerte der Gesellschaft zunächst zur Befriedigung ihrer Gläubiger zu verwenden sind. Wenn die Gesellschafter aber jederzeit die Gesellschaft beenden dürfen, können die Gläubiger auch nur darauf vertrauen, dass zur Erfüllung ihrer Forderungen das gegenwärtige Vermögen der Gesellschaft geschützt ist. Die Ermöglichung der Erzielung zukünftiger Gewinne hat nach diesem Konzept außer Betracht zu bleiben und damit eben auch Eingriffe in die Geschäftschancen und andere Verhaltensweisen, die nicht das aktuelle Vermögen mindern. Eingriffe die nicht das Vermögen betreffen, sind demnach unbeachtlich, Relevanz kommt allein einer Schmälerung des Vermögens zu. Ungeachtet des Bedarfs einer Erfassung auch anderer Verhaltensweisen als dem Vermögensentzug, ist eine solche Extension mit dem Begründungsmodell des BGH nicht in Einklang zu bringen[281].

Ob die Begrenzung der Haftung auf Verstöße gegen die „gebotene angemessene" Rücksichtnahme der Abgrenzung unzulässiger Einflussnahmen von nachteiliger aber noch erlaubter Geschäftsführung dient[282], oder aber lediglich eine Beschränkung der Haftung auf Ausnahmefälle sichern soll[283], geht aus den Urteilsgründen nicht hervor.

b) Existenzvernichtung

Aus dem Entzug des Vermögens muss die Beeinträchtigung der Fähigkeit der Gesellschaft zur Erfüllung ihrer Verbindlichkeiten in einem ins Gewicht fal-

---

[278] Vgl. die Zusammenstellungen bei Münch.Hdb.GesR.III/*Decher*, § 69 Rdn. 13ff.; Emmerich/*Habersack*, Konzernrecht, § 311 AktG Rdn. 46ff.

[279] *Lutter/Banerjea*, ZGR 2003, S. 402, 415.

[280] BGHZ 76, S. 352, 353; 103, S. 184, 192; 151, S. 181, 186 – „KBV".

[281] Mit dem gleichen Ergebnis aber ohne Begründung *Wilhelmi*, DZWiR 2003, S. 45, 46. Abwartend *Wiedemann*, ZGR 2003, S. 283, 293. A.A.: *Röhricht*, FS 50 Jahre BGH, S. 83, 105f.; *Ulmer*, ZIP 2001, S. 2021, 2029; *Lutter/Banerjea*, ZGR 2003, S. 402, 414f.; Emmerich/*Habersack*, KonzernR, Anh. § 318 Rdn. 37; *Bruns*, WM 2003, S. 815, 819.

[282] *Lutter/Banerjea*, ZGR 2003, S. 402, 415; *Benecke*, BB 2003, S. 1190, 1194.

[283] *Ulmer*, JZ 2002, S. 1049, 1051; so wohl auch *Wiedemann*, ZGR 2003, S. 283, 292, der von verbalen Milderungen spricht.

lenden Ausmaß folgen[284]. Diese Beeinträchtigung liegt im Falle einer Insolvenz zweifelsohne vor, jedoch lässt sich der Begriff der Beeinträchtigung auch so deuten, dass bereits die Begründung einer Insolvenzgefahr als Folge der Maßnahme ausreichen soll[285]. Liegt lediglich eine Gefährdung der Existenz vor, so ist die Gesellschaft in der Regel noch in der Lage, ihre Verbindlichkeiten zu bedienen. Andernfalls greift bereits der Insolvenzgrund der Zahlungsunfähigkeit gemäß § 17 InsO. Eine Beeinträchtigung der Fähigkeit zur Erfüllung ihrer Verbindlichkeiten kann damit nur im Falle der Insolvenz der GmbH vorliegen. Für diese Auslegung lässt sich auch die Forderung des Senats nach einer ins Gewicht fallenden Beeinträchtigung anführen. Denn eine schwerwiegende Beeinträchtigung wird diesen Insolvenzgrund mit Sicherheit erfüllen. Weiter rügt die Urteilsbegründung den Entzug der Möglichkeit der Gesellschaft, ihre Verbindlichkeiten „ganz oder wenigstens teilweise" zu erfüllen. Ist die GmbH aber nicht in der Lage, ihre fälligen Zahlungspflichten zu erfüllen, so ist nach der Legaldefinition des § 17 Abs. 2 S. 1 InsO der Insolvenzgrund der Zahlungsunfähigkeit gegeben. Die Urteilsbegründung weist also auf die Notwendigkeit der Insolvenz als Tatbestandsmerkmal hin. Auch dogmatisch steht das Erfordernis der Existenzvernichtung dem Konzept des BGH näher: Der BGH begründet das Verbot, der GmbH die Möglichkeit zur Erfüllung ihrer Verbindlichkeiten zu nehmen damit, dass die Beendigung der Gesellschaft in einem gesonderten Verfahren zu erfolgen hat, in dem die Vermögenswerte zunächst zur Befriedigung der Gläubiger zu verwenden sind[286]. Eine bloße Gefährdung der Existenz der GmbH führt jedoch nicht zu ihrer Beendigung, so dass nach dem dogmatischen Ausgangspunkt des BGH eine Aktualisierung der Existenzvernichtungshaftung ausscheiden muss. Damit erfordert der Tatbestand einer Haftung für existenzvernichtende Eingriffe eine Insolvenz der GmbH.

Die Begrenzung der unzulässigen Handlungen auf „ins Gewicht fallende Beeinträchtigungen" soll zur Ausgrenzung von wenig intensiven Schädigungen führen[287]. In derartigen Fallgestaltungen stellte das scharfe Schwert der Durchgriffshaftung in der Tat eine harte Rechtsfolge dar.

c) Kausalität

Die Beeinträchtigung der Fähigkeit der Gesellschaft zur Erfüllung ihrer Verbindlichkeiten muss durch den Entzug des Vermögens eingetreten sein[288]. Der Eingriff muss also kausal für die Insolvenz der Gesellschaft sein.

---

284 BGHZ 151, S. 181, 187 – „KBV".

285 Für eine Haftung schon bei Existenzgefährdung: Scholz/*Emmerich*, GmbHG, Anh. KonzernR, Rdn. 105; *Emmerich/Sonnenschein/Habersack*, KonzernR, S. 468; *K. Schmidt*, GesR, § 39 III 2 c), S. 1221ff.; *Wiedemann*, ZGR 2003, S. 283, 293f. Ebenso bereits vor „KBV": *Burgard*, ZIP 2002, S. 827, 830. A.A.: *Röhricht*, FS 50 Jahre BGH, S. 83, 88, 106, 110f., 113; *Ulmer*, JZ 2002, S. 1049, 1051; *Lutter/Banerjea*, ZGR 2003, S. 402, 417f.; *Wilhelmi*, DZWiR 2003, S. 45, 46; *Benecke*, BB 2003, S. 1190, 1194; *Hoffmann*, NZG 2002, S. 68, 69; *Schrell/Kirchner*, BB 2003, S. 1451, 1455.

286 BGHZ 151, S. 181, 186 – „KBV".

287 *Ulmer*, JZ 2002, S. 1049, 1051.

288 BGHZ 151, S. 181, 186 – „KBV"

d) Subsidiarität

Die Haftung wegen existenzvernichtender Eingriffe trifft die Gesellschafter nach der Konzeption des BGH nur, soweit der Nachteil, welcher der GmbH durch den Eingriff insgesamt zugefügt wurde, nicht schon nach den §§ 30, 31 GmbHG vollständig ausgeglichen werden kann oder kein ausreichender Ausgleich in das Gesellschaftsvermögen erfolgt[289]. Die Subsidiarität zu den §§ 30, 31 GmbHG ist zwingend, da für eine nicht normierte Haftung kein Bedürfnis besteht, soweit die haftungsauslösenden Verhaltensweisen bereits durch speziellere gesetzliche Regeln ausreichend sanktioniert werden[290]. Die Bezugnahme der Urteilsgründe auf einen Aufsatz des Senatsvorsitzenden *Röhricht*[291] zeigt, dass sich der fehlende Ausgleich jedenfalls auf solche Nachteile bezieht, die nicht bereits von den §§ 30, 31 GmbHG erfasst werden. Denn in den zitierten Stellen werden Maßnahmen ohne gleichwertigen Ausgleich außerhalb des Anwendungsbereiches der Kapitalerhaltungsvorschriften behandelt. Wenn und soweit §§ 30, 31 GmbHG eingreifen, kommt eine Haftung der Gesellschafter aus existenzvernichtenden Eingriffen damit grundsätzlich nicht in Betracht. Das ist auch deshalb geboten, weil die Haftung aufgrund existenzvernichtender Eingriffe nur zur Beseitigung von Schwächen des gesetzlichen Ausgleichsystems dient. Reicht dieses aber zur Erfüllung der Forderungen aus, kann daneben kein Raum für eine durch Rechtsfortbildung gewonnene Haftung bestehen. Damit wird auch dem gesetzlichen Konzept der Binnenhaftung für Verstöße gegen die Kapitalerhaltungsvorschriften entsprochen, welches bei der Durchgriffshaftung grundsätzlich nicht gewahrt ist.
Fraglich ist, wie zu verfahren ist, wenn –wie im Falle der Existenzvernichtung so häufig– der Nachteil der Gesellschaft und der Ausfall der Gläubiger über den Wert des Anspruches aus § 31 GmbHG hinausgehen. In diesem Fall könnte man auf der einen Seite die Ansicht verfechten, die Gläubiger könnten lediglich den Betrag im Wege der Durchgriffshaftung fordern, der ihrem Ausfall bei der GmbH entspricht. Auf der anderen Seite ließe sich argumentieren, in diesem Fall könne der Nachteil eben nicht nach § 30, 31 GmbHG vollständig ausgeglichen werden, und es sei auch kein ausreichender Ausgleich erfolgt. Die Ausführungen des BGH entziehen sich diesbezüglich einer eindeutigen Interpretation.

e) Subjektive Voraussetzungen

Ob die Haftung für existenzvernichtende Eingriffe Vorwerfbarkeit i.S. eines Verschuldens seitens der Gesellschafter erfordert, wird unterschiedlich beur-

---

289 BGHZ 151, S. 181, 187 – „KBV“.

290 So im Ergebnis auch *Röhricht*, FS 50 Jahre BGH, S. 83, 113f.; *Kessler*, GmbHR 2002, S. 945, 950; *Ulmer*, JZ 2002, S. 1049, 1051; *ders.*, ZIP 2001, S. 2021, 2028; *Lutter/Banerjea*, ZGR 2003, S. 402, 423f.; *Bitter*, WuB II C. § 13 GmbHG 2.02, S. 793, 796; *Benecke*, BB 2003, S. 1190, 1194.

291 *Röhricht*, FS 50 Jahre BGH, S. 83, 93ff., 105ff.

teilt[292]. Als Anknüpfungspunkt für subjektive Elemente im Urteil wird dabei die „Außerachtlassung der gebotenen Rücksichtnahme" herangezogen[293]. Damit ist aber nicht zwingend zum Ausdruck gebracht, ein Verstoß gegen die geforderte Rücksichtnahme müsse schuldhaft erfolgen. In der Urteilsbegründung wird ein Verschulden mit keinem Wort angesprochen. Die Tatsache, dass ein solches unzweifelhaft vorlag kann weder als Argument für die eine oder die andere Seite angeführt werden. Denn entweder hielt es der Senat für überflüssig nach der Prüfung des § 826 BGB noch einmal gesondert auf ein Verschulden einzugehen, oder aber er verzichtete auf eine Verschuldensprüfung, weil ein solches Verschulden nicht nötig sein soll. Die Frage nach der Charakterisierung der Haftung als Verschuldenshaftung bzw. verschuldensunabhängige Haftung wird in „KBV" somit nicht beantwortet[294].

f) Anspruchsinhaber

Mit „KBV" hat der BGH den Unsicherheiten um die Grundlage seiner Haftung ein Ende bereitet und klargestellt, dass die Haftung für existenzvernichtende Eingriffe der Gesellschafter eine Fallgruppe der Durchgriffshaftung darstellt. Das folgt aus der Versagung der Inanspruchnahme des Haftungsprivilegs im Falle der relevanten Handlungen. Denn die Durchgriffshaftung erlaubt es den Gläubigern unter Außerachtlassung des Haftungsprivilegs auch auf die Gesellschafter zuzugreifen. Begrifflich knüpft der BGH dabei an die so genannte Missbrauchslehre an[295]. Eine Norm, auf welche die Erstreckung der Haftung auf die Gesellschafter zurückgeführt wird, nennt der BGH nicht. In BGHZ 95, S. 330 – „Autokran", hatte der BGH im Hinblick auf einen abgelehnten Durchgriff die §§ 105, 128 HGB zitiert[296]. Aufgrund der Rekurrierung auf die Durchgriffshaftung ist klar, dass die Gläubiger grundsätzlich selbst Zugriff auf das Vermögen der Gesellschafter nehmen können.

g) Umfang der Haftung

Die Gläubiger sollen nach Auffassung des BGH berechtigt sein, ihre Forderungen unmittelbar gegen die Gesellschafter geltend zu machen, „soweit sie von der Gesellschaft keine Befriedigung erlangen können"[297]. Ob dieses „soweit"

---

292 Für die Notwendigkeit von Verschulden *Westermann*, NZG 2002, S. 1129, 1137; *Döser*, AG 2003, S. 406, 414; *Benecke*, BB 2003, S. 1190, 1194; *Schrell/Kirchner*, BB 2003, S. 1451, 1455. Dagegen *Ulmer*, JZ 2002, S. 1049. Unentschieden *Wilhelmi*, DZWIR 2003, S. 45, 46.

293 *Westermann*, NZG 2002, S. 1129, 1137; *Döser*, AG 2003, S. 406, 414; *Benecke*, BB 2003, S. 1190, 1195.

294 Ebenso *Westermann*, NZG 2002, S. 1129, 1137; *Wilhelmi*, DZWIR 2003, S. 45, 46. Auch *Benecke*, BB 2003, S. 1190, 1195 spricht nur von der Möglichkeit eines „Anhaltspunktes".

295 Vgl. dazu unten, 2. Kapitel C II, S. 79ff.

296 Für die Annahme einer Analogie zu §§ 128, 129 HGB bereits im Anschluss an „Bremer Vulkan": OLG Jena, ZIP 2002, S. 631, 634.

297 BGHZ 151, S. 181, 187 – „KBV".

im Sinne einer Begrenzung der Haftung zu verstehen ist, ist fraglich. Man könnte vertreten, die Aussage solle bedeuten, die Gläubiger könnten nur in Höhe des Betrages gegen die Gesellschafter vorgehen, mit dem sie bei der GmbH ausgefallen sind. Überzeugender ist die Auslegung, eine vollständige Befriedigung der Gläubiger durch die Gesellschaft schließe die Haftung aus. Eine Begrenzung wäre demnach durch diese Aussage nicht intendiert. Dafür spricht das Konzept der Durchgriffshaftung, nach dem die Gesellschafter neben der Gesellschaft haften, und nicht bloß nachrangig[298]. Auch die Forderung eines Mitglieds des erkennenden zweiten Zivilsenats, aus Billigkeitserwägungen für bestimmte Fälle eine Einschränkung der Haftung vorzunehmen[299], weist in diese Richtung. Es ist daher davon auszugehen, dass der BGH von einer in ihrem Umfang nicht beschränkten Haftung ausgeht.

h) Geltendmachung

Der Senat konstatiert, die Gläubiger müssten außerhalb des Insolvenzverfahrens berechtigt sein, ihre Forderungen unmittelbar gegen die Gesellschafter geltend zu machen, soweit sie von der Gesellschaft keine Befriedigung erlangen könnten[300]. Ausgehend vom Wortlaut, wäre die Ansicht vertretbar, im Falle eines Insolvenzverfahrens sei der Insolvenzverwalter neben den Gläubigern zur Geltendmachung berechtigt[301]. Diese Deutung ist aber nicht zwingend. Vielmehr legt die Passage den Umkehrschluss nahe, dass die Gläubiger nur außerhalb eines Insolvenzverfahrens berechtigt seien, ihre Forderungen geltend zu machen. Denn eigentlich erforderte diese Befugnis der Gläubiger zur Geltendmachung ihrer Forderungen gegen die Gesellschafter keine gesonderte Erwähnung. Diese Möglichkeit ist der zentrale Aspekt der Durchgriffshaftung, auf der die Haftung beruht. Vielmehr soll die Erwähnung nur klarstellen, dass zumindest im Falle der Masselosigkeit dieses Recht besteht. Für den Fall der Durchführung eines Insolvenzverfahrens soll dieses Recht anscheinend allein dem Insolvenzverwalter zustehen. Die Geltendmachung im Insolvenzverfahren durch den Insolvenzverwalter ermöglicht eine gleichmäßige Gläubigerbefriedigung[302]. Könnten daneben die Gläubiger selbst direkt gegen die Gesellschafter vorgehen, würde dieses Ziel gefährdet[303]. Im Insolvenzverfahren ist also allein

---

298 Vgl. unten, 2. Kapitel C II 2, S. 83ff.

299 *Henze*, NZG 2003, S. 649, 657.

300 BGHZ 151, S. 181, 187 – „KBV".

301 Hierauf weist *Wiedemann*, ZGR 2003, S. 283, 295 hin.

302 Uhlenbruck/*Hirte*, InsO, § 93 Rdn. 3; KSInsO/*Bork*, S. 1333, 1342; *Fuchs*, ZIP 2000, S. 1089, 1091; *Wilhelm*, DB 1986, S. 2113, 2116; *Wiedemann*, ZGR 2003, S. 283, 295.

303 Begründung RegE, BT-DruckS. 12/2443, S. 39; KSInsO/*Bork*, S. 1333, 1343f.; Uhlenbruck/*Hirte*, § 93 Rdn. 3; MünchKommInsO/*Brandes*, § 93 Rdn. 1; Kübler/Prütting/*Lüke*, InsO, § 93 Rdn. 3; Gottwald/*Haas*, InsO, § 94 Rdn. 61; *Bitter*, ZInsO 2002, S. 557; *Oepen*, ZIP 2000, S. 526, 533f. So auch das Urteil des LAG Köln, ZIP 2003, S. 1893, 1896 unter Verweis auf die entsprechende Rechtsprechung des BGH zur vergleichbaren Situation in der Vor-GmbH in BGHZ 134, S. 333ff. Da die Tatbestandsvoraussetzungen des § 826 BGB parallel lägen, müsse diese Regelung der Geltendma-

der Insolvenzverwalter zur Geltendmachung der Haftung wegen existenzvernichtender Eingriffe zuständig. Eine Rechtsgrundlage dafür, dass es den Gesellschaftsgläubigern in der Insolvenz versagt wird, ihre Forderungen direkt gegen die Gesellschafter geltend zu machen, nennt der BGH nicht. In der Literatur wird das Ergebnis begrüßt und angenommen, dass der Grund hierfür in der analogen Anwendung des § 93 InsO liegt[304]. Da dem Haftungskonzept des BGH die persönliche Außenhaftung der Gesellschafter zu Grunde liegt, wäre die Anwendung dieser, die Personengesellschaften betreffenden insolvenzrechtlichen Regel nur folgerichtig[305].
Zu der Frage, ob die Benennung des Erfordernisses, dass die Gläubiger zur Geltendmachung des Anspruches nur berechtigt sind, soweit sie von der Gesellschaft keine Befriedigung erlangen können bedeutet, dass dafür ein erfolgloser Vollstreckungsversuch gegenüber der GmbH vorausgesetzt wird, bezieht der BGH keine Stellung.

4. Die Rechtsprechung der Instanzgerichte

Die Instanzgerichte haben sich bisher in drei Urteilen mit der Haftung der Gesellschafter für existenzvernichtende Eingriffe auseinandergesetzt[306]. Von diesen drei Urteilen erging dasjenige des OLG Jena nur zwei Monate nach der Initialentscheidung „Bremer Vulkan". Die beiden anderen Urteile des LAG Köln und des OLG Rostock erfolgten nach der oben dargestellten Urteilstrias des BGH. Alle drei Urteile gehen dabei von einer Durchgriffshaftung aus. Die Prüfung eines Abhängigkeitsverhältnisses der GmbH durch das OLG Jena ist nur als Überrest der Rechtsprechung zum qualifiziert faktischen Konzern zu erklären. Den Urteilen ist gemein, dass sie alle den Entzug von Vermögen als möglichen Eingriff i.S.d. Existenzvernichtungshaftung werten.
Das LAG Köln und das OLG Rostock sehen auch in solchen Handlungen mögliche Eingriffe, die nicht unmittelbar das Vermögen der betroffenen Gesellschaften berühren, wie z.B. den Abzug von Personal und die Übertragung eines Auftrages an ein Konzernunternehmen[307]. Ausdrücklich zu der Frage nach der Notwendigkeit eines subjektiven Tatbestandsmerkmals äußert sich das

---

chung auch diesbezüglich Anwendung finden, um eine Umgehung dieser Grundsätze zu verhindern.

304 *Altmeppen*, ZIP 2002, S. 1553, 1560; *Ulmer*, JZ 2002, S. 1049, 1051; *Westermann*, NZG 2002, S. 1129, 1137; *Wiedemann*, ZGR 2003, S. 283, 295; *Bitter*, WuB II C. § 13 GmbHG 1.02, S. 149, 154; *Benecke*, BB 2003, S. 1190, 1194; *Henze*, NZG 2003, S. 649 657.

305 S.u., 2. Kapitel C II 2, S. 83ff.

306 OLG Jena, Urt. v. 28.11.2001 – 4 U 234/01 = GmbHR 2002, S. 112 = ZIP 2002, S. 631 = DZWIR 2003, S. 82 = EWiR 2002, S. 243 (*Meyke*); LAG Köln, Urt. v. 20.6.2003 – 4 SA 128/03 = ZIP 2003, S. 1893 (m. Anm. *Hölzle*); OLG Rostock, Urt. v. 10.12.2003 – 6 U 56/03 = ZIP 2004, S. 118.

307 Weitere Handlungen, die nach der Entscheidung des OLG Rostock als Eingriffe in Betracht kommen sollten, waren die Aufhebung eines Pachtvertrages über das Betriebsgrundstück und der Abschluss eines umfassenden Management- und Geschäftsbesorgungsvertrages.

OLG Rostock, indem es dieses als vom BGH stillschweigend vorausgesetzt bezeichnet[308]. Eine nähere Begründung für dieses Erfordernis wird nicht gegeben. Das OLG Jena und das LAG Köln gestatten die Geltendmachung der Ansprüche direkt durch die Gläubiger wie der BGH nur außerhalb eines Insolvenzverfahrens. Zur effektiven Durchsetzung dieses Ziels erstreckt das LAG Köln den Ausschluss der Geltendmachung durch die Gläubiger auch auf konkurrierende Ansprüche aus Delikt, im konkreten Fall aus § 826 BGB[309]. Dass der BGH in dieser Frage ähnlich entscheiden wird, ist nicht zu erwarten, da einige höchstrichterliche Entscheidungen einer extensiven Auslegung des maßgebenden § 93 InsO eine Absage erteilten[310].
Ähnlich wie schon bei der Haftung nach den Grundsätzen zum qualifiziert faktischen Konzern wird es sich auch bei der Existenzvernichtungshaftung für den Kläger als schwierig erweisen, die relevanten Tatsachen ohne Kenntnis der betrieblichen Interna darzulegen und gegebenenfalls zu beweisen[311]. Das LAG Köln wendet die Rechtsprechung zur „sekundären Behauptungslast", welche den Gläubigern auch unter Geltung des qualifiziert faktischen Konzerns zugute kam, auch auf die Haftung aufgrund existenzvernichtender Eingriffe an[312]. Danach muss der Anspruchsteller nur Umstände darlegen und beweisen, die eine Beeinträchtigung der Belange der abhängigen Gesellschaft im Konzerninteresse zumindest nahe legen. Dem Klagegegner obliegt es dann, diese substantiiert zu bestreiten[313]. Tut er dies nicht, gelten die fraglichen Tatsachen nach § 138 Abs. 3 ZPO als zugestanden. Das OLG Rostock spricht Erleichterungen der Darlegungs- und Beweislast nur hinsichtlich des Umfangs der Haftung an. Der BGH hat zur Verteilung der Darlegungs- und Beweislast im Rahmen der Existenzvernichtungshaftung noch keine Stellung genommen. Aufgrund der zu erwartenden Schwierigkeiten bei der Beweisführung durch die Gläubiger erscheint es als wahrscheinlich, dass er sich in dieser Frage dem LAG Köln anschließt.

---

308 OLG Rostock, ZIP 2004, S. 118, 121. Das LAG Köln erwähnt, die Übertragung des Auftrages dürfe nicht dazu *dienen*, den Gläubigern den Zugriff auf das Gesellschaftsvermögen zu verwehren. Es spricht allerdings viel dafür, darin nicht die Postulation eines subjektiven Tatbestandsmerkmals, sondern nur eine sprachliche Ungenauigkeit zu erkennen. Denn bei der Feststellung, die Zahlung des Kaufpreises für einen Betriebsteil an ein anderes Unternehmen stelle einen Eingriff dar, wird eine subjektive Komponente nicht erwähnt.

309 LAG Köln, ZIP 2003, S. 1893, 1897.

310 BFH, Beschluss vom 2.11.2001 – VII B 155/01 = WM 2002, S. 1361 = WuB VI C. § 93 InsO 1.02 (*Bitter*); BGH, Urteil vom 4.7.2002 – IX ZR 265/01 = BGHZ 151, S. 245 = NJW 2002, S. 2718 = WuB VI C. § 93 InsO 1.02, (*Bitter*); LG Bayreuth, 30.5.2000 – 33 O 244/00 = ZIP 2001, 1782.

311 *Lutter/Banerjea*, ZGR 2003, S. 402, 425ff.; *Altmeppen*, ZIP 2002, S. 1553, 1558; *Vetter*, ZIP 2003, S. 601, 611f.; *Drygala*, GmbHR 2003, S. 729, 737f.

312 LAG Köln, ZIP 2003, S. 1893, 1896.

313 Vgl. zur „sekundären Behauptungslast" BGHZ 12, S. 49, 50; 86, S. 23, 30; 100, S. 190, 195f.; 109, S. 139, 149; MünchKommZPO/*Peters*, § 138 Rdn. 21f.; Zöller/*Greger*, ZPO, § 138 Rdn. 8b, Vor § 284 Rdn. 34ff.; Hachenburg/*Ulmer*, GmbHG, Anh. § 77 Rdn. 148; *Kleindiek*, GmbHR 1992, 574, 581.

5. Zusammenfassung

Mit den drei Entscheidungen „Bremer Vulkan“, „L. Kosmetik“ und „KBV“ hat der BGH das Haftungssystem der GmbH erweitert. Neben die gesetzlich normierten Kapitalerhaltungsregeln tritt die qua Rechtsfortbildung gewonnene Haftung der Gesellschafter für existenzvernichtende Eingriffe. Im Gegenzug aufgegeben wurde die Haftung aus qualifiziert faktischem Konzern. Anders als diese trifft die aus der Existenzvernichtungshaftung folgende Pflicht zur Respektierung der Fähigkeit der GmbH zur Erfüllung ihrer Verbindlichkeiten auch die Gesellschafter nicht konzernierter Gesellschaften. Den Gläubigern wird ein eigener Anspruch gegen die Gesellschafter der GmbH zugestanden, soweit diese infolge eines Vermögensentzuges seitens der Gesellschafter und daraus folgender Insolvenz zur Erfüllung ihrer Verbindlichkeiten nicht in der Lage ist. Die Haftung trifft auch Gesellschafter, die am Entzug des Vermögens durch ihr Einverständnis mitgewirkt haben. Der Durchgriff ist ausgeschlossen, wenn der zugefügte Nachteil ausgeglichen wurde, oder die Fähigkeit der GmbH zur Befriedigung ihrer Verbindlichkeiten durch einen Rückgriffsanspruch nach §§ 30, 31 GmbHG wiederhergestellt werden kann. Ob für die Begründung der Haftung subjektive Voraussetzungen erfüllt sein müssen, geht aus den Urteilen nicht hervor. Der Anspruchsumfang ist der Höhe nach nicht begrenzt. Trotz der Ausgestaltung als Durchgriffshaftung steht die Geltendmachung im Insolvenzverfahren dem Insolvenzverwalter zu. Dadurch soll eine gleichmäßige Befriedigung der Gläubiger gewährleistet und ein Wettlauf der Gläubiger um den Zugriff auf das Privatvermögen der Gesellschafter verhindert werden. Im Schrifttum ist die Rechtsfortbildung bezüglich ihrer Ergebnisse auf verbreitete Zustimmung getroffen[314]. Kritisiert wird hingegen die konkrete Ausgestaltung der Haftung hinsichtlich der dogmatischen Konzeption und einzelner Tatbestandsmerkmale[315].

III. Lösungsvorschläge in der Literatur

1. Durchgriffshaftung wegen Unterkapitalisierung

Schon im „TBB“-Urteil erkennt *Bitter* richtigerweise[316] eine Durchgriffshaftung wegen Missbrauchs der Rechtsform der GmbH[317]. Die Durchgriffshaftung, die er auch selbst auf existenzvernichtende Eingriffe anwenden will,

---

[314] *Ulmer*, ZIP 2001, S. 2021, 2029; *ders.*, JZ 2002, S. 1049, 1052; *Altmeppen*, ZIP 2002, S. 1553, 1562; *K. Schmidt*, NJW 2001, S. 3577, 3581; *Lutter/Banerjea*, ZGR 2003, S. 402, 440; *Westermann*, NZG 2002, S. 1129, 1138; Emmerich/*Habersack*, Konzernrecht, Anh. § 318 Rdn. 34; *Keßler*, GmbHR 2002, S. 945, 951; vgl. auch die Vorarbeit von *Röhricht*, FS 50 Jahre BGH, S. 83, 120ff. A.A. *Schröder*, GmbHR 2002, S. 904, 905; *Wilhelmi*, DZWIR 2003, S. 45, 57; *Burgard*, WuB II C. § 13 GmbHG 1.03, S. 73, 76.

[315] Siehe hierzu die Lösungsansätze im Schrifttum, 2. Kapitel B III, S. 68ff.

[316] S.o., 2. Kapitel B I 2 c), S. 51f.

[317] *Bitter/Bitter*, BB 1996, S. 2153, 2159; *Bitter*, ZIP 2001, S. 265, 272f.; *ders.*, WuB II C. § 13 GmbHG 1.01, S. 183, 185.

begründet er abweichend vom BGH-Konzept mit der Normzwecklehre[318]. Für die Begründung eines Durchgriffs ist es danach erforderlich, dass die betreffende Fallkonstellation mit dem Sinn und Zweck der Haftungsbeschränkung nicht vereinbar ist. Neben der anerkannten Fallgruppe der Vermögensvermischung liege dies auch in Sachverhalten nahe, in denen die Gesellschafter einseitig auf Kosten der Gläubiger spekulierten[319]. Denn die Haftungsbegrenzung des § 13 Abs. 2 GmbHG beruhe auf einer angemessenen Risikoteilung zwischen Gesellschaftern und Gläubigern. Die einseitige Abwälzung des Risikos auf die Gläubiger sei unzulässig, geboten sei eine angemessene Risikoübernahme durch die Aufbringung von Eigenkapital. Haftungsbegründend sei daher die durch die Unterkapitalisierung entstehende übermäßige Insolvenzwahrscheinlichkeit[320]. Der Eintritt nicht absehbarer Entwicklungen könne einen Durchgriffsanspruch aber nicht begründen, zu fordern sei ein spekulatives Risiko, durch das die Insolvenz nicht als unvorhergesehen bezeichnet werden kann. Für die Anerkennung einer eigenständigen Fallgruppe der Existenzvernichtung wegen Resourcenabzugs sieht *Bitter* daneben keine Veranlassung. Dazu käme es ohnehin nur dann, wenn die Insolvenz schon abzusehen wäre, dann aber seien die §§ 30, 31 GmbHG ausreichend[321].

Ein Vorteil dieser Konstruktion liege neben ihren dogmatischen Vorzügen in der Ermöglichung angemessener Ergebnisse. Denn im Gegensatz zur Binnenhaftung erlaube die Durchgriffshaftung die aus ökonomischer Sicht wünschenswerte Differenzierung nach Gläubigergruppen[322]. Dadurch sei auch das Haftungsrisiko der Gesellschafter geringer, da sie nicht allen Gläubigern ausgleichspflichtig seien. Ein Durchgriffsanspruch stehe in jedem Fall den sog. unfreiwilligen Gläubigern zu, da diese keine Möglichkeit hätten, für ein eingegangenes Risiko durch eine Prämie entschädigt zu werden. Freiwillige Gläubiger hingegen, die eine effiziente Absicherung des Insolvenzrisikos (etwa durch Kreditsicherheiten) unterlassen hätten, könnten das Instrumentarium der Durchgriffshaftung nicht in Anspruch nehmen. Andernfalls ginge jeder Anreiz für eine effiziente Eigensicherung verloren. Freiwillige Gläubiger, denen eine effiziente Risikoabsicherung nicht möglich sei, wie Dienstleister oder Gläubiger kleinerer Beträge, könnten ebenfalls einen Durchgriffsanspruch geltend machen.

2. Sachwalterhaftung

Im Gegensatz zu dem aus der Lehre der Durchgriffshaftung resultierenden Hinweggehen über die juristische Person basiert die insbesondere von *Wil-*

---

[318] Diese wird im Allgemeinen als Unterfall der Missbrauchshaftung angesehen, *Bitter*, Konzernrechtliche Durchgriffshaftung, 2000, S. 101f.; *ders.*, WM 2001, S. 2133, 2139; ebenso *Ulmer*, FS Duden, S. 661, 678. Siehe zu den unterschiedlichen Begründungsansätzen für die Durchgriffshaftung auch unten, 2. Kapitel C II, S. 79ff.

[319] *Bitter*, WuB II C. § 13 GmbHG 1.01, S. 183, 186; *ders.*, WM 2001, S. 2133, 2139ff. unter Verweis auf BGH NJW 1994, S. 3288, 3290 „Architekten"-GmbH.

[320] *Bitter*, WM 2001, S. 2133, 2137.

[321] *Bitter*, WuB II C. § 13 GmbHG 2.02, S. 793, 796.

[322] *Bitter*, WM 2001, S. 2133, 2140f.; *ders.*, WuB II C. § 13 GmbHG 2.02, S. 793, 796.

helm[323] beschriebene Sorgfaltshaftung der Gesellschafter auf der Beachtung der GmbH als Rechtssubjekt. Das gesetzlich normierte Haftungssystem ist nach Meinung von *Wilhelm* fehlerhaft. Aufgrund der Gebundenheit der Geschäftsführer an Weisungen der Gesellschafter und dem Fehlen einer gesetzlichen Haftung der Gesellschafter für ihre Weisungen könnte es dazu kommen, dass die Gesellschafter für Weisungen nur unter den Voraussetzungen des § 826 BGB haftbar gemacht werden können[324]. Die Gesellschafter könnten demzufolge weitgehend frei von gesetzlichen Restriktionen ihre Leitungsmacht über die GmbH zu ihrem Vorteil ausnutzen, und gleichzeitig diesbezügliche Haftungsrisiken minimieren[325]. Da die Möglichkeit des Missbrauchs der Rechtsform der GmbH dergestalt im Gesetz angelegt sei, stellte der Versuch, einen Missbrauch festzustellen, eine unlösbare Aufgabe dar. Ziel müsse es vielmehr sein, den unzureichenden Rechtszustand umzugestalten. Anzusetzen sei bei der Ursache des Problems, dem Zusammentreffen von beschränkter Haftung und (nicht sanktioniertem) willkürlichem Umgang mit dem Vermögen, auf das die Haftung beschränkt ist[326].
Aus der Tatsache, dass die Folgen von Dispositionen über das Gesellschaftsvermögen auch andere Personen, insbesondere die Gläubiger der GmbH beträfen, ergebe sich, dass der willkürliche Umgang mit dem Vermögen der GmbH zu begrenzen sei[327]. Dies gelte nicht für die mehrgliedrige GmbH, in der sich die Autonomie pluralistisch und damit macht- und interessensausgleichend entfalte. Erfasst seien aber die Gesellschafter, die als Einzelpersonen die Geschicke einer GmbH dirigierten. Diese hätten bei Verfügungen über das Gesellschaftsvermögen die Sorgfalt eines ordentlichen Kaufmanns zu beachten und bei einer Verletzung dafür einzustehen. Diese Forderung sei aber nicht lediglich rechtspolitischer Natur, sondern entspreche der geltenden Rechtslage. Der Schutz der GmbH gegenüber der Machtausübung ihrer Gesellschafter folge aus dem allgemeinen Rechtsgrundsatz, dass jede fremdbezogene Machtausübung pflichtgebunden sei[328]. Das gelte auch für das Handeln von Organen für die juristische Person. Es gelte aber ebenso für die Gesellschafter der GmbH, wenn diese Organmacht in Anspruch nähmen. Dem liege nicht bloß ein begriffliche Anknüpfung an die juristische Person zu Grunde, sondern vielmehr eine Anknüpfung materieller Art. Die GmbH-rechtliche Vermögensbindung sei gesetzlicher Ausdruck der Fremdheit des Vermögens. Die Separierung vom Privatvermögen und Bindung in der juristischen Person zeige, dass die Gesellschafter mit diesem Vermögen nicht wie mit eigenem Vermögen verfahren dürften. Damit käme ihnen –bei der Wahrnehmung von Geschäftsführungsaufgaben–

323 *Wilhelm*, Rechtsform und Haftung bei der juristischen Person, S. 285ff.
324 So auch BGHZ 31, S. 258, 278.
325 *Wilhelm*, Rechtsform und Haftung bei der juristischen Person, S. 334; *Flume*, BGB AT I/2, Die juristische Person, S. 61.
326 *Wilhelm*, Rechtsform und Haftung bei der juristischen Person, S. 335.
327 *Wilhelm*, Rechtsform und Haftung bei der juristischen Person, S. 335.
328 Vgl. zu diesem allgemeinen Rechtsgrundsatz: *Flume*, BGB AT II, Das Rechtsgeschäft, S. 9, 786.

die gleiche Stellung zu wie einem bloßen Verwalter des Vermögens[329]. Daraus folge, dass alle Gesellschafter, die allein oder im Zusammenwirken mit anderen, und sei es auch nur durch Geschehenlassen von Maßnahmen trotz zur Verhinderung genügend einflussstarker Positionen sowie ausreichender Übersicht, geschäftsführend, leitend oder beherrschend die Geschicke der GmbH (mit-)bestimmten, die Ausübung ihrer Macht an den Regeln kaufmännischer Sorgfaltsanforderungen ausrichten müssten[330]. Anzuwenden sei mithin die Sorgfalt eines ordentlichen Geschäftsmannes i.S.v. § 43 Abs. 1 GmbHG[331].
Die gesetzliche Grundlage für den Anspruch der GmbH sieht *Wilhelm* nach der Schuldrechtsreform nunmehr in §§ 280, 311 Abs. 2 Nr. 3, 241 Abs. 2 BGB[332]. Die Gesellschafter begäben sich dadurch in ein Sonderrechtsverhältnis zu der Gesellschaft, dass sie über die Geschäftsführung der Gesellschaft disponierten. Die Reichweite und Präzisierung der daraus resultierenden Pflicht ergebe sich aus dem Gedanken der negotiorum gestio[333]. Das Vermögen der Gesellschaft sei für die Gesellschafter im Rahmen der §§ 30ff. GmbHG und der Vorschriften über eine geordnete Liquidation fremdes Vermögen. Soweit sie ein Verschulden daran treffe, dass das Vermögen der Gesellschaft in Verlust geraten sei, hafteten sie der Gesellschaft auf Schadensersatz[334]. Ob die Reichweite der Pflicht sich auch weiterhin an der Sorgfalt eines ordentlichen Geschäftsmannes auszurichten hat, wird nicht deutlich. Sachlich dürften mit der Änderung der Haftungsgrundlage von einem allgemeinen Rechtsgrundsatz auf die §§ 280, 311 Abs. 2 Nr. 3, 241 Abs. 2 BGB jedoch keine Unterschiede verbunden sein.
Aus der Pflicht zur Rechenschaftslegung im Falle der Verwaltung fremden Vermögens ergebe sich die Belastung des Gesellschafters mit dem Nachweis, es sei keine sorgfaltswidrige Schädigung der Gesellschaft erfolgt[335]. Dies stelle eine angemessene Behandlung der jeweiligen Sachverhalte dar. Die Geltendmachung der Organhaftung obliege während dem Konkursverfahren dem Konkursverwalter. Außerhalb des Konkursverfahrens seien die Gläubiger entsprechend den aktienrechtlichen Vorschriften berechtigt, den Anspruch gegen die Gesellschafter selbst geltend zu machen, soweit sie von der Gesellschaft keine Befriedigung erlangen können[336].

---

329 *Wilhelm*, Rechtsform und Haftung bei der juristischen Person, S. 337f.; *ders.*, NJW 2003, S. 175, 179; *Flume*, BGB AT I/2, Die juristische Person, S. 88; so auch *Altmeppen*, ZIP 2001, S. 1837, 1843.

330 *Wilhelm*, Rechtsform und Haftung bei der juristischen Person, S. 355f.; *Flume*, BGB AT I/2, Die juristische Person, S. 88.

331 *Flume*, BGB AT I/2, Die juristische Person, S. 88f.

332 *Wilhelm*, NJW 2003, S. 175, 179.

333 *Wilhelm*, NJW 2003, S. 175, 179.

334 *Wilhelm*, NJW 2003, S. 175, 179f..

335 *Wilhelm*, NJW 2003, S. 175, 179f.; *Flume*, BGB AT I/2, Die juristische Person, S. 88f.

336 *Wilhelm*, Rechtsform und Haftung bei der juristischen Person, S. 363f.; *ders.*, NJW 2003, S. 175, 179. Die auf die alte Rechtslage unter Geltung der Konkursordnung bezogene Terminologie bedeutet sachlich keinen Unterschied zum Insolvenzverwalter und dem Insolvenzverfahren.

3. Das Haftungskonzept Altmeppens

Altmeppen[337] will die Gläubiger einer GmbH durch ein zweistufiges Haftungskonzept vor nachteiligen Einflussnahmen der Gesellschafter auf die GmbH schützen, die ihre Fähigkeit zur Gläubigerbefriedigung beeinträchtigen. Habe eine Verletzung der Kapitalbindung nicht quantifizierbare Folgeschäden im Vermögen der GmbH verursacht, greife die Durchgriffshaftung wegen Vermögensvermischung, die nach *Altmeppen* lediglich eine Beweislastumkehr zu Lasten der Gesellschafter darstellt. Daneben könne sich eine Haftung der Gesellschafter aus gröblich sorgfaltswidriger Geschäftsführung ergeben, soweit dadurch der Gläubigerbefriedigung gewidmetes Vermögen der Gesellschaft vernichtet werde.

a) Gesellschafterhaftung wegen „Vermögensvermischung"

Altmeppen[338] führt aus, dass wenn die Gesellschafter mittels rechtswidriger Machenschaften die Nachprüfbarkeit der Einhaltung der Kapitalerhaltungsvorschriften vereitelten, es zur Pauschalisierung der Haftung komme. Die Rechtfertigung der unbegrenzten Haftung der Gesellschafter liege in diesem Fall darin begründet, dass sie den Kontrollverlust zu vertreten hätten. Haftungsvoraussetzung sei, dass die rechtswidrige Handlung der Gesellschafter eine Pflicht der GmbH zur Kontrolle über die Kapitalbindung verletze. Diese Situation könne insbesondere dann eintreten, wenn die Gesellschafter der Gesellschaft Vermögen in bedeutendem Umfang entzögen, so dass die GmbH dadurch insolvent werde. Die Beweislastumkehr i.S.d. Vermögensvermischung lege in einem solchen Fall den Gesellschaftern, welche die Kontrolle über die Kapitalerhaltungsregeln vereitelt hätten, den Nachweis über die Höhe des der Gesellschaft zustehenden Ersatzanspruch auf. Dieser Nachweis werde den Gesellschaftern aber in aller Regel nicht möglich sein, weil ihr Verhalten gerade die Unmöglichkeit dieser Kontrolle hervorgerufen habe. Die gleiche Beweislastumkehr treffe die Gesellschafter hinsichtlich des zu fordernden Verschuldens. Letztendlich sei die Durchgriffshaftung wegen Vermögensvermischung deshalb nur eine Beweislastumkehr zu Lasten der Gesellschafter[339]. Die Direkthaftung der Gesellschafter ergebe sich aus analoger Anwendung von §§ 128, 129 HGB. Aus einer Analogie zu § 93 InsO folge die keineswegs selbstverständliche, aber begrüßenswerte Konzentrierung der Geltendmachung im Insolvenzverfahren auf den Insolvenzverwalter.

b) Lehre von der unverzichtbaren Gesellschafterhaftung

Der zweite Haftungstatbestand *Altmeppens* umfasst Verhaltensweisen der sorgfaltswidrigen Kapitalvernichtung, für die eine Haftung aufgrund Vermö-

---

[337] *Altmeppen*, ZIP 2002, S. 1553; *ders.*, ZIP 2002, S. 961; *ders.*, NJW 2002, S. 321; *ders.*, ZIP 2001, S. 1837; *ders.*, DB 2000, S. 657; *ders.*, DB 2000, S. 261.

[338] *Altmeppen*, ZIP 2002, S. 1553.

[339] *Altmeppen*, ZIP 2002, S. 1553, 1558, 1563.

gensvermischung ausscheidet. Ausgangspunkt dieser Lehre von der unverzichtbaren Gesellschafterhaftung ist die von *Wilhelm* entwickelte Sorgfaltshaftung. Ihr Vorzug liege in der dogmatisch klaren Anknüpfung an die Haftung für Pflichtverletzungen bei der Führung fremder Geschäfte[340]. Besondere Ausprägung dieses Grundsatzes sei die Organhaftung in den Kapitalgesellschaften nach den § 43 GmbHG, § 93 AktG. Dass die Gesellschafter bei der Leitung ihrer GmbH fremde Geschäfte führten, folge aus dem Eigeninteresse der GmbH, soweit es um ihre Fähigkeit zur Gläubigerbefriedigung gehe. Auch der Alleingesellschafter bzw. einvernehmlich handelnde Gesellschafter führten somit fremde Geschäfte der GmbH, falls deren Fähigkeit zur Gläubigerbefriedigung betroffen sei[341].

Die alleinige Anknüpfung der Sorgfaltshaftung an § 43 GmbHG sei jedoch aufgrund der Disponibilität der gewöhnlichen Geschäftsführerhaftung[342] nicht überzeugend. Der Alleingesellschafter bzw. einvernehmlich handelnde Gesellschafter könnten sich von der Haftung in ihrer Eigenschaft als Geschäftsführer freizeichnen, was erst recht für eine Haftung analog § 43 GmbHG gelten müsse. Von einer Unverzichtbarkeit der Haftung auszugehen, soweit diese zur Gläubigerbefriedigung erforderlich sei, verstoße gegen die systematische Stellung von § 43 Abs. 3 S. 2 und 3 GmbHG, die gerade keinen Absatz 5 bilden. Zudem würde dies einen Wertungswiderspruch zur Haftung des AG-Vorstandes bedeuten, dessen Haftung abgesehen vom Fall gröblicher Pflichtverletzung disponibel sei, § 93 Abs. 5 S. 2 und 3 AktG. Die alleinige analoge Anwendung von § 43 GmbHG könne daher außerhalb der Einlagenrückgewähr eine Haftung der Gesellschafter für sorgfaltswidrige Maßnahmen nicht sicherstellen[343]. Die Lösung liege vielmehr darin, die Interessenbewertung des § 93 Abs. 5 S. 2 und 3 AktG analog auch auf den in die Geschicke seiner GmbH eingreifenden Gesellschafter anzuwenden[344]. Dies sei gerechtfertigt, weil das Vertrauen der Gläubiger darauf, dass das für ihre Befriedigung vorgesehene Vermögen der Gesellschaft nicht durch grob pflichtwidriges Verhalten angetastet wird, Vorrang vor der Disponibilität der Geschäftsleiterhaftung habe[345]. Eine Haftung des Gesellschafters ist demnach gegeben, wenn er durch einen gröblichen Sorgfaltsverstoß das zur Gläubigerbefriedigung erforderliche Kapital vernichtet.

Die Darlegungslast des Gläubigers beschränke sich auf den Nachweis einer Beteiligung des Gesellschafters an einer gröblich sorgfaltswidrigen Geschäftsführung. Gelinge ihm dies, gelte die Vermutung, dass die Gesellschaft durch dieses Verhalten in die Insolvenz geraten sei[346]. Da die unverzichtbare Gesell-

---

340 *Altmeppen*, ZIP 2002, S. 1553, 1562; *ders.*, ZIP 2001, S. 1837, 1843.

341 *Altmeppen*, ZIP 2001, S. 1837, 1843; *ders.*, DB 2000, S. 657, 659.

342 Die Disponibilität dieser Haftung ergibt sich aus dem Umkehrschluss zu § 43 Abs. 3 GmbHG, vgl. statt aller BGH NJW 2000, S. 1571; Baumbach/Hueck/*Zöllner*, GmbHG, § 43 Rdn. 28f.; Scholz/*Schneider*, GmbHG, § 43 Rdn. 187ff.; Rowedder/*Koppensteiner*, GmbHG, § 43 Rdn. 28; Hachenburg/*Mertens*, GmbHG, § 43 Rdn. 69.

343 *Altmeppen*, NJW 2002, S. 321, 323f.; *ders.*, ZIP 2001, S. 1837, 1843f.

344 Dafür auch *Burgard*, ZIP 2002, S. 827, 839.

345 *Altmeppen*, ZIP 2001, S. 1837, 1845.

346 *Altmeppen*, ZIP 2001, S. 1837, 1845f.

schafterhaftung zu einem Erstattungsanspruch der GmbH führe, stehe die Geltendmachung im Insolvenzverfahren dem Insolvenzverwalter zu, § 80 InsO. Im Falle der Ablehnung der Insolvenzeröffnung mangels Masse könnten die Gläubiger analog §§ 62 Abs. 2, 93 Abs. 5, 116, 117 Abs. 5, 309 Abs. 4 S. 3, 310 Abs. 4, 317 Abs. 4, 318 Abs. 4 AktG die Gesellschafter direkt in Anspruch nehmen[347].

4. Haftung aufgrund der Verletzung mitgliedschaftlicher Pflichten

Eine starke Literaturmeinung[348] setzt zur Lösung der Problematik existenzvernichtender Eingriffe bei der Verletzung von aus der Mitgliedschaft der Gesellschafter in der GmbH folgenden Pflichten an. Die Terminologie ist insoweit uneinheitlich –Haftung wegen Treuepflichtverletzung[349] einerseits, Haftung aus Verletzung des mitgliedschaftlichen Sonderrechtsverhältnisses[350] andererseits–, bezeichnet aber letztlich das Gleiche: Aus der Stellung als Gesellschafter sollen sich bestimmte Pflichten gegenüber der Gesellschaft ergeben, zu denen auch das Verbot existenzvernichtender Eingriffe gehöre. Eine Verletzung dieser Pflichten mache die Gesellschafter im Verhältnis zur Gesellschaft schadensersatzpflichtig.
Die Reichweite dieser Pflichten ist noch nicht abschließend geklärt. Insbesondere besteht Uneinigkeit darüber, ob lediglich der Entzug von Gesellschaftskapital[351] oder auch anderweitige schädigende Verhaltensweisen[352] zu sanktionieren sind, und ob eine Existenzgefährdung ausreicht, oder Existenzvernichtung

[347] Roth/*Altmeppen*, GmbHG, § 43 Rdn. 62; *Altmeppen*, ZIP 2001, S. 1837, 1846. Für eine Geltendmachung von Erstattungsansprüchen der GmbH durch die Gläubiger analog zu den aktienrechtlichen Vorschriften auch *Burgard*, VGR (2002), S. 45, 56.

[348] Grundlegend *Winter*, Mitgliedschaftliche Treubindungen im GmbH-Recht; *ders.*, ZGR 1994, S. 570. Ebenso: *Röhricht*, FS 50 Jahre BGH, S. 83; *Ulmer*, ZIP 2001, S. 2021; *K. Schmidt*, NJW 2001, S. 3577; *ders.*, GesR § 37 III 7, S. 1150f.; *ders.*, BB 1985, S. 2077; *ders.*, ZIP 1986, S. 146; *Priester*, ZGR 1993, S. 512; *Mülbert*, DStR 2001, S. 1937; *Burgard*, ZIP 2002, S. 827; *ders.*, NZG 2002, S. 606; *ders.*, VGR (2002), S. 45, 58f.; *Nissing*, Eigeninteresse der Gesellschaft oder Liquidation auf kaltem Wege.

[349] *Winter*, Mitgliedschaftliche Treubindungen im GmbH-Recht, 1988; *ders.*, ZGR 1994, S. 570; *Ulmer*, ZIP 2001, S. 2021; *ders.*, ZHR 148 (1984), S. 391; *Priester*, ZGR 1993, S. 512; *Mülbert*, DStR 2001, S. 1937.

[350] *K. Schmidt*, NJW 2001, S. 3577; *ders.*, GesR § 37 III 7, S. 1150f.; *ders.*, ZIP 1988, S. 1497; *ders.*, ZIP 1989, S. 545; *Burgard*, NZG 2002, S. 606 *K. Schmidt*, GesR § 39 III 4 b), S. 1234ff., will es zur Sanktionierung existenzvernichtender Verhaltensweisen nicht bei dieser Haftung für einzelne schädigende Einflussnahmen belassen. Stattdessen setzt er auf ein „Dreistufenmodel der Rechtsfolgen", dass daneben bei „de facto Fusionen" einen echten Verlustausgleich analog § 302 AktG annimmt, und bei schlechter, dauerhaft schädigender „Konzernleitung" einen nach § 287 ZPO zu schätzenden Schadensersatz gewährt.

[351] *Fleck*, ZGR 1990, S. 31, 42.

[352] *Winter*, ZGR 1994, S. 570, 591f.; *Röhricht*, FS 50 Jahre BGH, S. 83, 105f., 117; *K. Schmidt*, NJW 2001, S. 3577, 3580; *Priester*, ZGR 1993, S. 512, 525ff.; *Mülbert*, DStR 2001, S. 1937, 1942.

der GmbH zu fordern ist[353]. Unzweifelhaft ist hingegen, dass es nicht genügt, wenn durch die fragliche Handlung allein Gesellschaftsvermögen oberhalb der Stammkapitalziffer angegriffen wird. Hinzukommen muss eine dadurch bewirkte Existenzvernichtung bzw. –gefährdung der GmbH, verstanden als die Beeinträchtigung der Fähigkeit der Gesellschaft zur Erfüllung ihrer Verbindlichkeiten[354]. Nach der Konzeption der Haftung trifft diese auch Alleingesellschafter bzw. einvernehmlich handelnde Gesellschafter. Denn das Bestandsinteresse der Gesellschaft soll als Eigeninteresse der juristischen Person GmbH[355] nach Maßgabe des Gesetzes der Disposition auch der Gesellschaftergesamtheit entzogen sein. Dieses Eigeninteresse beruhe auf dem Verbot, die Gesellschaft unter Umgehung der gesetzlichen Liquidationsvorschriften zu beseitigen. Zwar sei es den Gesellschaftern gestattet, die GmbH nach freiem Belieben aufzulösen, § 60 Abs. 1 Nr. 2 GmbHG, die Abwicklung habe jedoch unter Beachtung der dem Gläubigerschutz dienenden zwingenden Liquidationsvorschriften zu erfolgen. Eine Umgehung dieser Vorschriften sei den Gesellschaftern nicht gestattet. Daraus folge für die Gesellschafter die indisponible Pflicht, Verhaltensweisen zu unterlassen, die das Interesse der GmbH an der Erfüllung ihrer Verbindlichkeiten durch existenzvernichtende Maßnahmen verletzten[356]. Denn derartige Maßnahmen stellten eine „Liquidation der Gesellschaft auf kaltem Wege“[357] dar, bedeuteten also eine Umgehung des vom Gesetz vorgesehenen Gläubigerschutzes. Eine Verletzung dieser Pflicht ziehe Schadensersatzansprüche der geschädigten Gesellschaft gegen die Gesellschafter nach sich. Eine Fortführungspflicht lässt sich aus dem so verstandenen Eigeninteresse nicht gewinnen. Den Gesellschaftern bleibt es unbenommen, die GmbH unter Beachtung der Liquidationsvorschriften aufzulösen[358].

Da die Haftung an Pflichtverletzungen der Gesellschafter anknüpft, trifft sie diese nur, soweit ihnen ein Verschuldensvorwurf zu machen ist[359]. Der Anspruch der Gesellschaft wird im Insolvenzverfahren gemäß § 80 InsO vom Insolvenzverwalter geltend gemacht[360]. Im Falle der Masselosigkeit soll den Gläubigern analog zu den entsprechenden aktienrechtlichen Vorschriften ein direkter Zugriff gegen die Gesellschafter gewährt werden, ohne dass diese

---

353 Für Existenzvernichtung *Röhricht*, FS 50 Jahre BGH, S. 83, 106; *Ulmer*, ZIP 2002, S. 2021, 2028. Die Existenzbedrohung bereits als ausreichend erachtend: *Mülbert*, DStR 2001, S. 1937, 1943.

354 Das ergibt sich aus der Bezugnahme auf die Interessen der Gläubiger, vgl. etwa *Wiedemann*, FS 50 Jahre BGH, S. 337, 353, der das Eigeninteresse als die Summe der Gläubigerinteressen bezeichnet.

355 *Röhricht*, FS 50 Jahre BGH, S. 83, 101, 103;*Ulmer*, ZIP 2002, S. 2021, 2026.

356 *Winter*, Mitgliedschaftliche Treubindungen im GmbH-Recht, S. 205, 214f.; *Priester*, ZGR 1993, S. 512, 521; *Röhricht*, FS 50 Jahre BGH, S. 83, 101, 103.

357 Erstmals gebraucht wurde dieser plakative Begriff von *Winter*, Mitgliedschaftliche Treubindungen im GmbH-Recht.

358 *Priester*, ZGR 1993, S. 512, 520; *Winter*, ZGR 1994, S. 570, 586f.; *Nissing*, Eigeninteresse der Gesellschaft oder Liquidation auf kaltem Wege, S. 47.

359 *Ulmer*, ZIP 2002, S. 2021, 2028; *ders.*, ZHR 148 (1984), S. 391, 421; *K. Schmidt*, ZIP 1989, S. 545, 546; *ders.*, ZIP 1986, S. 146, 148; *Burgard*, NZG 2002, S. 606, 607.

360 *Ulmer*, ZIP 2002, S. 2021, 2027; *Burgard*, ZIP 2002, S. 827, 830.

zunächst den Anspruch der GmbH pfänden und sich überweisen lassen müssen[361].

5. Deliktische Haftung

In der Urteilsbegründung zu „KBV“ dekretiert der BGH, Absonderung und Zweckbindung (des Gesellschaftsvermögens) seien unabdingbare Voraussetzung dafür, dass die Gesellschafter die Beschränkung ihrer Haftung auf das Gesellschaftsvermögen in Anspruch nehmen könnten[362]. *Haas*[363] leitet daraus zwei Missbrauchsalternativen ab, in denen die Haftungsbeschränkung des § 13 Abs. 2 GmbHG nicht einschlägig sei, da Mechanismen des Gläubigerschutzes, welche deren Kehrseite bildeten, „ausgehebelt“ würden. Ausgehend von dieser Einteilung der Existenzvernichtungshaftung in die alternativen Tatbestände einer Verletzung der Vermögenstrennung und der Vermögensbindung spricht sich *Haas* für eine deliktische Begründung der Haftung aus. Die so begründete Haftung habe den Vorteil, dass sie sich vergleichsweise friktionsfrei in das gesellschaftsrechtliche Haftungssystem integrieren ließe. Denn das Problem stelle sich in identischer Weise im Konzernrecht und im Liquidationsverfahren. Auch in diesen Fällen habe die h.M. das Einzelausgleichssystem über § 823 Abs. 2 BGB ergänzt.
Neben § 826 BGB komme als Anspruchsgrundlage insbesondere § 823 Abs. 2 BGB i.V.m. einem Schutzgesetz in Betracht. Die Funktion des Schutzgesetzes hätten in der Missbrauchsalternative Vermögenstrennung die §§ 283 Abs. 1 Nr. 5-7, 283 b StGB. Vorteilhaft an diesem Ansatz wäre, dass Geschäftsführer und Gesellschafter für die gleiche Einwirkung auch nach den gleichen Vorschriften hafteten. Zwar richteten sich diese Normen über § 14 StGB primär an den Geschäftsführer, eine Beteiligung des Gesellschafters werde aber über § 830 BGB erfasst. Die Kompensation der Gläubigerschutzlücken in der Alternative der Missachtung der Vermögensbindung erfolge über § 823 Abs. 2 BGB i.V.m. § 73 Abs. 1 GmbHG. Da die Verursachung dieser Schutzlücken durch eine „kalte Liquidation“ der Gesellschaft bewirkt würde, sei es nur folgerichtig, den Gesellschafter auch schon vor dem beschlossenen Liquidationsverfahren an die Wertung des § 73 GmbHG zu binden. Die Sanktion für die Umgehung entspräche dann der Rechtslage wie sie bei einer ordnungsgemäßen Beendigung bestünde. Mithin lehne sich dies Lösung besonders nahe an die Wertung des Gesetzgebers an.

---

361 *Ulmer*, ZIP 2002, S. 2021, 2027; *K. Schmidt*, GesR, § 9 IV 5, S. 245; *Burgard*, ZIP 2002, S. 827, 830; *Altmeppen*, ZIP 2002, S. 1553, 1560; *Burgard*, VGR (2002), S. 45, 56; *Nissing*, Eigeninteresse der Gesellschaft, S. 118ff. Dagegen wendet sich *Raiser*, FS Ulmer, S. 492, 504, der darin eine mit der Rechtfigur des qualifiziert faktischen Konzerns vergleichbare unzulässige Rechtsfortbildung sieht.

362 BGHZ 151, S. 181, 187 – „KBV“.

363 *Haas*, WM 2003, S. 1929, 1940.

C. Bewertung der unterschiedlichen Lösungskonzepte

Nach der Vorstellung der unterschiedlichen Haftungsmodelle soll in diesem Abschnitt festgestellt werden, welcher Lösungsweg zur Beseitigung der aufgezeigten Schwächen des Gläubigerschutzes hinsichtlich existenzvernichtender Eingriffe[364] gangbar ist.

I. Der qualifiziert faktische Konzern

Ausgangspunkt der Haftung aufgrund qualifizierter faktischer Konzernierung in BGHZ 95, S. 330 – „Autokran"; 107, S. 7 – „Tiefbau" und 115, S. 187 – „Video" war die Überlegung, dass das herrschende Unternehmen sich im Falle qualifiziert faktischer Beherrschung so verhalte wie ein herrschendes Unternehmen im Vertragskonzern. Diese Stellung gebe ihm die Möglichkeit, durch Weisungen die Leitung der abhängigen GmbH zu bestimmen, wozu auch die Vornahme nachteiliger Einflussnahmen zugunsten des herrschenden Unternehmens zählten, wie dies § 308 AktG auch dem herrschenden Unternehmen im Vertragskonzern zugesteht. Sei die Sachlage aber die Gleiche, dann sei es nur folgerichtig, auch die Rechtsfolgen aus den Regelungen des Vertragskonzerns zu entnehmen[365], insbesondere die Verlustübernahmepflicht des § 302 AktG.

§ 302 AktG liegt die Vorstellung eines Gleichlaufs von Herrschaft und Haftung zu Grunde[366]. Daneben soll § 302 AktG als Substitution für die durch den Abschluss des Beherrschungs- oder Gewinnabführungsvertrages außer Kraft gesetzten Kapitalerhaltungsvorschriften dienen[367]. Fraglich ist, ob diese Wertungen speziell für Aktienkonzerne eine Erstreckung der zugehörigen Normen auch auf die GmbH rechtfertigen.

Den Gesellschaftern einer GmbH steht aufgrund ihrer Weisungskompetenz gegenüber dem Geschäftsführer qua Gesetz ohnehin die Leitungsmacht zu[368], zumal wenn der Mehrheits- oder Alleingesellschafter wie so häufig auch noch

---

[364] S.o., 2. Kapitel A III, S. 10ff.

[365] *Lutter/Hommelhoff*, GmbHG, 15. Auflage, Anh. § 13 Rdn. 24; Baumbach/Hueck/*Zöllner*, GmbHG, GmbH-KonzernR, Rdn. 86.

[366] BGHZ 116, S. 37, 41f. –„Stromlieferung". Für diese Verbindung auch *Wiedemann*, ZGR 2003, S. 283, 285f.; *ders.*, Die Haftung des Gesellschafters in der GmbH, 1968, S. 5, 49. Zu der Wertung des Gesetzgebers: MünchKommAktG/*Altmeppen*, § 302 Rdn. 10; *Emmerich*/Habersack, § 302 Rdn. 16; *Sonnenschein*, Organschaft, S. 331; *Bitter*, Konzernrechtliche Durchgriffshaftung bei Personengesellschaften, S. 386; *ders.*, ZIP 2001, S. 265, 267ff.

[367] So die überwiegende Ansicht: BGHZ 103, S. 1, 10; *Emmerich*/Habersack, § 302 Rdn. 17; *Priester*, FS Semler, S. 561, 574; *Mülbert* DStR 2001, S. 1946; *Hüffer*, AktG, § 302 Rdn. 3; *Reuter*, ZHR 146 (1982), S. 1, 21; *ders.*, AG 1986, S. 130, 134; *Stimpel*, FS Goerdeler, S. 601, 614; *ders.*, ZGR 1991, S. 144, 151; *Ulmer*, AG 1986, S. 123, 126; *Brandes*, FS Kellermann, S. 25, 26. A.A.: MünchKommAktG/*Altmeppen*, § 302 Rdn. 9.

[368] *Drygala*, GmbHR 2003, S. 729, 732; *Bitter*, ZIP 2001, S. 265, 267ff.; *Altmeppen*, ZIP 2001, S. 1837, 1840; *J. Meyer*, Haftungsbeschränkung, S. 879.

Geschäftsführer ist[369]. In einem solchen Fall nehmen die Gesellschafter die Leitungsmacht zwingend dauernd und umfassend wahr[370]. Dies ist in der AG, deren Organisationsgefüge der Regelung des § 302 AktG zugrunde liegt, mit ihrem weitgehend autonomen Organ des Vorstandes nicht der Fall. Wenn aber das Gesetz dem GmbH-Gesellschafter grundsätzlich die Leitungsmacht überträgt, und auch die Ausübung gestattet, ist es mit dem Grundgedanken dieser Regelungen nicht vereinbar, an eben diese Ausübung von Leitungsmacht abweichend von § 13 Abs. 2 GmbHG[371] die Haftung nach § 302 AktG zu knüpfen. Der Gedanke des Gleichlaufs von Herrschaft und Haftung ist in der GmbH damit durch Gesetz ausgeschlossen, indem die Gesellschafter, denen die Leitungsmacht zusteht, grundsätzlich keiner Haftung unterliegen. Zudem ist die einzige bestehende Grenze für Eingriffe der Gesellschafter (gegebenenfalls neben einer Existenzvernichtung) das gezeichnete Stammkapital, während § 302 AktG als Komplementärstück zu der umfassenden Ausschüttungssperre in der AG eine ebenfalls umfassende Verlustausgleichspflicht statuiert[372]. Aufgrund dieser rechtsformspezifischen Unterschiede ist eine vergleichbare Interessenlage als Analogiebasis nicht vorhanden.

Fraglich ist, ob der Wechsel im Haftungstatbestand durch BGHZ 122, S. 133 – „TBB" hin zu einer Verhaltenshaftung eine andere Bewertung rechtfertigt. Auch hier zitiert der BGH die eine Strukturhaftung normierenden §§ 302, 303 AktG als Haftungsgrundlage, obwohl die Auslösung der Haftung in der Beeinträchtigung der Interessen der Gesellschaft liegen soll[373]. Da § 302 AktG keine Rechtsverletzung sanktioniert, sondern an eine rechtmäßig geschaffene Lage, nämlich das Bestehen eines Unternehmensvertrages anknüpft[374], ist anzunehmen, dass die Bezugnahme auf Nachwirkungen des früheren Ansatzes beruhte[375]. Es ist daher davon auszugehen, dass die „TBB"-Entscheidung eine Abkehr vom Haftungskonzept des qualifiziert faktischen Konzerns darstellt[376]. Für die Beurteilung dieses Ansatzes kann sie daher außer Betracht bleiben.

Neben diesen dogmatischen Einwänden ist eine Analogie zu den konzernrechtlichen Regelungen der §§ 302, 303 AktG auch im Ergebnis Einwänden ausgesetzt. Denn es ist schwer einzusehen, warum dem Gesellschafter im Konzern eine Beeinträchtigung der GmbH-Interessen verboten ist, einem Gesellschafter mit nur einer GmbH-Beteiligung solche Verhaltensweisen jedoch gestattet

---

369 *Drygala*, GmbHR 1993, S. 317, 319; *Lutter*, Heidelberger Konzernrechtstage, S. 183, 199; *H. P. Westermann*, DWIR 1992, S. 197, 199; *ders.*, DWIR 1993, S. 23, 24.

370 *Drygala*, GmbHR 1993, S. 317, 319; *H. P. Westermann*, DWIR 1992, S. 197, 199.

371 Eine weitgehende Abschaffung der Haftungsbeschränkung wurde denn auch befürchtet von *Röhricht*, FS 50 Jahre BGH, S. 83, 85 und *Bitter*, ZIP 2001, S. 265, 266, 270.

372 *Altmeppen*, ZIP 2001, S. 1837, 1840.

373 BGHZ 122, S. 123, 130f. Vergleiche dazu auch oben, 2. Kapitel B I 2 c), S. 51f.

374 Rowedder/Schmidt-Leithoff/*Koppensteiner*, GmbHG, Anh. nach § 52 Rdn. 101; *Drygala*, GmbHR 2003, S. 729, 732.

375 Ähnlich *Röhricht*, FS 50 Jahre BGH, S. 83, 111.

376 S.o., 2. Kapitel B I 2 c), S. 51f.

werden sollen[377]. Zwar ist das Bestehen einer „Konzerngefahr" nicht zu leugnen[378], doch ist es für die Gläubiger einer GmbH unerheblich, ob eine Beeinträchtigung sich als Realisierung dieser besonderen Gefährdungslage oder als Folge anderer Ursachen darstellt. Eine analoge Anwendung der §§ 302, 303 AktG auf die GmbH ist abzulehnen[379], das Haftungskonzept des qualifizierten faktischen Konzerns ist damit seiner Existenzberechtigung beraubt.

II. Der existenzvernichtende Eingriff nach der Konzeption des BGH

In BGHZ 151, S. 181 – „KBV", dem Schlussstein der Urteilstrias zur Existenzvernichtungshaftung, stellt der BGH fest, ein Missbrauch der Rechtsform der GmbH führe zu einem Verlust des Haftungsprivilegs. Der Tatbestand dieses Missbrauchs sei gekennzeichnet durch Zugriffe der Gesellschafter auf das Gesellschaftsvermögen, welche die angemessene Rücksichtsnahme auf die Erhaltung der Fähigkeit der GmbH zur Bedienung ihrer Verbindlichkeiten in einem ins Gewicht fallenden Maße vermissen ließen. Denn unabdingbare Voraussetzung für die Inanspruchnahme des Haftungsprivilegs des § 13 Abs. 2 GmbHG sei die Respektierung der Zweckbindung des Gesellschaftsvermögens zur vorrangigen Befriedigung der Gläubiger[380]. Eine Haftung aus diesem Gesichtspunkt sei jedoch ausgeschlossen, soweit der Nachteil, welcher der GmbH durch den Eingriff insgesamt zugefügt wurde, bereits nach §§ 30, 31 GmbHG ausgeglichen werden kann[381]. Der BGH bekennt sich mithin zu einer Durchgriffshaftung auf die GmbH-Gesellschafter wegen Missbrauchs der Rechtsform der GmbH[382]. Mit der Rechtsfigur der Durchgriffshaftung sind viele Fragen und Unklarheiten verbunden. So bestehen Bedenken, ob eine Durchgriffshaftung überhaupt zulässig ist, und wenn ja, welchem der unterschiedlichen Begründungsansätze der Vorzug zu geben ist. Fraglich ist auch, ob dieses Haftungskonzept nach seiner Begründung zu einer Sanktionierung existenzvernichtender Verhaltensweisen geeignet ist.

---

[377] *Röhricht*, FS BGH, S. 83, 118ff.; *Versteegen*, DB 1993, S. 1226; *K. Schmidt*, ZIP 1993, S. 549, 553; *ders.*, NJW 1994, S. 447; *Kübler*, NJW 1993, S. 1204f.; *Schanze*, AG 1993, S. 376, 378; *Bitter*, ZIP 2001, S. 265, 272. Ähnlich: *Mülbert*, DStR 2001, S. 1937, 1947.

[378] S.o., 2. Kapitel B I 2 a), S. 47f.

[379] *Bitter*, Konzernrechtliche Durchgriffshaftung, S. 504; *ders.*, ZIP 2001, S. 265, 268, 271. Ebenso *Bitter/Bitter*, BB 1996, S. 2153, 2159.

[380] BGHZ 151, S. 181, 186f. – „KBV".

[381] BGHZ 151, S. 181, insbesondere 1. Leitsatz.

[382] S.o., 2.Kapitel B II, S. 52ff.

1. Zulässigkeit der Durchgriffshaftung[383]

a) Begründung der Durchgriffshaftung

Ausgangspunkt für die Anerkennung einer Durchgriffshaftung ist die Überlegung, dass die Ausgestaltung der GmbH als juristische Person nicht zwingend zu einem Haftungsausschluss für die Gesellschafter führt[384]. So kennen die juristischen Personen der Genossenschaft und der Kommanditgesellschaft auf Aktien durchaus eine Haftung der Mitglieder für Verbindlichkeiten der juristischen Person. Der in § 13 Abs. 1 GmbHG niedergelegte Charakter der GmbH als juristische Person schließt somit die Möglichkeit einer persönlichen Haftung der Gesellschafter nicht per se aus[385]. Dies entspricht dem Grundsatz, dass bei Betätigung mehrerer unter gemeinsamen Namen oder Firma jeder mit seinem persönlichen Vermögen haftet, sofern er sich nicht auf eine vertraglich vereinbarte oder gesetzlich vorgesehene Haftungsbeschränkung berufen kann[386]. Der Ausschluss der persönlichen Haftung beruht in der GmbH damit allein auf § 13 Abs. 2 GmbHG. Daraus folgt, dass im Falle der Unanwendbarkeit dieser Vorschrift auch die Haftungsprivilegierung für die Gesellschafter entfällt. Dass eine Norm auf bestimmte Sachverhalte keine Anwendung findet, kann sich daraus ergeben, dass Mindestvoraussetzungen, von denen sie für ihre Inanspruchnahme ausgeht, nicht erfüllt sind[387]. Festzustellen sind damit die Voraussetzungen, auf denen die betreffende Norm basiert, und ist der jeweilige Lebenssachverhalt danach zu untersuchen, ob er diesen Voraussetzungen gerecht wird, so die Normzwecklehre. Eine andere Ansicht will eine Norm gemäß § 242 BGB dann von der Anwendung auf bestimmte Sachverhalte ausschließen[388], wenn diese einen Missbrauch der Norm darstellen[389]. Mit dem Ausschluss von § 13 Abs. 2 GmbHG entfällt jedoch lediglich die Haftungsprivile-

---

383 Der Begriff der Durchgriffshaftung soll im Folgenden eng verstanden werden als Methode, die dazu führt, dass die Gesellschafter für Verbindlichkeiten der Gesellschaft haften. Probleme des Zurechnungsdurchgriffs bzw. der so genannten Normanwendungslehre bleiben dabei ausgeklammert. Vergleiche zu der begrifflichen Einteilung *Wiedemann*, GesR, S. 220; *K. Schmidt*, GesR, § 9 II 1, S. 222ff.; Rowedder/*Pentz*, GmbHG, § 13 Rdn. 129f.

384 Zuerst *Müller-Freienfels*, AcP 156 (1957), S. 522, 528. Ebenso: *Wiedemann*, Die Haftung des Gesellschafters in der GmbH, S. 16; *ders.*, WM Sonderbeilage 4/1975, S. 11; *Rehbinder*, FS Fischer, S. 579; *Immenga*, Die personalistische Kapitalgesellschaft, S. 404; Hachenburg/*Ulmer*, GmbHG, Anh § 30 Rdn. 52; *ders.*, FS Duden, S. 661, 678; *Raiser*, FS Lutter, S. 637, 640f.; *Landwehr*, Die Durchgriffshaftung, S. 152.

385 Zu dem gleichen Ergebnis kommt *Stimpel*, FS Goerdeler, S. 601, 605, der dies mit der Nähe der GmbH zu den Personengesellschaften begründet.

386 Grundlegend BGHZ 142, S. 315, 319; ebenso MünchKomm/*Ulmer*, § 714 Rdn. 36; *Röhricht*, VGR (2002), S. 3, 27. Ähnlich *Raiser*, ZGR 1995, S. 156, 165.

387 *Bitter*, Konzernrechtliche Durchgriffshaftung, S. 101.

388 Gegen eine Verwendbarkeit von § 242 BGB zu diesem Zweck *Kolks*, Die Durchgriffshaftung, S. 139, der seine ablehnende Haltung mit dem fehlenden Sonderrechtsverhältnis zwischen den Gläubigern und den Gesellschaftern der GmbH begründet.

389 *Serick*, Rechtsform und Haftung der juristischen Person, 1959, S. 204; Rowedder/Schmidt-Leithoff/*Pentz*, GmbHG, § 13 Rdn. 136; *Mansdörfer/Timmerbeil*, WM 2004, S. 362, 364.

gierung zugunsten der Gesellschafter. Eine Erstreckung der Haftung auf sie ist damit noch nicht erreicht, denn Vertragspartner und damit Schuldner der Gläubiger, bzw. Schuldner für deliktische Handlungen ihrer Vertreter ist grundsätzlich nur die GmbH. Erforderlich für eine Haftung der Gesellschafter für diese Verbindlichkeiten ist damit eine Norm, die diese Haftung anordnet. Überwiegend wird eine Haftung der Gesellschafter in den Fällen der Durchgriffshaftung auf eine analoge Anwendung der §§ 105, 128 HGB gestützt[390].

b) Kritik

Gegen die Anerkennung einer Durchgriffshaftung werden unterschiedliche Einwendungen erhoben. *Ehricke*[391] lehnt die Begründbarkeit einer Durchgriffshaftung aus methodischer Sicht ab. Diese setze als Rechtsfindung praeter legem eine Regelungslücke voraus, eine solche liege in den diskutierten Fallgruppen aber nicht vor. Für die Zielsetzung dieser Arbeit kommt dem Befund jedoch nur geringe Bedeutung zu, da lediglich die Fallgruppen der Unterkapitalisierung, der Vermögensvermischung, der Sphärenvermischung und des Institutsmissbrauchs behandelt werden. Die Fallgruppe einer Durchgriffshaftung bei Existenzvernichtung wird nicht behandelt. Wie dargelegt, besteht in dieser Fallgruppe jedoch die erforderliche Regelungslücke[392], so dass aus methodischer Sicht keine Bedenken gegen eine Durchgriffshaftung bestehen. Nicht überzeugend ist die Ansicht, eine Regelungslücke für den Fall der Insolvenzverursachung sei nicht vorhanden, da insoweit eine Haftung aus der Verletzung von Pflichten gegenüber der GmbH bestehe[393]. Denn für die methodische Zulässigkeit stellt sich zunächst nur die Frage nach dem Bestehen einer Regelungslücke. Welches Instrumentarium sich zur Lückenfüllung am besten eignet, ist erst anschließend zu untersuchen.
Auch aus dogmatischen Erwägungen wird die Durchgriffshaftung abgelehnt. *Altmeppen* vertritt die Auffassung, die Durchgriffshaftung befinde sich auf dem dogmatischen Stand der Mitte des letzten Jahrhunderts, mittlerweile sei das gesellschaftsrechtliche Argumentationsniveau deutlich differenzierter geworden[394]. Damit weist er auf den seiner Ansicht nach generalklauselartigen Charakter der Durchgriffserwägungen, sowie das diesen gemeine Fehlen einer konkreten Pflicht, deren Verletzung für jeden Haftungstatbestand notwendig

---

[390] BGHZ 95, S. 330, 332 – „Autokran"; OLG Jena, ZIP 2002, S. 631, 634; Hachenburg/*Ulmer*, GmbHG, Anh. § 30 Rdn. 52a; *ders.*, JZ 2002, S. 1049, 1050; Emmerich/*Habersack*, Konzernrecht, Anh. § 318 Rdn. 35; *Lutter/Hommelhoff*, GmbHG, § 13 Rdn.20; *Bitter*, Konzernrechtliche Durchgriffshaftung, S. 99f.; *Westermann*, NZG 2002, S. 1129, 1136; *Koppensteiner*, FS Honsell, S. 607, 619. Gegen eine Analogie zu § 128 HGB *Görner/Kling*, GmbHR 2004, S. 778, 779, die stattdessen von einem Aufleben der persönlichen Haftung infolge der teleologischen Reduktion des Haftungsprivilegs ausgehen.

[391] *Ehricke*, AcP 199 (1999), S. 258ff.

[392] S.o., 2. Kapitel A, S. 3ff.

[393] *Mödl*, Macht, Verantwortlichkeit und Zurechnung im Konzern, S. 278.

[394] *Altmeppen*, ZIP 2001, S. 1837, 1842.

sei, hin[395]. In die gleiche Richtung zielt die Kritik *Wilhelms*, nach der die Lehre von der Durchgriffshaftung sich um die Konstruierung einer Haftung ohne Haftungstatbestand mühe, also um die Entwicklung einer Haftung ohne rechtliche Einordnung[396]. So kritisiert er in seiner Besprechung des „KBV"-Urteils, die Umschreibung des Missbrauchs, der zur Durchgriffshaftung führen solle, helfe nicht weiter[397]. Die Urteile würden sich mit in der Anwendung nicht prognostizierbaren Floskeln wie der „gebotenen" oder „angemessenen" Rücksichtnahme auf die Zweckbindung des Gesellschaftsvermögens und der Beeinträchtigung der Fähigkeit der Gesellschaft zur Bedienung ihrer Verbindlichkeiten „in einem ins Gewicht fallenden Ausmaß" behelfen. Dadurch wolle sich die Rechtsprechung die Mühen der Prüfung rechtlicher Tatbestände ersparen, wenn ihr das Verhalten der Gesellschafter einfach „zu weit" zu gehen scheine.
Ein weiterer Einwand gegen die Durchgriffshaftung lautet, dass diese Haftungsfigur zu einer Aufhebung der Selbständigkeit der juristischen Person führe[398]. Denn die Ansprüche bestünden lediglich gegen die Gesellschaft. Eine Verpflichtung der Gesellschafter könnte daher nur aus der Überlegung folgen, die juristische Person sei als Kunstgebilde nicht maßgeblich, diese Rolle komme allein den Gesellschaftern zu.

c) Stellungnahme

Der Einwand, die Durchgriffshaftung entbehre einer rechtlichen Einordnung, ist in dieser Pauschalität nicht zutreffend. Richtig ist zwar, dass diese Haftung nicht auf einer konkreten Norm oder Normenkomplex beruht, doch knüpft sie an die rechtlichen Wertungen an, auf denen die zu untersuchende Regelung des § 13 Abs. 2 GmbHG basiert. Allerdings ist zuzugeben, dass die Herausarbeitung dieser Wertungen mit Unsicherheiten verbunden ist. An diesen Befund wird auch das entscheidende Argument festgemacht, die Durchgriffshaftung sei letztendlich beliebig und könne somit zur Begründung eines jeden gewünschten Ergebnisses eingesetzt werden. Dem ist zu entgegnen, dass eine saubere Herausarbeitung der zugrunde liegenden Wertungen einen ebenso guten Anknüpfungspunkt für einen Haftungstatbestand bieten kann, wie explizit normierte Haftungsregelungen. Wenn der BGH sich bei der Herausarbeitung des Tatbestandes wertungsbedürftiger Begriffe bedient, so kann daraus keine Schwäche der Durchgriffshaftung generell hergeleitet werden, sondern wenn

---

395 *Altmeppen*, ZIP 2001, S. 1837, 1842; *ders.*, ZIP 2002, S. 1553, 1563.

396 *Wilhelm*, Rechtsform und Haftung, S. 285ff., zusammenfassend S. 316; *ders.*, FS Flume II, S. 337, 391ff. Auch *Mödl*, Macht, Verantwortlichkeit und Zurechnung im Konzern, S. 278ff. weist auf die mit der Durchgriffshaftung seiner Meinung nach verbundene Rechtsunsicherheit hin. Ausgehend von seinem Befund, für eine Insolvenzverursachungshaftung bestünde keine Regelungslücke, geht er auf eine derartige Haftung nicht ein. Er bezieht sich lediglich auf einen Missbrauch der juristischen Person, der allein anhand von Billigkeitserwägungen zu begründen sei. Wie noch zu zeigen sein wird, trifft dies auf die Haftung wegen Existenzvernichtung nicht zu.

397 *Wilhelm*, NJW 2003, S. 175, 178.

398 *Wilhelm*, Rechtsform und Haftung, S. 332; *Kolks*, Die Durchgriffshaftung, S. 140. Hierzu auch *K. Schmidt*, GesR, § 9 II 3, S. 225.

überhaupt nur Ungenauigkeit bei der Ableitung der Tatbestandsmerkmale. Dem ist hinzuzufügen, dass auch viele gesetzliche Regelungen auf die Verwendung ausfüllungsbedürftiger Begriffe angewiesen sind, deren Konkretisierung dann als gemeinsame Aufgabe Literatur und Rechtsprechung obliegt. Ebenso kann die erforderliche Ausarbeitung der Tatbestandsmerkmale der Durchgriffshaftung erfolgen. Das Argument, die Anerkennung einer Durchgriffshaftung gehe mit einer Negation der Beachtung der Selbständigkeit der juristischen Person einher, greift ebenfalls nicht durch. Dieser Einwand beruht auf dem Gedanken, dass die Erstreckung der Haftung auf die Gesellschafter mangels eigener Anspruchsgrundlage der Gläubiger gegen diese eine Missachtung der juristischen Person erfordere. Mit der analogen Anwendung der §§ 128, 129 HGB besteht jedoch ein überzeugendes Konzept[399], wie unter Beachtung der Selbständigkeit der GmbH eine Haftungserstreckung auf die Gesellschafter erreicht werden kann.
Als Extrakt dieser Ausführungen bleibt die Erkenntnis, dass eine Durchgriffshaftung dogmatisch sehr wohl begründbar ist, auch der Kritik an ihr jedoch Rechnung getragen werden muss. Als juristische Methode hat sie nur im Falle einer präzisen Herausarbeitung der Tatbestandsmerkmale und einschlägigen Fallgestaltungen eine Daseinsberechtigung im Kanon der Tatbestände der Gesellschafterhaftung.

2. Dogmatik der Durchgriffshaftung

Um die Begründung der Durchgriffshaftung im hier verstandenen Sinne konkurrieren im Wesentlichen zwei Begründungsmodelle, die Missbrauchs- und die Normzwecktheorie. Dabei unterscheidet man innerhalb der Missbrauchstheorie noch zwischen den beiden Spielarten der objektiven und subjektiven Missbrauchshaftung.
Die von *Serick*[400] begründete Missbrauchshaftung versteht den Durchgriff als ein dem Trennungsprinzip entgegenstehendes allgemeines Rechtsinstitut. Ein Missbrauch der GmbH erlaube es den Gesellschaftsgläubigern, die Rechtsform der juristischen Person zu missachten und damit direkt auf das Vermögen der Gesellschafter zuzugreifen. Der Durchgriff wird dabei als ein Problem der Trennung von Verband und Mitgliedern verstanden. Denn diese Trennung erlaube es, die Rechtsform GmbH einseitig zum Nachteil der Gläubiger und zum Vorteil der Gesellschafter einzusetzen[401]. Diese Lehren können deshalb

---

[399] Vgl. dazu sogleich unter 2.
[400] *Serick*, Rechtsform und Haftung der juristischen Person.
[401] Das klassische Beispiel für derartige Sachverhaltsgestaltungen ist der aus den USA bekannte „Taxi"-Fall. Ein großes Taxiunternehmen ließ jeweils zwei Taxen ein selbständiges Unternehmen bilden. Aufgrund von zu geringem Versicherungsschutz gingen diese Unternehmen (in der Rechtsform der GmbH-ähnlichen Limited) dann bei Unfällen mit relevantem Schaden regelmäßig Pleite. Die Geschädigten konnten gegen das Mutterunternehmen keine Ansprüche geltend machen. Ohne noch einen anderen Zweck zu verfolgen wurde in diesen Fällen eine der GmbH ähnliche Rechtsform allein dazu eingesetzt, dem Eigentümer Versicherungsprämien und Haftungsrisiken zu sparen, und die daraus resultierenden Risiken auf die Gläubiger abzuwälzen.

auch als institutionelle Durchgriffslehren bezeichnet werden[402]. Die so genannte subjektive Missbrauchslehre fordert als Rechtsgrund für den Durchgriff einen absichtlichen, also auf subjektiven Merkmalen gründenden Missbrauch der juristischen Person durch die Gesellschafter[403]. Nur in einem derartigen Falle sei die den Durchgriff rechtfertigende Berufung auf Treu und Glauben gerechtfertigt[404]. Demgegenüber stellt die objektive Variante der Missbrauchshaftung[405], der anscheinend auch der BGH in seiner Begründung der Gesellschafterhaftung wegen existenzvernichtender Eingriffe folgt[406], allein auf die objektiv-zweckwidrige Verwendung der juristischen Person ab. Sei eine juristische Person allein Objekt der Interessenverfolgung anderer Personen, könne sie von der Rechtsordnung nicht als eigenständiges Subjekt behandelt werden, unabhängig vom Vorliegen subjektiver Voraussetzungen.

Im Gegensatz zu der Missbrauchslehre geht die Normzwecklehre[407] nicht davon aus, dass das Problem bei der juristischen Person liegt, sondern knüpft an einzelne Normen an[408]. Wenn eine Norm von gewissen Mindestvoraussetzungen für ihre Anwendung ausgehe, könne sie in Fallgestaltungen, die diesen Voraussetzungen nicht entsprächen, keine Anwendung finden. Die jeweilige Norm sei in ihrem Anwendungsbereich teleologisch zu reduzieren. Betrifft die teleologische Reduktion § 13 Abs. 2 GmbHG, so führt dies zu einem Wegfall der Haftungsbeschränkung.

Nachdem die Haftungsbeschränkung auf die juristische Person außer Kraft gesetzt ist, bedarf es noch einer Überleitung der Haftung auf die Gesellschafter, damit diese in Anspruch genommen werden können. Zur Begründung der Haftung wird überwiegend eine Analogie zu den §§ 105, 128 HGB bemüht[409]. Dies ist auch überzeugend[410], denn die Haftungskanalisierung auf die juristi-

---

402 So *Rehbinder*, FS Fischer, S. 579, 580; Baumbach/*Hueck/Fastrich*, GmbHG, § 13 Rdn. 10; Hachenburg/*Mertens*, GmbHG, Anh. § 13 Rdn. 29.

403 *Serick*, Rechtsform und Haftung der juristischen Person, S. 38, 203ff.; *ders.*, Durchgriffsprobleme, S. 23f.; *Wiedemann*, GesR I, S. 219f.

404 *Serick*, Rechtsform und Haftung der juristischen Person, S. 204.

405 *Immenga*, Die personalistische Kapitalgesellschaft, S. 405ff.; *Kuhn*, Strohmanngründung bei Kapitalgesellschaften, S. 208ff.; MünchKomm/*Reuter*, BGB, Vor § 2 Rdn. 19.

406 S.o., 2. Kapitel B II, S. 52ff. Vergleiche auch schon BGHZ 20, S. 4, 13; 31 S. 258, 271.

407 *Ulmer*, FS Duden, S. 661, 678; *Bitter*, Konzernrechtliche Durchgriffshaftung, S. 100ff.

408 In Abweichung von der institutionellen Betrachtungsweise erstmalig auf den Zweck der Norm hinweisend: *Müller-Freienfels*, AcP 156 (1957), S. 522ff.

409 BGHZ 95, S. 330, 332 – „Autokran"; OLG Jena, ZIP 2002, S. 631, 634; Hachenburg/*Ulmer*, GmbHG, Anh. § 30 Rdn. 52a; *ders.*, JZ 2002, S. 1049, 1050; Emmerich/*Habersack*, Konzernrecht, Anh. § 318 Rdn. 35; *Bitter*, Konzernrechtliche Durchgriffshaftung, S. 99f.; *Westermann*, NZG 2002, S. 1129, 1136; *Koppensteiner*, FS Honsell, S. 607, 619; ähnlich *Lutter*, ZIP 1985, S. 1425, 1426, der für eine Anwendung des § 129 HGB plädiert. *Landwehr*, Die Durchgriffshaftung, S. 154, spricht bei der Haftungserstreckung auf die Gesellschafter von einer den §§ 128, 129 HGB ähnlichen Konstruktion.

410 Insofern ist das Argument von *Kolks*, Die Durchgriffshaftung, S. 139f., die Reduktion der Haftungsbeschränkung erzeuge keine Anspruchsgrundlage gegen den Gesellschafter letzten Endes nicht stichhaltig. Zwar folgt allein aus der Reduktion in der Tat noch keine Anspruchsgrundlage, doch lässt sich die Überleitung der Forderungen auf die analoge Anwendung der §§ 128, 129 HGB stützen.

sche Person dient in erster Linie der Realisierung der Haftungsbeschränkung. Fällt die Haftungsbeschränkung weg, ist die Situation vergleichbar mit derjenigen bei der OHG, in der die Gesellschafter das Handelsgeschäft selbst ohne Haftungsbeschränkung unter persönlicher Haftung betreiben. Die Begründung der persönlichen Haftung über diese Analogie vermag daher durchaus zu überzeugen. Denn ohne die Anordnung der Haftungsbeschränkung ist wieder dem Grundsatz Folge geschuldet, dass wer privat wirtschaftet auch persönlich dafür haftet[411].
Von den methodischen Ansätzen zur Begründung der Durchgriffshaftung ist die Normzwecktheorie zu bevorzugen. Stellt eine Norm gewisse Mindestvoraussetzungen für ihre Inanspruchnahme auf, so ist es überzeugend, für ihre Versagung auch nur auf die objektiv zweckwidrige Verwendung abzustellen. Das von der subjektiven Missbrauchslehre aufgestellte zusätzliche subjektive Erfordernis vermag nicht zu überzeugen[412]. Auch der praktische Bedarf nach einer so begründeten Durchgriffshaftung dürfte im Hinblick auf § 826 BGB äußerst gering sein. Die objektive Missbrauchsvariante und die auf eine teleologische Reduktion von § 13 Abs. 2 GmbHG abstellende Normzwecklehre sind ähnlich, die Entscheidung für die eine oder andere Methode führt im Ergebnis zu keinem Unterschied[413]. Allerdings knüpft die Normzwecklehre an gesetzliche Wertungen an und bietet aufgrund der durch diese Bezugnahme gewonnenen Auslegungshilfe eine größere Rechtssicherheit als die allein auf einen Missbrauch rekurrierende objektive Missbrauchslehre. Auch wenn hier aufgrund der dogmatisch klareren Begründung der Normzwecklehre der Vorzug gegeben werden soll, führt dies zu keinem sachlichen Unterschied zu Begründung des Durchgriffs durch den BGH anhand der Missbrauchslehre in ihrer objektiven Ausprägung.

3. Verstoß gegen die der Haftungstrennung zugrunde liegenden Wertungen

Nach der hier vertretenen Normzwecklehre ist Voraussetzung für die teleologische Reduktion des § 13 Abs. 2 GmbHG und damit auch für die Durchgriffshaftung, dass eine bestimmte Fallgestaltung nicht den dieser Norm zugrunde liegenden Wertungen entspricht. Konkret ist somit festzustellen, ob die Existenzvernichtung der GmbH durch Eingriffe der Gesellschafter nicht mit den Grundgedanken der gesetzlichen Regelung des Haftungsprivilegs übereinstimmt. Als für § 13 Abs. 2 GmbHG existenzielle Wertungen benennt der BGH in seinem „KBV"-Urteil die Vermögenstrennung und die Beachtung der Funktion des Gesellschaftsvermögens zur vorrangigen Befriedigung der Gesell-

---

411 S.o., Fn. 386.

412 Hachenburg/*Ulmer*, GmbHG, Anh. § 30 Rdn. 52; MünchKomm/*Reuter*, BGB Vor § 21 Rdn. 19; *Wiedemann*, WM-Beilage 4/1975, S. 19; *Bitter*, Konzernrechtliche Durchgriffshaftung, S. 101; *Landwehr*, Die Durchgriffshaftung, S. 155.

413 *Bitter*, Konzernrechtliche Durchgriffshaftung, S. 101. Für die Einordnung der Normzwecklehre als Unterfall des allgemeinen Missbrauchstatbestandes *Ulmer*, FS Duden, S. 661, 678.

schaftsgläubiger. Die Nennung der Vermögenstrennung bezieht sich dabei anscheinend auf die bislang einzige anerkannte Fallgruppe der Durchgriffshaftung, und zwar diejenige auf Grund von Vermögensvermischung[414]. Die Haftung für existenzvernichtende Eingriffe kann sich somit nur auf eine Verletzung der Vermögensbindung beziehen.

a) Bindung des Gesellschaftsvermögens zur Gläubigerbefriedigung

Voraussetzung dafür ist, dass § 13 Abs. 2 GmbHG von einer Bindung des Gesellschaftsvermögens zur vorrangigen Befriedigung der Gläubiger ausgeht. Der Wortlaut des § 13 Abs. 2 GmbHG ist insofern nicht ergiebig, er stellt lediglich fest, dass für die Verbindlichkeiten der Gesellschaft nur das Gesellschaftsvermögen haftet. Die Beachtung der Vermögensbindung als Voraussetzung für die Inanspruchnahme der Haftungsbeschränkung kann sich jedoch daraus ergeben, dass die Vermögensbindung für die GmbH vorgegeben ist und die Haftungsprivilegierung von ihrer Einhaltung ausgeht.

aa) Die Vermögensbindung im GmbHG

(1) Kapitalerhaltungsvorschriften

Nach § 31 Abs. 1 GmbHG sind Zahlungen aus dem Stammkapital an die Gesellschafter der GmbH zu erstatten. Dies gilt gemäß § 31 Abs. 2 GmbHG nicht, sofern der Empfänger in gutem Glauben war. Dann beschränkt sich die Erstattungspflicht auf das zur Gläubigerbefriedigung Erforderliche. Ähnliche Regelungen, die eine strengere Haftung für den Fall vorsehen, dass Ansprüche der Gesellschaft zur Gläubigerbefriedigung erforderlich sind, enthalten die §§ 9b; 43 Abs. 3 GmbHG. Diese Regelungen verdeutlichen, dass das Vermögen der GmbH vorrangig für die Befriedigung der Gläubiger reserviert ist. Gesellschafter und Geschäftsführer müssen dies auch dann respektieren, wenn ihnen nicht bewusst ist, dass sie der Gesellschaft Vermögen entziehen, welches für diesen Zweck nötig ist.
Ob die Ausgestaltung der Kapitalerhaltungsvorschriften für eine Bindung des Gesellschaftsvermögens zur vorrangigen Befriedigung der Gläubiger angeführt werden kann, entscheidet sich anhand der Funktion des Stammkapitals. *Haas*[415] ist der Ansicht, aus den Kapitalerhaltungsregeln könnte man nicht ableiten, dass das Gesellschaftsvermögen zur Befriedigung der Gläubiger gebunden sei. Es sei nicht festzustellen, ob das Vermögen als Haftungsvermögen oder als Betriebsmittelreserve diene. Gegen den Charakter als Haftungsvermögen spreche allerdings, dass die Kapitalerhaltungsvorschriften nicht drittschützend i.S.d. § 823 Abs. 2 BGB seien[416]. Wenn aber die Kapitalerhaltungsvorschriften

[414] So auch *Haas*, WM 2003, S. 1929, 1932.
[415] *Haas*, WM 2003, S. 1929, 1932.
[416] Allgemeine Ansicht, vgl. nur BGH WM 1990, S. 548; Hachenburg/*Goerdeler/Müller*, GmbHG, § 30 Rdn. 16; Scholz/*H. P. Westermann*, GmbHG, § 30 Rdn. 10; Rowed-

keine Schutzgesetze zugunsten der Gläubiger seien, so spreche das auch gegen die Funktion des Stammkapitals als Vermögen, das zur Befriedigung der Gläubiger gebunden ist.

Die Einordnung der Funktion des Stammkapitals als dem Schutz der Gläubiger dienend, ist jedoch überzeugender. Der Grund dafür, dass ein Kapitalstock in der GmbH erforderlich ist, nicht aber in den Personengesellschaften, kann nur im Schutz der Gläubiger liegen. Denn auch für die Personengesellschaften würde eine Betriebsmittelreserve Sinn machen, nicht jedoch ein aus dem Vermögen der Gesellschafter aufgebrachter Haftungsfonds. Denn das Vermögen der Gesellschafter einer Personengesellschaft ist ohnehin dem Zugriff der Gläubiger ausgesetzt. Da eine solche Betriebsmittelreserve für die Personengesellschaften aber nicht vorgesehen ist, spricht viel dafür, dass auch das Stammkapital diese Funktion nicht erfüllen soll. Den Schutz der Gläubiger vermittelt das Stammkapital auf zweierlei Weise. Zum einen verbessert es den Schutz vor einer Insolvenz. Zum anderen wirkt es aber auch in der Weise, dass im Falle von Verlusten zunächst das Stammkapital aufgezehrt wird, und dadurch der Verlust nicht in vollem Umfang zu Lasten der Gläubiger geht[417]. Wenn aber Verluste zunächst zu Lasten des Stammkapitals gehen und nicht unmittelbar auf die Befriedigungsquote der Gläubiger durchschlagen, dann verbessert das die Befriedigungschancen der Gläubiger. Damit dient das Stammkapital zur Befriedigung der Gläubiger, ist also (auch) zum Zwecke der Gläubigerbefriedigung gebunden. Die Bindung kann nur nicht so verstanden werden, dass es in keinem Falle geschmälert werden darf. Sie verhindert bloß die nicht unternehmerisch veranlasste Auszahlung an die Gesellschafter. Die von der h.M. geteilte Auffassung, dass § 30 GmbHG kein Schutzgesetz i.S.v. § 823 Abs. 2 BGB ist, spricht nicht gegen den Charakter als Haftungsvermögen zugunsten der Gläubiger. Vielmehr ist die dadurch bewirkte Haftungskonzentration auf die GmbH der Tatsache geschuldet, dass die Gläubiger allein mit der Gesellschaft in Kontakt treten[418], sowie der Tatsache, dass § 31 GmbHG als Rechtsfolgenanordnung für Verstöße gegen § 30 GmbHG abschließend ist[419]. Nach der gesetzlichen Konzeption, besteht also zumindest in Höhe des Stammkapitals eine Bindung des Gesellschaftsvermögens zur vorrangigen Befriedigung der Gläubiger[420]. Eine Bindung auch von Vermögen, welches über das Stammkapi-

---

der/Schmidt-Leithoff/*Pentz*, GmbHG, § 30 Rdn. 44; *Lutter/Hommelhoff*, GmbHG, § 30 Rdn. 1; Baumbach/*Hueck/Fastrich*, GmbHG, § 30 Rdn. 1.

417 *Wiedemann*, GesR, § 10 IV 1 b), S. 557.

418 Hachenburg/*Goerdeler/Müller*, GmbHG, § 30 Rdn. 16.

419 BGHZ 110, S. 342; Scholz/*H. P. Westermann*, GmbHG, § 30 Rdn. 10; Baumbach/*Hueck/Fastrich*, GmbHG, § 30 Rdn. 1.

420 Auch Scholz/*H. P. Westermann*, GmbHG, § 30 Rdn. 1, sieht die Reservierung des Stammkapitals zugunsten der Gesellschaft und ihrer Gläubiger als Voraussetzung für die Rechtfertigung der Haftungsbeschränkung. Ebenso: *Wilhelm*, FS Flume II, S. 337, 363; *Röhricht*, VGR (2002), S. 3, 24, 27. Für eine Einordnung des Stammkapitals als Haftungsfond der Gesellschaftsgläubiger auch BGHZ 81, S. 311, 317; *Stimpel*, FS GmbHG, S. 335, 349; *Fleck*, FS GmbHG, S. 391, 391f.; *Goette*, DStR 1997, S. 1495. Auch *Röhricht*, FS 50 Jahre BGH, S. 83, 99, von *Haas*, WM 2003, S. 1929, 1932 für die gegenteili-

tal hinausgeht, kann ihnen nicht entnommen werden. Zutreffend weist *Röhricht*[421] aber zugleich darauf hin, dass aus der Beschränkung der Kapitalerhaltungsvorschriften auf den Schutz eines Garantiekapitals keineswegs eine schrankenlose Verfügungsfreiheit außerhalb dieses Bereiches gefolgert werden kann. Es stellte einen Systembruch dar, wollte man den Gesellschaftern außerhalb von Liquidation und Insolvenz gestatten, sich das Gesellschaftsvermögen vorweg anzueignen und die Gesellschaftsgläubiger auf den unzulänglichen Rest verweisen.

(2) Eigenkapitalersatzrecht

Stellen die Gesellschafter der GmbH in der Krise Mittel zur Verfügung, die nicht als Eigenkapital dienen, so sind sie in der Insolvenz nur zur nachrangigen Geltendmachung dieser Forderungen berechtigt, §§ 32a, b GmbHG. Begründet wird dies damit, dass bei Verlust des Haftungsfonds die Gesellschaft entweder liquidiert oder ihr neues Haftkapital zugeführt werden soll[422]. Im Falle der Gewährung frischen Eigenkapitals würde die Bindung dieser neuen Vermögenswerte durch die genannten Regeln, insbesondere der Kapitalerhaltung, gewährleistet. Wird der gleiche Effekt wie bei einer Zufuhr von Eigenkapital durch Kredite seitens der Gesellschafter oder entsprechende Vorgänge erreicht, dann stellen die Eigenkapitalersatzregeln die Bindung des Vermögens zur vorrangigen Gläubigerbefriedigung anstelle der §§ 30, 31 GmbH sicher. Sie sollen mithin eine Umgehung der §§ 30, 31 GmbHG verhindern, dienen also dem gleichen Zweck. Die zu den Kapitalerhaltungsregeln komplementäre Funktion ist auch daraus ersichtlich, dass die Aufgabe der §§ 32a, b GmbHG bis zu deren Kodifikation 1980 durch eine Analogie zu den §§ 30, 31 GmbHG erfüllt wurde[423]. Die Kapitalersatzregeln statuieren damit eine Bindung des der GmbH zur Verfügung stehenden Vermögens zugunsten der Gesellschaftsgläubiger, soweit es zu deren Befriedigung nötig ist. Das Abstellen auf den Bestand einer Krise bedeutet nicht, dass die Vermögensbindung erst ab diesem Zeitpunkt besteht. Vielmehr dient die Krise als Anhaltspunkt dafür, dass das vorhandene Vermögen zur Befriedigung der Gesellschaftsgläubiger erforderlich ist.

---

ge Auffassung zitiert, beschreibt das Stammkapital als „den Gläubigern als Haftungsmasse zur Verfügung stehendes Garantiekapital".

421 *Röhricht*, VGR (2002), S. 3, 27.

422 BGHZ 127, S. 336, 344f.; *Goette*, ZHR 162 (1998), 223, 224; Hachenburg/*Mertens*, GmbHG, § 32a, b, Rdn. 8; Scholz/*K. Schmidt*, GmbHG, §§ 32a, b Rdn. 4; Baumbach/*Hueck/Fastrich*, GmbHG, § 32a Rdn. 1; *Lutter/Hommelhoff*, GmbHG, §§ 32a, b Rdn. 4; Michalski/*Heidinger*, GmbHG, §§ 32a, b Rdn. 10; *H. F. Müller*, Der Verband in der Insolvenz, S. 19f.

423 Hachenburg/*Mertens*, GmbHG, § 32a, b, Rdn. 1, 2; Scholz/*K. Schmidt*, GmbHG, §§ 32a, b Rdn. 11; Baumbach/*Hueck/Fastrich*, GmbHG, § 32a Rdn. 1; Michalski/*Heidinger*, GmbHG, §§ 32a, b Rdn. 13; *Haas*, Geschäftsführerhaftung und Gläubigerschutz, S. 311f.

(3) Liquidationsregeln

Auch nach der Auflösung der Gesellschaft besteht die Vermögensbindung zur vorrangigen Befriedigung der Gläubiger fort. So statuiert § 73 GmbHG, dass die Verteilung des Gesellschaftsvermögens an die Gesellschafter erst nach Tilgung und Sicherung der Schulden erfolgen darf. Die Vorschriften des Liquidationsverfahrens sind zwingend[424] und stellen die Bindung des Gesellschaftsvermögens zugunsten der Gesellschaftsgläubiger sicher[425]. Allerdings weisen die Liquidationsvorschriften insoweit über die durch die Kapitalerhaltungsvorschriften bewirkte Vermögensbindung hinaus, als sie sich nicht auf das Stammkapital beziehen, sondern das gesamte Vermögen der GmbH der Bindung zur Gläubigerbefriedigung unterwerfen[426]. Nach Beginn des Liquidationsverfahrens sollen die Gesellschafter nicht mehr zu Kapitalentnahmen berechtigt sein.

(4) Zusammenfassung

Die Bindung des Gesellschaftsvermögens zur vorrangigen Befriedigung der Gläubiger kommt im GmbHG durch die Regelungen der Kapitalerhaltung, des Eigenkapitalersatzes und der Liquidation zum Ausdruck. Während aus den Kapitalerhaltungsvorschriften nur die Bindung des Stammkapitals folgt, beziehen sich die Regeln des Eigenkapitalersatzes und der Liquidation auf das gesamte zur Gläubigerbefriedigung erforderliche Vermögen der GmbH.

bb) Die Vermögensbindung als Prinzip des Haftungsprivilegs

Festzustellen bleibt, ob diese Bindung des Gesellschaftsvermögens auch dem Haftungsprivileg zu Grunde liegt. § 13 Abs. 2 GmbHG beschränkt die Haftung für Verbindlichkeiten der Gesellschaft auf das Gesellschaftsvermögen. Diese Haftungsbeschränkung bedeutet einen Nachteil für die Gläubiger. Der Nachteil kann nur dadurch gerechtfertigt werden, dass andere Mechanismen den Ausschluss des Zugriffs auf das Privatvermögen der Gesellschafter ausgleichen. Der Nachteil der Haftungsbeschränkung findet seinen Ausgleich im System der Kapitalaufbringung und -erhaltung. Nur die Beachtung dieses Systems rechtfertigt die Inanspruchnahme des Haftungsprivilegs[427]. Damit beruht das Haf-

---

[424] Einhellige Auffassung, OLG Rostock, GmbHR 1996, S. 621, 622; Scholz/*K. Schmidt* GmbHG, § 73 Rdn. 5; Hachenburg/*Hohner*, GmbHG, § 73 Rdn. 3; Lutter/Hommelhoff/*Lutter/Kleindiek*, GmbHG, § 73 Rdn. 1; Baumbach/Hueck/*Schulze-Osterloh*, GmbHG, § 73 Rdn. 2; Michalski/*Nerlich*, GmbHG, § 73 Rdn. 2; *H. F. Müller*, Der Verband in der Insolvenz, S. 19

[425] So auch *Haas*, WM 2003, S. 1929, 1933.

[426] Scholz/*K. Schmidt* GmbHG, § 73 Rdn. 2; Hachenburg/*Hohner*, GmbHG, § 73 Rdn. 2; Lutter/Hommelhoff/*Lutter/Kleindiek*, GmbHG, § 73 Rdn. 1; Michalski/*Nerlich*, GmbHG, § 73 Rdn. 3.

[427] Allgemeine Ansicht: *K. Schmidt*, GesR, § 37 I 2, S. 1111f.; *Wiedemann*, GesR, § 10 IV 1 b), S. 557; Scholz/*H. P. Westermann*, GmbHG, § 30 Rdn. 1; Hachenburg/*Goerdeler/Müller*, GmbHG, § 30 Rdn. 1; Michalski/*Heidinger*, GmbHG, § 30

tungsprivileg zumindest auf der Bindung des Stammkapitals zur vorrangigen Befriedigung der Gläubiger.
Für eine Beschränkung der Vermögensbindung auf das Stammkapital spricht der Umkehrschluss zu § 30 GmbHG. Wenn lediglich das Stammkapital durch die Kapitalerhaltungsvorschriften mit einem Auszahlungsverbot belegt ist, so kann man darin die Wertung des Gesetzgebers erkennen, das restliche Vermögen stünde zur freien Verfügung der Gesellschafter. Eine umfassende Vermögensbindung statuiert dagegen § 73 GmbHG. Es würde daher für eine Bindung auch des über das Stammkapital hinausgehenden Vermögens sprechen, wäre auch diese Norm von § 13 Abs. 2 GmbHG vorausgesetzt. Das Haftungsprivileg stellt die Gesellschafter grundsätzlich von einer Haftung für die Verbindlichkeiten der GmbH frei. Das kann aber nur dadurch gerechtfertigt werden, dass das Vermögen zunächst nur für die Befriedigung der Verbindlichkeiten der Gesellschaft verwendet wird. § 73 GmbHG stellt sicher, dass die Verteilung des Gesellschaftsvermögens zwischen den Gesellschaftern erst nach Befriedigung der Gläubigerforderungen stattfindet. Steht nur das Verbandsvermögen zur Verteilung an die Gläubiger zur Verfügung, ist eine derartige umfangreiche Ausschüttungssperre auch erforderlich[428]. Denn die Funktion des Verbandsvermögens als Haftungsfond der Gesellschaftsgläubiger liefe völlig leer, könnten die Mitglieder das Vermögen unter sich aufteilen. Andere Schuldner, bei denen sich die Gläubiger schadlos halten können, bestehen nicht. Die Notwendigkeit zu einem Schutz der Gläubiger vor einer Verteilung des Gesellschaftsvermögens ohne Beachtung ihrer Belange folgt also aus dem Haftungsprivileg. Dieses schafft die besondere Gefährdungslage der Gläubiger auch im Hinblick auf die Vermögensverteilung. Um eine Verteilung des Gesellschaftsvermögens an die Gesellschafter bei Ausfall der Gläubiger mit ihren Forderungen zu verhindern, muss das Haftungsprivileg somit die Vorschrift des § 73 GmbHG voraussetzen. Denn eine Bevorzugung der Gesellschafter der GmbH gegenüber denen einer Personengesellschaft ist durch § 13 Abs. 2 GmbHG nur hinsichtlich des Geschäftsrisikos, nicht aber für einseitig die Gesellschafter begünstigende Maßnahmen gewollt. Die Bindung der Gesellschafter im Falle existenzvernichtender Eingriffe an die aus § 73 GmbHG folgenden Wertungen kann nicht damit bestritten werden, diese würden nur nach einmal beschlossener Liquidation greifen, die Existenzvernichtung sei aber nur mit dem Beschluss zur Liquidation gleichbedeutend. Der Entzug von Vermögen im Rahmen existenzvernichtender Eingriffe ist gleichbedeutend mit der Verteilung des Vermögens unter die Gesellschafter innerhalb eines Liquidationsverfahrens. Denn aufgrund der Beendigung der Gesellschaft im Wege einer kalten Liquidation kommt es nicht zu einer Liquidation der Gesellschaft nach den gesetzlichen

---

Rdn. 1; *Lutter*, Kapital, S. 42; *Wilhelm*, FS Flume II, S. 337, 363; *Goette*, DStR 1997, S. 1495; *Stimpel*, FS Goerdeler, S. 601, 605; *Landwehr*, Die Durchgriffshaftung, S. 152.

[428] Auf die besondere Gefährdung von Schuldnern von Verbänden weist auch *H. F. Müller*, Der Verband in der Insolvenz, S. 19 hin. Für Verein, Aktiengesellschaft und Genossenschaft verbieten dementsprechend die § 51f. BGB, § 272 AktG und § 90 GenG eine Aufteilung des Verbandsvermögens vor Durchführung eines den Gläubigerbelangen dienenden Verfahrens.

Vorschriften. Eine Umgehung dieser Vorschriften kann den Gesellschaftern aber nicht gestattet werden, so dass auch im Falle der Existenzbeendigung die Wertungen des § 73 GmbHG Anwendung finden.
Für eine umfassende Bindung des Gesellschaftsvermögens soweit zur Gläubigerbefriedigung erforderlich als Grundlage des Haftungsprivilegs sprechen auch die Vorschriften des Eigenkapitalersatzes. Sie bringen den Gedanken der Finanzierungsverantwortung der Gesellschafter gegenüber ihrer GmbH zur Geltung. Die Gesellschafter stehen vor der Wahl, die GmbH entweder zu liquidieren, oder ihr Eigenkapital zuzuführen. Indem sie keine der gebotenen Alternativen ergreifen, umgehen sie sowohl die Vorschriften über die Liquidation, als auch die der Kapitalerhaltung. Denn zugeführtes Eigenkapital unterfiele den von den §§ 30, 31, 73 GmbHG gesetzten Grenzen. Als Absicherung gegen eine Umgehung dieser, § 13 Abs. 2 GmbHG legitimierenden Vorschriften, zählen die Vorschriften über den Eigenkapitalersatz ebenfalls zu den von § 13 Abs. 2 GmbHG vorausgesetzten Verhaltensweisen.
Die Bindung des Gesellschaftsvermögens zur vorrangigen Befriedigung der Gläubiger ist umfassend und nicht auf den Betrag des Stammkapitals begrenzt[429]. Das belegen die Vorschriften über den Eigenkapitalersatz und die Liquidation, welche neben den Kapitalerhaltungsregeln die Vermögensbindung im GmbHG normieren. Denn diese Regelungskomplexe anerkennen die Vermögensbindung soweit sie zur Gläubigerbefriedigung erforderlich ist[430].

b) Verstoß gegen die Vermögensbindung bei Existenzvernichtung

Wird die Existenzvernichtung mittels eines Verhaltens bewirkt, das eine Minderung des GmbH-Vermögens zur Folge hat, so kann darin eine Außerachtlassung der Bindung des Gesellschaftsvermögens zur vorrangigen Befriedigung der Gläubiger liegen. Dadurch, dass die GmbH in ihrer Existenz vernichtet wird, kommt es in aller Regel zu einem Ausfall der Gläubiger mit einem Teil ihrer Forderungen. Damit ist das entzogene Vermögen auch zur Befriedigung der Gläubiger erforderlich, so dass in diesem Fall ein Verstoß gegen das Prinzip der Vermögensbindung liegen kann.

4. Ergebnis

Festzuhalten bleibt damit, dass eine Durchgriffshaftung für existenzvernichtende Eingriffe zulässig ist. Ihre Begründung findet sie der Normzwecklehre folgend in einer teleologischen Reduktion des § 13 Abs. 2 GmbHG wegen Nichtbeachtung der vorrangigen Bindung des Gesellschaftsvermögens zur Befriedigung der Gläubiger[431]. Die Überleitung der Haftung auf die Gesellschafter folgt aus der analogen Anwendung der §§ 105, 128 HGB. Die Durch-

---

[429] Ebenso: *Röhricht*, VGR (2002), S. 3, 27.

[430] S.o., 2. Kapitel C II 3 a) aa) (4), S. 89.

[431] Für eine Sanktionierung der Existenzvernichtung durch einen über die Normzwecklehre begründeten Durchgriff auch *Koppensteiner*, FS Honsell, S. 607, 618.

griffshaftung bietet damit die Möglichkeit einer angemessenen Sanktionierung existenzvernichtender Verhaltensweisen der GmbH-Gesellschafter.

III. Sachwalterhaftung

Die in erster Linie von *Wilhelm*[432] vertretene Sachwalterhaftung beruht im Wesentlichen auf dem Grundgedanken, die Gesellschafter handelten bei der Wahrnehmung von Geschäftsführungsaufgaben als Verwalter fremden Vermögens. Diese Stellung begründe gemäß § 311 Abs. 2 Nr. 3 BGB ein Schuldverhältnis zwischen Gesellschaft und Gesellschaftern. Für die Verletzung der hieraus entstehenden Pflichten sollen die Gesellschafter der Gesellschaft nach den allgemeinen Regeln Schadensersatz zu leisten haben[433].
Die Sachwalterhaftung ist im Schrifttum auf verbreitete Ablehnung gestoßen[434]. Mit Berechtigung wird schon der Ansatzpunkt der Haftung in einer Analogie zu § 43 GmbHG kritisiert. Eine solche Analogie ist nur gerechtfertigt, wenn ein Gesellschafter sich wie ein Geschäftsführer geriert. Sofern aber auch Weisungen nach §§ 37, 45 GmbHG diesem Sorgfaltsmaßstab unterworfen werden, widerspricht das dem gesetzlichen Organisationsgefüge der GmbH[435]. Aus § 43 Abs. 3 S. 3 GmbH ist ersichtlich, dass der Gesetzgeber die Problematik nachteiliger Weisungen durch die Gesellschafter durchaus gesehen hat. Dadurch, dass er eine spezielle Haftung für derartige Einflussnahmen nicht geregelt hat, folgt, dass diese grundsätzlich als zulässig zu bewerten sind[436]. Indem die Organhaftung zu einem gegenteiligen Ergebnis kommt, wird die gesetzliche Kompetenzverteilung, die den Gesellschaftern Einfluss auf die GmbH gibt, ohne sie den organschaftlichen Haftungspflichten für Geschäftsführer zu unterwerfen, durchbrochen[437].
Gegen die analoge Anwendung der Organhaftung bzw. der Haftung aus Verwaltung fremden Vermögens auf die Gesellschafter wird zudem der Einwand erhoben, diese seien nicht Treuhänder der GmbH, sondern deren Eigentümer[438]. Von einer Geschäftsführung in fremdem Interesse könne daher nicht die Rede sein. Dem ist zuzustimmen. Die mitgliedschaftlichen Befugnisse sind den Gesellschaftern im eigenen Interesse verliehen. Nur weil sie bei der Ausübung

---

432 *Wilhelm*, Rechtsform und Haftung bei der juristischen Person; *ders.*, NJW 2003, S. 175ff.
433 S.o., 2. Kapitel B III 2, S. 69ff.
434 Hachenburg/*Ulmer* Anh. § 30 Rdn. 40; *ders.*, ZHR 148 (1984), S. 391, 414f.; *ders.*, ZIP 2001, S. 2021, 2025; *K. Schmidt*, NJW 2001, S. 3577, 3580; *Altmeppen*, ZIP 2001, S. 1837, 1843ff.; Hachenburg/*Mertens*, GmbHG, Anh. § 13 Rdn. 34; *Wiedemann*, Die Unternehmensgruppe im Privatrecht, S. 35; *Westermann*, NZG 2002, S. 1129, 1134; *Winter*, Mitgliedschaftliche Treubindungen, S. 197; *ders.*, ZGR 1994, S. 570, 582ff.; *Priester*, ZGR 1993, S. 512, 525; *Wilhelmi*, DZWIR 2003, S. 45, 51; *Burgard*, ZIP 2002, S. 827, 831; *Haas*, WM 2003, S. 1929, 1939; *Heermann*, Entwicklungen zur Durchgriffs- und Konzernhaftung, S. 11, 27; *Bender*, GmbHR 2002, S. 552, 554.
435 Hachenburg/*Ulmer* Anh. § 30 Rdn. 40; *Winter*, Mitgliedschaftliche Treubindungen, S. 197; *Heermann*, Entwicklungen zur Durchgriffs- und Konzernhaftung, S. 11, 27.
436 *Heermann*, Entwicklungen zur Durchgriffs- und Konzernhaftung, S. 11, 27.
437 *Ulmer*, ZHR 148 (1984), S. 391, 414f.
438 *Priester*, ZGR 1993, S. 512, 525.

dieser Befugnisse fremde Interessen berühren, führen sie bei der Einwirkung auf ihre GmbH keine fremden Geschäfte[439].
Andere Kritikpunkte gründen sich auf die weitgehende Dispositionsbefugnis der Gesellschafter in der GmbH. So wird bemängelt, eine generelle Verpflichtung der Gesellschafter auf das Gesellschaftsinteresse sei nicht begründbar[440]. Denn das Gesellschaftsinteresse richte sich nach dem satzungsmäßigen Gesellschaftszweck, der seinerseits der rechtsgeschäftlichen Disposition der Gesellschafter unterliege[441]. Aus § 43 Abs. 3 GmbHG folgt zudem, dass die Freistellung eines Geschäftsführers von seiner Haftung durch einen Weisungsbeschluss der Gesellschafter nur durch zwingendes Gesetzesrecht im Interesse der Gläubiger begrenzt wird[442]. Dann kann Maßstab für die Einschränkung der freien Verfügungsmacht der Gesellschafter aber nicht die Sorgfalt eines ordentlichen Geschäftsmannes sein, von dieser Haftung müssen sich die Gesellschafter dann erst Recht freizeichnen können[443]. Beizupflichten ist ebenfalls der Kritik, es sei ein schwer zu begreifender Umweg, wollte man einen Gesellschafter wegen eines Verhaltens, das ihm in dieser Eigenschaft untersagt ist, nicht als solchen, sondern über eine Organstellung nach § 43 GmbHG haftbar machen[444].
Eine Haftung anderer Personen als ordnungsgemäß bestellter Geschäftsführer nach § 43 GmbHG kann die Rechtsfigur des so genannten faktischen Geschäftsführers begründen[445]. Nach überwiegender Ansicht ist für eine Einordnung einer Person als faktischer Geschäftsführer aber erforderlich, dass betriebsintern alle maßgeblichen Entscheidungen von ihm getroffen werden, die formellen Geschäftsführer ihm untergeordnet sind und er sichtbar im Außenverhältnis auftritt[446]. Hierzu würde es einen Widerspruch bedeuten, könnten die Gesellschafter schon unter geringeren Voraussetzungen der Geschäftsführerhaftung unterworfen sein[447].

---

439 *Burgard*, ZIP 2002, S. 827, 831; *K. Schmidt*, NJW 2001, S. 3577, 3580; *Haas*, WM 2003, S. 1929, 1939.
440 *Schnauder/Müller-Christmann*, JuS 1998, S. 980, 984.
441 *Winter*, Mitgliedschaftliche Treubindungen, S. 197; *ders.*, ZGR 1994, S. 570, 582ff. Inwieweit der Dispositionsbefugnis Grenzen gezogen sind, ist damit nicht entschieden. Insbesondere kann eine Grenze aus der existenzvernichtenden Wirkung von Einflussnahmen folgen. Unzulässig ist aber jedenfalls die pauschale Ausrichtung der Gesellschafterhaftung am Gesellschaftsinteresse.
442 BGH NJW 2000, S. 1571; Baumbach/Hueck/*Zöllner*, GmbHG, § 43 Rdn. 41; Michalski/*Haas*, GmbHG, § 43 Rdn. 216; *Ulmer*, FS Pfeiffer, S. 853, 864f.; *Fleck*, ZGR 1990, S. 31, 35f.; *Burgard*, ZIP 2002, S. 827, 831.
443 *Ulmer*, ZHR 148 (1984), S. 391, 415; *Altmeppen*, ZIP 2001, S. 1837, 1844.
444 *Ulmer*, ZIP 2001, S. 2021, 2025; *Wiedemann*, Die Unternehmensgruppe im Privatrecht, S. 35; *Westermann*, NZG 2002, S. 1129, 1134; *Wilhelmi*, DZWIR 2003, S. 45, 51; *Haas*, WM 2003, S. 1929, 1939.
445 S.o., 2. Kapitel A III 2 c) dd), S. 25f.
446 BGHZ 104, S. 44, 48; 150, S. 61, 69f.; *K. Schmidt*, EWiR 1988, S. 905, 905f.; Scholz/*K. Schmidt*, GmbHG, § 64 Rdn. 7; *Blaurock*, FS Stimpel, S. 553, 563; *Haas*, WM 2003, S. 1929, 1939; *Bender*, GmbHR 2002, S. 552, 554.
447 *Haas*, WM 2003, S. 1929, 1939; *Bender*, GmbHR 2002, S. 552, 554.

Die Begründung einer Gesellschafterhaftung für existenzvernichtende Eingriffe aus dem Gesichtspunkt der negotiorum gestio sieht sich also durchgreifenden Bedenken ausgesetzt, ist mithin abzulehnen.

IV. Das Haftungskonzept Altmeppens

1. Haftung wegen Vermögensvermischung

Im Falle der Vermögensvermischung ist die Nachprüfbarkeit der Einhaltung der Kapitalerhaltungsregeln und damit zugleich deren Schutzwirkung vereitelt. Sind die Gesellschafter dafür verantwortlich, sollen sie dafür einstehen. Diese Erkenntnis lag schon der Haftung im qualifiziert faktischen Konzern zu Grunde, so dass eine ordentliche Buchführung die Haftung ausschloss[448]. Fraglich ist allerdings, wie in diesem Fall eine persönliche Inanspruchnahme der Gesellschafter zu begründen ist. Nach *Altmeppen* sollen die Gesellschafter haften, weil aufgrund der Vermögensvermischung eine Beweislastumkehr zu ihren Lasten greife[449]. Diese Beweislastumkehr bedeute, dass davon auszugehen sei, dass die Gesellschafter der GmbH Kapital unter Verstoß gegen § 30 GmbH entzogen hätten. Rechtsfolge eines derartigen Verstoßes ist nach § 31 GmbHG aber nur ein Binnenhaftungsanspruch zugunsten der Gesellschaft. Diese Klippe will *Altmeppen* mittels analoger Anwendung der §§ 128, 129 HGB umschiffen[450], eine Technik, die auch im Falle der Durchgriffshaftung zu einer Überleitung von Ansprüchen gegen die GmbH auf die Gesellschafter führt.
Im Falle der Haftungskonstruktion *Altmeppens* ist dieser Weg allerdings versperrt. Die §§ 128, 129 HGB regeln im Recht der Personengesellschaften, dass die Gläubiger zur Befriedigung eines Anspruches, der ihnen gegen die jeweilige Gesellschaft zusteht, auch auf das Privatvermögen der Gesellschafter zugreifen können. Anders als im Falle der Durchgriffshaftung, in dem die Gesellschaftsgläubiger ihre eigenen Ansprüche unmittelbar gegen die Gesellschafter richten, basiert das Haftungskonzept *Altmeppens* auf dem Binnenhaftungsanspruch der Gesellschaft nach § 31 GmbHG. § 128 HGB dagegen ist auf Ansprüche der Gläubiger der Gesellschaft zugeschnitten, nicht auf Ansprüche der Gesellschaft gegen ihre Gesellschafter. Es ist daher nicht ersichtlich, wie die Rekurrierung auf die §§ 128, 129 HGB den Anspruch der GmbH gegen ihre Gesellschafter in einen Außenhaftungsanspruch soll transformieren können[451]. Ein vergleichbarer Sachverhalt ist insoweit nicht gegeben. Bedenken gegen die analoge Anwendung der §§ 128, 129 HGB ergeben sich auch aus einem anderen Blickwinkel: Das Haftungskonzept der Personengesellschaften kennt das Prinzip der Haftungsbeschränkung für Verbindlichkeiten der Gesellschaften

---

[448] BGHZ 95, S. 330, 341f. – „Autokran"; 107, S 7, 18 – „Tiefbau"; 122, S. 123, 127 – „TBB"; *Lutter/Hommelhoff*, GmbHG, 15. Auflage, Anh. § 13 Rdn. 31; Baumbach/Hueck/*Zöllner*, GmbHG, GmbH-KonzernR Rdn. 86; *Stimpel*, FS Goerdeler, S. 601, 606f.; *Lutter/Banerjea*, ZGR 2003, S. 402, 426.

[449] *Altmeppen*, ZIP 2002, S. 1553ff.

[450] *Altmeppen*, ZIP 2002, S. 1553, 1559.

[451] So auch *Lutter/Banerjea*, ZGR 2003, S. 402, 410.

auf das Gesellschaftsvermögen nicht. Daher ist die Erstreckung der Haftung auf die Gesellschafter nur folgerichtig. Für das Recht der GmbH ordnet § 13 Abs. 2 GmbHG jedoch gerade diese Beschränkung an. Hiermit stünde es im Widerspruch, aufgrund eines wünschenswerten Ergebnisses zur Anwendung der §§ 128, 129 HGB zu gelangen. Vielmehr kann für die analoge Anwendung der §§ 128, 129 HGB nur dann Raum sein, wenn die Haftungsbeschränkung nicht beachtlich ist. Genau darauf basiert die Konstruktion der Durchgriffshaftung, weshalb in ihrem Fall eine Übernahme der Haftungserstreckung zulässig ist. Die Durchgriffshaftung wegen Vermögensvermischung lässt sich aus diesem Grunde eben nicht als reines Beweislastproblem abtun, sondern bleibt ein eigenständiges Haftungsinstitut.

2. Unverzichtbare Gesellschafterhaftung: § 93 Abs. 5 AktG analog

Für den Fall sorgfaltswidriger Kapitalvernichtung durch die Gesellschafter soll nach *Altmeppen*[452] die auf *Wilhelms* Lehre von der Sorgfaltshaftung basierende unverzichtbare Gesellschafterhaftung greifen. Diese kranke jedoch an der Disponibilität der Haftung[453]. Diese Disponibilität werde für Fälle gröblicher Sorgfaltspflichtverletzungen durch die analoge Anwendung von § 93 Abs. 5 S. 2 und 3 AktG ausgeschlossen. Mit der Anknüpfung an die Lehre Wilhelms sind jedoch die gegen die Sorgfaltshaftung sprechenden Argumente[454] auch gegen die Lehre von der unverzichtbaren Gesellschafterhaftung ins Feld zu führen. Zudem regelt § 93 Abs. 5 AktG nicht die Verzichtbarkeit der Pflichtbindung, sondern die Geltendmachung des Anspruchs durch die Gläubiger. Die Heranziehung dieser Norm zur Begründung der Unverzichtbarkeit der Haftung der Gesellschafter wirkt damit aber fern liegend[455]. Die Lehre von der unverzichtbaren Gesellschafterhaftung ist somit abzulehnen.

V. Haftung aufgrund der Verletzung mitgliedschaftlicher Pflichten

Eine starke Literaturmeinung will existenzvernichtende Eingriffe über eine Haftung wegen Verletzung von aus der Gesellschafterstellung folgenden Pflichten ahnden. Da das Bestandsinteresse als Eigeninteresse der GmbH nach Wertung des Gesetzgebers der Disposition der Gesellschafter entzogen sei, greife diese Haftung auch für die Einmann-GmbH oder einverständlich handelnde Gesellschafter[456]. Als Vorteile einer solchen Haftung werden insbesondere ihre praktischen Folgen genannt. Die Ausgestaltung als Schadensersatzanspruch seitens der Gesellschafter biete nicht nur die Möglichkeit einer Beschränkung der Haftung, sondern eröffne über das Erfordernis eines Verschuldens zugleich noch einen Weg, bestimmte Gesellschaftergruppen vor einer

---

452 *Altmeppen*, ZIP 2001, S. 1837, 1843ff.
453 *Altmeppen*, ZIP 2001, S. 1837, 1843; *ders.*, DB 2000, S. 657, 659.
454 S.o., 2. Kapitel C III, S. 92ff.
455 *Mödl*, Macht, Verantwortlichkeit und Zurechnung im Konzern, S. 50.
456 S.o., 2. Kapitel B III 4, S. 74ff.

Haftung zu schützen[457]. Des Weiteren folge aus dem Charakter als Anspruch der Gesellschaft, dass der Anspruch einheitlich vom Insolvenzverwalter geltend gemacht werden könne, ein Wettlauf der Gläubiger damit vermieden werde.

1. Dogmatische Bewertung

Gegen eine Haftung aus der Verletzung mitgliedschaftsrechtlicher Pflichten wird eingewandt, das Gesellschaftsinteresse sei kein geeigneter Anknüpfungspunkt für die Begründung solcher Pflichten. Da es ein von der Gesamtheit der Gesellschafter unabhängiges Gesellschaftsinteresse nicht gebe, käme bei der Einmann-GmbH bzw. bei einverständlich handelnden Gesellschaftern eine Verletzung des Gesellschaftsinteresses nicht in Betracht. Als Beleg für die Nichtexistenz eines autonomen Gesellschaftsinteresses wird die Befugnis der Gesellschafter angeführt, den Zweck der Gesellschaft auch grundlegend zu verändern. Hiervon auszunehmen sei lediglich der Bereich des § 43 Abs. 3 GmbHG. Die Gläubiger der GmbH hätten im Grundsatz nicht mehr zu erwarten als die Erhaltung des Stammkapitals[458]. Die Vorstellung einer unabhängigen Treuepflicht gegenüber dem eigenen Sondervermögen GmbH sei bei einverständlich handelnden Gesellschaftern bzw. in der Einmann-GmbH daher nur fiktiv[459] und somit als Kristallisationspunkt einer Haftung für existenzvernichtende Eingriffe untauglich. Die vorstehende Kritik greift jedoch nicht durch: Die Orientierung des Gesellschaftsinteresses am Gesellschaftszweck kann nur soweit gelten, als nicht der Bestand der GmbH in Frage gestellt wird. Denn auch bei der Anerkennung von außerhalb der GmbH liegender Interessen als Gesellschaftszweck führt eine Existenzgefährdung der GmbH zu einer Gefährdung dieser Ziele. Zumindest die Existenz der Gesellschaft kann daher von den Gesellschaftern nicht im Rahmen einer Änderung des Gesellschaftsvertrages in Frage gestellt werden[460].
Der Kritik ausgesetzt ist auch die Anknüpfung der Haftung an die Verletzung mitgliedschaftlicher Pflichten. Denn die Haftung aus Treuepflichtverletzung ist grundsätzlich auf den Ersatz des Gesellschaftsschadens ausgerichtet, im Falle der Existenzvernichtung soll aber das Befriedigungsinteresse der Gläubiger geschützt werden[461]. Damit sei die Verletzung mitgliedschaftlicher Pflichten als

---

457 *Westermann*, NZG 2002, S. 1129, 1137; *Benecke*, BB 2003, S. 1190, 1194f.; *Mülbert*, Der Konzern 2004, S. 151, 154.

458 Baumbach/Hueck/*Zöllner*, GmbHG, GmbH-KonzernR, Rdn. 83.

459 *Wiedemann*, ZGR 2003, S. 283, 291; *Lutter/Banerjea*, ZGR 2003, S. 402, 412f.; *Kropff*, FS Semler, S. 517, 536.

460 *Fleck*, ZHR 149 (1985), S. 387, 394; *Winter*, Mitgliedschaftliche Treuebindungen im GmbH-Recht, S. 214f.; *Priester*, ZGR 1993, S. 512, 521.

461 Das ist auch unter den Befürwortern einer Haftung für existenzvernichtende Eingriffe aus dem Gedanken der Treuepflicht unbestritten: *Priester*, ZGR 1993, S. 512, 520ff.; *Röhricht*, FS 50 Jahre BGH, S. 83, 99ff.; *Hommelhoff*, Die Konzernleitungspflicht, S. 256; *Ulmer*, ZHR 148 (1984), S. 391, 421; *Assmann*, JZ 1986, S. 928, 931; *Nissing*, Eigeninteresse der Gesellschaft oder Liquidation auf kaltem Wege, S. 50; *Hölzle*, ZIP 2003, S. 1376, 1379f.; *Raiser*, Recht der Kapitalgesellschaften, S. 635.

Anknüpfungspunkt für eine Existenzvernichtungshaftung aber ungeeignet[462]. In die gleiche Richtung weist der Einwand, es sei zumindest problematisch, an die Pflichten des Gesellschafters aus der Sonderverbindung zur GmbH anzuknüpfen, da diese zunächst nur zugunsten der GmbH und nur sekundär zugunsten der Gläubiger bestünden[463]. Der Kritik ist insofern zuzustimmen, als es tatsächlich gekünstelt wirkt, den Schutz originärer Gläubigerinteressen über die Verletzung von Pflichten gegenüber der Gesellschaft bewirken zu wollen. Allerdings werden im System des GmbHG die Gläubigerinteressen auch bei einer Verletzung der Kapitalerhaltungsvorschriften bzw. der Geschäftsführerhaftung nur mittelbar über Ansprüche der Gesellschaft geschützt. Dieser Gedanke hilft jedoch nicht darüber hinweg, dass es inkonsequent ist, die Interessen der Gläubiger über ein Eigeninteresse der Gesellschaft schützen zu wollen, welches überhaupt keinen Schutz der GmbH bezweckt.

2. Praktische Auswirkungen

Auch die angeführten Vorteile dieses Haftungsansatzes für die Ausgestaltung des Tatbestandes vermögen nicht zu überzeugen: In der Tat kann allerdings eine unbeschränkte Durchgriffshaftung ein hartes Ergebnis für den einzelnen Gesellschafter bedeuten. Zudem würden die Gläubiger auf diese Weise auch solche Forderungen vollständig ersetzt bekommen, die bereits vor dem Eingriff nicht mehr in vollem Umfang werthaltig waren, und auf damit auf Kosten der Gesellschafter privilegiert werden. Auf der anderen Seite hat der Gesellschafter durch den Eingriff auch jede Chance zur Sanierung der GmbH zunichte gemacht[464], und damit auch die Möglichkeit, dass die Forderungen doch noch in vollem Umfang bedient werden könnten. Aufgrund der Verluste, die infolge der Insolvenz anfallen, wird eine Beschränkung auf den Ersatz der dadurch entstandenen Nachteile der Gläubiger aber ohnehin keine besondere Relevanz für die Gesellschafter besitzen. Diese werden, von Ausnahmefällen abgesehen, nicht zur Bedienung der gesamten Schäden in der Lage sein.

Das im Rahmen einer Schadensersatzhaftung zu fordernde Verschulden ist nur in Ausnahmefällen dazu geeignet, einzelne Gesellschafter vor einer Inanspruchnahme zu bewahren[465]. Denn eine Haftung für existenzvernichtende Eingriffe kommt nur für den Fall einvernehmlich handelnder Gesellschafter in Betracht[466]. Dann wird der Gesellschafterkreis in der Regel aber klein sein, so dass die Gesellschafter zumeist von den Auswirkungen ihres Verhaltens wissen. Soweit das einmal nicht der Fall ist, wird man den Gesellschaftern auch im

---

462 *Haas*, WM 2003, S. 1929, 1939; *Lutter/Banerjea*, ZGR 2003, S. 402, 412f.

463 OLG Jena, ZIP 2002, S. 631, 633f. Ähnlich: *Lutter/Banerjea*, ZGR 2003, S. 402, 412f., die von einem Umweg über die Treupflicht sprechen.

464 Darauf weist auch *Henze*, NZG 2003, S. 649, 657 hin.

465 *Röhricht*, FS 50 Jahre BGH, S. 83, 116; *ders.*, VGR Bd. 5 (2001), S. 1, 15; *Raiser*, FS Ulmer, S. 493, 503f.; *Vetter*, ZIP 2003, S. 601, 612; *Roth*, NZG 2003, S. 1081, 1082. Ebenfalls *Westermann*, NZG 2002, S. 1129, 1137, obwohl er für das Erfordernis einer subjektiven Komponente eintritt. Auch *Benecke*, BB 2003, S. 1190, 1195 ist der Ansicht, dass in den meisten Fällen der Beweis des ersten Anscheins möglich sei.

466 S.o., 2. Kapitel:A.I, S. 3f.

Rahmen einer anders begründeten Haftung keine Mitwirkung an der Existenzvernichtung vorwerfen können[467]. Zudem sind die Anforderungen an ein Verschulden aufgrund des objektiven Verschuldensmaßstabes ohnehin nicht allzu hoch angesetzt.
Schließlich wird als Vorteil einer Schadensersatzhaftung noch die Geltendmachung durch den Insolvenzverwalter angeführt, die einen unerwünschten Wettlauf der Gläubiger verhindern könnte. Zu diesem Ergebnis kann man allerdings auch über andere Begründungsansätze einer Haftung für Existenzvernichtende Eingriffe gelangen[468]. Im Rahmen der Durchgriffshaftung etwa lässt sich dies durch eine analoge Anwendung von § 93 InsO erreichen[469]. Für den Fall der Ablehnung des Insolvenzverfahrens bereitet die Geltendmachung des Schadensersatzes den Gläubigern, folgt man dem Ansatz über die Verletzung mitgliedschaftlicher Pflichten, insofern Schwierigkeiten, als sie auf den Umweg einer Pfändung der Ansprüche der GmbH gegen ihre Gesellschafter zu verweisen sind. In der Praxis allerdings wird dieser Fall so gut wie nie relevant werden. Denn zu einer Ablehnung eines Insolvenzverfahrens wird es nur kommen, wenn der Insolvenzverwalter keine Ansprüche der GmbH gegen ihre Gesellschafter feststellen konnte, oder diese nicht werthaltig sind. Dann wird aber auch eine Pfändung und Überweisung dieser Ansprüche nicht sinnvoll sein, so dass die Gläubiger von einem solchen Versuch Abstand nehmen werden.

3. Bewertung

Die Begründung einer Haftung für existenzvernichtende Eingriffe der Gesellschafter vermag unter dogmatischen Gesichtspunkten nicht zu überzeugen. Die vorteilhaften Ergebnisse, zu denen der Ansatz einer Schadensersatzhaftung führen soll, erweisen sich entweder als nicht relevant, oder werden auch von anderen Haftungsmodellen bewirkt. Die Herleitung der Existenzvernichtungshaftung aus einer Verletzung mitgliedschaftlicher Pflichten ist mithin abzulehnen.

VI. Deliktische Haftung

Das Haftungssystem von *Haas* ist für die Fragestellung nach einer Gesellschafterhaftung für existenzvernichtende Eingriffe nur hinsichtlich der Missbrauchsalternative „Vermögensbindung" von Bedeutung. Die Missbrauchsalternative „Vermögenstrennung" ist nicht relevant. Denn die anspruchsbegründenden Schutzgesetze, §§ 283 Abs. 1 Nr. 5-7; 283b StGB, beziehen sich alle auf eine Verletzung von Buchführungspflichten. Eine solche Verletzung kann aber nicht zu einer Existenzvernichtung der Gesellschaft führen, hat also vorliegend außer Betracht zu bleiben. Diesbezüglich soll nur noch angemerkt werden, dass kein

---

467 Vgl. diesbezüglich die Voraussetzungen einer Teilnahme der Gesellschafter im Rahmen der Durchgriffshaftung wegen Existenzvenichtung, unten 3. Kapitel:A.VII.4, S. 137.
468 Darauf weist auch *Schön*, ZHR 168 (2004), S. 268, 287 hin.
469 S.u., 3. Kapitel B II 1, S. 161ff.

Grund dafür ersichtlich ist, für den in Rechtsprechung und Literatur übereinstimmend im Wege der Durchgriffshaftung gelösten Tatbestand der Vermögensvermischung[470] auf ein neues Haftungskonzept auszuweichen.
Der Verursachung von Schutzlücken durch eine „kalte Liquidation" der GmbH soll nach diesem Haftungskonzept in der Missbrauchsalternative „Vermögensbindung" über eine Schadensersatzpflicht nach § 823 Abs. 2 BGB i.V.m. § 73 Abs. 1 GmbHG Rechnung getragen werden. Da § 73 Abs. 1 GmbHG umgangen werden solle, sei es auch nur folgerichtig, ihn bereits vor einem Liquidationsverfahren anzuwenden[471]. Dem Einwand, die Vorschrift finde Anwendung erst nach beschlossenem Liquidationsverfahren[472], begegnet *Haas* mit dem Hinweis, der Gesellschafter könne sich der normierten Wertung nicht einfach durch „kalte Liquidation" entziehen[473]. Dem kann ohne weiteres zugestimmt werden, allerdings ist das noch keine Begründung für die Anwendung von § 73 Abs. 1 GmbHG. In Betracht zu ziehen wäre aufgrund des noch nicht beschlossenen Liquidationsverfahrens allenfalls eine analoge Anwendung dieser Norm. Für eine analoge Heranziehung spricht der Befund, dass der Entzug von Gesellschaftsvermögen durch die Gesellschafter einer vorgezogenen Ausschüttung entspricht[474]. Insofern ließe sich von einer vergleichbaren Interessenlage sprechen. Allerdings soll § 73 GmbHG nach seinem ausdrücklichem Wortlaut nur im Falle eines Liquidationsverfahrens zur Anwendung kommen. Allein der Hinweis auf eine vergleichbare Interessenlage vermag die dadurch begründete fehlende Analogiefähigkeit der Vorschrift nicht zu entkräften. Vor Durchführung eines Liquidationsverfahrens soll § 73 GmbHG keine Anwendung finden[475]. Die vorgezogene Anwendung dieser Norm ist daher systemwidrig.

VII. Ergebnis

Von den zur Lösung der Problematik existenzvernichtender Eingriffe vertretenen Konzepten ist die Durchgriffshaftung vorzuziehen. Mit dem BGH ist daher davon auszugehen, dass eine Haftung der Gesellschafter für existenzvernichtende Eingriffe auf eine Durchgriffshaftung zu stützen ist. Abweichend von der Haftungskonzeption des BGH ist die Durchgriffshaftung jedoch nicht i.S. der Missbrauchslehre, sondern in der Begründung durch die Normzwecklehre als Folge einer Reduktion des § 13 Abs. 2 GmbHG zu verstehen. Die Reduktion

[470] Zur Behandlung der Vermögensvermischung siehe: BGH WM 1958, S. 460ff., BGH ZIP 1985, S. 29ff.; BGH DB 1994, S. 1354; Rowedder/*Pentz*, GmbHG, § 13 Rdn. 141; Scholz/*Emmerich*, GmbHG, § 13 Rdn. 86; *Lutter/Hommelhoff*, GmbHG, § 13 Rdn. 13; Hachenburg/*Mertens*, GmbHG Anh. § 13 Rdn. 48; Baumbach/*Hueck/Fastrich*, GmbHG, § 13 Rdn. 15. Allerdings reicht für ein Eingreifen der Durchgriffshaftung nicht bereits jede Verletzung der Buchführungspflichten.

[471] S.o., 2. Kapitel B III 5, S. 76f.

[472] *Bruns*, WM 2003, S. 815, 817.

[473] *Haas*, WM 2003, S. 1929, 1940.

[474] S.o., 2. Kapitel:C.II.3.a)bb), S. 89f.

[475] Die Heranziehung der Wertungen dieser Norm zur Begründung der Vermögensbindung wird davon nicht berührt. Aufgrund des eindeutigen Wortlauts muss eine vorherige Anwendung jedoch unterbleiben.

der Haftungsbeschränkung rechtfertigt sich aus der Nichtbeachtung der Bindung des Gesellschaftsvermögens zur vorrangigen Befriedigung der Gläubiger durch die Gesellschafter. Die Überleitung der Haftung auf die Gesellschafter folgt aus der analogen Anwendung der §§ 105, 128 HGB.

3. Kapitel: Tatbestand, Rechtsfolgen, Geltendmachung und relevante Fallgruppen

A. Der Tatbestand des existenzvernichtenden Eingriffs

Ausgehend von der dogmatischen Verortung der Haftung für existenzvernichtende Eingriffe als Durchgriffshaftung in Gestalt der Normzwecklehre soll im folgenden Kapitel der Tatbestand dieser Haftung herausgearbeitet werden. Aktualisiert werden die teleologische Reduktion des § 13 Abs. 2 GmbHG und die daraus folgende Durchgriffsmöglichkeit durch einen Verstoß gegen die vorrangige Bindung des Gesellschaftsvermögens zur Befriedigung der Gläubiger[476].

Bei der Bestimmung der Tatbestandsmerkmale ist darauf zu achten, den Ausnahmecharakter der Durchgriffshaftung zu wahren. Den Normalfall kennzeichnet die Haftungsprivilegierung des § 13 Abs. 2 GmbHG, die unmittelbare Haftung der Gesellschafter ist auf seltene Fälle zu begrenzen. Denn grundsätzlich ist das Risiko der Insolvenz der GmbH und der damit in aller Regel verbundenen Ausfallquote nach der Gesetzeskonzeption den Gläubigern aufgebürdet. Überdies ist der Funktion der GmbH Rechnung zu tragen, der Risikoaversität der Unternehmer zu begegnen[477]. Diese Förderung unternehmerischer Wagnis würde verfehlt, setzte man die Gesellschafter über den existenzvernichtenden Eingriff doch wieder einem Haftungsrisiko vergleichbar der Rechtslage in den Personengesellschaften aus.

I. Eingriff

Die Aktualisierung der Durchgriffshaftung setzt eine Handlungsweise voraus, die gegen den Normzweck des § 13 Abs. 2 GmbHG verstößt. Da eine Haftung für existenzvernichtende Eingriffe in Rede steht, ist festzustellen, welche Arten von Handlungen, die zur Existenzbeendigung der Gesellschaft führen können, als Eingriffe im Sinne dieser Haftung zu qualifizieren sind, mithin dem Telos des Haftungsprivilegs zuwiderlaufen. Maßgeblich ist bei dieser Beurteilung somit die Frage, ob in der konkreten Handlungsweise eine Außerachtlassung der Bindung des Gesellschaftsvermögens zur vorrangigen Befriedigung der Gesellschaftsgläubiger zum Ausdruck kommen kann.

1. Entzug von Gesellschaftsvermögen

Weitgehende Übereinstimmung besteht darüber, dass die kompensationslose oder nur unzureichend kompensierte Entnahme von Vermögen aus der Gesellschaft einen geeigneten Anknüpfungspunkt für eine Haftung wegen Existenz-

---

476 S.o., 2. Kapitel C VII, S. 99.
477 S.o., 2. Kapitel A IV 1, S. 37f.

vernichtung darstellt[478]. Das der Gesellschaft auf diese Weise entzogene Vermögen steht ihr nicht mehr zur Erfüllung ihrer Verbindlichkeiten zur Verfügung. Damit kann ein solches Verhalten zweifelsohne eine Außerachtlassung der Bindung des Gesellschaftsvermögens zur vorrangigen Befriedigung der Gläubiger bedeuten, und damit die Voraussetzung für eine Reduktion des Haftungsprivilegs erfüllen. Zu dieser Gruppe von Fallgestaltungen sind nicht nur Zahlungen unmittelbar aus dem Gesellschaftsvermögen zu zählen, sondern auch solche, in denen Forderungen der Gesellschaft nicht von dieser, sondern von anderen Personen eingezogen werden[479]. Denn Forderungen der Gesellschaft sind ebenso Bestandteile ihres Vermögens wie Barmittel oder Betriebsgegenstände. Der Begriff der Entnahme ist daher zu eng, besser ist es insoweit mit der Terminologie des BGH von einem Entzug von bzw. einem Zugriff auf das Gesellschaftsvermögen zu sprechen[480]. Nicht hierzu zu rechnen sind Vermögensminderungen, die im Rahmen der Geschäftstätigkeit anfallen, also etwa der Erfüllung oder Aquise von Aufträgen dienen. Der Begriff des Vermögensentzuges erfasst nur Handlungen, die ohne Bezug zu bestimmten Geschäften von vornherein lediglich auf die Minderung der Gesellschaftsaktiva hinauslaufen. Dazu zählt insbesondere die Überführung von Vermögen der GmbH ohne Gegenleistung in das Privatvermögen der Gesellschafter.

Fraglich ist, ob auch Nutzungsbefugnisse, Informationen oder Steuervorteile[481] taugliche Objekte eines Eingriffs sein können. Erforderlich für eine Berücksichtigung dieser Positionen ist, dass auch sie der vorrangigen Bindung zur Befriedigung der Gläubiger unterliegen. Es liegt auf der Hand, dass nicht alle bewertbaren Vermögensposten eines Unternehmens im Falle der Beendigung der Gesellschaft gleichermaßen zum Zwecke der Gläubigerbefriedigung verwendet werden können. Soweit sie nicht dazu genutzt werden können, unterliegen sie auch nicht der Bindung zur vorrangigen Befriedigung der Gläubiger. Dann führt ihr Entzug nicht zu einer Aktualisierung der Durchgriffshaftung. Hinsichtlich der fraglichen Vermögenspositionen ist festzustellen, dass sie sich eher als Investitionen in die Zukunft begreifen lassen, mit denen weiteres Vermögen generiert werden soll, als dass ihnen Verwendung zur Befriedigung der Gläubiger zukommen könnte. Eine ihrer wirtschaftlichen Bedeutung angemessene Verwertung erscheint nur schwer möglich. Obwohl sich bei derartigen Positionen die Eignung zur Gläubigerbefriedigung als schwierig darstellen kann, ist es dennoch erforderlich, auch sie als mögliche Eingriffsobjekte zu

---

478 Wohl allgemeine Ansicht, vgl. nur *Altmeppen*, ZIP 2002, S. 1553, 1563; *Röhricht*, FS 50 Jahre BGH, S. 83, 110f.; *Ulmer*, ZIP 2001, S. 2021, 2029; *ders.*, JZ 2002, S. 1049, 1052; *K. Schmidt*, NJW 2001, S. 3577, 3580; *Wiedemann*, ZGR 2003, S. 283, 292f.; *Lutter/Hommelhoff*, GmbHG, § 13 Rdn. 16; *Winter*, ZGR 1994, S. 570, 591; *Drygala*, GmbHR 2003, S. 729, 735f.; *Hoffmann*, NZG 2002, S. 68, 69f.; *Burgard*, WuB II C. § 13 GmbHG 1.02, S. 149, 152.

479 Eine solche Fallgestaltung lag der Entscheidung LAG Köln, ZIP 2003, S. 1893, 1896 zu Grunde, in der der Kaufpreis für die Betriebsabteilung einer GmbH nicht an diese, sondern an das herrschende Unternehmen ausgezahlt wurde. Das LAG Köln sah hierin einen existenzvernichtenden Eingriff.

480 BGHZ 151, S. 181, 186f. – „KBV“.

481 *Wiedemann*, ZGR 2003, S. 283, 293.

qualifizieren, sofern sie verwertbar sind, sich mit ihnen also im Falle der Beendigung der Gesellschaft Vermögen erwirtschaften lässt. Dann ist ihnen auch ein Vermögenswert beizumessen, welcher der Gesellschaft im Falle ihres Entzuges verloren geht. Auf Komplikationen, die mit dem Versuch ihrer Verwertung einhergehen und dabei eventuell hinzunehmende Abschläge gegenüber ihrem tatsächlichen, bzw. dem bilanzierten Wert, ist nicht abzustellen. Derartigen Schwierigkeiten begegnet auch die Verwertung anderer Vermögensgegenstände. Der vorrangigen Bindung zur Gläubigerbefriedigung unterliegt zunächst aber das gesamte Vermögen der GmbH, wozu jedenfalls alle Posten zu zählen sind, die im Falle der Beendigung der Gesellschaft zur Generierung von Haftungsmasse verwendet werden können.
Ein Entzug von Gesellschaftsvermögen kann damit einen Eingriff im Sinne der Existenzvernichtungshaftung darstellen. Die Bindung des Gesellschaftsvermögens zur vorrangigen Befriedigung der Gesellschaftsgläubiger kann nicht deutlicher außer Acht gelassen werden, als wenn die Gesellschafter der GmbH Vermögen entziehen, welches nach dem Zusammenbruch für die Gläubigerbefriedigung fehlt. Von der Vermögensbindung umfasst werden alle Posten, die sich im Falle der Beendigung der Gesellschaft zugunsten der Gläubiger verwerten lassen. Bei der Beantwortung der Frage, inwieweit eine Maßnahme einen Entzug von Vermögen darstellt, sind auch wirtschaftliche Zusammenhänge zu berücksichtigen. Im Rahmen von Austauschgeschäften ist selbstverständlich der Wert der Gegenleistung in die Betrachtung mit einzustellen. Denn die Vermögensbindung ist nicht gegenständlich gemeint, sondern nur wertbezogen, korrespondierend zum Recht der Gläubiger auf wertmäßige Befriedigung[482]. Nur der kompensationslose bzw. unzureichend kompensierte Abzug von Vermögen ist damit erfasst.

2. Bilanzneutrale Maßnahmen

Möglich ist, dass die GmbH infolge von Maßnahmen insolvent wird, welche keine Änderung der bilanziellen Vermögenslage bewirken. Hat eine Maßnahme eine Auswirkung auf das bilanzielle Vermögen der GmbH, so entspricht ihre Behandlung dem Entzug von Vermögenswerten, und ihre Behandlung richtet sich nach obigen Grundsätzen. Nachfolgend werden daher nur solche Handlungen bewertet, denen eine bilanzielle Wirkung nicht zukommt.

a) Darlehensgewährung an Gesellschafter

Die Vergabe von Darlehen stellt bei Solvenz des Darlehensempfängers aufgrund des daraus resultierenden Rückzahlungsanspruchs bilanziell einen neut-

---

482 Insofern besteht Übereinstimmung mit § 30 GmbHG, welcher nach überwiegender Ansicht das Gesellschaftsvermögen ebenfalls nur einem wertmäßigem Schutz unterstellt, Hachenburg/*Goerdeler/Müller*, GmbHG, § 30 Rdn. 28; Scholz/*H. P. Westermann*, GmbHG, § 30 Rdn. 7; *Lutter/Hommelhoff*, GmbHG, § 30 Rdn. 2a; *Joost*, ZHR 148 (1984), S. 27, 43.

ralen Aktivtausch dar[483]. Ist der Empfänger von vornherein nicht solvent, ist die Forderung der Gesellschaft abzuschreiben. Dann entspricht die Kreditgewährung dem Entzug von Kapital ohne gleichwertige Gegenleistung, so dass die oben dargelegten Grundsätze Anwendung finden. Aber auch wenn der Empfänger solvent ist, kann eine Darlehensvergabe zur Existenzvernichtung der Gesellschaft führen. Zum einen ist es möglich, dass die GmbH aufgrund des Abzuges der liquiden Mittel zahlungsunfähig wird. Zum anderen kann es sein, dass der Empfänger erst später in Vermögensverfall gerät, die Gesellschaft deshalb ihre Forderung abschreiben und wegen Überschuldung Insolvenz anmelden muss. Fraglich ist, ob in diesen Konstellationen von einer Außerachtlassung der Bindung des Gesellschaftsvermögens zur vorrangigen Befriedigung der Gläubiger gesprochen werden kann. Die Beantwortung dieser Frage kann sich an den gesetzlich geregelten Fällen der Vermögensbindung orientieren[484].

aa) Kapitalerhaltungsvorschriften

Da § 30 GmbHG bei bestehender Unterbilanz auch bilanzneutrale Maßnahmen wie die Vergabe von Darlehen an Gesellschafter erfasst[485], können diese Handlungen auch Eingriffe i.S.d. Existenzvernichtungshaftung darstellen[486]. Denn das Haftungsmerkmal der Außerachtlassung der vorrangigen Bindung des Gesellschaftsvermögens zur Befriedigung der Gläubiger beruht auf den gleichen Wertungen wie § 30 GmbHG. Insbesondere in den Fällen, in denen es durch die Kreditvergabe zu einer Existenzvernichtung der GmbH kommt, ist eine solche Betrachtung im Sinne eines effektiven Gläubigerschutzes auch wünschenswert.

bb) § 73 GmbHG

Ebenso wie die Kapitalerhaltungsvorschriften stellt auch § 73 GmbHG eine Konkretisierung der aus § 13 Abs. 2 GmbHG folgenden Vermögensbindung dar. Anders als bei den §§ 30, 31 GmbHG ist für das Liquidationsverfahren unumstritten, dass eine Kreditgewährung verboten ist, soweit diese eine Vorfinanzierung der Schlussverteilung durch nicht jederzeit kündbare Kredite an die Gesellschafter darstellt[487]. Die Herbeiführung der Insolvenz der Gesellschaft

---

483 BGH NJW 2004, S. 1111; *K. Schmidt*, GesR, § 37 III 1 c), S. 1134; Michalski/*Heidinger*, GmbHG, § 30 Rdn. 49; *U. H. Schneider*, GmbHR 1982, S. 197, 200; *Brockfeld*, Darlehen der AG und der GmbH an ihre Gesellschafter, S. 50ff.; *Sotiropoulos*, GmbHR 1996, S. 653, 654; *Müller*, BB 1998, S. 1804, 1805. A.A. Roth/*Altmeppen*, GmbHG, § 30 Rdn. 59.

484 So hinsichtlich der Kapitalerhaltungsvorschriften auch *Diem*, ZIP 2003, S. 1283, 1286.

485 S.o., 2. Kapitel A III 1 a) bb) (2), S. 14ff.

486 *Helmreich*, GmbHR 2004, S. 457, 460, sieht ebenfalls die Möglichkeit einer Haftung wegen Existenzvernichtung durch die Gewährung von Darlehen, auch wenn er die Einschlägigkeit der Kapitalerhaltungsvorschriften ablehnt.

487 Scholz/*K. Schmidt*, GmbHG, § 73 Rdn. 2a; *ders.*, DB 1994, S. 2013, 2015.; Rowedder/Schmidt-Leithoff/*Rasner*, GmbHG, § 73 Rdn. 2; Baumbach/Hueck/*Schulze-Osterloh*, GmbHG, § 73 Rdn. 2; *Sotiropoulos*, GmbHR 1996, S. 653, 657. Darauf abstellend, ob die

kommt einer Liquidation auf kaltem Wege gleich[488]. Bewirken die Gesellschafter diese durch Kreditgewährungen, so entspricht dies der Vorfinanzierung der Schlussverteilung. Daher folgt aus § 73 GmbHG, dass die von § 13 Abs. 2 GmbHG vorausgesetzte Vermögensbindung auch die Existenzvernichtung durch Kreditgewährungen betrifft.

cc) Zusammenfassung und praktische Relevanz

Sowohl im Rahmen der Kapitalerhaltung, als auch der Liquidation ist die Gewährung von Krediten an die Gesellschafter als unzulässig zu bewerten. Da diese Regelungen Konkretisierungen der Vermögensbindung darstellen[489], kann ihre Wertung auf die Frage übertragen werden, ob Darlehensgewährungen an Gesellschafter eine Verletzung der Vermögensbindung bedeuten können. Diese Frage ist damit zu bejahen.

Von praktischer Bedeutung ist die Gewährung von Darlehen, die bilanzneutral sind, an die Gesellschafter jedoch nur, wenn dies zur Insolvenz der Gesellschaft aufgrund von Illiquidität führt. Hinsichtlich des Insolvenzeröffnungstatbestandes der Überschuldung, § 19 InsO, kommt ihr keine Relevanz zu. Denn nach § 19 InsO ist für die Feststellung einer Überschuldung allein eine bilanzielle Betrachtung maßgebend. Ist die Vergabe des Darlehens bilanzneutral, so kann sich eine bilanzielle Auswirkung der Darlehensvergabe nur dadurch ergeben, dass eine Wertberichtigung des Rückzahlungsanspruches erforderlich ist. Dazu kommt es aber nur, wenn die Solvenz des Darlehensempfängers nicht mehr gegeben ist. Der Eintritt der Insolvenz des Darlehensempfängers stellt jedoch keine Außerachtlassung der Vermögensbindung zur vorrangigen Befriedigung der Gläubiger dar. Denn auch, wenn der Darlehensnehmer Gesellschafter ist, so tragen die Gläubiger dennoch das Risiko, dass ein Schuldner der GmbH insolvent wird, und die Gesellschaft deshalb zur Begleichung ihrer Verbindlichkeiten außerstande ist[490].

b) Bestellung von Sicherheiten zugunsten von Kreditgebern der Gesellschafter

Auch die Bestellung von Sicherheiten zugunsten von Kreditgebern der Gesellschafter kann gegen die Kapitalerhaltungsvorschriften verstoßen[491]. Ebenso stellt diese Bestellung von Sicherheiten einen Verstoß gegen § 73 GmbHG dar[492]. Denn ihr kommt die gleiche Wirkung zu wie der unmittelbaren Darle-

---

Mittel zur Gläubigerbefriedigung erforderlich sind *Erle*, GmbHR 1998, S. 216, 222. Weitergehend Lutter/Hommelhoff/*Lutter/Kleindiek*, GmbHG, § 73 Rdn. 2, die meinen, § 73 GmbHG wolle die Gläubiger vor allen Risiken aus dem Vermögensbereich der Gesellschafter schützen. Daraus folge dann ein Verbot jeder Darlehensgewährung an die Gesellschafter.

[488] S.o., 2. Kapitel A IV 3 b), S. 40ff.

[489] S.o., 2. Kapitel C II 3 a) aa), S. 86ff.

[490] Vgl. diebezüglich auch unten, 4. Kapitel C, 186.

[491] S.o., 2. Kapitel A III 1 a bb) (2), S. 14ff.

[492] Scholz/*K. Schmidt*, GmbHG, § 73 Rdn. 2a.

hensgewährung an die Gesellschafter. Würde man die Bestellung von Sicherheiten von der Haftung ausnehmen, eröffnete man den Gesellschaftern eine Möglichkeit zur Umgehung dieser Vorschrift[493]. Da beide Vorschriften Ausfluss der Vermögensbindung in der GmbH sind, lassen sich diese Ergebnisse auf die in § 13 Abs. 2 GmbHG vorausgesetzte Vermögensbindung übertragen. Die Bestellung von Sicherheiten für Kreditgeber der Gesellschafter kann damit eine Verletzung der Vermögensbindung zur vorrangigen Befriedigung der Gläubiger darstellen. Für die Bedeutung einer Sicherheitenbestellung zugunsten von Gläubigern der Gesellschafter gilt indes das Gleiche wie bereits zuvor hinsichtlich der Darlehensvergabe an die Gesellschafter Gesagte: Da es zu einer bilanziellen Wirksamkeit der Sicherheit nur infolge der Insolvenz des Gesellschafters kommt, scheidet eine Existenzvernichtung aufgrund der Herbeiführung einer Überschuldung aus. Denn das Risiko des Ausfalls der GmbH mit ihren Forderungen tragen die Gläubiger. Allein aufgrund der Tatsache, dass es ein Gesellschafter ist, der seiner Verbindlichkeit gegenüber der GmbH nicht nachkommen kann, ist keine andere Betrachtungsweise angebracht.

c) Aktivtausch

Auch bei voller Kompensation kann der Abzug von Vermögenswerten der Gesellschaft zu deren Zusammenbruch führen, etwa wenn zwingend erforderliche Betriebsmittel entzogen werden[494], oder es aufgrund des Entzuges von Liquidität zur Zahlungsunfähigkeit der Gesellschaft kommt. Zwar kann in einem solchen Fall ein Abzug von Vermögen bejaht werden, wird im Gegenzug der Gesellschaft jedoch ein adäquater Vermögenswert zugeordnet, erfahren die Gläubiger zumindest bilanziell betrachtet keine Schmälerung des ihnen haftenden Kapitals. Wirtschaftlich besehen bedeutet ein derartiger bilanzieller Aktivtausch jedoch sehr wohl einen Nachteil für die GmbH und letztendlich für die Gläubiger, wenn er die Fähigkeit der Gesellschaft, am Markt zu bestehen, einschränkt oder zunichte macht. Problematisch in dieser Fallkonstellation ist, inwieweit eine Maßnahme, die das den Gläubigern zur Verfügung stehende Vermögen nicht vermindert, die Bindung des Vermögens zu ihrer vorrangigen Befriedigung verletzen kann.

Die Gläubiger haben lediglich Anspruch auf eine wertmäßige Befriedigung, deshalb kann auch die Bindung des Vermögens zu diesem Zweck nur in diesem Sinne verstanden werden. Der ergebnisneutrale Aktivtausch verletzt somit nicht die Bindung des Gesellschaftsvermögens zur vorrangigen Befriedigung der Gläubiger. Das ihrem Haftungszugriff offen stehende Vermögen wird nicht verringert. Dieses Ergebnis wird durch eine Kontrollüberlegung bestätigt: Vorzuwerfen ist den Gesellschaftern nicht die Handlung, welche die Überlebensfähigkeit der Gesellschaft beseitigt, an sich, sondern die Weiterführung der unternehmerischen Tätigkeit, die aufgrund ihrer Unwirtschaftlichkeit in die Insolvenz mündet. Denn hätten die Gesellschafter kurz nach Vornahme des

---

493 S.o., 2. Kapitel A III 1 a bb) (2), S. 14ff.

494 *Röhricht*, FS 50 Jahre BGH, S. 83, 94.

Aktivtausches die Gesellschaft liquidiert, wäre das dem Zugriff der Gläubiger offen stehende Gesellschaftsvermögen nicht geringer gewesen, als es vor dem Aktivtausch war. Für Fälle der „schleichenden" Verringerung des Gesellschaftsvermögens hält das GmbHG aber das Instrument des § 64 Abs. 1 GmbHG bereit. Zudem steht es im Rahmen der gesetzlichen Vorschriften jedermann frei, auch unrentable Unternehmungen zu führen.
Dieses Ergebnis stellt keinen Widerspruch zu der Bewertung der Darlehensvergabe bzw. der Bestellung von Sicherheiten an Gesellschafter dar. Diese Verhaltensweisen, die ebenfalls einen bilanziellen Aktivtausch darstellen, können zumindest für den Fall, dass sie zur Zahlungsunfähigkeit der Gesellschaft führen, einen Eingriff i.S.d. Existenzvernichtungshaftung darstellen. Anders als bei Geschäften mit Gesellschaftern gelten für Geschäfte mit Dritten auch nicht die Begrenzungen der §§ 30, 73 GmbHG. Diese Normen bilden die Wertungen des § 13 Abs. 2 GmbHG für die Vermögensbindung ab, und begründen eine Verletzung der Vermögensbindung durch bilanziell neutrale Geschäfte nur für Geschäfte mit Gesellschaftern. Aus dem Fehlen vergleichbarer Regelungen für Geschäfte mit Dritten kann gefolgert werden, dass solche Geschäfte vom GmbHG als zulässig erachtet werden. Aus diesem Grunde kann die Vermögensbindung nicht auch zu einer Sanktionierung von Aktivtauschgeschäften mit Dritten führen. Das ist auch sinnvoll. Denn die Vermögensbindung will nicht die Geschäftstätigkeit der GmbH beschränken, sondern lediglich eine Bevorzugung der Gesellschafter verhindern, die diesen aufgrund ihrer Rechte zur Einflussnahme auf die GmbH möglich ist. Im Falle der Darlehensgewährung an Gesellschafter bzw. der Bestellung von Sicherheiten zu deren Gunsten handelt es sich in aller Regel nicht um eine unternehmerische Tätigkeit der GmbH, sondern um die Gesellschafter begünstigende Maßnahmen.
Ein Aktivtausch kann somit nicht als Eingriff im Sinne der Haftung wegen Existenzvernichtung verstanden werden[495]. Denn der Aktivtausch stellt keine Missachtung der Vermögensbindung dar.

3. Sonstige Einflussnahmen auf die Gesellschaftssphäre

Abzugrenzen vom Entzug von Vermögenswerten sind Verhaltensweisen, die auf andere Art und Weise zum Zusammenbruch der Gesellschaft führen. Denn soweit der Gesellschaft nicht unmittelbar Vermögen entzogen wird, findet auch keine Missachtung der Bindung des Gesellschaftsvermögens zur Befriedigung der Gläubiger im Sinne einer Verringerung des Haftungsfonds statt. Fraglich ist damit, ob auch Maßnahmen, welche keine Entnahme aus dem Gesellschaftsvermögen darstellen, als Eingriffe im Sinne einer Haftung für existenzvernichtende Handlungen zu qualifizieren sind. Innerhalb dieser Gruppe von Maßnahmen gilt es wiederum, zwischen unterschiedlichen Fallgruppen zu differenzieren. Eine Fallgruppe umfasst Handlungen wie die Vornahme von Risikogeschäften und Produktionseinschränkungen, welche auch Handlungen im Rah-

---

[495] Ablehnend wohl auch der BGH, der in „KBV" nur von „Zugriff" auf und „Entzug" von Vermögen spricht, BGHZ 151, S. 181. Zweifelnd *Wiedemann*, ZGR 2003, S. 283, 292f.

men einer ordnungsgemäßen unternehmerischen Leitung sein könnten. Schließlich ist die Vernichtung der Existenz einer Gesellschaft auch durch andere Einflussnahmen auf die Geschäftsführung oder durch Satzungsgestaltungen möglich.

a) Risikogeschäfte

Umstritten ist die Beantwortung der Frage nach der Eingriffsqualität von Risikogeschäften[496]. Der Begriff des Risikogeschäftes umschreibt Unternehmungen, die eine Gefahr des Scheiterns und damit verbundener Vermögenseinbußen der Gesellschaft beinhalten. Durch so entstandene Verluste kann es zur Beendigung der Gesellschaft kommen. Dann ist festzustellen, ob die Risikohandlung einen Eingriff nach dem Verständnis der Existenzvernichtungshaftung darstellt. Beispiele für Risikogeschäfte sind insbesondere: Warentermingeschäfte, der Handel mit Optionen oder auch Rohstoffspekulationen. Die Aufzählung ist nicht abschießend, Risikogeschäfte können in vielerlei Gestalt vorkommen. Aufgrund ihrer Konzeption, die es erlaubt, Verluste zu einem Großteil den Gesellschaftsgläubigern zuzuweisen, während Gewinne in vollem Umfang bei der Gesellschaft und damit den Gesellschaftern anfallen, erweist sich die Rechtsform der GmbH als besonders interessant für die Vornahme derartiger Geschäfte.

Nach einer Ansicht soll eine Sanktionierung von Risikogeschäften zu einer gesetzlich nicht begründbaren Kontrolle geschäftlicher Entscheidungen auf ihre sachliche Vertretbarkeit führen[497]. Dem ist zuzugeben, dass es auf den ersten Blick in der Tat befremdlich anmutet, die Gesellschafter einer GmbH, also einer Gesellschaftsform, die gerade zur Ausschaltung ihrer Risikoaversität ins Leben gerufen wurde, für die Vornahme von Risikogeschäften haftbar zu machen[498]. Überdies ist bei Risikogeschäften auch schon begrifflich nicht sicher, dass sie überhaupt einen Nachteil für die Gesellschaft bewirken.

Auf der anderen Seite geht ein solches Risikogeschäft im Falle seines Fehlschlagens und einem damit verbundenen Zusammenbruch der Gesellschaft aufgrund des Haftungsprivilegs überwiegend zu Lasten der Gläubiger. Die Gesellschafter verlieren lediglich das eingesetzte Stammkapital. Bei einem positiven Ausgang des Geschäfts hingegen steht der Gewinn der Gesellschaft und damit zumindest mittelbar den Gesellschaftern zu. Letztendlich setzen die Gesellschafter damit das Vermögen der Gläubiger zum Zwecke der Generie-

---

[496] Für eine Qualifizierung von Risikogeschäften als existenzvernichtende Eingriffe: *Röhricht*, FS 50 Jahre BGH, S. 83, 110f.; *Lutter/Hommelhoff*, GmbHG, § 13 Rdn. 16; *Winter*, ZGR 1994, S. 570, 591; Emmerich/*Habersack*, KonzernR, Anh. § 318 Rdn. 37; *Drygala*, GmbHR 2003, S. 729, 735f.; *Burgard*, WuB II C. § 13 GmbHG 1.02, S. 149, 152; *Nissing*, Eigeninteresse der Gesellschaft oder Liquidation auf kaltem Wege?, S. 115f.; *Benecke*, BB 2003, S. 1090, 1094.

[497] So *Fleck*, ZGR 1990, S. 31, 42. Zwar leitet der Autor in diesem Beitrag ein Verbot existenzvernichtender Eingriffe aus den Kapitalerhaltungsvorschriften ab, doch ist die Kritik an der Erfassung von Risikogeschäften von dieser Ableitung unabhängig formuliert.

[498] Gegen eine Haftung aus Existenzvernichtung für Risikogeschäfte auch *Ulmer*, ZIP 2001, S. 2021, 2029; *ders.*, JZ 2002, S. 1049, 1052.

rung eigener Gewinne aufs Spiel. Wenn aber die Gesellschafter das Vermögen der Gesellschaft dergestalt zur Erzielung eigener Gewinne einsetzen, dass es mit einer hohen Wahrscheinlichkeit nicht mehr zur Befriedigung der Gläubiger zur Verfügung steht, so ist fraglich, ob der vorrangigen Bindung des Gesellschaftsvermögens zu diesem Zweck hinreichend Rechnung getragen wird. Denn in einem derartigen Fall wird das Vermögen in erster Linie zu einer mit Unsicherheiten behafteten Erzielung von Gewinnen eingesetzt. Vermögen kann aber schwerlich vorrangig einen Sicherungszweck erfüllen und gleichzeitig einem hohen Verlustrisiko unterliegen. Daher könnte man die Ansicht vertreten, die Vornahme von Risikogeschäften verstieße gegen die Bindung des Gesellschaftsvermögens zur vorrangigen Befriedigung der Gesellschaftsgläubiger.

Das Schlagwort der Bindung des Vermögens zur vorrangigen Befriedigung der Gläubiger ist jedoch nicht so gemeint, dass mit dem Gesellschaftsvermögen nicht gewirtschaftet werden darf. Lediglich Fälle absichtlicher Schmälerungen des Vermögens sollen sanktioniert werden. Das ergibt sich aus den Vorschriften der Kapitalerhaltung, der Liquidation und des Eigenkapitalersatzes, aus denen die Vermögensbindung abzuleiten ist[499]. Diese bewirken kein Verbot des Vermögenseinsatzes zur Geschäftstätigkeit, gleich, ob diese mit besonderen Risiken verbunden ist. Verboten ist lediglich eine Schmälerung des Gesellschaftsvermögens zugunsten der Gesellschaft außerhalb des ordentlichen Geschäftsganges. Zudem wurde die mit der Rechtsform der GmbH verbundene Haftungsprivilegierung geschaffen, um Risikogeschäfte zu ermöglichen. Warum Geschäfte ab einem bestimmten Risiko davon ausgenommen werden sollen, ist nicht ersichtlich. Das Haftungsprivileg ermöglicht zwar diese Spekulation zu Lasten der Gläubiger, dass aus § 13 Abs. 2 GmbHG zugleich eine Risikobegrenzung zugunsten der Gesellschaftsgläubiger folgt ist aber nicht einsichtig. Aus der Struktur des GmbHG folgt vielmehr, dass eine Beteiligung der Gesellschafter am Risiko des Geschäftes grundsätzlich nur über die ihnen obliegende Aufbringung des Stammkapitals erfolgt. Die Gläubiger hingegen wissen um das Risiko, welches sie eingehen, wenn sie rechtsgeschäftlich mit einer GmbH in Kontakt treten. Sind sie nicht bereit, das Risiko zu tragen, welches dadurch entsteht, dass die Gesellschafter mit der GmbH hohe Risiken eingehen, müssen sie auf einer Sicherung des von ihnen zur Verfügung gestellten Kapitals bestehen. Problematisch sind Risikogeschäfte dann nur noch für die Gläubigergruppen, die keine Möglichkeit haben, ihre Forderungen zu sichern[500]. Aus dem Fehlen einfach zu bestimmender Maßstäbe, wann eine Geschäftsmaßnahme das erlaubte Risiko überschreitet, folgt die Unpraktikabilität einer Haftung für Risikogeschäfte. Die scharfe Rechtsfolge der Existenzvernichtungshaftung macht es jedoch erforderlich, den Gesellschaftern einfach zu

---

499 S.o., 2. Kapitel C II 3 a), S. 86ff.

500 Das sind zum einen die Deliktsgläubiger und zum anderen die Dienstleistungsgläubiger, wie insbesondere Arbeitnehmer, die faktische keine Möglichkeit haben, auf der Bestellung von Sicherheiten für ihre Forderungen zu bestehen. Zu dem Vorschlag, aufgrund dieser Schwäche eine Differenzierung der Haftung nach Gläubigergruppen vorzunehmen, s.u., 3. Kapitel B I 2, S. 153ff.

bestimmende Kriterien an die Hand zu geben, damit sie wissen, unter welchen Umständen sie sich haftbar machen.
Verhaltensweisen, bei denen von Anfang an die hohe Wahrscheinlichkeit besteht, dass das Geschäft fehlschlägt und es deshalb zu einem Ausfall der Gläubiger in großer Höhe kommt, während die Gesellschafter lediglich das gesetzliche Mindestkapital verlieren, können auch über das Deliktsrecht sanktioniert werden. Den Gesellschaftern wird insofern zumindest bedingter Schädigungsvorsatz unterstellt werden können, da sie im Zweifelsfall wussten, welche Auswirkungen ein Fehlschlag auf ihre GmbH haben würde. Damit ist eine Verurteilung auf Grundlage von § 826 BGB wegen einer Spekulation zu Lasten der Gläubiger zumindest in besonders eindeutig gelagerten Fällen möglich[501]. Insbesondere in Sachverhalten, in denen die GmbH Risikogeschäfte mit Geschäftspartnern tätigt, die mit einem Gesellschafter der GmbH verbunden sind, wird der Vorwurf der Sittenwidrigkeit nahe liegen.
Die Haftung wegen existenzvernichtender Eingriffe führt dagegen nicht zu einer Sanktionierung von Risikogeschäften.

b) Entzug von Geschäftschancen

Werden einer Gesellschaft Geschäftschancen entzogen, so wird ihr dadurch die Möglichkeit genommen, in der Zukunft aus der betreffenden Unternehmung Gewinn zu ziehen. Fraglich ist, ob der Entzug von Unternehmungen mit sicheren Gewinnerwartungen als existenzvernichtender Eingriff zu werten ist. Sollte dies nicht der Fall sein, erübrigt sich die Frage, wann eine Gewinnchance hinreichend sicher ist, damit ihr Entzug einen Eingriff darstellen kann[502].
Lutter und *Banerjea*[503] kommen unter Hinweis auf eine Spekulation auf Kosten der Gläubiger zu einer Haftung im Falle des Entzuges von Geschäftschancen. Dieser Hinweis geht allerdings fehl. Von einer Verhaltensweise zu Lasten der Gläubiger kann erst dann gesprochen werden, wenn ihre Befriedigung nicht mehr sichergestellt ist. Das ist bei einem Entzug von Geschäftschancen nicht der Fall, der Gesellschaft wird dadurch kein Vermögen entnommen. Eine Spekulation auf Kosten der Gläubiger liegt zudem nicht in dem Entzug der Geschäftschance, sondern wenn überhaupt nur in der Weiterführung der Geschäfte. Der Nachteil, den die Gläubiger dadurch erleiden, dass die GmbH in der Zukunft keine Gewinne erwirtschaftet, entspricht der Situation der schlechten Geschäftsführung, durch die der GmbH Verluste entstehen. Darauf, ob eine Gesellschaft zukünftig Verluste einfährt, bzw. keine Gewinne erzielt, kommt es im Rahmen der Existenzvernichtungshaftung nicht an, maßgebend ist allein die Auswirkung der konkreten Handlung auf das zur Gläubigerbefriedigung vorhandene Gesellschaftsvermögen. Solange die Gesellschaft auch nach der Vornahme der betreffenden Handlung ausreichende Mittel hat, die Gläubiger zu

---

501 Zu einer Haftung wegen Spekulation zu Lasten der Gläubiger: BGH ZIP 1994, S. 207, 209 – „EDV".
502 Für eine Begrenzung auf „konkrete Erwerbsaussichten" *Hoffmann*, NZG 2002, S. 68, 69f; *Schaub*, DNotZ 2002, S. 468, 470.
503 *Lutter/Banerjea,* ZGR 2003, S. 402, 414f.

befriedigen, kann die Existenzvernichtungshaftung nicht eingreifen. Entscheidend kann daher nur eine Handlung sein, deren Folgen die Fähigkeit der Gesellschaft zur Bedienung ihrer Verbindlichkeiten einschränkt. Der Ausfall der Gläubiger beruht im Falle des Entzuges von Geschäftschancen wie im Falle unglücklicher Geschäftsführung aber lediglich auf der Erwirtschaftung von Verlusten. Dieser Gefahr soll nach der Konzeption des GmbHG jedoch allein durch die Pflicht zur Stellung eines Insolvenzantrages Rechnung getragen werden[504]. Zwar kann der Entzug von Geschäftschancen dazu führen, dass die im Rahmen des § 19 Abs. 2 InsO anzustellende Fortführungsprognose negativ ausfällt, doch vermag dies auch dann nicht zu einer Haftung wegen Existenzvernichtung führen, wenn danach die Gesellschaft insolvent wird. Denn der Wegfall der positiven Fortführungsprognose ändert lediglich die Methode, nach der die Vermögensgegenstände der Gesellschaft im Rahmen der Überschuldungsbilanz zu bewerten sind. Eine Verminderung des zur Gläubigerbefriedigung vorhandenen Vermögens ist damit jedoch nicht verbunden.
Der Entzug von Geschäftschancen stellt mithin keinen Eingriff dar[505]. Die Frage nach der Wahrscheinlichkeit einer Gewinnerzielung kann daher auf sich beruhen.

c) Übernahme eines verlustbringenden Geschäftszweiges

Die Übernahme eines verlustbringenden Geschäftszweiges durch die GmbH hat mit dem Entzug von Geschäftschancen gemein, dass auch diese Handlung nicht unmittelbar in die Existenzvernichtung mündet. Auch sie vermindert nicht dass aktuelle Gesellschaftsvermögen, das erst durch weitere Geschäftstätigkeit seitens der GmbH aufgezehrt wird. Ein Unterschied ist einzig darin zu erblicken, dass die Übernahme von Verlustgeschäften bereits unmittelbar nach ihrer Vornahme eine Minderung des Vermögens der GmbH und nicht bloß eine unterlassene Realisierung ungewisser Erträge bedeutet. Zwar kann auch diese Eingriffsform letztendlich die Existenzvernichtung der GmbH bewirken, doch ist haftungsauslösender Tatbestand nicht die Verursachung der Existenzbeendigung, sondern die Außerachtlassung der Bindung des Gesellschaftsvermögens zur vorrangigen Befriedigung der Gläubiger. In den Fällen der Übernahme verlustbringender Geschäfte wird die Existenz der GmbH nicht unmittelbar durch diese Handlungsweise, sondern erst durch die Weiterführung der Geschäfte beendet[506]. Damit gilt das bereits zum Entzug von Geschäftschancen

---

[504] S.o., 2. Kapitel A III 2, S. 20ff.

[505] Ebenso *Henze*, NZG 2003, S. 649, 658. Mittlerweile scheint auch der BGH diese Ansicht zu teilen. Nachdem in BGHZ 149, S. 10, 17 – „Bremer Vulkan" noch ausdrücklich die Rede von Eingriffen in das Vermögen oder die Geschäftschancen der Gesellschaft war, nimmt er in BGHZ 151, S. 181 – „KBV" nur noch Bezug auf das Vermögen der Gesellschaft und spricht auch nicht mehr von Eingriffen, sondern von Entzug und Zugriffen. A.A. jedoch zuvor der Vorsitzende des II. Senats: *Röhricht*, FS 50 Jahre BGH, S. 83, 105f.; *ders.*, VGR (2002), S. 3, 25, 31. Für eine Erfassung auch von Geschäftschancen: *Ulmer*, ZIP 2001, S. 2021, 2029; *Lutter/Banerjea*, ZGR 2003, S. 402, 414f.; Emmerich/*Habersack*, KonzernR, Anh. § 318 Rdn. 37; *Bruns*, WM 2003, S. 815, 819.

[506] Ebenso *Lutter/Banerjea*, ZGR 2003, S. 402, 418f.

Gesagte auch für die Übernahme verlustbringender Geschäfte. Der Verursachung einer Schmälerung des zur Gläubigerbefriedigung zur Verfügung stehenden Gesellschaftsvermögens durch die Anhäufung von Verlusten soll durch den Tatbestand der Insolvenzverschleppung entgegengewirkt werden. Zudem liegt die Verursachung der Unfähigkeit zur Befriedigung der Gläubiger nicht in der konkreten Handlung. Bei einer sofortigen Liquidation der GmbH wäre das Vermögen nicht verringert worden. Die Verringerung des Vermögens liegt damit in der Weiterführung der Geschäftstätigkeit. Darin kann aber keine Außerachtlassung der von § 13 Abs. 2 GmbHG vorausgesetzten Vermögensbindung gesehen werden.

d) Abzug notwendigen Personals und Entzug von Geschäftsaktivitäten

Das LAG Köln hält es für möglich, dass in einem durch eine Übertragung bewirkten Entzug von Geschäftsfeldern ein existenzvernichtender Eingriff liegen kann[507]. Im konkreten Fall konnte das Gericht allerdings nicht feststellen, dass mit der Übertragung der geschäftlichen Aktivität für die Erfüllung von Verbindlichkeiten notwendiges Vermögen entzogen worden war. Den Ausführungen des LAG Köln liegt offenbar die Vorstellung zugrunde, auch das durch die Erfüllung des jeweiligen Geschäfts zu erwartende Entgelt stelle Vermögen der Gesellschaft dar. Diese Annahme ist Voraussetzung dafür, in der Aufgabe von Geschäftsaktivitäten, bzw. deren Vereitelung durch Personalabzug einen existenzvernichtenden Eingriff zu erblicken. Denn dieser setzt gerade eine Missachtung der Vermögensbindung voraus. Die Einbeziehung zukünftiger Erlöse in die Vermögensbindung ist jedoch abzulehnen:
Zum einen wird das gegenwärtige Vermögen der Gesellschaft nicht berührt. Da es aber den Gesellschaftern grundsätzlich freisteht, die GmbH jederzeit aufzulösen, ist ein schützenswertes Vertrauen der Gläubiger auf eine Vermögensvermehrung durch Geschäftstätigkeit der Gesellschaft nicht anzuerkennen. Sie dürfen sich nur darauf verlassen, dass der jeweilige Bestand an verwertbarem Vermögen vorrangig zu ihrer Befriedigung verwendet wird. Da Geschäftstätigkeiten nicht verwertbar sind, sind sie nicht zum Gesellschaftsvermögen zu zählen. Das Unterlassen der Generierung von Gewinnen kann damit nicht zu einer Haftung wegen Existenzvernichtung führen. Bei der Erwirtschaftung von Verlusten soll jedoch der Tatbestand der Insolvenzverschleppung dem Schutz der Gläubiger vor einer Schmälerung der Haftungsmasse dienen. Diesbezüglich ist bereits das Vorliegen einer Regelungslücke zu bestreiten. Das Anfallen der Verluste wird auch erst durch die weitere Tätigkeit der GmbH bewirkt. Der Entzug von Geschäftsfeldern ist demnach nicht kausal für die Existenzvernichtung. Das Personal einer Gesellschaft stellt unbestreitbar keinen Vermögensbestandteil dar. Schon aus diesem Grunde unterliegt das Personal nicht der Vermögensbindung. Darüber hinaus hat der Abzug von Personal die gleiche Wir-

[507] LAG Köln, ZIP 2003, S. 1983, 1895.

kung wie der Entzug von Geschäftsaktivitäten, stellt also auch aus diesem Grunde keine Außerachtlassung der Vermögensbindung dar.
Auch der Entzug von Geschäftsaktivitäten sowie der Abzug notwendigen Personals stellen somit keine Eingriffe dar[508].

e) Existenzvernichtung durch Satzungsgestaltung

Die Vernichtung der Existenz einer Gesellschaft ist auch dergestalt denkbar, dass durch Satzungsgestaltungen eine Gesellschaft (sog. „Aschenputtelgesellschaft") die Risiken eines Geschäftes aufgebürdet bekommt, die Chancen und der Gewinn aber anderen Gesellschaften zugestanden werden. Das kann etwa der Fall sein, wenn eine GmbH die komplette Entwicklung eines neuen Produktes finanziert, der Vertrieb aber einer anderen Gesellschaft zugestanden wird[509]. Auch in diesen Konstellationen ist zunächst zu beachten, dass die GmbH auch als Instrument der Risikodiversifizierung benutzt werden darf[510]. Die Verteilung von Geschäftschancen und Risiken auf unterschiedliche Gesellschaften ist also nicht von vornherein als unzulässig zu bewerten.
Die Existenzvernichtung durch Satzungsgestaltung kann nur schwerlich als Eingriff im Sinne der gewöhnlichen Wortbedeutung verstanden werden[511]. Denn in dieser Fallgestaltungen liegt die nachteilige Einwirkung nicht in einer Einflussnahme auf die Geschäfte, sondern bereits in der Satzungsfeststellung als dem für die GmbH maßgeblichen Regelwerk. Entscheidend für die Qualifikation als Eingriff ist die Außerachtlassung der dem § 13 Abs. 2 GmbHG zu Grunde liegenden Wertung, namentlich der Vermögensbindung zur vorrangigen Befriedigung der Gläubiger. Durch eine Satzungsgestaltung, welche die Verluste und Risken einer GmbH zuweist, die Gewinne und Chancen dagegen externalisiert, wird die der gesetzlichen Regelung zugrunde liegende Vorstellung gleich in doppelter Hinsicht unterlaufen. Zum einen besteht nicht die Möglichkeit, dass in der Aschenputtel-GmbH anfallende Verluste durch spätere Gewinne wieder aufgefangen werden. Denn die Gewinne sind einer anderen Rechtsperson zugeordnet. Zum anderen führt die Übertragung der Risiken und verlustbringenden Geschäfte anderer Unternehmen dazu, dass das Aschenputtel

---

508 A.A.: OLG Rostock, ZIP 2003, S. 118, 120; LAG Köln, ZIP 2003, S. 1893, 1895; Emmerich/*Habersack*, KonzernR, Anh. § 318 Rdn. 37. Die gleiche Auffassung dürften diejenigen Autoren vertreten, die auch den Entzug von Geschäftschancen als Eingriff ansehen. Vergleiche diesbezüglich Fn. 505. Denn die Übertragung von Geschäftsaktivitäten stellt demgegenüber eine stärkere Einflussnahme auf die GmbH dar, da sie sichere Gewinnerwartungen beseitigt, und nicht lediglich Chancen zur Gewinnerzielung beeinträchtigt.

509 Vgl. hierzu auch die Ausführungen von BGH ZIP 1994, S. 207, 209 – „EDV".

510 Siehe zur Risikodiversifizierung auch *Bitter*, KonzernrechtlicheDurchgriffshaftung in Personengesellschaften, S. 174ff; *Hommelhoff*, in Hommelhoff/Stimpel/Ulmer, Heidelberger Konzernrechtstage, S. 245, 246f. Gegen die Verwendung der GmbH zur Risikodiversifizierung im Konzern: *Wiedemann*, ZGR 1986, S. 656, 671. Ein extremes Beispiel für die missbräuchliche Verwendung der GmbH als Instrument der Risikodiversifizierung im Konzern sind die bereits dargestellten „Taxi – Fälle", siehe Fn. 401. Solche extremen Fallgestaltungen lassen sich in der Regel durch § 826 BGB sachgerecht lösen.

511 *Röhricht*, FS 50 Jahre BGH, S. 91f.; Emmerich/*Habersack*, KonzernR, Anh. § 318 Rdn. 37.

nicht nur das Risiko der eigenen Geschäftstätigkeit trägt. Die Konzeption der Aschenputtel-GmbH hat also die Konsequenz, dass diese Gesellschaft ein höheres Risiko als bloß das eigene trägt, dieses aber nicht durch die Möglichkeit der Erzielung angemessener Gewinne kompensiert wird, sondern ihr auch noch Ertragschancen in beträchtlichem Umfang entzogen werden. Damit entspricht die Situation letztendlich derjenigen, dass der GmbH Gewinnchancen entzogen und gleichzeitig verlustbringende Geschäfte übertragen werden. Auch die Kumulation dieser nachteiligen Einwirkungen führt jedoch nicht zur Qualifizierung als Eingriff, ebenso wie die Durchführung durch eine Satzungsgestaltung eine andere Bewertung rechtfertigt. Denn die Gesellschafter könnten die GmbH zu jedem Zeitpunkt liquidieren. Die nachteilige Auswirkung auf das Vermögen geht damit letztendlich von der Geschäftstätigkeit aus. Allein in der Satzungsgestaltung kann damit aber keine Verletzung der Vermögensbindung liegen. Die Verwendung einer GmbH als „Aschenputtelgesellschaft" stellt damit keinen Eingriff nach der Konzeption der Existenzvernichtungshaftung dar[512].

f) Zusammenfassung

Der Entzug von Geschäftschancen, der Abzug notwendigen Personals, die Übernahme verlustbringender Geschäftszweige und ähnliche Maßnahmen stellen keine Eingriffe i.S. der Existenzvernichtungshaftung dar. Zwar bewirken diese Verhaltensweisen alle letztendlich die Vernichtung der Existenz der Gesellschaft, doch führt ihre Vornahme nicht unmittelbar zu einer Verringerung des zur Gläubigerbefriedigung gebundenen Gesellschaftsvermögens. Da die Gesellschafter die GmbH aber jederzeit beenden dürfen, kann die Vermögensbindung nur das gegenwärtige Vermögen der Gesellschaft umfassen. Erforderlich ist daher eine unmittelbare Auswirkung der Handlung auf das Gesellschaftsvermögen. Anknüpfungspunkt für die Existenzvernichtung kann in diesen Fällen nur die Fortführung der Geschäftstätigkeit trotz Absehbarkeit der Insolvenz sein. Solche Verhaltensweisen können jedoch nicht zu einer Durchgriffshaftung wegen Existenzvernichtung führen. Die Bindung des Gesellschaftsvermögens zur vorrangigen Befriedigung der Gesellschaftsgläubiger erfasst keine Beendigungen der Gesellschaft, welche durch eine Fortführung der Geschäftstätigkeit bewirkt werden. Denn das Risiko der Geschäftsaktivität, ganz gleich mit welchem Risiko diese auch behaftet sein mag, wird den Gläubigern durch § 13 Abs. 2 GmbHG nicht abgenommen. Die Vermögensbindung soll nur Schutz vor Verhaltensweisen bieten, die Abseits der Geschäftstätigkeit das zur Gläubigerbefriedigung notwendige Vermögen verringern. Liegt die

[512] A.A. *Röhricht*, FS 50 Jahre BGH, S. 83, 107, 111; Emmerich/*Habersack*, Anh. § 318, Rdn. 37. Ähnlich auch BGH ZIP 1994, S. 1690, 1693, der aber auf eine Beeinträchtigung der Eigenbelange der GmbH abstellt. In den Urteilen BGH ZIP 1994, S. 207 – „EDV" und BGH ZIP 1995, S. 733 – „Architekten GmbH" wurde eine Haftung aus dem Gesichtspunkt des qualifizierten faktischen Konzerns nur deshalb abgelehnt, weil nicht dargelegt wurde, dass die Gesellschaften vergleichbar einem „Aschenputtel" verwendet worden waren.

Existenzvernichtung in der Weiterführung der Geschäfte begründet, ist auch die Kausalität der betreffenden Handlung für die Existenzvernichtung fraglich.

4. Vorteilhaftigkeit der Maßnahme für die Gesellschafter

Die Bindung des Gesellschaftsvermögens zur vorrangigen Befriedigung der Gläubiger hat positivrechtlich ihren Niederschlag in den Tatbeständen der Kapitalerhaltung und der Verminderung des Liquidationsvermögens gefunden. Diese Tatbestände betreffen Verhaltensweisen zu Lasten des Gesellschaftsvermögens, durch welche die Gesellschafter begünstigt werden. Auch die Eigenkapitalersatzregeln sollen eine vorrangige Befriedigung von Forderungen der Gesellschafter gegen die GmbH verhindern.
Aus systematischen Gründen ist es damit vorzugswürdig, auch für die Existenzvernichtungshaftung eine Vorteilhaftigkeit der Maßnahme für die Gesellschafter vorauszusetzen. Die Vorschriften des GmbHG lassen deutlich erkennen, dass eine Bindung des Gesellschaftsvermögens zugunsten der Gesellschaftsgläubiger nur gegenüber Schmälerungen zu Gunsten der Gesellschafter anerkannt wird. Angesichts der geringen praktischen Relevanz dieses Merkmals steht die Entstehung nicht zu rechtfertigender Lücken bezüglich des Gläubigerschutzes nicht zu befürchten. Die Gesellschafter werden das Gesellschaftsvermögen nicht schmälern, ohne daraus selbst einen Vorteil zu ziehen. Sollte es dennoch dazu kommen, lässt sich der Gläubigerschutz über die Vorschriften der Insolvenzanfechtung bzw. des Anfechtungsrechtes gewährleisten. Damit ist für die zur Existenzvernichtung der GmbH führende Maßnahme eine sich daraus ergebende Vorteilhaftigkeit für die Gesellschafter zu fordern[513].

5. Unterlassen

Nicht ausreichend für einen Eingriff ist ein Unterlassen der Sicherstellung der Fähigkeit der Gesellschaft zur Befriedigung der Gläubiger[514]. Eine derartige Pflicht der Gesellschafter wäre mit dem Gedanken der beschränkten Haftung nicht in Einklang zu bringen. Denn die Haftungsbeschränkung kommt den

---

[513] Etwas Gegenteiliges lässt sich nicht der Entscheidung BGHZ 150, S. 61 – „L.-Kosmetik“ entnehmen. Dort wurde eine unbeschränkte Haftung auch der Gesellschafter konstatiert, die der Maßnahme zugestimmt, selbst jedoch nichts empfangen hatten. Auch § 31 GmbHG kennt in Absatz 3 eine wenn auch der Höhe nach beschränkte subsidiäre Einstandspflicht der Gesellschafter, an die nichts ausgezahlt wurde. Die Tatsache, dass die Haftung der Mitgesellschafter für ihre Teilnahme an der Existenzvernichtung unbeschränkt ist, stellt allein ein Problem der Rechtsfolge dar. Für die Frage, welche Verhaltensweisen eine Verletzung der Vermögensbindung darstellen ist die sich daraus ergebende Rechtsfolge zunächst ohne Bedeutung. A.A.: *Wiedemann*, ZGR 2003, S. 283, 294; *Haas*, WM 2003,S. 1929, 1936. Auch aufgrund dieses Tatbestandsmerkmals würde eine Darlehensgewährung an Dritte grundsätzlich nicht zu einer Haftung wegen Existenzvernichtung führen.

[514] *Röhricht*, FS 50 Jahre BGH, S. 83, 105; *Haas*, WM 2003, S. 1929, 1936. Zweifelnd *Lutter/Banerjea*, ZGR 2003, S. 402, 416. Für die Einbeziehung von Unterlassungen, aber ohne Begründung und auf der Basis des Treuepflichtansatzes *K. Schmidt*, NJW 2001, S. 3577, 3580.

Gesellschaftern auch dann zugute, wenn sie die Geschäfte der GmbH nicht wahrnehmen. Zudem liegt in einem derartigen Unterlassen auch kein Verstoß gegen die vorrangige Bindung des Gesellschaftsvermögens zur Gläubigerbefriedigung. Die Bindung des Gesellschaftsvermögens bezieht sich nur auf den Bestand an Vermögen, begründet aber keine Nachschusspflicht, eine derartige Verpflichtung ist dem GmbHG fremd. Ebenso wenig kann von den Gesellschaftern die Vornahme bestimmter Geschäfte bzw. Maßnahmen verlangt werden, was jedoch Voraussetzung für die Vorwerfbarkeit eines Unterlassens wäre. Denn anstatt derartige Anstalten zu treffen, steht es ihnen frei, die GmbH zu liquidieren. In dem Unterlassen bestimmter Handlungen kann damit keine Verletzung der Bindung des Gesellschaftsvermögens zur Gläubigerbefriedigung liegen. Ein existenzvernichtender Eingriff durch Unterlassen ist damit nicht möglich.

6. Ergebnis

Es besteht Übereinstimmung darin, dass Handlungen im Rahmen der Geschäftstätigkeit nicht zu einer Haftung für Existenzvernichtung führen können. Dabei ist den Gesellschaftern ein Spielraum innerhalb des unternehmerischen Ermessens zuzugestehen. Sanktioniert werden nur Eingriffe, die sich nicht mehr als wirtschaftliche Tätigkeit der GmbH am Markt darstellen. Bei der Bestimmung der Handlungsweisen, die zu einer Aktualisierung der Haftung führen können, besteht insoweit weitgehend Einigkeit, dass darunter jedenfalls der Entzug von Gesellschaftsvermögen fällt. Die Erfassung eines bilanzneutralen Aktivtausches ist hingegen ebenso abzulehnen wie eine Einbeziehung des Entzuges von Geschäftschancen, der Übernahme verlustbringender Geschäfte, die Einstellung erfolgreicher Produktionen, die Übertragung von Geschäftsaktivitäten auf andere Unternehmen oder der Abzug notwendigen Personals. Ebenso wenig zu einer Haftung für Existenzvernichtung führen kann die Vornahme von Risikogeschäften. Auch eine Haftung für nachteilige Satzungsgestaltungen oder Unterlassungen ist nicht zu befürworten.

II. Existenzvernichtung bzw. Ausfall der Gläubiger

Das gesetzliche Haftungssystem weist im Hinblick auf Handlungen der Gesellschafter, die zu einer Vernichtung der Existenz einer GmbH führen, Schwächen auf. Da die vorliegend beschriebene Haftung nur für den Fall des Bestehens einer Regelungslücke zulässig ist, kann sie auch nur im Falle einer Existenzvernichtung eingreifen. Die Haftung für existenzvernichtende Eingriffe setzt die Missachtung der Vermögensbindung zur vorrangigen Befriedigung der Gesellschaftsgläubiger voraus. Daraus folgt, dass sich aus der Existenzvernichtung die Unfähigkeit der Gesellschaft zu Erfüllung ihrer Verbindlichkeiten ergeben muss[515]. Denn nur in diesen Fällen war das entzogene Vermögen zur vorrangigen Befriedigung der Gläubiger erforderlich.

1. Existenzvernichtung oder Existenzgefährdung

Nach überwiegender Ansicht[516] muss der Eingriff die Existenzvernichtung der GmbH nach sich ziehen. Die Gegenansicht[517] will hingegen schon eine Gefährdung der Existenz durch den Eingriff ausreichen lassen. Für letztere Ansicht wird angeführt, Wortlaut und Sinn der Durchgriffshaftung sprächen mehr für eine Einordnung als vorgezogene Ausschüttungssperre. Der Abzug von Vermögen der GmbH durch die Gesellschafter sei auf den Überschuss beschränkt, der für die Zwecke der Gläubigerbefriedigung nicht erforderlich sei[518]. Auch der BGH wird als Vertreter dieser Ansicht zitiert[519]. Denn der Abwendung von der Rechtsprechung zum qualifizierten faktischen Konzern hin zur Existenzvernichtungshaftung in BGHZ 149, S. 10 – „Bremer Vulkan" lag eine Sachverhaltsgestaltung ohne Existenzvernichtung zugrunde. Die MTW-Werft in Wismar wäre zwar ohne ein Einspringen der Treuhandanstalt insolvent gewesen, aufgrund der gewährten Unterstützung lag jedoch lediglich eine Existenzgefährdung, und keine Existenzvernichtung vor. Nach den beiden Folgeurteilen BGHZ 150, S. 61 – „L. Kosmetik" und BGHZ 151, S. 181 – „KBV" erscheint es nunmehr aber als unwahrscheinlich, dass der BGH auch weiterhin eine Existenzgefährdung ausreichen lässt[520], zumal die ausdrückliche Erwähnung der Existenzgefährdung nur im Rahmen eines obiter dictum erfolgte.

a) Systematik des GmbHG

Zwar ist *Wiedemann*[521] darin zuzustimmen, dass eine Berücksichtigung bereits der Existenzgefährdung der Insolvenzanfälligkeit der Rechtsform GmbH entgegenwirken könnte, doch läge darin eine weitgehende Einschränkung der

---

[515] In BGHZ 151, S. 181, 187 – „KBV" erwähnt der Senat ebenfalls nur diese Folge und nicht die Existenzvernichtung.

[516] *Röhricht*, FS 50 Jahre BGH, S. 83, 113; *Lutter/Banerjea*, ZGR 2003, S. 402, 417; *Cahn*, ZGR 2003, S. 298, 312; *Wilhelmi*, DZWIR 2003, S. 45, 46; *Hoffmann*, NZG 2002, S. 68, 69; *Ulmer*, JZ 2002, S. 1049, 1051; in diese Richtung sind auch die Äußerungen des BGH im „KBV"-Urteil, BGHZ 151, S. 181, zu interpretieren, wonach eine Beeinträchtigung der Fähigkeit der GmbH zur Erfüllung ihrer Verbindlichkeiten eintreten muss. Kann die Gesellschaft ihren Verbindlichkeiten nicht nachkommen, so ist sie insolvent. Auch der BGH scheint somit eher zu einer Existenzvernichtung zu tendieren. Diese Deutung favorisiert auch der 5. Strafsenat des BGH. Im seinem Urteil in der Strafsache „Bremer Vulkan" erklärt er, zwar sei im zivilrechtlich eine Existenzgefährdung unbeachtlich, im Strafrecht genüge für die Annahme eines Schadens jedoch bereits eine schadensgleiche Vermögensgefährdung, BGHSt ZIP 2004, S. 1200, 1205.

[517] *Wiedemann*, ZGR 2003, S. 283, 293; *Burgard*, ZIP 2002, S. 827, 830; *ders.*, WuB II C. § 13 GmbHG 1.03, S. 73, 76.

[518] *Wiedemann*, ZGR 2003, S. 283, 293.

[519] Vgl. *Burgard*, WuB II C. § 13 GmbHG 1.03, S. 73, 76.

[520] Vgl. hierzu oben, 2. Kapitel B II 3 b), S. 61f.

[521] *Wiedemann*, ZGR 2003, S. 283ff.

Verfügungsmacht der GmbH-Gesellschafter[522]. Eine solche Einschränkung wäre mit der Systematik des GmbH-Rechts aber nicht zu vereinbaren, die es den Gesellschaftern grundsätzlich freistellt, mit dem Vermögen der GmbH nach ihrem Willen zu verfahren, und eben nicht wie im Aktienrecht nur den Bilanzgewinn als ausschüttungsfähig einstuft[523]. Das gilt ohne Zweifel jedenfalls insoweit, als damit keine Nachteile für die Gläubiger verbunden sind. Bei einer Gefährdung der Existenz der GmbH, die nicht in die Insolvenz mündet, sind deren Interessen wie bereits dargelegt aber gewahrt. Denn soweit die Gesellschaft nicht insolvent wird, ist die Bedienung der Gläubigerforderungen durch die Gesellschaft gesichert[524]. Warum in einem solchen Fall das Grundkonzept des GmbHG, die Haftungsprivilegierung, übergangen werden soll, ist nicht einsichtig[525].

b) Praktische Erwägungen

Auch praktische Gründe sprechen gegen die Beachtlichkeit schon einer Existenzgefährdung. Denn eine derartige Lösung führte zu der mit Schwierigkeiten verbundenen Frage, wann eine ausreichende Existenzgefährdung vorliegt[526]. Soweit man auf die Existenzvernichtung der Gesellschaft abstellt, so kann diese Frage anhand einfacher objektiver Kriterien und in Anlehnung an die Insolvenzauslösungsgründe beantwortet werden[527].

c) Dogmatik und Telos der Existenzvernichtungshaftung

Fraglich ist, ob die dogmatische Verankerung in der Durchgriffshaftung bei der Entscheidungsfindung weiterhelfen kann. Ihre dogmatische Grundlage findet die Haftung für Existenzvernichtung in der Normzwecklehre. Für die Beurteilung eines Verhaltens als nicht normzweckkonform ist ein Erfolgsmoment grundsätzlich irrelevant[528]. Allerdings stellt die Haftung für bestimmte Sach-

522 Das erkennt auch *Wiedemann*, ZGR 2003, S. 283, 294, der als mögliche Folge seiner Deutung die Einleitung einer Entwicklung sieht, infolge derer nur der Bilanzgewinn der Verteilung an die Gesellschafter zugänglich ist.

523 Scholz/*H. P. Westermann*, GmbHG, § 30 Rdn. 5; Hachenburg/*Goerdeler/Müller*, GmbHG, § 30 Rdn. 13; *K. Schmidt*, GesR, § 37 III 1 d), S. 1134f.; *Lutter/Hommelhoff*, GmbHG, § 30 Rdn. 3; Baumbach/*Hueck/Fastrich*, § 30 Rdn. 3; *Flume*, Juristische Person, § 8 IV 2 a), S. 285; *Fabritius*, ZHR 144 (1980), S. 634.

524 So auch *Lutter/Banerjea*, ZGR 2003, S. 402, 417. Ebenso BGHSt ZIP 2004, S. 1200, 1205.

525 In Übereinstimmung mit dieser Kritik spricht auch *Burgard*, WuB II C. § 13 GmbHG 1.03, S. 73, 76, von der Gefahr einer breitflächigen Aushöhlung der gesetzlichen Haftungsbeschränkung, soweit die Voraussetzungen der Durchgriffshaftung schon bei Gefährdung der Existenz gegeben sein sollen.

526 *Schrell/Kirchner*, BB 2003, S. 1451, 1455.

527 S.u., 3. Kapitel A II 2, S. 119f.

528 So hinsichtlich des Ansatzes der Rechtsprechung in der Missbrauchshaftung *Lutter/Banerjea*, ZGR 2003, S. 402, 417. Das gleiche gilt auch für den hier vertretenen Haftungsgrund des Normzweckverstoßes, da auch insoweit allein auf die Beurteilung eines Verhaltens abzustellen ist.

verhalte eine Ausnahme vom Prinzip der beschränkten Haftung in der GmbH dar. Im Hinblick auf den daraus folgenden Ausnahmecharakter der Durchgriffshaftung erscheint es aber als bedenklich, könnten die Gesellschafter für jede Gefährdung der Existenz der GmbH in Anspruch genommen werden[529]. Auch Sinn und Zweck der Durchgriffshaftung für existenzvernichtende Eingriffe sprechen für ein Erfordernis der Existenzvernichtung. Diese Haftung soll Nachteile der Gläubiger ausgleichen, welche diese aufgrund einer Außerachtlassung der Bindung des Gesellschaftsvermögens zu ihrer vorrangigen Befriedigung erleiden. Soweit die GmbH aber nicht insolvent ist, kann sie die Forderungen der Gläubiger bedienen, das zu ihrer Befriedigung erforderliche Vermögen ist noch vorhanden. Dann besteht aber auch kein Grund für eine Ergänzung des gesetzlichen Ausgleichssystems.

d) Zusammenfassung

Eine Existenzgefährdung genügt für eine Aktualisierung der Existenzvernichtungshaftung nicht. Die damit einhergehende Verfügungsbeschränkung der Gesellschafter, die Unpraktikabilität eines solchen Tatbestandsmerkmals und der Ausnahmecharakter einer Durchgriffshaftung wegen Existenzvernichtung sprechen dagegen. Zu fordern ist die Existenzvernichtung der GmbH.

2. Voraussetzungen einer Existenzvernichtung

Damit stellt sich die Frage, wann eine Existenzvernichtung vorliegt. Wie bereits dargetan, liegt die Notwendigkeit des Tatbestandsmerkmals der Existenzvernichtung in der Tatsache begründet, dass erst durch sie der Ausfall der Gläubiger bewirkt wird. Damit muss Existenzvernichtung bedeuten, dass die GmbH nicht die Fähigkeit hat, ihre Verbindlichkeiten zu erfüllen. Außerdem darf sie diese Fähigkeit nicht wiedererlangen, dann ist eine Durchbrechung des Haftungsprivilegs nicht mehr erforderlich. Unzweifelhaft ist die Existenzvernichtung einer GmbH danach gegeben, wenn diese insolvent wird[530]. Denn Insolvenz tritt ein, wenn die GmbH zahlungsunfähig, § 17 InsO, oder überschuldet, § 19 InsO, ist, ihre Verbindlichkeiten also nicht bedienen kann. Infolge der Insolvenzeröffnung wird die GmbH aufgelöst, § 60 Abs. 1 Nr. 4 GmbHG. Zur Beendigung der GmbH, verstanden im Sinne der Auflösung ihrer Betriebsstrukturen, führt die anschließende Liquidation bzw. die Durchführung des Insolvenzverfahrens[531]. Damit erlangt eine insolvente GmbH in der Regel die Fähigkeit zur Gläubigerbefriedigung auch nicht wieder. Eine Handlungsweise, die zur Eröffnung des Insolvenzverfahrens führt, stellt mithin eine exis-

---

[529] *Lutter/Banerjea*, ZGR 2003, S. 402, 417f.; *Schrell/Kirchner*, BB 2003, S. 1451, 1455.

[530] Vgl. nur *Röhricht*, FS 50 Jahre BGH, S. 83, 106f.; *Ulmer*, JZ 2002, S. 1049, 1051; *Wiedemann*, ZGR 2003, S. 283, 293; *Cahn*, ZGR 2003, S. 298, 311f.; *Roth*, NZG 2003, S. 1081, 1082.

[531] Hachenburg/*Ulmer*, GmbHG, § 60 Rdn. 6; Scholz/*K. Schmidt*, GmbHG, § 60 Rdn. 6; Michalski/*Nerlich*, GmbHG, § 60 Rdn. 7; Baumbach/Hueck/*Schulze-Osterloh*, GmbHG, § 60 Rdn. 3.

tenzvernichtende Maßnahme dar. Im Falle der Ablehnung eines Insolvenzverfahrens mangels Masse wird die GmbH durch die Rechtskraft dieses Beschlusses aufgelöst, § 60 Abs. 1 Nr. 5 GmbHG. Folge ist der Beginn der Liquidationsphase, die zur Vollbeendigung des Rechtsträgers führt. Auch die Herbeiführung einer masselosen Insolvenz stellt mithin eine Existenzvernichtung dar. Maßgeblich für die Beantwortung der Frage, ob eine Existenzvernichtung vorliegt, ist also die Verwirklichung der Insolvenzeröffnungstatbestände der §§ 17, 19 InsO. Diese Tatbestände geben einen klaren Maßstab vor, anhand dessen einfach festzustellen ist, ob eine GmbH in ihrer Existenz vernichtet wurde, oder nicht. Aufgrund der Tatsache, dass die sich aus der Durchgriffshaftung ergebenden Ansprüche den Gläubigern gegen die Gesellschafter zustehen, ergibt der Einwand, bei der Feststellung der Insolvenz seien die Ansprüche aus dieser Haftung nicht zu berücksichtigen[532], keinen Sinn. Denn da die Durchgriffsansprüche den Gläubigern zustehen, kann ein solcher Anspruch nicht die Insolvenzreife der GmbH beeinflussen.

3. Behandlung der Insolvenzvertiefung

Fraglich ist die Behandlung der Insolvenzvertiefung[533]. Denn in dieser Konstellation ist die GmbH bereits insolvent, so dass von einer Beendigung der Existenz durch Herbeiführung der Insolvenz nicht gesprochen werden kann. Zur Beantwortung dieser Fragestellung ist auf den Sinn und Zweck der Einbeziehung der Existenzvernichtung in den Tatbestand der Haftung abzustellen. Nur wenn auch im Falle der Insolvenzvertiefung diesem Telos Genüge getan wird, ist eine Einbeziehung geboten. Die Existenzvernichtung ist als Tatbestandsmerkmal relevant, weil sie den Ausfall der Gläubiger mit ihren Forderungen nach sich zieht[534]. Haftungsauslösende Handlung ist jedoch die Missachtung der Vermögensbindung. Ist zum Zeitpunkt des Eingriffs schon das Stammkapital der Gesellschaft angegriffen, liegt also eine Unterbilanz vor, kann es den Gläubigern erst recht nicht gestattet werden, das Vermögen noch zusätzlich zu schmälern. Denn eine deutlichere Außerachtlassung der Funktion des Gesellschaftsvermögens zur Befriedigung der Gläubiger als im Falle eines derartigen Eingriffs, dessen Folgen komplett zu Lasten der Gläubiger bzw. des zu ihrer Sicherheit aufgebrachten Stammkapitals gehen, ist nicht vorstellbar. Entsprechend ist auch im Rahmen der §§ 30, 31 GmbHG anerkannt, dass eine Auszahlung im Stadium der Unterbilanz eine Verletzung der Kapitalerhaltung dar-

---

532 So aber *Cahn*, ZGR 2003, S. 298, 312. Bei dieser Äußerung handelt es sich wahrscheinlich um eine Folge der Ansicht, welche die Haftung der Gesellschafter für existenzvernichtende Eingriffe aus einer Pflichtverletzung gegenüber der GmbH herleiten will. In einem solchen Fall hätte die Insolvenz in der Tat durch das Bestehen eines solchen Anspruchs der GmbH gegen ihre Gesellschafter in Frage gestellt werden können.

533 Für eine Gleichstellung: BGHZ 151, S. 181, 187 – „KBV“; *Röhricht*, FS 50 Jahre BGH, S. 83, 106; *Lutter/Banerjea*, ZGR 2003, S. 402, 418; *Lutter/Hommelhoff*, GmbHG, § 13 Rdn. 18.

534 In diese Richtung auch die Begründung von BGHZ 151, S. 181, 187 – „KBV“.

stellt[535]. Ist die Insolvenz aufgrund von Zahlungsunfähigkeit eingetreten, so verfügt die GmbH in aller Regel nur über ein geringes Restvermögen[536]. Selbst wenn dieses in der werbenden Gesellschaft noch eine Deckung des Stammkapitals bewirkte, so führt die Insolvenz der GmbH in aller Regel dazu, dass die Vermögenswerte nicht zu den in der Bilanz angesetzten Werten verwertet werden können[537]. Auch im Falle der Insolvenz aufgrund von Zahlungsunfähigkeit führt ein Eingriff daher zu einer verminderten Insolvenzquote und damit einem zusätzlichen Ausfall der Gläubiger. Die Vertiefung der Insolvenz ist somit der Existenzvernichtung durch Insolvenzverursachung gleichzustellen. In beiden Fällen wird ein Ausfall der Gläubiger bewirkt. Im Falle der Insolvenzverursachung wird ein Ausfall durch die Herbeiführung der Insolvenz hervorgerufen, die Insolvenzvertiefung vergrößert den Ausfall der Gläubiger. Soweit in der Folge von einer Existenzbeendigung durch Insolvenz die Rede ist, wird die Fallgruppe der Insolvenzvertiefung mit umfasst.

4. Ausfall der Gläubiger in einem ins Gewicht fallenden Ausmaß?

In der Urteilsbegründung zu BGHZ 151, S. 181 – „KBV" fordert der BGH, die Außerachtlassung der Vermögensbindung müsse die Fähigkeit der Gesellschaft, ihren Verbindlichkeiten nachzukommen, „in einem ins Gewicht fallenden Ausmaß" beeinträchtigt haben[538]. Daraus könnte man folgern, Voraussetzung sei ein deutlicher Ausfall der Gläubiger mit ihren Forderungen, lediglich geringfügige Verluste könnten nicht zur Durchgriffshaftung führen. Als Argument für eine solche Betrachtungsweise lässt sich zum einen der Ausnahmecharakter der Durchgriffshaftung anführen. Darüber hinaus könnten Billigkeitserwägungen dagegen sprechen, die Gesellschafter schon bei leichten Verlusten seitens der Gläubiger der Durchgriffshaftung zu unterwerfen. Gegen eine derartige „Erheblichkeitsschwelle", die es zur Aktualisierung der Durchgriffshaftung zu überschreiten gilt, sprechen jedoch gewichtige Argumente. Dem Ausnahmecharakter der Durchgriffshaftung wird schon durch die anderen Tatbestandsmerkmale hinreichend Rechnung getragen. Auch unter dem Gesichtspunkt der Billigkeit kann einer Beschränkung der Durchgriffshaftung auf erhebliche Ausfälle nicht das Wort geredet werden. Wenn die Gesellschafter die Existenz der Gesellschaft unter unzureichender Berücksichtigung der Gläubigerinteressen vernichten, so ist kein Grund dafür ersichtlich, sie in dem Fall, dass die Gläubiger nur geringe Ausfälle zu beklagen haben, zu privilegieren. Das ist in diesen Fallgestaltungen auch nicht nötig, da die Gesellschafter sich dann auch nur geringen Durchgriffsansprüchen ausgesetzt sehen. Für die Irrelevanz der Höhe des Ausfalls spricht letzten Endes auch die Herleitung der Durchgriffshaftung. Ein Verstoß gegen die Wertungen des § 13 Abs. 2 GmbHG erfordert keine Verluste bei den Gläubigern in bestimmter Höhe. Ein

---

535 Allgemeine Ansicht und st. Rspr., vgl. nur BGHZ 31, 276; Scholz/Westermann, GmbHG, § 30 Rdn. 16; Baumbach/*Hueck/Fastrich*, GmbHG, § 30 Rdn. 7.

536 S.o., 2. Kapitel A III 2 a), S. 21f.

537 Siehe die Nachweise in Fn. 100.

538 BGHZ 151, S. 181, 187 – „KBV".

weiterer Vorteil dieser Auffassung liegt darin, dass sie sich die Mühe der Abgrenzung ersparen kann, wann der Ausfall der Gläubiger ein ins Gewicht fallendes Ausmaß erreicht hat. Infolge der schwierigen Konkretisierung dieser Floskel trägt die Ablehnung dieser Komponente dem Bedürfnis nach Rechtssicherheit bei der Haftung für existenzvernichtende Verhaltensweisen Rechnung. Ein erheblicher Ausfall der Gläubiger mit ihren Forderungen gegen die Gesellschaft ist somit nicht zu fordern.

III. Kausalität

Die Gesellschafter können nur dann für die Herbeiführung der Existenzvernichtung und den dadurch bewirkten Ausfall der Gläubiger haftbar gemacht werden, wenn sie diese durch den Eingriff bewirkt haben. Ist das nicht der Fall, ist die Insolvenz durch die Geschäftstätigkeit entstanden. Eine Sanktionierung nachteiliger Geschäftsführung will die Haftung der Gesellschafter für existenzvernichtende Eingriffe jedoch nicht bewirken[539]. Kausalität einer Maßnahme für den Ausfall der Gläubiger ist gegeben, wenn die GmbH nach Wirksamkeit des Eingriffs nicht mehr in der Lage war, ihren Verbindlichkeiten nachzukommen. Das ist in der Regel der Fall, wenn die fragliche Maßnahme binnen kurzer Zeit unmittelbar die Insolvenz der GmbH verursacht[540]. Probleme bereiten die Fallgestaltungen, in denen die Insolvenz erst nach einiger Zeit eintritt, oder in denen zwischen Eingriff und Insolvenzreife noch andere Handlungen erfolgen.

1. Dazwischentreten weiterer Handlungen

Maßgeblich für die Feststellung der Kausalität ist, ob die GmbH auch nach Wirksamkeit des Eingriffs noch die Fähigkeit hatte, ihre Verbindlichkeiten zu erfüllen. Trifft dies zu, so ist der Eingriff nicht kausal geworden für die Vernichtung der Existenz der Gesellschaft. Im Falle eines Aktivtausches ist die GmbH hierzu gewöhnlich noch in der Lage, das Gleiche gilt für einen Entzug von Geschäftschancen, sofern man diese Handlungsweisen abweichend von der Ansicht des Verfassers als Eingriffe i.S.d. Existenzvernichtungshaftung werten will. Kausal für die Existenzvernichtung ist bei derartigen Eingriffen damit nicht die fragliche Maßnahme, sondern die Weiterführung des Geschäftsbetriebs[541]. Auch beim Entzug von Vermögen muss der Eingriff zur Erfüllung eines der Insolvenztatbestände führen. Eine Verminderung des Gesellschaftsvermögens, die erst durch weitere Geschäftstätigkeit die GmbH in die Insolvenz führt, ist unerheblich. Fraglich ist in diesem Zusammenhang allerdings,

---

539 S.o., 3. Kapitel A I 3 c), S. 110f.

540 *Lutter/Banerjea*, ZGR 2003, S. 402, 418f.

541 In einer solchen Fallgestaltung muss aber nicht, wie *Lutter/Banerjea*, ZGR 2003, S. 402, 418f. meinen, eine materielle Unterkapitalisierung vorliegen. Vielmehr kann die Insolvenz hier wie auch bei schlechter Geschäftsführung durch ständige Verluste bewirkt werden. Darin muss aber nicht eine dem Geschäftsbetrieb nicht angemessene Kapitalausstattung liegen. Im Übrigen ist in derartigen Fallgestaltungen auch schon das Vorhandensein eines Eingriffs abzulehnen.

wann Geschäfte in die Berechnung der Vermögenssituation der GmbH einzubeziehen sind, die bereits vor dem Eingriff geschlossen wurden, deren nachteilige Auswirkungen sich jedoch erst später realisieren. Zu denken ist dabei an Risikogeschäfte, deren Fehlschlag erst nach dem Eingriff offenbar wird, oder aber Produktionszusagen unter dem Selbstkostenpreis. Im Interesse der Gesellschafter läge es, nur solche Geschäfte in die Betrachtung mit einzubeziehen, deren nachteilige Auswirkungen zum Zeitpunkt des Eingriffs bereits feststehen[542]. Andernfalls könnten sie nicht mit Sicherheit feststellen, wie viel Vermögen sie der GmbH entziehen dürfen, ohne die Durchgriffshaftung fürchten zu müssen. Dagegen spricht jedoch die Überlegung, dass es nicht gerechtfertigt wäre, dem Gesellschafter, der absieht, dass ein Geschäft mit hoher Wahrscheinlichkeit fehlschlägt, zu erlauben, die dadurch zu erwartenden Verluste bei der Entnahme von Vermögen unbeachtet zu lassen.

Schwebende Geschäfte sind grundsätzlich nicht zu bilanzieren. Lediglich wenn ein Verlust vorhersehbar ist, muss nach § 249 Abs. 1 HGB eine Rückstellung gebildet werden[543]. Würde man diese Wertung auf die vorliegende Fragestellung übertragen, hieße das Folgendes: Ist der Fehlschlag eines Geschäftes überwiegend wahrscheinlich, so haben die Gesellschafter die dadurch zu erwartenden Auswirkungen in ihre Bewertung der finanziellen Situation mit einzubeziehen[544]. Der GmbH darf dann nur soviel Vermögen entzogen werden, dass sie auch nach dem Eintritt der Verluste durch das jeweilige Geschäft zur Erfüllung ihrer Verbindlichkeiten in der Lage ist. Entziehen die Gesellschafter einen höheren Betrag, so ist die Verursachung der Insolvenz hierauf zurückzuführen.

Ist die Bilanzierung eines Geschäftes vorgesehen, so bedeutet dies, dass ein sorgfältiger Geschäftsmann dieses Geschäft einer Beurteilung seines Unternehmens zu Grunde legen muss. Hat er aber davon auszugehen, dass sich ein Geschäft in Zukunft negativ auf das Vermögen der GmbH auswirkt, kann dem Gesellschafter nicht gestattet werden, kurz vorher noch soviel Vermögen zu entziehen, dass die GmbH dann insolvent wird, oder zumindest die Befriedigungsquote der Gesellschaftsgläubiger geschmälert wird. Dem kann nicht entgegengehalten werden, die Verluste aus dem Risikogeschäft hätten das Vermögen der Gesellschaft zum Zeitpunkt des Eingriffs noch gar nicht gemindert, die Sachlage wäre vergleichbar derjenigen schlechter Geschäftsführung, die auch nicht umfasst sei. Denn auch wenn die Gesellschafter unmittelbar

---

542 Dieser Überlegung ähnlich ist auch die Regelung des § 249 Abs. 1 S. 1 Alt. 2 HGB, wonach Rückstellungen für drohende Verluste aus schwebenden Geschäften zu bilden sind, wenn sich Leistung und Gegenleistung nicht mehr gleichwertig gegenüberstehen, *Adler/Düring/Schmaltz*, § 249 HGB Rdn. 136. Für die Beachtlichkeit solcher drohenden Verluste spricht auch der Bilanzierungszweck in Gestalt der Kapitalerhaltung, *Baetge*, Bilanzen, 521.12, S. 355f.

543 *Adler/Düring/Schmaltz*, § 249 HGB Rdn. 136; *Baetge*, Bilanzen, 521.12, S. 355f. Zur Vorhersehbarkeit: HURB/*Baetge/Knüppe*, Vorhersehbare Risiken und Verluste, S. 394, 394ff.

544 In dieser Betrachtungsweise liegt kein Widerspruch dazu, dass Risikogeschäfte nicht als Eingriffe in Betracht kommen. Vorliegend liegt ein Eingriff durch Vermögensentzug vor. Fraglich ist lediglich, inwieweit der potentielle Einfluss von Risikogeschäften auf die wirtschaftliche Lage der Gesellschaft beachtlich ist.

nach dem Entzug des Vermögens die GmbH liquidierten, würden diese Verluste anfallen und eine Schmälerung des den Gläubigern zur Verfügung stehenden Vermögens bedeuten. Diese Betrachtungsweise vermag einen gerechten Ausgleich zwischen den Interessen der Gesellschafter an Disposition über das Vermögen der GmbH und dem Interesse der Gläubiger an Vorkehrungen gegen eine Verringerung der Haftungsmasse zu schaffen. Eine Sanktionslosigkeit von Eingriffen der Gesellschafter in der dargestellten Situation wäre ungerechtfertigt. Jedenfalls dann, wenn eine bestimmte Maßnahme bilanzwirksam ist, ist sie in Fällen von Vermögensentzug zu berücksichtigen. Das ist auch im Rahmen von §§ 30, 31 GmbHG anerkannt[545]. Vor dem Hintergrund der grundsätzlichen Zulässigkeit von Risikogeschäften kann aber eine Berücksichtigung der daraus resultierenden Risiken vor diesem Zeitpunkt nicht zugestimmt werden. Andernfalls müssten die Gesellschafter auf die Vornahme dieser Geschäfte weitestgehend verzichten, wollten sie die Möglichkeit behalten, Vermögen aus der GmbH abzuziehen. Durch die Anlehnung an die Bewertung in der Bilanz ist den Gesellschaftern auch ein ihnen geläufiger Bewertungsmaßstab für die Zulässigkeit von Vermögensentnahmen an die Hand gegeben. In dieser Betrachtungsweise liegt kein Widerspruch zu der Erkenntnis, dass Risikogeschäfte keinen Eingriff darstellen können. Denn vorliegend steht nicht die Qualifikation eines Risikogeschäftes als Eingriff in Rede, sondern die Berücksichtigung solcher Geschäfte bei der Bewertung des GmbH-Vermögens.
Wird die GmbH nicht unmittelbar nach dem Eingriff, sondern erst nach dem Eintritt weiterer Verluste insolvent, so ist der Eingriff für die Existenzvernichtung nur dann kausal, wenn die Verluste zum Zeitpunkt des Eingriffs bereits feststanden oder vorhersehbar waren.

2. Zeitliche Komponente der Kausalität

Im Grundsatz gilt, dass je weiter das Wirksamwerden eines Eingriffs und die Insolvenz auseinander liegen, desto geringer die Wahrscheinlichkeit ist, dass Kausalität zwischen diesen beiden Ereignissen besteht. Dies liegt darin begründet, dass, wenn es nicht zur alsbaldigen Insolvenz kommt, davon auszugehen ist, dass die Gesellschaft auch unter Berücksichtigung der Folgen des Eingriffs noch über ausreichende Mittel verfügte, die Gläubiger zu befriedigen, da andernfalls ein Insolvenzantrag hätte gestellt werden müssen. Zum Eingreifen der Insolvenzeröffnungsgründe führt dann aber die Weiterführung der Geschäfte. Hat der Eingriff innerhalb kurzer Zeit nach seinem Wirksamwerden die Insolvenz der GmbH zur Folge, so wird Kausalität in aller Regel vorliegen. Eine genaue Bestimmung des Zeitraums, innerhalb dessen von Kausalität auszugehen ist, gestaltet sich schwierig. Auf die tatsächliche Stellung des Insolvenzantrags kann dabei nicht abgestellt werden. Zum einen gilt dafür das Zeitfenster von drei Wochen nach § 64 Abs. 1 GmbHG[546], und zum anderen kann es auch

[545] S.o., 2. Kapitel A III 1 a) bb) (2), S. 14ff.
[546] Auch wenn es den Geschäftsführern nicht zusteht, diesen Zeitraum ohne triftige Gründe auszureizen, führt er doch häufig dazu, dass sich die Stellung des Insolvenzantrages verzögert, siehe oben, 2. Kapitel A III 2 c) aa), S. 23f.

geschehen, dass das Vorliegen der Insolvenzreife erst nach erst nach einiger Zeit auffällt. Es ist somit darauf abzustellen, ob eine Prüfung von Betriebsvermögen und Liquidität das Vorliegen eines Insolvenzgrundes unmittelbar nach Wirksamwerden des Eingriffs ergeben hätte. Kommt es erst später zur Insolvenz, so sind diese Posten auf den Zeitpunkt der Auswirkungen der fraglichen Handlung zurückzurechnen. Die Bestimmung eines fixen Zeitpunktes, von dem ab Kausalität nicht mehr angenommen wird, ist unzweckmäßig. Sie begünstigte den nachlässigen Gesellschafter bzw. den, der eine frühzeitige Stellung des Insolvenzantrages verhindert. Außerdem wird es für die Gesellschafter im Falle ordnungsgemäßer Buchführung einfach sein, nachzuweisen, dass keine Kausalität zwischen dem Eingriff und der Insolvenz vorliegt. Ein Schutz nachlässiger oder zum Nachteil der Gläubiger handelnder Gesellschafter ist aber nicht wünschenswert. Liegt jedoch ein ordnungsgemäßer Geschäftsabschluss für die fragliche Periode vor, ohne dass ein Insolvenztatbestand ersichtlich ist, scheidet Kausalität aus.

3. Auswirkungen konsequenter Anwendung des Kausalitätserfordernisses

Nach Ansicht von *Bitter*[547] kommt der Durchgriffshaftung wegen Existenzvernichtung in der Praxis keine Relevanz zu. Solange die GmbH überlebensfähig sei und Gewinne erwirtschafte, werde der Gesellschafter in aller Regel keine Veranlassung sehen, seine GmbH zu zerstören. Zu einem Eingriff nach der Terminologie der Existenzvernichtungshaftung könne es daher im Normalfall nur dann kommen, wenn die Insolvenz ohnehin nur noch eine Frage der Zeit sei. Dann zögen die Gesellschafter ihr Kapital aus der überschuldeten Gesellschaft ab. Die Unfähigkeit der GmbH, ihren Verbindlichkeiten nachzukommen, beruhe dann aber nicht kausal auf diesem Eingriff, eine Durchgriffshaftung habe mithin auszuscheiden[548].

Der Analyse *Bitters* bezüglich der praxisrelevanten Fälle ist zuzustimmen. In der Tat werden sich die Gerichte wohl kaum mit Fallgestaltungen zu beschäftigen haben, in der ein Gesellschafter seine florierende GmbH durch den Abzug von Vermögen vernichtet. Nicht zuzustimmen ist hingegen der daraus gezogenen Folgerung. Denn ein Eingriff in eine gesunde GmbH ist für die Haftung wegen Existenzvernichtung auch gar nicht erforderlich. Die Bindung des Gesellschaftsvermögens zur vorrangigen Befriedigung der Gläubiger besteht auch dann, wenn die Insolvenz bereits absehbar ist. Gerade dann kommt ihr besondere Bedeutung zu. Ist die Insolvenz zuvor noch nicht eingetreten, so kann ein Eingriff unzweifelhaft kausal für die Existenzvernichtung sein.

Der Einwand, wenn die GmbH bereits überschuldet sei, könne der fragliche Eingriff nicht mehr kausal für die dann tatsächlich eintretende Beendigung der Gesellschaft sein, ist ebenfalls zutreffend. Liegen bereits die Voraussetzungen eines Insolvenzeröffnungsgrundes vor, kann ein Eingriff nicht mehr kausal für

---

[547] *Bitter*, WuB II C. § 13 GmbHG 2.02, S. 793, 796.

[548] Zu dem Einwand *Bitters*, der Rückgewähranspruch nach §§ 30, 31 GmbHG sei in solchen Fällen ohnehin ausreichend, s.u., 3. Kapitel A IV 1, S. 127ff.

die Insolvenz sein. Allerdings genügt es, wenn der Eingriff kausal ist für eine Insolvenzvertiefung. Denn auch eine Handlung mit dieser Folge stellt eine Außerachtlassung der Bindung des Gesellschaftsvermögens zur vorrangigen Befriedigung der Gläubiger dar[549]. Eine Kausalität für die Unfähigkeit der GmbH, ihren Verbindlichkeiten nachzukommen liegt daher auch dann vor, wenn die Gesellschaft ohnehin nicht die Chance hat, alle Forderungen voll zu bedienen, und diese Fähigkeit noch weiter eingeschränkt wird. Das Tatbestandsmerkmal der Existenzvernichtung soll sicherstellen, dass die Gesellschaft keine Möglichkeit mehr hat, die Forderungen der Gläubiger zu befriedigen. Im Falle der Insolvenzvertiefung ist dies durch die Insolvenzlage erwiesen. Eine Kausalität zwischen Eingriff und Existenzvernichtung ist dann nicht erforderlich. Denn auch im Falle der Insolvenzvertiefung hat die GmbH die Fähigkeit, ihre Gläubiger zu befriedigen zumindest zum Teil durch den Eingriff, der zur Vertiefung der Insolvenz geführt hat, verloren[550]. Ob die Befriedigung der Gläubiger ausbleibt bzw. vermindert wird, weil ein über das Stammkapital hinausreichender Eingriff erfolgt, oder weil die Insolvenz noch weiter vertieft wird, macht nach Sinn und Zweck der Durchgriffshaftung wegen Existenzvernichtung keinen Unterschied. In beiden Fällen wird auf die Bindung des Vermögens zur Befriedigung der Gläubiger bzw. die gesetzliche Risikoverteilung nur unzureichend Rücksicht genommen. Die Kausalität führt daher nicht dazu, dass der Durchgriffshaftung wegen Existenzvernichtung in der Praxis keine Bedeutung zukommt.

IV. Subsidiarität

Als nicht normiertes Rechtsinstitut ist die Durchgriffshaftung wegen existenzvernichtender Eingriffe vom Vorliegen einer Regelungslücke im Gesetz abhängig[551]. Im 2. Kapitel wurde festgestellt, dass eine Regelungslücke bezüglich einer Haftung der Gesellschafter für existenzvernichtende Eingriffe besteht. Nunmehr ist zu untersuchen, unter welchen Voraussetzungen eine Durchgriffshaftung an der durch dieses Erfordernis aufgestellten Hürde der Subsidiarität scheitert.

---

549 S.o., 3. Kapitel A II 3, S. 120ff.

550 Auch das OLG Rostock, ZIP 2004, S. 118, 121 sieht in der Beeinträchtigung der Fähigkeit der GmbH zur Erfüllung ihrer Verbindlichkeiten durch die Eingriffshandlung das einzige Kausalitätserfordernis.

551 Zu den Voraussetzungen der Herausbildung nicht normierter Rechtsinstitute *Larenz*, Methodenlehre der Rechtswissenschaft, 1991, S. 372ff.; *Canaris*, Die Feststellung von Lücken im Gesetz, 1983, S. 16ff.; *Bydlinski*, Juristische Methodenlehre und Rechtsbegriff, 1991, S. 472ff.; *Klug*, FS Nipperdey, S. 71. Bezogen auf die Existenzvernichtungshaftung *Kessler*, GmbHR 2002, S. 945, 950; *Röhricht*, VGR (2002), S. 3, 29.

1. Kapitalerhaltungsvorschriften

a) Subsidiarität

Eine Haftung für Existenzvernichtung kann aufgrund der Subsidiarität jedenfalls dann nicht in Betracht gezogen werden, soweit die der Gesellschaft zugefügten Nachteile vollständig durch die §§ 30, 31 GmbHG ausgeglichen werden[552]. Die positiven Schutzvorschriften der Kapitalerhaltung führen in diesem Fall dazu, dass die erforderliche Regelungslücke nicht besteht. Da die nachteiligen Folgen vollständig aufgefangen werden, gelangt die Durchgriffshaftung nicht zur Anwendung. Gemäß §§ 30, 31 GmbHG ist derjenige Betrag zu ersetzen, um den das Stammkapital geschmälert wird. Aus dem Anwendungsbereich der Haftung wegen existenzvernichtender Eingriffe scheiden daher solche Maßnahmen aus, deren Nachteil sich in dem Wert des entzogenen Vermögens erschöpft, und der vollständig zu Lasten des Stammkapitals geht. Durch den Anspruch der Gesellschaft nach §§ 30, 31 GmbHG wird dann der Nachteil beseitigt, ein Ausfall der Gläubiger steht nicht mehr zu befürchten. Die praktische Relevanz dieser Fallgestaltungen ist allerdings nicht groß. Denn die in Frage stehenden Eingriffe haben alle gemeinsam, dass sie die Existenz der Gesellschaft zerstört haben. Durch die Insolvenz häufen sich aber in aller Regel weitere Verbindlichkeiten in bedeutendem Umfang an[553]. Ersetzt wird nach § 31 GmbHG aber nur der Teil des Vermögens, welcher der Gesellschaft entzogen wurde und zum Erhalt des Stammkapitals erforderlich ist, nicht jedoch ein darüber hinausgehender Schaden der Gesellschaft. Die meisten durch die Existenzvernichtung verursachten Schäden können daher über die §§ 30, 31 GmbHG nicht vollständig ausgeglichen werden[554]. Gleichfalls keine Bedeutung

---

552 BGHZ 149, S. 10, 16 – „Bremer Vulkan“; 151, S. 181, 187 – „KBV“; *Röhricht*, FS 50 Jahre BGH, S. 83, 113f.; *Kessler*, GmbHR 2002, S. 945, 950; *Ulmer*, JZ 2002, S. 1049, 1051; *ders.*, ZIP 2001, S. 2021, 2028; *Lutter/Banerjea*, ZGR 2003, S. 402, 423f.; *Bitter*, WuB II C. § 13 GmbHG 2.02, S. 793, 796; *Benecke*, BB 2003, S. 1190, 1194. Noch zur vergleichbaren Rechtslage unter Geltung der Rechtsprechung zum qualifiziert faktischen Konzern BGHZ 95, S. 330, 342 – „Autokran“; 107, S. 7, 18 – „Tiefbau“, 115, S. 187, 197f. – „Video“; 122, S. 123, 130 – „TBB“; *Krieger*, ZGR 1994, S. 375, 383. A. A. *Altmeppen*, ZIP 2002, S. 961, 964, allerdings unter Zugrundelegung einer Verhaltenshaftung. Entgegen *Vetter*, ZIP 2003, S. 601, 606 beruht das Problem der Subsidiarität nicht allein auf der Anspruchskonkurrenz. Vielmehr dient die Subsidiarität auch dazu, die Begrenzung der Durchgriffshaftung auf Ausnahmefälle sicherzustellen. *Diem*, ZIP 2003, S. 1283, 1285, ist nicht darin zuzustimmen, dass eine Subsidiarität ausscheidet, weil die Kapitalerhaltungsregeln Schutz vor Überschuldung gewähren sollen, und die Existenzvernichtungshaftung Schutz vor Zahlungsunfähigkeit. Eine solche Betrachtungsweise kann schon wegen der Schwäche der Kapitalerhaltungsvorschriften auf der Rechtsfolgenseite nicht Platz greifen.

553 *Fleck*, ZHR 149 (1985), S. 387, 395; *ders.*, FS GmbHG, 1992, S. 391, S. 392f.; *Winter*, Mitgliedschaftliche Treuebindungen im GmbH-Recht, 1988, S. 204; *Vonnemann*, Haftung der GmbH-Gesellschafter bei materieller Unterkapitalisierung, S. 205.

554 So auch *Kessler*, GmbHR 2002, S. 945, 950; *Bitter*, WM 2001, S. 2133, 2136; *Decher*, in Ulmer (Hrsg.), Haftung im qualifizierten faktischen GmbH-Konzern, S. 25, 33; *Lutter/Banerjea*, ZGR 2003, S. 402, 406f.; *Röhricht*, FS 50 Jahre BGH, S. 83, 89, 114f.; *Drygala*, GmbHR 1993, S. 317, 321. Nicht zuzustimmen ist daher *Ulmer*, ZIP 2001, S. 2021,

erlangt die Kapitalerhaltung, soweit Vermögen oberhalb der Stammkapitalziffer abgezogen wird. Praktische Relevanz wächst der Subsidiarität zu den §§ 30, 31 GmbHG vor allem in Fällen der Insolvenzvertiefung durch Vermögensentzug zu. Da die durch die Insolvenz entstehenden Nachteile in diesem Fall nicht erst durch den Eingriff bewirkt wurden, sind die durch den Eingriff entstehenden Nachteile für die Gesellschaft identisch mit dem Wert des entzogenen Vermögens. Aufgrund der Überschuldung besteht hinsichtlich der gesamten Höhe des entzogenen Vermögens ein Anspruch aus § 30 GmbHG. Dieser Nachteil entspricht damit exakt dem zu leistenden Ersatz nach §§ 30, 31 GmbHG, so dass eine Durchgriffshaftung im Falle einer Insolvenzvertiefung durch Auszahlung von Gesellschaftsvermögen an einen Gesellschafter aufgrund der Subsidiarität ausscheidet[555].
Noch vor der Rechtsprechung zum existenzvernichtenden Eingriff hatte der BGH entschieden, dass bei einer Auflösung der GmbHG nach § 1 LöschungsG (heute § 141a FGG) die zugefügten Nachteile nicht mehr durch Einzelmaßnahmen beseitigt werden können[556]. Fraglich ist, ob der BGH auch diese Aussage im Blick hatte, als er die Einschlägigkeit der neuen Regeln zur Existenzvernichtung annahm, soweit die Vorschriften der Kapitalerhaltungsvorschriften nicht greifen würden. Folgte man dieser Annahme, würde die Durchgriffshaftung auch dann zum Zuge kommen, wenn die Gesellschaft infolge des Eingriffs wegen Masselosigkeit gelöscht wird[557]. Ansprüche aus §§ 30, 31 GmbHG kämen dann nicht in Betracht. Dagegen spricht jedoch, worauf *Goette* hinweist[558], ein weiteres Urteil des BGH[559]. Dort führt der BGH aus, der masselose Konkurs einer GmbH hindere die Gläubiger nicht daran, den Erstattungsanspruch der GmbH gegen die Geschäftsführer zu pfänden. Warum dies nicht auch für § 31 GmbHG gelten soll ist nicht klar[560]. Daher wird man auch im Falle der Masselosigkeit vorrangig Ersatzansprüche nach den §§ 30, 31 GmbHG prüfen müssen. Eine andere Sichtweise bedeutete auch eine faktische

---

2028. Der Autor vertritt die Meinung, beim Bestehen von Ansprüchen nach §§ 30, 31 GmbHG käme es in der Regel nicht zur Insolvenz der Gesellschaft oder einen Gläubigerausfall. Eine Abwendung der Insolvenz durch die Rückerstattung von das Stammkapital angreifenden Auszahlungen ist beim Eintritt weiterer Verluste durch die Auszahlung normalerweise nicht möglich, da dann zumindest eine Unterbilanz besteht. Bloß im Falle der Zahlungsunfähigkeit, erscheint dies daher möglich. Die Verhinderung eines Gläubigerausfalls ist hingegen denkbar, soweit –beim Insolvenzgrund der Überschuldung– die nach dem Eingriff anlaufenden Verluste geringer sind als das Stammkapital. *Burgard*, VGR (2002), S. 45, 56 weist darauf hin, die Subsidiarität aufgrund entstehender Zerschlagungsverluste müsse nicht per se entstehen, da –wie im Fall „Bremer Vulkan"– schon die bloße Existenzgefährdung ausreichen könne. Wie oben dargelegt, genügt die Existenzgefährdung für sich genommen noch nicht. Eine Durchgriffshaftung ist daher überhaupt nicht erforderlich.

555 Vgl. *Bitter*, WuB II C. § 13 GmbHG 2.02, S. 793, 796.

556 BGH ZIP 1996, S. 637, 638.

557 Darauf weist *Burgard*, VGR (2002), S. 45, 55 hin, ohne diese Ansicht allerdings zu teilen.

558 *Goette*, in Ulmer (Hrsg.), Haftung im qualifizierten faktischen GmbH-Konzern, S. 11, 22.

559 BGH ZIP 2000, S. 1896.

560 *Goette*, in Ulmer (Hrsg.), Haftung im qualifizierten faktischen GmbH-Konzern, S. 11, 22. Im Ergebnis bereits vor diesem Urteil ebenso: *Zeidler*, GmbHR 1997, S. 881, 882.

Aufgabe des Kriteriums der Subsidiarität[561]. Dieser Konsequenz ist jedoch angesichts der notwendigen Beschränkung der Durchgriffshaftung auf Ausnahmefälle nicht das Wort zu reden.

b) Ausgleich und Ausgleichsfähigkeit des Nachteils

In BGHZ 151, S. 181 – „KBV" führt der II. Senat aus, der Missbrauch der Rechtsform der GmbH führe zum Verlust des Haftungsprivilegs, „soweit nicht der der GmbH durch den Eingriff zugefügte Nachteil schon nach §§ 30, 31 GmbHG vollständig ausgeglichen werden kann oder kein ausreichender Ausgleich in das Gesellschaftsvermögen erfolgt"[562]. Wie bereits dargelegt[563], ist dieser Abschnitt so zu deuten, dass die Durchgriffshaftung nicht einschlägig ist, wenn entweder der gesamte Nachteil über §§ 30, 31 GmbHG ersetzt werden kann, oder ausgeglichen wird. Die Deutung, der gesamte Nachteil der GmbH müsse zum einen über die §§ 30, 31 GmbHG ersatzfähig sein, und auch demgemäß ersetzt werden, ist abzulehnen[564]. Andernfalls wäre die strikte Subsidiarität der Durchgriffshaftung nicht gewahrt[565]. Da es zu einer Erfüllung von Ansprüchen aus §§ 30, 31 GmbHG in aller Regel nur nach einem Prozess kommt, wären im gleichen Verfahren häufig auch die Voraussetzung für eine Verurteilung wegen Existenzvernichtung gegeben. Vor dem Hintergrund der rechtsdogmatischen Notwendigkeit der Subsidiarität dieser Haftungsfigur vermag das Argument nicht zu überzeugen, dem Gesellschafter sei es ansonsten möglich, durch den Verweis auf den Erstattungsanspruch eine Abweisung der Klage zu erreichen[566]. Überdies kann dieser Anspruch für gewöhnlich gerade nicht alle Nachteile beseitigen, so dass die Gefahr einer Klageabweisung als gering einzustufen ist. Ohnehin besteht ein Klagerisiko der Gläubiger nur in Ausnahmefällen, da die Geltendmachung der Ansprüche im Regelfall durch den Insolvenzverwalter erfolgt[567]. Kann eine Befriedigung der Gesellschaftsgläubiger sichergestellt werden, wenn die Gesellschafter nach den §§ 30, 31 GmbHG in Anspruch genommen werden, scheitert die Haftung wegen Existenzvernichtung somit am Merkmal der Subsidiarität.
Ausreichend ist ebenfalls, wenn der gesamte Nachteil ersetzt wird. Auch nach Ansicht des BGH ist eine Durchgriffshaftung aufgrund von Subsidiarität ausgeschlossen, soweit der entstandene Nachteil entweder vollständig durch Ansprüche aus §§ 30, 31 GmbHG ausgeglichen werden kann, oder vollständig ersetzt wird[568]. Damit bringt der Senat aber nicht etwa grundlegend Neues zur Sprache, vielmehr bezeichnet er nur ein selbstverständliches Ergebnis, so dass ihm in diesem Punkt zu folgen ist: Ist der komplette Nachteil durch Ansprüche

---

561 *Decher*, in Ulmer (Hrsg.), Haftung im qualifizierten faktischen GmbH-Konzern, S. 25, 33.
562 BGHZ 151, S. 181, 187 – „KBV".
563 S.o., 2. Kapitel B II 3 d), S. 63f.
564 So aber *Lutter/Banerjea*, ZGR 2003, S. 402, 406f.; *Röhricht*, VGR (2002), S. 3, 29.
565 Ebenso *Lutter/Hommelhoff*, GmbHG, § 13 Rdn. 19.
566 So *Röhricht*, VGR (2002), S. 3, 29.
567 S.u., 3. Kapitel B II 1, S. 161ff.
568 So auch *Burgard*, VGR (2002), S. 45, 54.

nach den Kapitalerhaltungsvorschriften ausgleichsfähig, erleiden die Gläubiger keinerlei Nachteile. Die Durchgriffshaftung scheitert dann an der Subsidiarität. Wird der gesamte, der GmbH zugefügte Nachteil ausgeglichen, fehlt es in der Regel schon an der Insolvenz der Gesellschaft.
Ein nach Eröffnung des Insolvenzverfahrens bzw. dessen Ablehnung erfolgter Ausgleich genügt dabei nicht. Entscheidend für die Durchgriffshaftung ist der Zeitpunkt der Existenzvernichtung, mithin die Eröffnung bzw. Ablehnung des Verfahrens. Zwar wird vor Durchführung des Insolvenzverfahrens oftmals der insgesamt zugefügte Nachteil nicht feststehen, doch stellt die Haftung aufgrund von Existenzvernichtung für die Entstehung des Anspruches auf diesen Zeitpunkt ab. Ein späterer Ersatz kann den einmal entstandenen Anspruch aber nicht mehr vernichten, denn die Außerachtlassung der Vermögensbindung wird dadurch nicht beseitigt. Die Durchgriffshaftung stellt gerade keinen Schadensersatzanspruch dar, der durch Beseitigung des Schadens gegenstandslos würde[569]. Bedeutung kann einem vollständigen Ersatz der zugefügten Nachteile gegenüber der GmbH jedoch im Hinblick auf den Umfang der Haftung bzw. einem möglichen Regress der Gesellschafter bei der GmbH zukommen[570].
Ersetzen die Gesellschafter nur den ihrer Gesellschaft über den Anspruch nach § 31 GmbHG hinausreichenden Schaden, so ließe sich durch die zusätzliche Geltendmachung des Rückgewähranspruches der gesamte Nachteil beseitigen. In einem solchen Falle könnte man daher einen Anwendungsbereich der Subsidiarität erblicken. Aufgrund des Ersatzes gegenüber der GmbH wäre auch dem gesetzlichen Konzept der Binnenhaftung entsprochen. Abgesehen davon, dass eine solche Fallgestaltung in der Praxis wohl nicht vorkommen wird, begegnet diese Überlegung den gleichen Bedenken wie die Ablehnung des Durchgriffs bei einem vollständigen Ausgleich des Schadens.

2. Weitere Haftungstatbestände des GmbHG

a) Haftung als Gesellschafter-Geschäftsführer

Weitere Haftungstatbestände des GmbHG, die auf die betreffenden Fallgestaltungen Anwendung finden können, sind die §§ 64 und 43 GmbHG. Dabei ist § 64 GmbHG schon seiner Grundkonzeption, nämlich der Sicherung des Haftungsfonds gegen Verluste durch Geschäftstätigkeit, nach nicht geeignet, einen wirkungsvollen Schutz vor existenzvernichtenden Eingriffen zu bieten, und damit eine Subsidiarität der Durchgriffshaftung zu begründen. Denn diese

[569] So auch *Lutter/Banerjea*, ZGR 2003, S. 402, 427, die allerdings bei einem vollständigen Ersatz von diesem Grundsatz abrücken wollen, und dem Durchgriff die Notwendigkeit absprechen. Dieses Ergebnis vermag zwar zu überzeugen, nicht aber seine systematische Einordnung. Entsteht den Gläubigern letztendlich kein Nachteil, so wird dadurch nicht der Haftungstatbestand der Existenzvernichtungshaftung berührt, die Außerachtlassung der Vermögensbindung steht immer noch im Raume. Da aber kein Ausfall der Gläubiger zu verzeichnen ist, können diese den Ersatz eines solchen Ausfalls auch nicht als Rechtsfolge geltend machen.

[570] S.u., 3. Kapitel B I 1 c), S. 150ff.

Eingriffe bewirken gerade keinen Verlust des Gesellschaftsvermögens nach und nach, sondern auf einem Schlag[571]. Dann aber kann auch die sofortige Stellung des Insolvenzantrages nicht die Befriedigung der Gläubiger sichern.
In Fällen, in denen der Gesellschafter zugleich Geschäftsführer bzw. faktischer Geschäftsführer ist, kann die Haftung nach § 43 GmbHG einen Schadensersatzanspruch in Höhe des gesamten Nachteils bedeuten. Vor dem Hintergrund der Tatsache, dass dieser Haftungstatbestand an die Geschäftsführereigenschaft anknüpft, erscheint die Annahme von Subsidiarität der Haftung der Gesellschafter für existenzvernichtende Eingriffe gegenüber der Geschäftsführerhaftung als nicht zwingend. Es ist davon auszugehen, dass die Maßnahmen, die zur Beendigung der Gesellschaft führen, nur selten in die Entscheidungssphäre der Geschäftsführer fallen. Vielmehr tätigt der Gesellschafter solche Handlungen in seiner Stellung als Gesellschafter[572]. Die Existenzvernichtung der GmbH führt zur Auflösung der Gesellschaft nach § 60 Abs. 1 Nr. 4, 5 GmbHG. Grundsätzlich ist die Entscheidung über die Auflösung der Gesellschaft nach § 60 Abs. 1 Nr. 1, 2, Abs. 2 GmbHG aber den Gesellschaftern vorbehalten. Das gilt dann auch für Maßnahmen, die über die Insolvenz zum gleichen Effekt führen. Dass er neben seiner Stellung als Gesellschafter zufällig noch Geschäftsführer der GmbH ist, und auch in dieser Eigenschaft zum Ersatz des Schadens verpflichtet ist, rechtfertigt keinen Ausschluss eines Haftungstatbestandes, den er in seiner Eigenschaft als Gesellschafter verwirklicht[573]. Die Haftung aufgrund existenzvernichtender Eingriffe ist damit gegenüber § 43 GmbHG nicht subsidiär. Da § 43 GmbHG auch nicht in jedem Fall die Existenzvernichtung durch die Gesellschafter erfasst, sondern nur wenn diese gleichzeitig Geschäftsführer sind, stellt die Geschäftsführerhaftung keinen Ersatz einer gesonderten Haftung der Gesellschafter für existenzvernichtende Eingriffe dar. Sollte der Insolvenzverwalter jedoch den Schaden der Gesellschaft über § 43 GmbHG liquidieren, so wird dadurch die Befriedigung der Gläubiger sichergestellt, und ein Anspruch aus dem Gesichtspunkt des existenzvernichtenden Eingriffs ist irrelevant[574].

b) Gesonderte Haftung der Geschäftsführer

Der Anspruch für schadenverursachende Handlungen der Geschäftsführer nach § 43 GmbHG steht der GmbH zu. Daraus könnte man folgern, dass die Gesellschafter für den Fall, dass der Anspruch gegen den Geschäftsführer werthaltig ist, nicht haften würden. Denn dann könnte der gesamte, der GmbH entstandene Nachteil bereits durch die Inanspruchnahme des Geschäftsführers ausgeglichen werden, so dass die Gesellschaft wieder in die Lage versetzt würde, ihre

---

[571] S.o., 2. Kapitel A III 2, S. 20ff.

[572] *Lutter/Banerjea*, ZGR 2003, S. 402, 429; *dies.*, ZIP 2003, S. 2177, 2179.

[573] *Wiedemann*, ZGR 2003, S. 283, 290f.

[574] Ein Erlöschen des Durchgriffsanspruchs tritt freilich durch die Behebung des Nachteils nicht ein, vgl. oben Fn. 569. Gegen eine Subsidiarität zu diesen Ansprüchen auch das OLG Rostock, ZIP 2004, S. 118, welches ein Eingreifen dieser Haftungsnormen gar nicht erst prüft.

Verbindlichkeiten zu erfüllen[575]. Die Unbilligkeit dieses Ergebnisses liegt auf der Hand. Denn zum einen werden die Geschäftsführer nur auf Veranlassung der Gesellschafter tätig werden[576], und zum anderen kommt der Vermögensentzug den Gesellschaftern zugute[577], die Geschäftsführer profitieren davon nicht.

Gegen eine Austragung der Existenzvernichtungshaftung auf dem Rücken der Geschäftsführer spricht neben dieser Billigkeitserwägung ein weiteres Argument: Die Durchgriffshaftung beruht auf der analogen Anwendung des § 128 HGB auf die GmbH-Gesellschafter. Die Gesellschafter einer OHG haften aber unabhängig davon, ob ein Verschulden von Personen vorliegt, welche die Geschäftsführung wahrnehmen[578]. Voraussetzung für eine Beachtlichkeit der Wertungen des § 128 HGB ist allerdings, dass sich die Durchgriffshaftung bereits aktualisiert hat. Mit der vorstehend dargestellten Überlegung könnte man das freilich ablehnen. Dagegen spricht allerdings, dass solche Handlungen eben in die Befugnis der Gesellschafterversammlung fallen, und es nicht sein kann, dass das allein entscheidungsbefugte Organ von der Verantwortlichkeit freigestellt ist. Die Haftung der Gesellschafter für existenzvernichtende Eingriffe ist damit unabhängig von einer Haftung der Geschäftsführer.

Eine Haftung der Geschäftsführer für den Fall der Vornahme existenzvernichtender Verhaltensweisen ist in der Regel unzweifelhaft[579]. Auch eine Freistellung von der Haftung durch die Befolgung entsprechender Weisungen der Gesellschafter nach § 43 Abs. 3 GmbHG kommt nicht in Betracht. Die Weisung der Gesellschafter ist unwirksam[580], so dass ihr keine freistellende Wirkung zukommt. Sowohl die Gesellschafter, als auch der Geschäftsführer haften danach den Gesellschaftsgläubigern. Damit stellt sich die Frage nach dem Verhältnis der Haftung von Gesellschaftern und Geschäftsführer. Eine gesamtschuldnerische Haftung zwischen Gesellschaftern und Geschäftsführer ist abzulehnen, da sie nicht dasselbe schulden. Der Geschäftsführer unterliegt einem Schadensersatzanspruch, die Gesellschafter einer Ausfallhaftung nach § 128 HGB analog. Fraglich ist, ob der unter Billigkeitsgesichtspunkten wünschenswerte Weg gangbar ist, dem Geschäftsführer im Innenverhältnis einen Freistellungs-, bzw. im Falle der Begleichung des Schadens zumindest einen Regressanspruch gegenüber den Gesellschaftern zuzugestehen. Neben der Tatsache, dass es mit § 242 BGB nicht zu vereinbaren ist, wenn die Gesellschafter ihr Vermögen dadurch mehren, dass sie der GmbH Vermögen entziehen, und die Geschäftsführer dafür einzustehen haben, lassen sich dafür auch Argumente aus der dogmatischen Herleitung der Haftung gewinnen. Denn als Verletzung der Vermögensbindung steht die Haftung der Gesellschafter für

---

575 Darauf weisen auch *Lutter/Banerjea*, ZIP 2003, S. 2177, 2178 hin.

576 Andernfalls steht gar kein existenzvernichtender Eingriff der Gesellschafter im Raum.

577 S.o., 3. Kapitel A I 4, S. 115f.

578 *Lutter/Banerjea*, ZIP 2003, S. 2177, 2179.

579 *Lutter/Banerjea*, ZIP 2003, S. 2177, 2179.

580 Scholz/*Schneider*, GmbHG, § 43 Rdn. 98; *Fleck*, ZHR 149 (1985), S. 387, 408; Roth/*Altmeppen*, GmbHG, § 43 Rdn. 92ff.; *Lutter/Banerjea*, ZIP 2003, S. 2177, 2178; *Ebert*, GmbHR 2003, S. 444, 446; *Gieseke*, GmbHR 1996, S. 486, 490f.

existenzvernichtende den Ansprüchen aufgrund einer Verletzung der Kapitalerhaltungsvorschriften nahe[581]. In diesen Fällen sind die Geschäftsführer zwar nach § 43 Abs. 3 GmbHG neben den Gesellschaftern ausgleichspflichtig, im Innenverhältnis steht ihnen jedoch ein Regressanspruch gegen die Gesellschafter zu[582]. Eine Übertragung dieser Grundsätze auf die Situation des existenzvernichtenden Eingriffs ist aufgrund der vergleichbaren Sachlage gerechtfertigt.

3. Deliktische Haftung

Es entspricht nahezu einhelliger Auffassung in Rechtsprechung und Schrifttum, dass durch den existenzvernichtenden Eingriff gegebenenfalls gleichfalls verwirklichte deliktische Ansprüche nicht zu einer Verdrängung der Durchgriffshaftung führen können[583]. Die Haftung, für existenzvernichtende Eingriffe, die sich aus der besonderen Beziehung und Verantwortung des Gesellschafters hinsichtlich des Vermögens der Gesellschaft rechtfertigt, stellt gegenüber Deliktshaftung die speziellere Regelung dar. Eine Subsidiarität zu den deliktischen Ansprüchen besteht damit nicht. Für deliktische Schadensersatzansprüche gegen die Geschäftsführer gilt das für den Fall der Geschäftsführerhaftung Gesagte[584].

4. Zusammenfassung

Die Durchgriffshaftung wegen existenzvernichtender Eingriffe der GmbH-Gesellschafter ist subsidiär zu den Ersatzansprüchen wegen Verletzung der Kapitalerhaltungsregeln. Die Subsidiarität beruht dabei nicht auf Anspruchskonkurrenz, denn der Anspruch aus § 31 GmbHG steht der Gesellschaft zu, während die Gläubiger die Durchgriffsansprüche selbst stellen können. Vielmehr ist sie Ausfluss der Notwendigkeit zur Beschränkung der Durchgriffshaftung auf Ausnahmefälle und Regelungslücken, mithin der dogmatischen Herleitung. Eine Zulassung der Durchgriffshaftung auch für den Fall, dass der

---

581 *Lutter/Banerjea*, ZIP 2003, S. 2177, 2179f.

582 Scholz/*H. P. Westermann*, GmbHG, § 31 Rdn. 40; Baumbach/Hueck/*Zöllner*, GmbHG, § 43 Rdn. 39.

583 BGHZ 151, S. 181, 183ff. – „KBV"; 149, S. 10, 16 – „Bremer Vulkan"; OLG Rostock, ZIP 2003, S. 118, 119, 122; *Röhricht*, FS 50 Jahre BGH, S. 83, 115f.; *ders.*, VGR (2002), S. 3, 29; *Ulmer*, ZIP 2001, S. 2021, 2028; *ders.*, in Ulmer (Hrsg.), Haftung im qualifizierten faktischen GmbH-Konzern, S. 41, 59f.; *Lutter/Banerjea*, ZGR 2003, S. 402, 430f.; *Keßler*, GmbHR 2002, S. 945, 950; Emmerich/*Habersack*, Konzernrecht, Anh. § 318 Rdn. 39f.; *Decher*, in Ulmer (Hrsg.), Haftung im qualifizierten faktischen GmbH-Konzern, S. 25, 32; *Wiedemann*, Die Unternehmensgruppe im Privatrecht, S. 35; *Henze*, NZG 2003, S. 649, 658. Im Ergebnis auch *Altmeppen*, ZIP 2001, S. 1837, 1842. Für den Fall der Anerkennung als eine solche Regelung stimmt dem auch *Wilhelmi*, DZWIR 2003, S. 45, 56 zu. Zweifelnd: *Goette*, in Ulmer (Hrsg.), Haftung im qualifizierten faktischen Konzern, S. 11, 23f. A.A.: *Raiser*, FS Ulmer, S. 493, 497; *Mansdörfer/Timmerbeil*, WM 2004, S. 362, 364. Vgl. hierzu auch oben, 2. Kapitel A III 6 a) cc), b), S. 33ff.

584 Der Rekurs auf die Sachlage bei Verletzung der Kapitalerhaltungsvorschriften kann freilich nicht übertragen werden.

gesamte entstandene Nachteil schon durch § 31 GmbHG ausgleichsfähig wäre, könnte man nur dann anerkennen, wenn man der Ansicht wäre, dass die gesetzlichen Regeln existenzvernichtende Eingriffe nicht zu bewältigen vermöchten, und deshalb in diesen Fällen immer die Durchgriffshaftung nötig wäre. Für den Fall, dass der gesamte der GmbH zugefügte Nachteil über § 31 GmbHG ersetzbar ist, ist das gerade nicht gegeben. Zur Wahrung des Ausnahmecharakters ist das Tatbestandsmerkmal der Subsidiarität erforderlich. Der Fall der Geschäftsführerhaftung nach § 43 GmbHG vermag den existenzvernichtenden Eingriff nicht als Handlung infolge der Gesellschafterstellung zu sanktionieren und scheidet deshalb als vorrangige Norm aus. Etwa bestehende Ansprüche aus Delikt stehen neben der Durchgriffshaftung für existenzvernichtende Eingriffe, die als gesellschaftsrechtliche Regelung lex specialis ist.
Bedeutung kommt dem Tatbestandsmerkmal der Subsidiarität nur im Falle der Insolvenzvertiefung durch Vermögensentzug zu. In den anderen Fallgruppen übersteigt der Nachteil in aller Regel den Ersatzanspruch aus § 31 GmbHG, bzw. es liegt schon gar keine Auszahlung im Sinne des § 30 GmbHG vor[585].

V. Subjektive Voraussetzungen

Für die Notwendigkeit subjektiver Voraussetzungen im Tatbestand der Existenzvernichtungshaftung wird die Begrenzung auf Ausnahmefälle und die Limitierung des Haftungsrisikos der Mitgesellschafter angeführt[586]. Erforderlich seien deshalb die Planung des Eingriffs oder seine bewusste Ausführung, sowie zumindest die Inkaufnahme der Verluste für die Gläubiger. Gegen die Aufnahme subjektiver Tatbestandsmerkmale spricht die Begründung der Haftung aus der Außerachtlassung der Bindung des Gesellschaftsvermögens zur vorrangigen Befriedigung der Gläubiger. Für die Verwirklichung dieser Haftungsgründe ist eine subjektive Komponente nicht erforderlich. Da das in § 13 Abs. 2 GmbHG niedergelegte Haftungsprivileg lediglich die Beachtung der in ihm zugrunde liegenden Wertungen erfordert, genügt schon ein rein objektiver Verstoß[587]. Entweder werden die Voraussetzungen für die Anwendung einer Norm eingehalten, oder nicht. Dafür spricht auch die Tatsache, dass in den

---

585 Anders die Einschätzung von *Ulmer*, JZ 2002, S. 1047, 1051, der in der Subsidiarität zu den Kapitalerhaltungsvorschriften die größten Schwierigkeiten bei der Darlegung der Voraussetzung des existenzvernichtenden Eingriffes sieht. Der hier vertretenen Ansicht der geringen Bedeutung des Subsidiaritätsmerkmals steht offensichtlich auch der BGH nahe, der in beiden Fällen, in denen er eine Haftung wegen Existenzvernichtung für möglich hielt, die Subsidiarität nur erwähnte, aber keine darauf bezogene Prüfung vornahm.

586 *Westermann*, NZG 2002, S. 1129, 1137; *Benecke*, BB 2003, S. 1190, 1194f.; *Mülbert*, Der Konzern 2004, S. 151, 154. Für die Beachtung einer subjektiven Komponente könnte auch das Urteil des LAG Köln, ZIP 2003, S. 1893, 1895 sprechen, in dem davon die Rede ist, die Übertragung eines Auftrages dürfe nicht dazu „dienen", Gläubigern den Zugriff aus das zur Erfüllung benötigte Vermögen zu entziehen. Mehr spricht jedoch dafür, hierin eine sprachliche Ungenauigkeit zu erblicken, s.o., Fn. 308.

587 S.o., 2. Kapitel C II 2, S. 83ff. Unbegreiflich ist, wieso das OLG Rostock, ZIP 2004, S. 118, 121, obwohl es einen objektiven Missbrauch der Rechtsform der GmbH fordert, ein Verschulden als stillschweigend vorausgesetztes Merkmal der Existenzvernichtungshaftung ansieht.

§§ 30, 32a, b, 73 GmbHG ein Verstoß gegen die Vermögensbindung ohne subjektive Elemente erfolgen kann. Aufgrund der dogmatischen Herleitung der Existenzvernichtungshaftung ist ein subjektives Tatbestandsmerkmal somit als nicht erforderlich anzusehen[588].
Letztendlich kommt der Frage nach dem Erfordernis eines subjektiven Tatbestandsmerkmals aber ohnehin nur wenig praktische Bedeutung zu. Die Wirksamkeit eines subjektiven Elements zur Begrenzung der Haftung für existenzvernichtende Eingriffe ist aufgrund des im deutschen Zivilrecht geltenden objektiven Fahrlässigkeitsbegriffs sehr zu bezweifeln[589]. Sachgerechte Ergebnisse im Hinblick auf Gesellschafter, welche von den Auswirkungen der betreffenden Handlung nicht wissen, lassen sich über die Voraussetzungen einer Qualifizierung der Gesellschafter als Anspruchsgegner erzielen.

VI. Anspruchsinhaber

Die Außerachtlassung der Bindung des Gesellschaftsvermögens zur vorrangigen Befriedigung der Gläubiger führt zur Beseitigung der Haftungsprivilegierung. Analog §§ 128, 129 HGB haben die Gläubiger dadurch die Möglichkeit, ihre Forderung abweichend von § 13 Abs. 2 GmbHG nicht nur gegen die Gesellschaft, sondern auch gegen die Gesellschafter geltend zu machen. Anspruchsinhaber der Haftung wegen existenzvernichtender Eingriffe sind daher die Gläubiger der GmbH[590].

VII. Anspruchsgegner

1. Handelnde Gesellschafter

Die Haftung wegen existenzvernichtender Eingriffe trifft ohne Zweifel den Gesellschafter, der die nachteilige Maßnahme veranlasst hat. Ebenso haften mehrere Gesellschafter, wenn sie gemeinsam die Existenzvernichtung der GmbH bewirkt haben. Dann haben sie die Voraussetzungen für die Inanspruchnahme des § 13 Abs. 2 GmbHG beseitigt, können sich damit nicht darauf berufen, für die Verbindlichkeiten der Gesellschaft hafte nur das Gesellschaftsvermögen.

---

588 Ebenso *Lutter/Hommelhoff*, GmbHG, § 13 Rdn. 25a.

589 *Röhricht*, FS 50 Jahre BGH, S. 83, 116; *ders.*, VGR Bd. 5 (2001), S. 1, 15; *Raiser*, FS Ulmer, S. 493, 503f.; *Vetter*, ZIP 2003, S. 601, 612; *Roth*, NZG 2003, S. 1081, 1082. Ebenfalls *Westermann*, NZG 2002, S. 1129, 1137, obwohl er für das Erfordernis einer subjektiven Komponente eintritt. Auch *Benecke*, BB 2003, S. 1190, 1195 ist der Ansicht, dass in den meisten Fällen der Beweis des ersten Anscheins möglich sei.

590 Vgl. bezüglich einer Differenzierung zwischen Alt- und Neugläubigern, sowie einer Differenzierung zwischen unterschiedlichen Gläubigergruppen unten, 3. Kapitel:B.I.2, S. 153ff.

2. Mittelbare Gesellschafter

Fraglich ist, ob die Haftung auch nur mittelbar beteiligte Gesellschafter treffen kann. Dagegen spricht die dogmatische Grundlage der Existenzvernichtungshaftung. § 13 Abs. 2 GmbHG erlaubt es den Gesellschaftern, sich auf die alleinige Haftung der GmbH zu berufen. Wird die Haftungsprivilegierung beseitigt, entspricht die Haftung der Gesellschafter der in einer OHG. Dort würden aber mittelbare Gesellschafter nicht haften, so dass es nicht stringent ist, auf mittelbare GmbH-Gesellschafter die Haftung für existenzvernichtende Eingriffe anzuwenden. Anders als bei der Haftung aus §§ 30, 31 GmbHG[591] kann die Haftung damit nicht im Wege der Auslegung auf mittelbare Gesellschafter erstreckt werden. *Vetter* weist zu Recht darauf hin, dass auch eine wirtschaftliche Betrachtungsweise zur Bestimmung der Gesellschaftereigenschaft nicht erforderlich ist[592]:

Ist die zwischengeschaltete Tochter- bzw. Holdinggesellschaft eine Personenhandelsgesellschaft, so haftet der mittelbare Gesellschafter ohnehin über seine Stellung als Gesellschafter der haftenden Gesellschaft für existenzvernichtende Eingriffe. Zu einer völligen Freistellung von Haftungsrisiken der Enkelgesellschaften führt damit nur die Zwischenschaltung einer Kapitalgesellschaft mit der zugehörigen Haftungsbeschränkung. Wollte man die Eigenschaft als Gesellschafter über eine wirtschaftliche Betrachtungsweise begründen, bedeutete dies, allein aufgrund des Rechtsempfindens das für die Kapitalgesellschaften maßgebliche Prinzip der Haftungsbeschränkung zu umgehen. Des Weiteren zeigt *Vetter* zutreffend auf, dass mit einer Ablehnung der Haftung mittelbarer Gesellschafter keine unannehmbaren Haftungslücken verbunden sind[593]. Veranlasst die Muttergesellschaft die Tochter, zu einem existenzvernichtenden Eingriff in die Enkelgesellschaft, und wird die Tochter infolge der Existenzvernichtungshaftung selbst insolvent, so liegt darin ein existenzvernichtender Eingriff in die Tochtergesellschaft, der zu einer Haftung der Muttergesellschaft führt. Hat die Tochtergesellschaft ausreichend Kapital, besteht schon kein Nachteil der Gläubiger. Bei Eingriffen der Muttergesellschaft in die Enkelgesellschaft unter Umgehung der Tochter hilft die Existenzvernichtungshaftung nicht weiter. Denn die Muttergesellschaft ist kein Gesellschafter der Enkelin. Angesichts der Tatsache, dass der Muttergesellschaft keine Befugnisse zu unmittelbaren Eingriffen in die Enkelin zustehen, lassen sich diese Fallgestaltungen insbesondere durch deliktische Vorschriften bewältigen[594]. Die prakti-

---

591 Für eine Erstreckung von § 30 GmbHG auch auf mittelbare Gesellschafter mit unterschiedlichen Begründungen: BGHZ 81, S. 311, 315ff.; BGH ZIP 1996, S. 68f.; Fleck, FS 100 Jahre GmbHG, S. 391, 415f.; Scholz/*H. P. Westermann*, GmbHG, § 30 Rdn. 35; Michalski/*Heidinger*, GmbHG, § 30 Rdn. 124; *Altmeppen*, FS Kropff, S. 641, 650f.; Roth/*Altmeppen*, GmbHG, § 30 Rdn. 60.

592 *Vetter*, ZIP 2003, S. 601, 607.

593 *Vetter*, ZIP 2003, S. 601, 608.

594 Das OLG Rostock, ZIP 2004, S. 118 wendet die Existenzvernichtungshaftung zur Gewährleistung eines effektiven Gläubigerschutzes auch auf den mittelbaren faktischen Gesellschafter an. Erstaunlicherweise prüft es andere in Betracht kommende Anspruchsgrundlagen erst gar nicht, sondern verweist darauf, aufgrund der Existenzvernichtungshaf-

sche Relevanz dieser Fälle dürfte indes gering sein. Die Durchsetzung der Interessen der Mutter in der Enkelgesellschaft ist über das Weisungsrecht der Tochter einfacher zu bewerkstelligen. Eines Rekurses auf eine wirtschaftliche Betrachtungsweise bedarf es nicht. Die relevanten Fälle können auf dogmatisch befriedigende Art und Weise einer den Gläubigerbelangen ausreichend Rechnung tragenden Lösung zugeführt werden.

3. Haftung von Schwestergesellschaften

Eine Haftung von Schwestergesellschaften für existenzvernichtende Eingriffe wird für Fallgestaltungen diskutiert, in denen die gemeinsame Muttergesellschaft, die den existenzvernichtenden Eingriff getätigt hat, aufgrund von einer Vermögensverlagerung auf die Schwestergesellschaft zahlungsunfähig ist[595]. Gleiches soll für den Fall gelten, dass die Schwestergesellschaft einen existenzvernichtenden Eingriff tätigt. Eine Erstreckung der Existenzvernichtungshaftung auf diese Fälle ist vor dem Hintergrund der dogmatischen Herleitung abzulehnen. Mangels Gesellschafterstellung hat die Beseitigung des Haftungsprivilegs für Schwestergesellschaften keine Bedeutung. Aufgrund der fehlenden konzernrechtlichen Anknüpfung dieser Haftungsfigur lässt sich eine Haftung der Schwestergesellschaften nicht begründen. Für den ersten Fall kann eine befriedigende Lösung über eine Pfändung des Gesellschaftsanteils der gemeinsamen Mutter an der Schwester sowie die Vorschriften der Kapitalerhaltung und der Insolvenzanfechtung gefunden werden. Für den zweiten Fall lassen sich deliktische Anspruchsgrundlagen heranziehen. Eine Haftung über die Rechtsfigur des existenzvernichtenden Eingriffs ist nicht möglich[596].

4. Haftungserstreckung auf teilnehmende Gesellschafter

Im Leitsatz des zweiten Urteils betreffend existenzvernichtende Maßnahmen formuliert der BGH, „die Ausfallhaftung aus dem Gesichtspunkt des existenzvernichtenden Eingriffs trifft auch diejenigen Mitgesellschafter, die, ohne selber etwas empfangen zu haben, durch ihr Einverständnis mit dem Vermögensabzug an der Existenzvernichtung der Gesellschaft mitgewirkt haben“[597]. Die praktische Bedeutung dieser Erstreckung der Durchgriffshaftung auch auf Mitgesellschafter lässt sich dann ermessen, wenn man den ersten Teil des Urteils mitberücksichtigt. Dort beschränkt der Senat übereinstimmend mit der überwiegenden Ansicht in der Literatur[598] die Ausfallhaftung der Mitgesell-

---

tung sei eine Haftung des Beklagten in streitgegenständlicher Höhe ohnehin begründet. In diesem Fall für eine Schadensersatzhaftung wegen Verletzung einer Sonderverbindung: *Vetter*, ZIP 2003, S. 601, 609f.

595 Vergleiche dazu *Henssler*, ZGR 200, S. 479, 492ff.; *Raiser*, FS Ulmer, S. 505ff.; *K. Schmidt*, ZHR 155 (1991), S. 417ff.; *Lutter/Drygala*, ZGR 1995, S. 557, 562ff.; *Veil*, in Theobald (Hrsg.), Entwicklungen zur Durchgriffs- und Konzernhaftung, S. 81, 102ff.

596 Ablehnend auch *Vetter*, ZIP 2003, S. 601, 609.

597 BGHZ 150, S. 61 – „L.-Kosmetik“; ebenso BGHZ 151, S. 181, 188 – „KBV“.

598 *Ulmer*, FS GmbHG, S. 370ff.; Scholz/*H. P. Westermann*, GmbHG, § 31 Rdn. 30; Hachenburg/*Goerdeler/Müller*, GmbHG, § 31 Rdn. 54; Roth/*Altmeppen*, § 31 Rdn. 10; *Lut-*

schafter für Auszahlungen an Gesellschafter nach § 31 Abs. 3 GmbHG der Höhe nach auf den Betrag der Stammkapitalziffer. Dieser limitierten Haftung nach § 31 Abs. 3 GmbHG gegenüber der GmbH wird dann im Falle des Einverständnisses mit der existenzvernichtenden Maßnahme eine unbeschränkte Außenhaftung zur Seite gestellt. Eine Haftung wegen schuldhafter Mitwirkung an einer Auszahlung gegenüber der GmbH lehnt der BGH ab, weil dadurch die „differenzierte, tendenziell auf eine Haftungsbegrenzung angelegte Regelung" des Gesetzes unterlaufen würde[599]. Die Rechtsfolgen eines Verstoßes gegen das Kapitalerhaltungsgebot folgten allein aus § 31 GmbHG als abschließender Regelung. Entweder die Mitgesellschafter unterfallen also der begrenzten Haftung nach § 31 Abs. 3 GmbHG oder aber der Durchgriffshaftung.

a) Widerspruch zu § 31 Abs. 3 GmbHG?

Kritik an der Dichotomie der möglichen Haftungsfolgen für die Gesellschafter wird im Lichte dieses Urteils dahingehend geübt, die Durchgriffshaftung würde die auf Haftungsbegrenzung abzielende Regelung des Gesetzes ebenfalls unterlaufen und bedeute eine ungerechtfertigte Gläubigerprivilegierung[600].
§ 31 Abs. 3 GmbHG bezieht auch die Gesellschafter in die Haftung für verbotene Rückzahlungen mit ein, die selbst nichts erlangt haben. Die Haftung ist nachrangig zu der des Gesellschafters, an den die Auszahlung geflossen ist. Auf eine Beteiligung an der Maßnahme stellt das Gesetz nicht ab, der Haftung liegt der Gedanke zugrunde, dass die Gläubiger bei einer Verletzung der Kapitalerhaltung nicht das Risiko der Insolvenz eines Gesellschafters tragen sollen[601]. Diese Haftung beruht allein auf der Mitgliedschaft des Gesellschafters in der GmbH, so dass es als gerechtfertigt erscheint, ihn nur einer begrenzten Haftung auszusetzen. Eine unbegrenzte Haftung allein aufgrund der Stellung als Gesellschafter wäre unbillig.
Auf anderen Gesichtspunkten beruht die Haftung für eine Teilnahme an der Existenzvernichtung. Maßgebend ist hier eine Beteiligung an einer Maßnahme, die zur Existenzbeendigung der GmbH und damit verbunden zu einem Ausfall der Gläubiger mit ihren Forderungen führt. Anders als bei einem Verstoß gegen § 30 GmbHG kommt es hier in jedem Fall zu einem Verlust der Gläubiger[602]. Und im Gegensatz zu einer Haftung nach § 31 Abs. 3 GmbHG hat der Gesellschafter daran durch sein Verhalten mitgewirkt. Damit ist die Durchgriffshaftung nicht vergleichbar mit der Haftung nach § 31 Abs. 3 GmbHG. Angesichts der weitergehenden Anforderungen einer Haftung für die Teilnahme an existenzvernichtenden Eingriffen gegenüber der Haftung der Mitgesellschafter für

---

ter/Hommelhoff, GmbHG, § 31 Rdn. 21; Baumbach/*Hueck/Fastrich*, GmbHG, § 31 Rdn. 17; Michalski/*Heidinger*, GmbHG, § 31 Rdn. 65f.; *K. Schmidt*, GesR § 37 III 3 b), S. 1143.

599 BGHZ 142, S. 92, 96.

600 *Burgard*, WuB II C. § 13 GmbHG, S. 73, 76.

601 Scholz/*H. P. Westermann*, GmbHG, § 31 Rdn. 28.

602 Bei einem Entzug von lediglich einem Teil des Stammkapitals ist es möglich, dass das verbleibende Vermögen zur Befriedigung der Gläubiger ausreicht.

verbotene Auszahlungen kann nicht von einem Unterlaufen des gesetzlichen Haftungssystems gesprochen werden. Eine ungerechtfertigte Privilegierung der Gläubiger auf der Rechtsfolgenseite ist ebenfalls nicht zu erkennen. Im Gegensatz zum Fall der verbotenen Auszahlung ist Voraussetzung der Durchgriffshaftung, dass sie einen Ausfall mit ihren Forderungen zu beklagen haben[603]. Ob ein Gesellschafter die Maßnahme selbst durchführt, oder sein Placet hierzu erteilt, spielt keine Rolle, in jedem Fall missachtet er die § 13 Abs. 2 GmbHG zu Grunde liegenden Wertungen und begibt sich mithin dessen Schutzes. Eine Differenzierung zwischen dem Gesellschafter, welcher die Maßnahme in persona tätigt, und (nur) teilnehmenden Gesellschaftern ist somit nicht vorzunehmen. Der Vergleich zu § 31 Abs. 3 GmbHG krankt auch daran, dass diese Vorschrift nur eine Rechtsfolge normiert. Für den Tatbestand hat sie keine Bedeutung. Wie bereits dargelegt, stellt die Durchgriffshaftung für die handelnden Gesellschafter eine angemessene Rechtsfolge dar. Ist den teilnehmenden Gesellschaftern die gleiche Maßnahme vorzuwerfen, bedeutet die Erstreckung der Durchgriffshaftung auf sie keine übermäßige Privilegierung der Gläubiger.

b) Voraussetzungen der Teilnahme

Als mögliche, die Teilnahme an einem existenzvernichtenden Eingriff begründende Handlungen kommen ein Einverständnis, die Genehmigung und die Duldung der Maßnahme in Betracht. Aktive Mitwirkungshandlungen sind nicht erforderlich, dann haftet der Gesellschafter ohnehin wegen Vornahme des Eingriffs. Erforderlich für jede Form der Teilnahme ist die Kenntnis von der in Rede stehenden Handlung. Andernfalls ist eine Teilnahme mangels konkreten Bezugspunktes undenkbar. Kenntnis auch von der durch die Handlung verursachten Existenzgefährdung ist nicht erforderlich. Wie bereits dargelegt genügt ein objektiver Verstoß gegen die Wertungen des § 13 Abs. 2 GmbHG[604], einer subjektiven Komponente bedarf es nicht[605]. Grund für die Erstreckung der Haftung auf teilnehmende Gesellschafter ist, dass sie einen vergleichbaren Beitrag leisten wie der Gesellschafter, der die Maßnahme tatsächlich durchführt. Nicht erforderlich ist, dass der teilnehmende Gesellschafter aus seiner Handlung einen Vorteil zieht. Das zeigen die Normen, in denen die maßgebliche Wertung des Haftungsprivilegs zum Vorschein kommt. Für § 31 Abs. 3 GmbHG, reicht es aus, wenn ein Gesellschafter einen Vorteil erzielt. Das muss dann auch für den intensiveren Eingriff gelten, der zur Existenzvernichtung

---

603 Ähnlich auch *Mülbert*, DStR 2001, S. 1937, 1944, der ebenfalls auf die Unterschiede zwischen verbotenen Auszahlungen und existenzvernichtenden Eingriffen hinweist, weshalb kein Anlass bestünde, den Gesellschaftern auch in diesem Fall die Sperrwirkung des § 31 Abs. 3 GmbHG zukommen zu lassen.

604 S.o., 2. Kapitel C II 2, S. 83ff.

605 Vgl. auch die in Fn. 412 Zitierten. Für eine aus der Normzwecklehre abgeleiteten Durchgriffshaftung aufgrund von Unterkapitalisierung auch Hachenburg/*Ulmer*, GmbHG, Anh. § 30 Rdn. 60. A.A. für den Fall einer Durchgriffshaftung aufgrund von Vermögensvermischung: Hachenburg/*Mertens*, GmbHG, Anh. § 13 Rdn. 49; *Lutter/Hommelhoff*, GmbHG, § 13 Rdn. 10.

führt. Auch für eine Verletzung von § 73 Abs. 1 GmbHG haften die verantwortlichen Personen nach § 73 Abs. 3 GmbHG solidarisch. Maßgebend ist eine Verletzung der Vermögensbindung. Diese erfordert zwar die Begünstigung eines Gesellschafters, doch ist für die Missachtung der Vermögensbindung unbeachtlich, welcher Gesellschafter einen Vorteil erlangt.

aa) Einverständnis

Das Einverständnis als ausdrückliche vorherige Zustimmung zu der Maßnahme erfüllt in jedem Fall die Voraussetzungen einer Teilnahme[606]. Durch sein Einverständnis zeichnet der Gesellschafter ebenso verantwortlich für die jeweilige Handlung, wie der ausführende Gesellschafter. Auf die Frage, wer die Maßnahme letztendlich durchführt, kann nicht abgestellt werden. Auch der Gesellschafter, der vorher zustimmt, bringt dadurch eine Außerachtlassung der Vermögensbindung zum Ausdruck. Das gilt insbesondere dann, wenn die Zustimmung im Rahmen einer Weisung der Gesellschafter an den Geschäftsführer erfolgt. Eine Haftung auch der Gesellschafter, die mit dem Eingriff einverstanden sind, jedoch nichts von der daraus folgenden Verletzung der Vermögensbindung wissen, ist auch sachgerecht. Zwar schützt das Haftungsprivileg auch die Gesellschafter, die sich nicht um ihre GmbH kümmern, nehmen sie aber Einfluss auf die Gesellschaft, so ist von ihnen zu verlangen, dass sie auch die Folgen dieser Einflussnahme in ihre Überlegungen mit einstellen. Das gilt umso mehr, als die Haftung aufgrund Existenzvernichtung eine Vorteilsziehung zumindest eines Gesellschafters verlangt. Gerade bei Maßnahmen, die der GmbH Vermögen zugunsten von Gesellschaftern entziehen, ist aber besondere Aufmerksamkeit erforderlich.

bb) Duldung

Für die Beurteilung der Beachtlichkeit einer Duldung der Durchführung der Maßnahme ist es sinnvoll, auf die Behandlung im Rahmen des § 182 BGB abzustellen[607]. § 182 BGB regelt, wann eine Zustimmung zu einem Vertrag oder einseitigen Rechtsgeschäft als erteilt gilt. Soweit die Duldung der existenzvernichtenden Maßnahme wie eine Zustimmung zu bewerten ist, kann auf das zuvor Gesagte hinsichtlich des Einverständnisses verwiesen werden. Denn das Einverständnis ist eine vorherige Zustimmung. Es ist kein Grund ersichtlich, warum diese Grundsätze über die Zustimmung zu einem schwebendem Vertrag oder Rechtsgeschäft gemäß § 182 BGB nicht auf die Zustimmung zu einer Handlung im Rahmen des Gesellschafterverhältnisses zu übertragen sein sollten.

Diesen Grundsätzen zufolge genügt die Duldung als bloßes Schweigen nur dann den Anforderungen an eine Zustimmung, wenn eine Pflicht zur Äußerung

---

[606] Dafür auch: *Henze*, NZG 2003, S. 649, 658; *Lutter/Banerjea*, ZGR 2003, S. 402, 436ff.; *Vetter*, ZIP 2003, S. 601, 607.

[607] *Lutter/Banerjea*, ZGR 2003, S. 402, 436ff.

des abweichenden Willens bestand[608]. Eine Pflicht zur Äußerung eines abweichenden Willens kann man annehmen, sofern der Gesellschafter von einem durch die Maßnahme bewirkten Nachteil für die Gläubiger weiß. Dafür ist im Falle existenzvernichtender Eingriffe erforderlich, dass er davon Kenntnis hat, dass die GmbH infolge der fraglichen Handlung zur Erfüllung ihrer Verbindlichkeiten nicht in der Lage ist. Ein Gesellschafter, der einen existenzvernichtenden Eingriff duldet, obwohl er von den sich daraus ergebenden Konsequenzen weiß, unterfällt somit der Haftung aufgrund existenzvernichtender Eingriffe. Erfährt der Gesellschafter von einer Maßnahme der anderen Gesellschafter, hat aber keine Ahnung, dass sich diese zum Nachteil der Gläubiger auswirken wird, ist eine Pflicht zur Kundgabe eines gegenteiligen Willens nicht anzunehmen. Den Gesellschaftern steht es grundsätzlich frei, ob sie sich um die Geschicke der GmbH kümmern möchten, oder nicht.
Fraglich an dieser Behandlung der Duldung existenzvernichtender Eingriffe könnte jedoch sein, dass ein Unterlassen nicht als Eingriff gewertet wird. Dann erscheint es aber zunächst als nicht folgerichtig, den Gesellschafter, der lediglich einen Widerspruch unterlässt, über seine Einstufung als Teilnehmer in die Haftung mit einzubeziehen. Die Ablehnung einer Haftung für Unterlassen beruht auf der Erwägung, dass die Gesellschafter keine Pflicht trifft, die Geschäfte der GmbH zu führen. Aus diesem Grund kann für ein derartiges Verhalten auch keine Haftung der Gesellschafter begründet werden[609]. Ein Gesellschafter, der vor Durchführung eines existenzvernichtenden Eingriffs davon Kenntnis erlangt, und die Folgen dieser Entscheidung absehen kann, wird sich jedoch nicht auf dieses Privileg berufen können. In diesem Unterschied liegt die Rechtfertigung einer unterschiedlichen Behandlung von bloßem Unterlassen von Einflussnahme auf die Unternehmensführung und Duldung trotz Wissen um die Folgen einer Handlung. In dieser Differenzierung liegt somit kein Widerspruch.
Die Duldung einer existenzvernichtenden Handlung der Mitgesellschafter begründet nur dann eine Haftung des Gesellschafters, wenn er von den Folgen dieser Handlung weiß[610].

cc) Genehmigung

Genehmigung ist die nachträgliche Zustimmung. Sie kommt in Betracht, soweit ein Gesellschafter erst nach Vornahme des Eingriffs hiervon Kenntnis erlangt. Ist die Maßnahme aber bereits geschehen, so kann dem genehmigenden Gesellschafter nicht vorgehalten werden, es sei unerheblich, dass ein anderer

---

608 BGH DB 1976, 1574; Staudinger/*Gursky*, BGB, § 182 Rdn. 11; MünchKomm/*Schramm*, BGB, § 182 Rdn. 11; Erman/*Palm*, BGB, § 182 Rdn. 6.

609 S.o., 3. Kapitel:A.I.5, S. 115.

610 *Lutter/Banerjea*, ZGR 2003, S. 402, 436ff. differenzieren nicht danach, sondern verweisen lediglich darauf, dass dem Gesellschafter ein Widerspruch im Interesse der Gläubiger obliegen würde. Von einer Obliegenheit, im Interesse einer anderen Person eine Handlung vorzunehmen kann aber nur gesprochen werden, sofern man von einer Gefährdung der Interessen dieser Person Kenntnis hat.

Gesellschafter die existenzvernichtende Handlung durchgeführt hat, er sei durch sein Verhalten ebenso verantwortlich. Denn zur Tatzeit wusste er nicht einmal von dem Vorhaben. Da die fragliche Handlung auch ohne ihn durchgeführt wurde, kann sein Beitrag zudem nicht kausal für den Eingriff gewesen sein, so dass ihn an dessen Durchführung keine Verantwortung trifft[611].

dd) Zusammenfassung

Neben einer aktiven Mitwirkung kann auch die Teilnahme an einer existenzvernichtenden Maßnahme in Form des Einverständnisses zu einer Haftung der Mitgesellschafter wegen eines existenzvernichtenden Eingriffs führen. Die Duldung stellt nur im Falle der Kenntnis auch von der Folge des Eingriffs eine haftungsbegründende Teilnahme dar. Eine Genehmigung kann nicht zu einer Haftung wegen Teilnahme führen.

c) Kausalität der Teilnahmehandlung

Ohne Kausalität für einen bestimmten Erfolg lässt sich keine Verantwortlichkeit für diesen begründen. Haftungsauslösendes Moment der Existenzvernichtungshaftung ist die Beseitigung der Fähigkeit der GmbH zur Erfüllung ihrer Verbindlichkeiten. Für diesen Erfolg muss die Handlung der teilnehmenden Gesellschafter damit kausal sei. *Lutter* und *Banerjea* lehnen die Haftung des Mitgesellschafters ab, falls der handelnde Gesellschafter den Eingriff auch gegen dessen Willen durchgesetzt hätte[612]. Um den sich daran anschließenden Beweisschwierigkeiten zu begegnen, soll in Zweifelsfällen auf die Wertung des § 32a Abs. 3 Satz 2 GmbHG rekurriert werden. Danach würde ein Gesellschafter, der mit maximal zehn Prozent am Stammkapital beteiligt ist, nicht haften. Die überwiegende Ansicht in der Literatur und die Rechtsprechung fordern hinsichtlich des Durchgriffstatbestandes der Vermögensvermischung ebenfalls Verantwortlichkeit des Gesellschafters für die Verwirklichung des Tatbestandes. Eine solche Verantwortlichkeit erfordere entweder eine Mehrheitsbeteiligung oder anderweitigen Einfluss auf die GmbH[613].

---

611 Ähnlich *Lutter/Banerjea*, ZGR 2003, S. 402, 436ff., die allerdings auf die Kausalität für die Existenzvernichtung Bezug nehmen. Es erscheint allerdings als stringenter, schon die Zurechnung des Eingriffs auf den genehmigenden Gesellschafter abzulehnen. Zur Frage nach der Kausalität für die Existenzvernichtung kommt man dann gar nicht erst.

612 *Lutter/Banerjea*, ZGR 2003, S. 402, 436ff.

613 BGHZ 125, S. 366, 368f.; *Raiser*, FS Lutter, S. 637, 645; *Boujong*, FS Odersky, S. 739, 744; Baumbach/*Hueck/Fastrich*, GmbHG, § 13 Rdn. 15; *Immenga*, Die personalistische Kapitalgesellschaft, S. 411; *Stimpel*, FS Goerdeler, S. 601, 612; Hachenburg/*Ulmer*, GmbHG, Anh. § 30 Rdn. 60; nicht eindeutig *Lutter/Hommelhoff*, GmbHG, § 13 Rdn. 10; zweifelnd: *K. Schmidt*, GesR, § 9 IV 2 a), S. 236; *ders.*, ZIP 1994, S. 837, 840; *Michalski*, GmbHG, § 13 Rdn. 352f. *Landwehr*, Die Durchgriffshaftung, S. 157, anerkennt für alle Fälle der Durchgriffshaftung einen Anspruch nur bei Mehrheitsgesellschaftern oder in Konstellationen, in denen der Minderheitsgesellschafter die Handlungen des Unternehmens bestimmen konnte.

Gegen die so verstandene Kausalität der Teilnahmehandlung ist anzuführen, dass kein zwingender Grund ersichtlich ist, Minderheitsgesellschafter, die einer existenzvernichtenden Maßnahme zugestimmt haben, von der Durchgriffshaftung auszunehmen, den Mehrheitsgesellschafter aber der Haftung zu unterwerfen. Eine solche Sanktionierung der Mehrheitsbeteiligung würde einen Schritt zurück in Richtung Strukturhaftung darstellen. Ob der Mehrheitsgesellschafter eine Maßnahme auch gegen den Willen der anderen Gesellschafter durchgesetzt hätte, kann als hypothetischer Kausalverlauf grundsätzlich außer Betracht bleiben. Entscheidend ist allein, dass alle zustimmenden Gesellschaftern eine Ursache für die Existenzvernichtung der GmbH gesetzt haben, mithin kausal verantwortlich sind. Die Haftungsprivilegierung entfällt für alle Gesellschafter, die gegen die § 13 Abs. 2 GmbH zugrunde liegenden Wertungen verstoßen haben[614]. Für diese Betrachtungsweise spricht auch folgende Überlegung: Würde der Mehrheitsgesellschafter die Maßnahme gegen den Willen der anderen Gesellschafter durchführen, so könnte die GmbH gemäß BGHZ 65, S. 15 – „ITT" von ihrem Mehrheitsgesellschafter unter dem Gesichtspunkt der Treuepflichtverletzung Schadensersatz verlangen[615]. Damit würde die Gesellschaft in den Status quo ante zurückversetzt, wäre also nicht in ihrer Existenz vernichtet. Durch ihre Zustimmung zu der Maßnahme vereiteln die Minderheitsgesellschafter diese Möglichkeit, tragen also zur Außerachtlassung der Bindung des Gesellschaftsvermögens zur vorrangigen Gläubigerbefriedigung bei. Die Tatsache, dass die Zustimmung unwirksam ist, ändert daran nichts. Die „ITT"-Grundsätze sanktionieren die Missachtung der Rechtspflicht des Mehrheitsgesellschafters zur Rücksichtnahme auf die Minderheitsgesellschafter[616]. Stimmen diese jedoch der Maßnahme zu, so kann von einer ungenügenden Rücksichtnahme keine Rede sein. Die Tatsache der Unwirksamkeit der Zustimmung ist für die Haftung nach diesen Grundsätzen also unerheblich. Auch wenn die Haftung des Mehrheitsgesellschafters nach diesen Grundsätzen verschuldensabhängig ist, und nur Schadensersatz geleistet werden muss, so wird sie in aller Regel einen Ausfall der Gläubiger verhindern. Angesichts des objektiven Fahrlässigkeitsmaßstabes wird man ein Verschulden des eingreifenden Gesellschafters in aller Regel feststellen können. Zu ersetzen ist der GmbH der durch den Eingriff entstandene Nachteil. Im Falle der Insolvenzverursachung ist die

---

614 So auch Rowedder/Schmidt-Leithoff/*Pentz*, GmbHG, § 13 Rdn. 141. Ähnlich auch Hachenburg/*Mertens*, GmbHG, § 13 Rdn. 49, der Evidenz oder Kenntnis des Sachverhaltes fordert. Laut *Henze*, NZG 2003, S. 649, 658, stellt BGHZ 150, S. 61 – „L.-Kosmetik" in Bezug auf die Haftung der Mitgesellschafter eine Erweiterung der in den Fällen zur Vermögensvermischung ergangenen Rechtsprechung dar. Sei dort noch auf die Möglichkeit der Gesellschafter zur Einflussnahme auf die Vermögensvermischung abgestellt worden, sei nunmehr allein die Mitwirkung ausschlaggebend. Dem ist zwar zuzugeben, dass man Mitwirkung tatsächlich weiter deuten kann als Einflussnahme, angesichts der knappen Ausführungen zu dieser Frage und des eindeutigen Sachverhaltes ist diese Schlussfolgerung allerdings nicht zwingend. Eine Ausweitung der Rechtsprechung auf Mitgesellschafter, die mit dem Eingriff einverstanden waren, oder ihn geduldet haben, sieht auch *Wiedemann*, ZGR 2003, S. 283, 291f.

615 S.o., 2. Kapitel B I 1, S. 46f.

616 BGHZ 65, S. 15, 18.

Gesellschaft also wieder in den Stand vor Herbeiführung dieses Zustandes zu versetzen. Dann ist die GmbH aber in der Lage, ihren Verbindlichkeiten nachzukommen. Indem die teilnehmenden Gesellschafter diese Möglichkeit vereiteln, ist ihre Zustimmung also kausal für die Unfähigkeit der Gesellschaft, ihre Verbindlichkeiten zu erfüllen, mithin für die Existenzvernichtung.
Auch erscheint es nicht als angemessen, den Unternehmergesellschafter mit 49,9 % der Anteile von seiner Haftung zu befreien, nur weil der zweite Gesellschafter mit 50,1 % der Anteile die Maßnahme auch gegen seinen Willen durchgeführt hätte[617]. In Fällen, in denen viele Gesellschafter jeweils Anteile geringer Höhe halten, würde eine derartige Betrachtungsweise auch zu enormen Schwierigkeiten führen. Jeder Gesellschafter könnte versuchen, der Durchgriffshaftung mittels der Schutzbehauptung zu entgehen, die anderen hätten die Maßnahme sowieso auch ohne ihn beschlossen. Auch *Lutter* und *Banerjea* sehen die Schwierigkeiten, die darin bestehen, dem Minderheitsgesellschafter die Schutzbehauptung zu nehmen, seine Zustimmung sei nicht kausal, da der Mehrheitsgesellschafter die Maßnahme so oder so durchgeführt hätte. Denn die Motivationslage, welche den Mehrheitsgesellschafter zu seiner Handlung bewegte, wird sich nur schwerlich ergründen lassen. Zur Lösung dieses Problems schlagen die Autoren vor, die Wertung des Kleinbeteiligungsprivilegs des § 32a Abs. 3 Satz 2 GmbHG zu übertragen. Das Kleinbeteiligungsprivileg in den Kapitalersatzvorschriften beruht auf der Möglichkeit zur unternehmerischen Einflussnahme, die bei Gesellschaftern mit derart geringen Beteiligungen als nicht vorhanden vermutet wird[618]. Ist man mit der hier vertretenen Auffassung der Ansicht, es komme im Zuge der Durchgriffshaftung gerade nicht auf die unternehmerischen Einflussmöglichkeiten an, sondern lediglich auf die Verletzung der Vermögensbindung, so ist auch die Übertragung der Wertung des Kleinbeteiligungsprivilegs abzulehnen. Die Haftung für existenzvernichtende Eingriffe erstreckt sich damit auch auf teilnehmende Gesellschafter mit Minderheitsbeteiligungen.

5. Haftung unbeteiligter Mitgesellschafter

Über die Haftung für teilnehmende Mitgesellschafter hinaus möchte *Wiedemann*[619] alle Mitunternehmer in die Haftung mit einbeziehen. Von einer Haftung freigestellt werden sollen lediglich Publikumsaktionäre und Anlagegesellschafter[620], deren Verantwortung auf die Leistung der Einlage beschränkt sei. Mitunternehmergesellschafter hingegen seien auch dann für die Finanzverfassung ihrer Gesellschaft verantwortlich, wenn sie sich nicht an der Geschäftsführung beteiligten. Denn die Durchgriffshaftung sei keine Handelndenhaftung, sondern Statusverantwortung, die sich in abgemilderter Form in den §§ 24, 31 Abs. 3 GmbHG niedergeschlagen habe. Auf den Fall, dass die Mitgesellschaf-

617 Zu diesem Problem auch *K. Schmidt*, ZIP 1994, S. 837, 840.
618 RegBegr., BT-DrucksS. 13/7141; *Lutter/Hommelhoff*, GmbHG, § 32a, b Rdn. 66; Baumbach/*Hueck/Fastrich*, GmbHG, § 32a Rdn. 17; *Seibert*, GmbHR 1998, S. 309.
619 *Wiedemann*, ZGR 2003, S. 283, 291f.
620 Hierzu auch *Meyer*, Haftungsbeschränkung im Recht der Handelsgesellschaft, S. 1038ff.

ter mit der Schädigung nicht einverstanden waren, kann diese Forderung allerdings nicht bezogen werden, denn dann stellt die Treuepflicht einen hinreichenden Ausgleichsmechanismus zur Verfügung[621].
Voraussetzung für eine Haftung aller Mitunternehmer ist demnach die Einordnung als Strukturhaftung[622]. Nur dann ist es möglich, auch die Gesellschafter einzubeziehen, die mit dem existenzvernichtenden Eingriff nichts zu schaffen haben. Dagegen spricht, dass die Durchgriffshaftung wegen Existenzvernichtung keine Ausprägung einer Statusverantwortung ist[623], sondern die Gesellschafter für Fehlverhalten haften lässt, nämlich für die Außerachtlassung der Vermögensbindung zur vorrangigen Befriedigung der Gläubiger. Wie sich ein Verstoß gegen diesen Grundsatz allein aus einer Stellung als Mitunternehmer ergeben soll, ist nicht ersichtlich. Nur für Gesellschafter, die gegen die Wertungen des Haftungsprivilegs verstoßen, entfällt auch dessen Wirkung. Allein von einer aus der Stellung als Unternehmergesellschafter folgenden Finanzverantwortung für die GmbH auf eine Missachtung dieser Prinzipien zu schließen würde zu weit führen, und auch dem Ausnahmecharakter der Durchgriffshaftung nicht gerecht werden[624]. Anzulasten ist diesen Gesellschaftern lediglich die ungenügende Ausübung ihrer Kontrollbefugnisse in der Gesellschaft, nicht aber ein Verstoß gegen die der Haftungsprivilegierung zugrunde liegenden Wertungen. Eine Haftung unbeteiligter Gesellschafter scheidet damit aus.

6. Haftung neu eintretender Gesellschafter

Jawansky[625] spricht sich dafür aus, dass die Zurückstufung der Kapitalgesellschaft auf eine Personengesellschaft durch die analoge Anwendung der §§ 128, 129 HGB konsequent durchzuhalten sei, so dass sich die Haftung für Existenzvernichtung nach § 130 HGB auch auf neu eintretende Gesellschafter erstrecke. Dafür spreche die konsequente Fortführung des Gläubigerschutzgedankens, mit dem der BGH seine Rechtsprechung begründe. Diese Ansicht ist mit den gleichen Argumenten abzulehnen, wie eine Haftungsbeteiligung unbeteiligter Gesellschafter. Den neu eintretenden Gesellschaftern fällt kein Verstoß gegen die Wertungen des § 13 Abs. 2 GmbHG zur Last. Eine Zurechnung der Hand-

---

621 Als auch auf diesen Fall bezogen interpretieren allerdings *Lutter/Banerjea*, ZGR 2003, S. 402, 436 den Vorschlag *Wiedemanns*.

622 Selbst wenn man diesem Vorschlag folgt, so lässt sich die Ausnahme von Publikumsaktionären und Anlagegesellschaftern wohl nur auf Billigkeitserwägungen stützen.

623 Gegen die dogmatische Einordnung der BGH-Rechtsprechung durch *Wiedemann* wendet sich auch *Henze*, NZG 2003, S. 649, 658. Dass der BGH nicht von einer Strukturhaftung ausginge, zeige der Umstand, dass der Senat die Haftungsbeschränkung, die er im Rahmen des § 31 Abs. 3 GmbHG angenommen habe, auf die Haftung wegen Existenz vernichtenden Eingriffs nicht anwende. Diesem Argument ist nicht beizupflichten. Da die Haftung wegen existenzvernichtenden Eingriffen auf schärferen Haftungsvoraussetzungen beruht, ist es nicht zwingend, auch dort die Haftung der Mitgesellschafter zu beschränken, zumal der Mitgesellschafter im konkreten Fall auch noch sein Einverständnis mit dem Vermögensentzug bekundet hatte.

624 *Lutter/Banerjea*, ZGR 2003, S. 402, 436 führen an, die GmbH würde andernfalls praktisch zur OHG werden.

625 *Jawansky*, DB 2003, S. 2757, 2759.

lungen der Altgesellschafter würde sie zudem unbillig benachteiligen, da sie von den betreffenden Handlungen in aller Regel nicht wissen. Außerdem kann es nicht sein, neu eintretende Gesellschafter schärfer haften zu lassen als Mitgesellschafter, die nur unter den oben dargelegten Voraussetzungen haften müssen. Eine kausale Verknüpfung zwischen einem Verhalten der Neugesellschafter und vor ihrem Eintritt verwirklichten existenzvernichtenden Eingriffen ist darüber hinaus nicht gegeben. Eine Haftung neu eintretender Gesellschafter für vor ihrem Eintritt bewirkte existenzvernichtende Eingriffe ist damit abzulehnen[626].

7. Zusammenfassung

Dem Durchgriff der Gläubiger für existenzvernichtende Eingriffe unterfallen neben den handelnden Gesellschafter auch die Mitgesellschafter, die mit der Maßnahme einverstanden waren. Unbeteiligte und neu eintretende Gesellschafter unterliegen nicht der Durchgriffshaftung. Der Umfang der Möglichkeit zur unternehmerischen Einflussnahme ist für die Frage nach der Haftungserstreckung unerheblich.

B. Rechtsfolgen und Geltendmachung der Gesellschafterhaftung

Nach Ermittlung des Tatbestandes des existenzvernichtenden Eingriffs ist festzustellen, welche Rechtsfolgen seine Verwirklichung auslöst. Ebenso von Bedeutung sind die Verteilung der Darlegungs- und Beweislast sowie die Frage, welche Personen den Anspruch gegen die Gesellschafter geltend machen können, und wie Einwendungen und Einreden zu behandeln sind.

I. Rechtsfolgen existenzvernichtender Eingriffe

1. Umfang der Haftung

Von entscheidender Bedeutung sowohl für die Gläubiger, als auch für die Gesellschafter ist der Umfang der Haftung, also der Betrag, den die Gläubiger von den haftenden Gesellschaftern ersetzt verlangen können. Problematisch erscheint es, die Gesellschafter auch für den Teil von Forderungen haften zu lassen, der bereits vor dem Eingriff nicht mehr in vollem Umfang werthaltig war[627]. Andererseits hätte insbesondere eine Haftung für den vollen Ausfall der Gläubiger eine abschreckende Wirkung auf die Gesellschafter. Damit wird die Frage aufgeworfen, ob auch in Sachverhalten, in denen schon vor dem Eingriff die Forderungen der Gläubiger nicht mehr werthaltig waren, eine Haftung der Gesellschafter für den gesamten Ausfall zu befürworten ist.

[626] Ebenso *Görner/Kling*, GmbHR 2004, S. 778, 781.
[627] So auch *Vetter*, VGR (2002), S. 69, 85.

a) Begrenzung der Existenzvernichtungshaftung

In den meisten Fällen wird ein existenzvernichtender Eingriff erst dann erfolgen, wenn die GmbH sich ohnehin in einer wirtschaftlichen Krise befindet[628]. Dann aber sind die Forderungen der Gläubiger bereits nicht mehr in vollem Umfang werthaltig, so dass sich die Frage nach einer Haftungsbegrenzung stellt[629].

aa) Dogmatik des Durchgriffs

§ 128 HGB bewirkt, dass die Gesellschafter für alle Verbindlichkeiten der Gesellschaft einstehen müssen, unabhängig davon, ob sie werthaltig sind oder nicht[630]. Da nach der hier vertretenen Auffassung die Gesellschafter bei der Vornahme existenzvernichtender Eingriffe für die Verbindlichkeiten der Gesellschaft über eine entsprechende Anwendung von § 128 HGB haften[631], ist zunächst also davon auszugehen, dass die Gesellschafterhaftung für Existenzvernichtung die Verbindlichkeiten der GmbH in vollem Umfang erfasst[632]. Zu dieser Ansicht tendiert anscheinend auch der BGH, wofür einerseits die Begründung aus einem Verlust des Haftungsprivilegs spricht, insbesondere aber die Aussage, die Gläubiger seien außerhalb des Insolvenzverfahrens berechtigt, „ihre Forderungen unmittelbar gegen die Gesellschafter geltend zu machen“[633]. Von einer Beschränkung dieser Forderungen ist nicht die Rede[634]. Allerdings gaben die entschiedenen Fälle keinen Anlass, sich näher mit dieser Fragestellung auseinander zu setzen.

bb) Systematische Erwägungen

Nicht überzeugen kann die Ablehnung einer unbeschränkten Haftung aus der Überlegung, eine solche würde faktisch einer Nachschusspflicht entsprechen, die Haftung eines Gesellschafters könne aber zumindest nicht weiter reichen, als seine Finanzierungsverantwortung[635]. Ein Nachschuss wird unabhängig von

---

628 *Bitter*, WuB II C. § 13 GmbHG 2.02, S. 793, 796; *Vetter*, ZIP 2003, S. 601, 604; *Bruns*, WM 2003, S. 815, 822.

629 Zu den unterschiedlichen Konzepten für eine Begrenzung der Durchgriffshaftung wegen Existenzvernichtung vgl. *Vetter*, ZIP 2003, S. 601, 605; *ders.*, VGR (2002), S. 69, 85; *Henze*, NZG 2003, S. 649, 657; *Haas*, WM 2003, S. 1929, 1937; *Bruns*, WM 2003, S. 815, 822.

630 *Bruns*, WM 2003, S. 815, 822; *Vetter*, ZIP 2003, S. 601, 603.

631 S.o., 2. Kapitel C II 2, S. 83ff.

632 So *Landwehr*, Die Durchgriffshaftung, S. 157.

633 BGHZ 151, S. 181, 187 – „KBV“.

634 Auch die Ansichten, die hinsichtlich des Umfangs der Haftung auf die Rechtsprechung Bezug nehmen sind daher so zu deuten, z.B. *Henze*, BB 2002, S. 1011; *Cahn*, ZGR 2003, S. 298, 312. Zweifeln könnte man daran, weil beide von einer Haftung für die Verbindlichkeiten sprechen, die infolge des Zusammenbruchs der Gesellschaft Not leidend geworden sind. Keine Festlegung des BGH sehen *Hölzle*, ZIP 2003, S. 1376, 1381 und *Vetter*, ZIP 2003, S. 601, 603.

635 *Bruns*, WM 2003, S. 815, 822.

einem etwaigen Fehlverhalten erbracht, wovon im Falle einer Haftung für die Verursachung existenzvernichtender Eingriffe aber nicht gesprochen werden kann. Schon der Grund für den Nachschuss ist somit ein völlig anderer. Im Gegensatz zur Pflicht zu einem Nachschuss ist die Aktualisierung der Gesellschafterhaftung für existenzvernichtende Eingriffe von den Handlungen der Gesellschafter abhängig, die damit letztlich selbst bestimmen können, inwieweit sie der Haftung unterfallen oder nicht. Zudem besteht ein Nachschuss in der Gewährung von Vermögen an die Gesellschaft, wogegen die Durchgriffshaftung für existenzvernichtende Eingriffe gegenüber den Gläubigern besteht. Eine Vergleichbarkeit der Existenzvernichtungshaftung mit einer Nachschusspflicht besteht demnach nicht, eine Unvereinbarkeit der unbeschränkten Haftung mit der Systematik des GmbHG kann mithin nicht auf diese Erwägung gestützt werden.

Vetter[636] weist nach, dass eine unbeschränkte Haftung der Gesellschafter für Einzeleingriffe ein Novum in der Systematik des Rechts der Kapitalgesellschaften darstellen würde. Für Einzeleingriffe sieht das Aktienrecht in den §§ 117, 317 AktG lediglich eine Schadensersatzpflicht vor. Die eine unbeschränkte Haftung normierenden Tatbestände der § 302 AktG bzw. § 322 AktG gehen beide von einem Gleichlauf von Herrschaft und Haftung aus, können daher auf die GmbHG mit ihrer Haftungstrennung trotz weit reichender Einflussmöglichkeiten der Gesellschafter keine Anwendung finden[637]. Die Feststellung, dass es im Recht der AG und der GmbH keine unbeschränkte Haftung für Einzeleingriffe gibt, führt jedoch nicht weiter. Wesensmerkmal der Kapitalgesellschaften ist, dass die Gesellschafter aufgrund des Haftungsprivilegs für die Verbindlichkeiten der Gesellschaften nicht einstehen müssen. Deshalb ist es auch nur folgerichtig, dass sie im Falle schadenverursachender Handlungen nur den daraus resultierenden Schaden ersetzen. Die Rechtsfigur der Durchgriffshaftung stellt jedoch eine Durchbrechung des Haftungsprivilegs dar, so dass die diese Grundsätze insoweit keine Geltung mehr beanspruchen. Daraus folgt, dass eine Schadensersatzhaftung nicht mehr erforderlich ist, da die Gesellschafter unmittelbar den Gläubigern haften. Zwar stellt die Durchgriffshaftung eine Ausnahme im System der Kapitalgesellschaften dar, doch ist sie als Haftungsfigur zulässig[638]. Dann aber ist es nicht überzeugend, aus der resultierenden unbeschränkten Haftung unter Verweis auf deren Ausnahmecharakter auf die Notwendigkeit einer Haftungsbegrenzung zu schließen. Die unbeschränkte Haftung stellt damit eine Ausnahme im Recht der Kapitalgesellschaften dar. Diese Ausnahme basiert auf dem Konzept der Durchgriffshaftung. Da die Durchgriffshaftung jedoch mit dem System des GmbHG vereinbar ist, kann daraus nicht auf eine Unzulässigkeit der unbeschränkten Haftung geschlossen werden.

---

[636] *Vetter*, ZIP 2003, S. 601, 604.

[637] Vgl. zur Ablehnung einer Haftung analog § 302 AktG auch oben, 2. Kapitel C I, S. 77.

[638] S.o., 2. Kapitel C II, S. 79ff.

cc) Sinn und Zweck der Existenzvernichtungshaftung

Sprechen somit dogmatische und systematische Argumente für eine unbeschränkte Gesellschafterhaftung im Falle existenzvernichtender Eingriffe, so könnte eine abweichende Behandlung durch eine Unvereinbarkeit mit dem Telos der Haftung gerechtfertigt werden.
Haas[639] sieht Sinn und Zweck der Haftung für existenzvernichtende Eingriffe in der Wiederherstellung der Befriedigungsaussicht der Gläubiger. Bezugspunkt der wiederherzustellenden Befriedigungsaussicht könne aber nur der Zeitpunkt quo ante sein. War die Forderung zum Zeitpunkt des Eingriffs aber gar nicht mehr vollständig werthaltig, so habe der Eingriff auch nur einen Nachteil bewirkt, welcher dem tatsächlichen Wert der Forderung entspräche[640]. Sinn und Zweck der Existenzvernichtungshaftung ist es, den Gläubigern der Gesellschaft den Nachteil auszugleichen, den sie dadurch erleiden, dass die Gesellschafter die vom Haftungsprivileg vorgegebene Bindung des Gesellschaftsvermögens nicht beachten. In der Tat entspricht der Nachteil der Gläubiger durch die Insolvenzverursachung dem Wert ihrer Forderungen vor dem Eingriff abzüglich der Insolvenzquote. Waren diese Forderungen nicht mehr in vollem Umfang werthaltig, so entspricht ihr Nachteil nur dem Teil ihrer Forderungen, der noch nicht abzuschreiben war. Kommt es infolge der Durchgriffshaftung zu einem Anspruch der Gesellschaftsgläubiger auf Bedienung ihrer Forderungen in voller Höhe, so werden sie dadurch besser gestellt, als sie ohne den Eingriff stehen würden. Allerdings wird das Ziel, den Gläubigern einen Ausgleich für die Verletzung der Vermögensbindung durch die Gesellschafter zu gewähren erreicht. Dass der über dieses Ziel hinausgehende Vorteil der Gläubiger korrespondierend zu einem Nachteil der Gläubiger ist, ist zunächst unbeachtlich. Dem Telos der Existenzvernichtungshaftung ist durch eine unbeschränkte Haftung der Gesellschafter jedenfalls Genüge getan.

dd) Praktische Argumente und Billigkeitserwägungen

Für eine unbegrenzte Gesellschafterhaftung wird angeführt, eine derart einschneidende Sanktion würde die Gesellschafter davon abhalten, solche nachteiligen Eingriffe vorzunehmen[641]. Die Schlagkraft dieses Argumentes ist zu bezweifeln, auch eine nur begrenzte Haftung kann angesichts der hohen entstehenden Verluste in der Insolvenz zum Ruin der Gesellschafter führen. Auch eine beschränkte Haftung hätte damit eine abschreckende Wirkung auf die Gesellschafter, existenzvernichtende Eingriffe vorzunehmen. Bedeutung kommt dieser Annahme auch in einem anderen Kontext zu: Wie oben ausgeführt hat die unbeschränkte Haftung einen Vorteil der Gläubiger zur Folge, der durch den Sinn und Zweck der Haftung nicht gefordert ist. Die Kehrseite dieses Vorteils der Gläubiger ist ein höherer Haftungsumfang zu Lasten der Gesellschafter. Diese Tatsache könnte als grob unbillig zu bewerten sein, und damit

---

639 *Haas*, WM 2003, S. 1929, 1937.
640 *Haas*, WM 2003, S. 1929, 1937.
641 *Hölzle*, ZIP 2003, S. 1376, 1381.

ein Argument zugunsten einer Beschränkung der Haftung darstellen. Wenn aber die Gesellschafter in aller Regel ohnehin nicht in der Lage sind, die Forderungen der GmbH in vollem Umfang zu bedienen, so ist der negative Einschlag der unbeschränkten Haftung für die Gesellschafter abgemildert, eine Bewertung als grob unbillig mithin nicht angezeigt.
Gegen eine Bewertung als unbillig spricht auch, dass die Gesellschafter durch die Existenzvernichtung der GmbH die Chance einer erfolgreichen Sanierung nehmen[642]. Denn zum Zeitpunkt des Eingriffs war die GmbH noch nicht insolvent, so dass durchaus die Möglichkeit bestand, diese werde in der Zukunft die Möglichkeit erlangen, alle ihre Verbindlichkeiten zu begleichen. Aus der Tatsache, dass die Gesellschaft zum Zeitpunkt des Eingriffs noch nicht insolvent war, folgt zudem, dass sie noch nicht überschuldet war. Somit hatte sie genügend Aktiva, ihre Verbindlichkeiten zu bedienen, andernfalls läge der Insolvenzeröffnungstatbestand des § 19 InsO vor. Daraus folgt, dass die Forderungen der Gläubiger vor der Vornahme des Eingriffs noch werthaltig waren, so dass die unbeschränkte Haftung nicht zu einem großen Unterschied gegenüber einer auf den tatsächlichen Wert der Forderung begrenzten Haftung führen wird.

ee) Zusammenfassung und Bewertung

Die dogmatische Herleitung der Existenzvernichtungshaftung aus analoger Anwendung des § 128 HGB spricht für eine dem Umfang nach unbegrenzte Haftung der Gesellschafter. Systematische und teleologische Argumente führen zu keinem abweichenden Ergebnis. Auch aus Billigkeitserwägungen folgen keine zwingenden Gründe für eine Begrenzung der Haftung. Die Gesellschafterhaftung für existenzvernichtende Eingriffe ist damit der Höhe nach unbegrenzt[643].

b) Beschränkung des Gläubigeranspruchs auf den Ausfall bei der GmbH?

Nach dem der Existenzvernichtungshaftung zugrunde gelegten Durchgriffskonzept der Normzwecklehre ist den Gesellschaftern die Berufung auf die Haftungsprivilegierung verwehrt, so dass sie analog § 128 HGB die Haftung für die Verbindlichkeiten der GmbH trifft[644]. Die Gesellschafter einer OHG haften nach § 128 HGB unabhängig von einem vorrangigen Vollstreckungsversuch gegen die Gesellschaft primär für deren Verbindlichkeiten. Aufgrund der Überleitung der Haftung für die Gesellschaftsverbindlichkeiten auf die Gesellschafter nach § 128 HGB analog liegt es damit nahe, dieses Konzept auch für

---

[642] Darauf weist *Henze*, NZG 2003, S. 649, 657, hin.

[643] Im Ergebnis auch *Lutter/Hommelhoff*, GmbHG, § 13 Rdn. 20. Für eine Beschränkung spricht sich *Burgard*, VGR (2002), S. 45, 57f. aus. Für die Herleitung der Haftung aus Durchgriffserwägungen hält er diese allerdings ebenfalls für nicht zu verwirklichen.

[644] Die Haftung ist dem Umfang nach freilich zu begrenzen, vgl. das vorstehend Gesagte.

die Durchgriffshaftung zur Anwendung zu bringen[645]. Im Hinblick auf die Subsidiarität der Durchgriffshaftung gegenüber den gesetzlich normierten Anspruchsgrundlagen könnte jedoch zu überlegen sein, den Gläubigern den Zugriff auf das Privatvermögen der Gesellschafter nur für den Teil ihrer Forderungen zu gestatten, hinsichtlich dessen sie durch die Gesellschaft nicht befriedigt wurden. In diesem Fall wäre strikte Nachrangigkeit gegenüber dem gesetzlich normierten Haftungssystem gewahrt. Aufgrund des darin liegenden Widerspruchs zur dogmatischen Begründung der Haftung kann dieser Ansicht nur bei Darlegung zwingender Argumente gefolgt werden.
Der BGH formuliert, die Gesellschaftsgläubiger seien berechtigt, „ihre Forderungen unmittelbar gegen die Gesellschafter geltend zu machen, soweit sie von der Gesellschaft keine Befriedigung erlangen können“[646]. Aus dieser Formulierung geht hervor, dass der BGH dem Konzept der Ausfallhaftung folgt, die Gläubiger also nur den Teil ihrer Forderungen bei den Gesellschaftern geltend machen können, mit dem sie bei der Gesellschaft ausgefallen sind. Diesem Konzept ist auch *Wiedemann* verhaftet, der seine Ansicht damit begründet, die Geltendmachung unabhängig vom Insolvenzverfahren sei aufgrund des neu gefassten § 93 InsO nicht angezeigt[647]. Denn danach sind die Ansprüche im Falle eines Insolvenzverfahrens ohnehin vom Insolvenzverwalter geltend zu machen. Und dieser darf die Gesellschafter nur soweit in Anspruch nehmen, wie es zur Auffüllung der Masse erforderlich ist. Voraussetzung für einen Durchgriffsanspruch der Gläubiger ist demnach entweder ein vergeblicher Vollstreckungsversuch gegen die Gesellschaft, oder der Nachweis, dass zuvor ein Insolvenzverfahren eröffnet bzw. mangels Masse abgelehnt wurde[648].
Die Durchgriffshaftung unabhängig von einer vorherigen Vollstreckung in das Gesellschaftsvermögen entspricht der dogmatischen Herleitung der Haftung aus § 128 HGB[649], der keine Ausfallhaftung normiert, sondern die Gesellschafter neben der Gesellschaft haften lässt[650]. Für die Zulässigkeit einer Missachtung dieser Vorgabe müssten zwingende Argumente dargetan werden. Das Gegenargument, aufgrund der Subsidiarität der Durchgriffshaftung sei zunächst die Vollstreckung in das Gesellschaftsvermögen zu versuchen, da die Möglichkeit zumindest teilweiser Befriedigung bestehe[651], erfüllt diese Anforderung nicht. Es führte zu einer Benachteiligung der Gläubiger insbesondere bei Ablehnung des Insolvenzverfahrens mangels Masse. In den Fällen der Nichteröff-

645 *Keßler*, GmbHR 2002, S. 945, 950; *Lutter/Banerjea*, ZGR 2003, S. 402, 430f. Gegen die Notwendigkeit einer vorherigen erfolglosen Inanspruchnahme der Gesellschaft im Fall der Vermögensvermischung: Rowedder/Schmidt-Leithoff/*Pentz*, GmbHG, § 13 Rdn. 141.

646 BGHZ 151, S. 181, 2. Leitsatz, - „KBV“.

647 *Wiedemann*, ZGR 2003, S. 283, 294f.

648 So auch *Henze*, NZG 2003, S. 649, 657; *Haas*, WM 2003, S. 1929, 1937; *Görner/Kling*, GmbHR 2004, S. 778, 779, Fn. 17. So auch schon für den Tatbestand der Vermögensvermischung: *Boujong*, FS Odersky, S. 739, 742f.; *Raiser*, FS Lutter, S. 637, 645.

649 Auch nach Hachenburg/*Mertens*, GmbHG, Anh. § 13 Rdn. 21 ist, wenn die Gesellschafter nach Art von OHG-Gesellschaftern haften, keine Subsidiarität anzunehmen.

650 H.M., vgl. nur Großkomm.HGB/*Habersack*, § 128 Rdn. 26; Schlegelberger/*K. Schmidt*, § 128 Rdn. 1; *Baumbach/Hopt*, HGB, § 128 Rdn. 1.

651 *Henze*, NZG 2003, S. 649, 657.

nung des Insolvenzverfahrens aufgrund von Masselosigkeit ist ein Vorgehen gegen die Gesellschaft aber offensichtlich zwecklos[652]. Die Unmöglichkeit einer vollständigen Befriedigung der Gläubiger ist durch die Berücksichtigung der Unzulänglichkeit des Gesellschaftsvermögens zudem schon im Tatbestand nachgewiesen[653], so dass die Subsidiarität zu den Kapitalerhaltungsvorschriften gewahrt ist. Die Interessenlage spricht damit für die unmittelbare Haftung der Gesellschafter[654]. Denn auch die Interessen der in Anspruch genommenen Gesellschafter führen zu keiner abweichenden Bewertung: Ist bei der GmbH nichts mehr zu holen, hätten sie sowieso voll haften müssen, andernfalls können sie bei der Gesellschaft Regress nehmen, § 110 HGB. Damit stehen die Gesellschafter letztendlich genauso, wie sie stünden, könnte gegen sie nur der Betrag geltend gemacht werden, der bei der GmbH nicht zu erlangen war. Die Gegenansicht kann zu der nachteiligen Konsequenz führen, dass die Gläubiger gegebenenfalls gezwungen sind, zwei Prozesse zu führen, wobei die Höhe des Anspruches gegen die Gesellschafter davon abhängt, welcher Betrag bei der Gesellschaft zu holen war. Eine Abweichung von den Vorgaben der dogmatischen Herleitung ist damit nicht geboten, vielmehr spricht auch die Interessenlage für den dogmatisch vorgezeichneten Weg. Anzunehmen ist somit eine Gesellschafterhaftung, die nicht davon abhängig ist, welcher Betrag bei der GmbH erzielt werden kann[655]. Diese Vorgehensweise ist für die Gläubiger praktikabel und führt zu keiner Benachteiligung der Gesellschafter.

Große Unterschiede ergeben sich daraus in der Praxis allerdings nicht. Für den Fall, dass ein Insolvenzverfahren durchgeführt wird, kommen beide Ansichten zum gleichen Ergebnis. Die Geltendmachung der Ansprüche steht dann nach einhelliger Auffassung dem Insolvenzverwalter zu[656]. Die Verfechter der Ausfallhaftung lassen den Insolvenzverwalter nur soweit die Gesellschafter in Anspruch nehmen, wie die Gläubiger nicht aus dem Vermögen der GmbH befriedigt werden können. Aber auch nach der anderen Auffassung ist der Zugriff auf diesen Betrag begrenzt, da der Insolvenzverwalter gemäß § 242 BGB die Gesellschafter nicht über das zur Masseauffüllung Erforderliche hinaus in Anspruch nehmen darf[657]. Der Unterschied zeigt sich nur ohne Durchführung eines Insolvenzverfahrens. Aber auch dann erscheint es denkbar, dass die Vertreter der Ausfallhaftung aus Billigkeitserwägungen vom Erfordernis eines vorhergehenden Vollstreckungsversuchs in das Gesellschaftsvermö-

---

[652] Das OLG Jena, ZIP 2002, S. 631, 633 weist darauf hin, dass ein Großteil der Gläubiger noch nicht einmal zu Vollstreckungsversuchen gegen eine masselose GmbH bereit ist, um etwaige, dieser zustehende Ansprüche zu pfänden. Das gilt umso mehr, wenn nicht einmal solche Ansprüche in Frage stehen. Ebenso *Ulmer*, ZIP 2001, S. 2021, 2024.

[653] S.o., 3. Kapitel A II 4, S. 121f.

[654] *Westermann*, NZG 2002, S. 1129, 1137; *Altmeppen*, ZIP 2002, S. 1553, 1560; *Lergon*, RNotZ 2003, S. 213, 233.

[655] Dafür auch *Lutter/Banerjea*, ZGR 2003, S. 402, 439.

[656] S.u., 3. Kapitel B II, S. 161ff.

[657] MünchKommInsO/*Brandes*, § 93 Rdn. 25; FK/*App*, InsO, § 93 Rdn. 4; Uhlenbruck/*Hirte*, InsO, § 93 Rdn. 22; *K. Schmidt/Bitter*, ZIP 2000, S. 1077, 1082f.; *Lutter/Banerjea*, ZGR 2003, S. 402, 431.

gen absehen. Dann aber ist es stringenter, von vornherein der unmittelbaren Haftung der Gesellschafter den Vorzug zu geben.

2. Differenzierung nach Gläubigergruppen

Fraglich ist, ob alle Gläubiger hinsichtlich der Ansprüche aus der Haftung für existenzvernichtende Eingriffe gleich zu behandeln sind, oder ob zwischen ihnen unterschieden werden muss. Das richtet sich danach, inwieweit bestimmte Handlungen oder Handlungsmöglichkeiten der Gläubiger es als gerechtfertigt erscheinen lassen, diesen die Geltendmachung des Nachteils zu versagen, und ob sich diese Differenzierung in das GmbH-rechtliche Haftungssystem einfügt.

a) Differenzierung zwischen Alt- und Neugläubigern

Die Haftung der Gesellschafter für existenzvernichtende Eingriffe soll die Nachteile der Gläubiger ausgleichen, die dadurch entstehen, dass die Gesellschafter die Wertungen des § 13 Abs. 2 GmbHG unterlaufen. Die Haftung der Gesellschafter beruht letztlich auf analoger Anwendung von § 128 HGB. Die unbeschränkte Gesellschafterhaftung besteht gegenüber allen Gläubigern, unabhängig davon, zu welchem Zeitpunkt diese ihre Forderung gegen die GmbH erwerben. Damit gilt sie auch zugunsten der Neugläubiger einer Gesellschaft, so dass eine entsprechende Behandlung auch bei der Existenzvernichtungshaftung nahe liegt. Auf der anderen Seite werden die Neugläubiger durch den Eingriff seitens der Gesellschafter nicht nachteilig betroffen. Gläubiger, die mit insolvenzreifen GmbH kontrahieren, bzw. deliktische Ansprüche gegen diese erwerben, sind zudem durch andere Anspruchsgrundlagen hinreichend geschützt[658]. Die Erstreckung der Haftung auch auf Neugläubiger erweist sich daher als weder zu ihrem Schutz erforderlich, noch als von Sinn und Zweck der Haftung für existenzvernichtende Eingriffe geboten. Sie bedeutete lediglich eine zusätzliche Härte für die Gesellschafter. Vor diesem Hintergrund erscheint es als gerechtfertigt, trotz der dogmatischen Herleitung eine Haftung für die Forderungen der Neugläubiger nicht zuzulassen[659]. Das GmbH-Vermögen ist nicht auch zur Befriedigung für alle eventuell später hinzutretenden Gläubiger gebunden. Gläubiger, die erst nach dem Eingriff eine Forderung gegen die GmbH erwerben, sind auf die allgemeinen Regeln zu verweisen. Durch den Eingriff nachteilig betroffen werden dagegen die Gläubiger betagter Forderungen. Nach der Wertung des § 73 Abs. 2 S. 2 GmbHG ist ihnen daher ein Anspruch auf Sicherheitsleistung gegen die Gesellschafter zuzugestehen[660].

---

[658] Dazu zählen insbesondere eine Haftung der Geschäftsführer aus § 823 Abs. 2 BGB i.V.m. § 64 Abs. 1 GmbHG oder ein Anspruch aus culpa in contrahendo gegen den Verhandlungspartner.

[659] So auch *Bruns*, WM 2003, S. 815, 818; *Haas*, WM 2003, S. 1929, 1937.

[660] *Bruns*, WM 2003, S. 815, 818.

b) Bewusste Risikoübernahme durch Gläubiger

Einigkeit besteht darüber, dass ein Dritter bei Vornahme von Geschäften mit der Gesellschaft in voller Kenntnis der die Insolvenz verursachenden Umstände und der entsprechenden Folge keine Ansprüche aus der Durchgriffshaftung hat[661]. In diesem praktisch äußerst seltenen Fall weiß der Dritte, welches Risiko er eingeht, so dass für seinen Schutz kein Bedürfnis besteht[662]. Besitzt er vor Vertragsschluss Kenntnis davon, dass der Gesellschafter vorhat, der GmbH Vermögen zu entziehen, und weiß er, dass darin eine Verletzung der Vermögensbindung liegt, kontrahiert aber trotzdem, so liegt darin ein Verzicht auf einen Ersatz des Ausfalls mittels der Durchgriffshaftung[663]. Der Anspruch gegen die Gesellschaft bleibt bestehen. Der Verzicht erfasst nur etwaige Durchgriffsansprüche aufgrund der dem Gläubiger bekannten Maßnahmen. Nimmt der Gesellschafter weitere Handlungen vor, kann sich daraus eine Durchgriffshaftung ergeben.
Der Ausschluss des Durchgriffs kraft Risikoübernahme kann nur gegenüber Gläubigern gelten, die nicht zu einem Vertragsschluss praktisch gezwungen sind[664]. Bei den zum Vertragsschluss gezwungenen Gläubigern stellte die Annahme eines Verzichts eine unzulässige Fiktion dar, da eine andere Möglichkeit, als darauf zu hoffen, alles werde gut gehen, für sie nicht besteht. Zu den Gläubigern, die nicht in der Position sind, auf Geschäfte mit einer GmbH in der beschriebenen Lage zu verzichten sind insbesondere die Arbeitnehmer zu rechnen[665], sowie Betriebe, deren Geschäftstätigkeit nahezu vollständig auf die betreffende Gesellschaft ausgerichtet ist.

c) Differenzierung nach Sicherungsmöglichkeiten

Neben einem Ausschluss im Falle der bewussten Risikoübernahme wird vorgeschlagen, auch den Gläubigern einen Durchgriff auf das Vermögen der Gesellschafter zu verwehren, denen eine Absicherung des Insolvenzrisikos möglich ist.

aa) Gläubigerdifferenzierung aus ökonomischer Sicht

Ausgehend von einer ökonomischen Analyse kommt *Bitter* zu der Erkenntnis, dass die Verlagerung von Kosten, die mit der unternehmerischen Betätigung

---

661 *Lutter/Banerjea*, ZGR 2003, S. 402, 431f.; *Lutter/Hommelhoff*, GmbHG, § 13 Rdn. 23; *Banerjea*, ZIP 1999, S. 1153, 1160. Bezüglich einer Durchgriffshaftung aufgrund materieller Unterkapitalisierung: Hachenburg/*Ulmer*, GmbHG, Anh. § 30 Rdn. 65; *Bitter*, Konzernrechtliche Durchgriffshaftung, S. 557; *ders.*, WM 2001, S. 2133, 2141; *Kübler*, FS Heinsius, S. 397, 416; *Timm*, NJW 1992, S. 2185, 2194.

662 Hachenburg/*Ulmer*, GmbHG, Anh. § 30 Rdn. 65; *Timm*, NJW 1992, S. 2185, 2194.

663 *Lutter/Banerjea*, ZGR 2003, S. 402, 431f.; *Banerjea*, ZIP 1999, S. 1153, 1160.

664 *Timm*, NJW 1992, S. 2185, 2194; Hachenburg/*Ulmer*, GmbHG, Anh. § 30 Rdn. 65.

665 Ebenso *Lutter/Hommelhoff*, GmbHG, § 13 Rdn. 23.

verbunden sind, auf Dritte grundsätzlich zu vermeiden ist[666]. Solche Kostenexternalisierungen entstehen, wenn Dritte aufgrund des Haftungsprivilegs lediglich auf das unzureichende Gesellschaftsvermögen zugreifen können, und dadurch einen Ausfall erleiden. Die Haftungsfolgen sind Kosten, die durch die Unternehmung entstehen, und deshalb grundsätzlich auch von den die Unternehmung tragenden Personen zu übernehmen sind. In derartigen Fällen sei daher eine Durchgriffshaftung zu befürworten. Zulässig seien solche Kostenexternalisierungen dann, wenn der Gläubiger eine effiziente Möglichkeit zur Risikoabsicherung durch Kreditsicherheiten habe. Die Kosten der Sicherung könnten die Gläubiger dann in ihre Preiskalkulation einstellen und damit letztendlich auf die Gesellschaft übertragen, die dadurch –wie erwünscht– die Kosten ihrer Betätigung trägt. Da andernfalls der Anreiz zu einer Sicherung gehemmt würde, sei diesen Gläubigern die Möglichkeit eines Durchgriffs zu verwehren[667]. Erforderlich sei damit eine Unterscheidung nach Gläubigergruppen[668].

bb) Unterscheidungskriterium

Entscheidend für eine gelungene differenzierte Behandlung von Gläubigern ist das Kriterium, anhand dessen die Differenzierung stattfinden soll. Basierend auf der Analyse zu dem ökonomischen Sinn der Bestellung von Sicherheiten zugunsten der Gläubiger sollen auch nur die Gläubiger benachteiligt werden, die entsprechende Möglichkeiten besitzen. Vorgeschlagen wird daher eine Differenzierung zwischen freiwilligen und unfreiwilligen Gläubigern[669]. Freiwillige Gläubiger sind solche, die willentlich mit der Gesellschaft in rechtsgeschäftlichen Kontakt treten, und daraus eine Forderung gegen die Gesellschaft erwerben. Die unfreiwilligen Gläubiger hingegen erhalten zufällig, insbesondere vermittelt durch deliktische Ansprüche, eine Forderung gegen die Gesellschaft. Da letztere keine Möglichkeit haben, ihren Anspruch zu sichern bzw. das Ausfallrisiko durch eine Risikoprämie zu kompensieren[670], sei ihnen zur

---

666 *Bitter*, Konzernrechtliche Durchgriffshaftung, S. 201f. Dazu auch *Kübler*, FS Heinsius, S. 397, 403f m.w.N; *Meyer*, Haftungsbeschränkung im Recht der Handelsgesellschaften, S. 969ff.

667 *Bitter*, Konzernrechtliche Durchgriffshaftung, S. 557.

668 *Bitter*, Konzernrechtliche Durchgriffshaftung, S. 555; *ders.*, WM 2001, S. 2133, 2140. Vorsichtig für eine Differenzierung nach Gläubigergruppen: *Timm*, NJW 1992, S. 2185, 2194; *Timm/Geuting*, ZIP 1992, S. 821, 824; *Koppensteiner*, FS Honsell, S. 607, 617f.; *Teubner*, ZGR 1991, S. 189, 207. *Kübler*, FS Heinsius, S. 397, 416 stellt zusätzlich auf die Kenntnis der freiwilligen Gläubiger ab. Nur wegen derartiger Verhaltensweisen sei ihnen der Durchgriff zu verwehren, von denen sie Kenntnis hätten. Ebenso *Nacke*, Durchgriffshaftung, S. 297. Ob auch der EuGH in Zukunft bei der Beurteilung des Gläubigerschutzes nach unterschiedlichen Gläubigergruppen differenziert ist unklar. Das vermuten jedenfalls *Spindler/Berner*, RIW 2004, S. 7, 13; *Behrens*, IPRax 2004, S. 20, 25.

669 S.o., Fn. 668.

670 *Kolks*, Die Durchgriffshaftung, S. 184ff. spricht den Deliktsgläubigern schon das Schutzbedürfnis ab. Die Rechtsordnung biete keine Gewähr, dass eine Schuld erfüllt werde. Auch für den Gläubiger einer natürlichen Person bestehe die Gefahr, mit seiner Forderung auszufallen.

Vermeidung von Kostenexternalisierungen ein Durchgriff auf die Gesellschafter zu gestatten[671]. Bei den freiwilligen Gläubigern sei weiter zu unterscheiden zwischen den Warenlieferanten, denen eine einfache Sicherung durch einen verlängerten Eigentumsvorbehalt möglich ist, und den Banken, denen ebenfalls eine Absicherung durch die Einräumung von Kreditsicherheiten möglich ist, auf der einen Seite, und den Dienstleistungsgläubigern auf der anderen Seite. Für letztere lohne sich die Bestellung von Kreditsicherheiten wegen der im Vergleich zu ihren Forderungen hohen Transaktionskosten nicht, und eine Eigensicherung an den von ihnen erbrachten Dienstleistungen scheide ohnehin aus. Auch ihnen sei deshalb der Durchgriff zu gestatten[672]. Als freiwillige Gläubiger, denen der Haftungsdurchgriff zu verwehren ist, bleiben danach insbesondere große Zulieferer und Banken[673].

cc) Rechtliche Einordnung

In einem dritten Schritt wird sodann festgestellt, auf welches dogmatische Fundament die aus ökonomischen und Billigkeitsgesichtspunkten gewonnen gewünschten Ergebnisse gestellt werden können. Zur Begründung setzt *Bitter* bei der Durchgriffshaftung wegen materieller Unterkapitalisierung an. Für den Anspruch der unfreiwilligen Gläubiger sei auf eine Haftung der Gesellschafter wegen fehlenden Versicherungsschutz als Unterfall dieser Haftung abzustellen[674]. Denn eine Versicherung gegen deliktische Ansprüche Dritter wirke ähnlich wie eine Mindestkapitalisierung für die Risiken dieser Gläubiger. Werde eine solche Versicherung seitens der Gesellschaft nicht abgeschlossen, könne dies daher als Unterkapitalisierung gewertet werden. Die Inanspruchnahme der Gesellschafter rechtfertige sich aus der Tatsache, dass sie durch das Unterlassen des Versicherungsabschlusses einen höheren Gewinn erzielten[675]. Die Dienstleistungsgläubiger sollen ihren Durchgriffsanspruch aus einem Missbrauch der Haftungsbeschränkung herleiten, der vorliege, wenn die Insolvenzwahrscheinlichkeit größer als 10% sei[676]. Im Falle einer höheren Insolvenzwahrscheinlichkeit liege eine haftungsbegründende Unterkapitalisierung vor. Aus der Tatsache, dass die Gesellschafter der GmbH ein so geringes Eigenkapital zur Verfügung gestellt hätten, folge die hohe Wahrscheinlichkeit der Insolvenz. Diese Unterkapitalisierung stelle dann den zur Durchgriffshaftung führenden Missbrauch der Rechtsform GmbH dar. Die Durchgriffshaftung zugunsten der freiwilligen Gläubiger mit effizienten Sicherungsmöglichkeiten sei abzulehnen, um einen Anreiz für die ökonomisch sinnvolle Sicherung zu

---

671 *Kübler*, FS Heinsius, S. 397, 407f.

672 *Bitter*, WM 2001, S. 2133, 2140f; *Kübler*, FS Heinsius, S. 397, 407ff.

673 *Bitter*, Konzernrechtliche Durchgriffshaftung, S. 557; *ders.*, WM 2001, S. 2133, 2140; *Kübler*, FS Heinsius, S. 397, 409; *Meyer*, Haftungsbeschränkung im Recht der Handelsgesellschaften, S. 972f.

674 *Bitter*, Konzernrechtliche Durchgriffshaftung, S. 200, 203f., 556f.; *Bitter*, WM 2001, S. 2133, 2140.

675 *Bitter*, Konzernrechtliche Durchgriffshaftung, S. 200, 203f., 557.

676 *Bitter*, Konzernrechtliche Durchgriffshaftung, S. 199, 558f.; *Bitter*, WM 2001, S. 2133, 2141.

schaffen[677]. Denn sei es den Gläubigern möglich, ihre Forderungen effizient zu sichern, so ließen sich bereits daraus volkswirtschaftlich unerwünschte Kostenexternalisierungen vermeiden.
Wohl auf diese Versagung des Durchgriffs aus wirtschaftlichen Gründen nimmt *Henze* Bezug, wenn er meint, eine unterschiedliche Behandlung der Gläubiger käme nur aufgrund unterschiedlicher Vereinbarungen mit dem Schuldner in Betracht[678]. Der Gedanke einer Differenzierung zwischen den verschiedenen Gläubigergruppen sei dem deutschen Recht fremd[679]. Daneben wird auch eingewandt, ohne Information über das Risiko könnten die Gläubiger dieses nicht bewusst auf sich nehmen. Bei Kenntnis von dem Risiko sei aber die Möglichkeit einer Sicherung unbeachtlich, da eine Durchgriffshaftung ohnehin nicht in Betracht komme. Denn in einem solchen Fall läge eine Risikoübernahme seitens der Gläubiger vor[680]. Für den Fall, dass sich das von ihnen übernommene Risiko realisiert habe, sei der Durchgriff aufgrund eines Verzichts ausgeschlossen.

dd) Stellungnahme

Die vorgebrachten Argumente gegen eine Differenzierung nach Gläubigergruppen sind nicht zwingend. Das Pauschalverdikt, eine solche Differenzierung wäre dem deutschen Recht fremd, kann die Ablehnung jedenfalls nicht rechtfertigen, da diese Unterscheidung durchaus plausibel gerade aus dem deutschen Recht hergeleitet wurde. Ebenso ist es nicht überzeugend, festzustellen, eine derartige unterschiedliche Behandlung setze eine abweichende Vereinbarung mit dem Schuldner voraus. Es ist zwar zutreffend, dass eine Risikoübernahme umfassende Informationen über den Eingriff und die damit verbundenen Risiken voraussetzt. Die Versagung der Durchgriffshaftung für die freiwilligen Gläubiger mit effizienten Sicherungsmöglichkeiten beruht allerdings nicht auf einer Risikoübernahme, sondern auf der Anreizwirkung, die eine Versagung der Haftung auslösen soll.
Eine Übertragung der Differenzierung nach Gläubigergruppen, wie sie von *Bitter* vorgeschlagen wird auf die Haftung der Gesellschafter für Existenzvernichtung kommt jedoch nicht in Betracht. Die Konstruktion *Bitters* beruht auf dem Modell einer materiellen Unterkapitalisierung, die nicht Thema der vorliegenden Arbeit ist. Entscheidend ist daher, ob sich diese Lösung auch in die Dogmatik der Haftung für existenzvernichtende Eingriffe ohne Brüche einfügen lässt. Von einer wirtschaftlichen Warte aus für wünschenswert gehaltene Ergebnisse alleine können nicht zu einer dementsprechenden rechtlichen Entscheidung führen. Da der Normalfall die Haftung für existenzvernichtende

---

677 *Bitter*, Konzernrechtliche Durchgriffshaftung, S. 202f., 557.
678 *Henze*, NZG 2003, S. 649, 658.
679 Ablehnend auch *Bruns*, WM 2003, S. 815, 818; *Haas*, WM 2003, S. 1929, 1937, Fn. 128.
680 *Lutter/Banerjea*, ZGR 2003, S. 402, 432, vgl. auch oben, 3. Kapitel B I 2 b), S.154.

Eingriffe gegenüber allen Gläubigern ist, bedarf die Ausnahme einiger Gläubiger von der Durchgriffsmöglichkeit[681] einer Begründung.
Bitter begründet die Ausnahme der Gläubiger mit Sicherungsmöglichkeiten vom Durchgriffsanspruch mit dem aus der Sicherung der Forderung folgenden ökonomischen Vorteil. Ohne diese Form der Sanktionierung bestünde kein Anreiz zur Sicherung der Forderungen. Der nachlässige Teilnehmer am Geschäftsverkehr sei zudem nicht schützenswert[682]. Die Frage, ob ein Gläubiger schützenswert ist, erfordert eine Abwägung der Interessen der Wirtschaft an der Vermeidung von Kostenexternalisierungen und des Gesellschafters an einer Begrenzung der Haftung einerseits, und denen der Gläubiger an einem Zugriff auf das Gesellschaftervermögen andererseits.
Für den Fall der Existenzvernichtung durch Außerachtlassung der Vermögensbindung, also dem Entzug von Gesellschaftsvermögen durch die Gesellschafter, kann der Differenzierung nach Gläubigergruppen nicht zugestimmt werden. Auch der nachlässige Teilnehmer des Rechtsverkehrs ist gegenüber demjenigen zu privilegieren, der elementare Vorschriften zum Schutz der Gläubiger außer Kraft setzt, auch wenn der Gesellschafter dies nicht vorsätzlich tut[683]. Denn ein nachlässiger Gläubiger kann sich zumindest darauf verlassen, dass die gesetzlichen Wertungen nicht durch eine Handlung missachtet werden, die sich in der einseitigen Benachteiligung der Gläubiger erschöpft. Ihn allein deswegen zu benachteiligen, weil ein für gesamtwirtschaftlich als vorteilhaft befundenes Verhalten nicht vorgenommen wurde, wäre nicht angemessen. Ein derartiges Vertrauen auf die Rechtsordnung kann nicht als Nachlässigkeit aufgefasst werden, dem Gläubiger daher auch nicht zum Nachteil gereichen. Eine abweichende Beurteilung ergibt sich nur dann, wenn man den ökonomischen Vorteilen, die von der Anreizwirkung der Versagung des Durchgriffs und damit letztlich von der Sicherung der Forderungen ausgehen, den Vorzug gegenüber maßgeblichen Wertungen des GmbH-Rechts einräumen wollte. Dieser Forderung kann nicht zugestimmt werden. Die Haftungsprivilegierung bedeutet zunächst einen Nachteil für die Gläubiger. Dieser Nachteil ist nur gerechtfertigt, wenn der Schutz auf andere Weise als durch die Zugriffsmöglichkeit auf das Privatvermögen der Gesellschafter ausgeglichen wird. Missachten die Gesellschafter darauf abzielende Wertungen des Gesetzes, so ist die daraus folgende Benachteiligung für die Gläubiger unbillig und durch Versagung der Haftungsbeschränkung rückgängig zu machen. Letztendlich wird durch die Freigabe des Durchgriffs also nur der nach dem GmbHG bezweckte Gläubigerschutz bewirkt. Einem Gläubiger diesen intendierten Schutz allein unter Berufung darauf, dass er eine effiziente Sicherungsmöglichkeit gehabt habe, bzw.

---

681 Ausgeschlossen ist selbstverständlich, wie schon im Falle der Kenntnis des Risikos, nur der Durchgriff auf die Gesellschafter. Die Inanspruchnahme der Gesellschaft selbst bleibt möglich.

682 Vgl. den Hinweis auf die Aussage von *Kübler*, FS Heinsius, S. 397, 403, wonach Gleichgültigkeit gegenüber Risiken und Schlafmützigkeit nicht belohnt werden sollen bei *Bitter*, Konzernrechtliche Durchgriffshaftung, S. 557, Fn. 347.

683 Wobei in der Regel allerdings zumindest bedingter Vorsatz zu bejahen sein dürfte, s.o., 3. Kapitel A V, S. 134f.

unter Hinweis auf die ökonomische Vorteilhaftigkeit der Kreditsicherung zu entziehen, ist damit nicht zu befürworten. Eine Aushöhlung der Wertungen des GmbHG ohne rechtliche Anhaltspunkte ist abzulehnen[684]. Dass ein Gläubiger, der sich nicht absichert, das normale Risiko der Geschäftstätigkeit trägt, ist selbstverständlich. Eingriffe, wie sie vorliegend in Rede stehen, haben die Gläubiger jedoch nicht zu erwarten und deshalb auch einen eventuell darauf beruhenden Ausfall auch nicht in ihre Preiskalkulation mit einzubeziehen. Anstatt die Mehrheit ordnungsgemäß wirtschaftender GmbH mit höheren Preisen zu belasten, die durch die Transaktionskosten für die Sicherheitenbestellung entstehen, ist es Aufgabe der Rechtsprechung, von den Wertungen des § 13 Abs. 2 GmbHG abweichende Verhaltensweisen zu sanktionieren.
Eine Vergleichbarkeit zu den Unterfällen der materiellen Unterkapitalisierung, die *Bitter* anführt, ist nicht gegeben: Der Entzug von Gesellschaftsvermögen stellt einen weitaus stärkeren Eingriff in die Gesellschaftssphäre dar, als das Absehen von einer Versicherung zugunsten unfreiwilliger Gläubiger oder die Vornahme risikoreicher Geschäfte. Die Schädigung der GmbH durch den Entzug von Vermögen als denkbar schwerste Missachtung der Gläubigerinteressen rechtfertigt eine abweichende Beurteilung. Die Interessenlage ist in diesen Fällen ähnlich wie bei den §§ 30, 31 GmbHG, nur dass zusätzlich zum Vermögensentzug noch die dadurch bewirkte Existenzvernichtung hinzutritt, was dafür spricht, allen Gläubigern den vollen Anspruch zuzugestehen. Aus diesem Grunde wäre eine Privilegierung der Gesellschafter mittels einer Versagung der Durchgriffshaftung für einen Teil der Gläubiger ungerechtfertigt. Ein Anreiz zur Sicherung von Forderungen ist auch nach dieser Auffassung dadurch gegeben, dass in vielen Fällen der Durchgriff bei den Gesellschaftern nicht zum vollen Ausgleich führen wird[685].
Eine Begrenzung der Durchgriffshaftung für existenzvernichtende Eingriffe der Gesellschafter im Wege einer Differenzierung nach Gläubigergruppen ist mithin abzulehnen[686].

---

684 Dahingehend auch die Anmerkungen von *Henze*, NZG 2003, S. 649, 658; *Haas*, WM 2003, S. 1929, 1937, Fn. 128, im deutschen Recht fehle es an Anknüpfungspunkten für eine Differenzierung nach Gläubigergruppen.

685 Auch *Bitter*, ZInsO 2002, S. 557, 560 und Nerlich/Römermann/*Wittkowski*, InsO, § 93 Rdn. 2 gehen davon aus, dass die Doppelinsolvenz von Gesellschaft und Gesellschafter den Regelfall bildet.

686 Auch *Drüke*, Die Haftung der Muttergesellschaft, S. 50ff., 77f., 86, 184f. differenziert zwischen den unterschiedlichen Durchgriffstatbeständen. Für die Haftung der Mutter im qualifiziert faktischen Konzern lehnt er eine Differenzierung ab, weil die Schädigung hinter dem Rücken der Gläubiger vonstatten geht. Da existenzvernichtende Eingriffe auch ohne Wissen der Gläubiger durchgeführt werden, wird er in konsequenter Fortführung auch bei der Fallgruppe des existenzvernichtenden Eingriffs eine Differenzierung ablehnen.

3. Regress des zahlenden Gesellschafters

a) Rückgriff bei der GmbH

Bei der Schuld, die der im Wege der Durchgriffshaftung beanspruchte Gesellschafter begleicht, handelt es sich um eine Verbindlichkeit der GmbH. Da er für diese Schuld nach § 128 HGB analog haften muss, ist es folgerichtig, ihm auch den Rückgriffsanspruch gegen die Gesellschaft aus dem Recht der Personenhandelsgesellschaften, § 110 HGB, entsprechend zuzugestehen. Im Recht der Personengesellschaften ist anerkannt, dass die Gesellschafter zunächst Rückgriff bei der Gesellschaft zu nehmen haben, da eine Vereinbarung anzunehmen ist, dass Verbindlichkeiten der Gesellschaft zunächst aus deren Vermögen beglichen werden sollen[687]. Dieser Grundsatz gilt dann erst Recht für den Fall des Durchgriffs gegen Gesellschafter der GmbH. Denn diese gehen aufgrund des § 13 Abs. 2 GmbHG davon aus, dass nur die Gesellschaft für die in ihrem Namen begründeten Verbindlichkeiten haftet. Allerdings wird aufgrund der vom Tatbestand vorausgesetzten Insolvenz der GmbH dieser Rückgriffsmöglichkeit mangels verwertbaren Vermögens keine große praktische Bedeutung beizumessen sein.

b) Rückgriff bei den Mitgesellschaftern

Die Gesellschafter, die den Haftungstatbestand verwirklichen, haften für den Anspruch der Gläubiger in voller Höhe, ein nur quotaler Anspruch bei Beteiligung mehrerer besteht nicht. Das entspricht der Haftung der Gesellschafter einer OHG, die ebenfalls für die gesamten Schulden haften. Diese Parallele ist berechtigt, da die GmbH-Gesellschafter im Falle des Verlustes des Haftungsprivilegs grundsätzlich so haften, wie die persönlich haftenden Gesellschafter einer Personenhandelsgesellschaft[688]. Damit stellt sich die Frage, wie zu verfahren ist, sollte ein Gesellschafter einen oder mehrere Gläubiger befriedigt haben, während andere Beteiligte nicht in Anspruch genommen wurden. Aus der Haftungsüberleitung nach § 128 HGB analog und der Vergleichbarkeit der Durchgriffshaftung mit der akzessorischen Haftung der Personengesellschaften, ergibt sich, dass der Ausgleich unter den haftenden Gesellschaftern sich nach dem für die Personengesellschaft geltenden Regeln richtet. Die Gesellschafter haften danach als Gesamtschuldner und können nach § 426 Abs. 1 BGB Rückgriff bei ihren Mitgesellschaftern nehmen nach Maßgabe des jeweiligen Verlustanteils[689]. Dabei richtet sich der vom einzelnen Gesellschafter im

---

[687] *Grunewald*, GesR, 1. B. Rdn. 49, S. 108. Ohne Begründung auch *K. Schmidt*, GesR, § 49 V 1, S. 1436.

[688] S.o., 2. Kapitel C II 2, S. 83ff.

[689] Vgl. zum Ausgleich unter Gesellschaftern in Personengesellschaften BGH NJW 1980, S. 339, 340; BGH NJW-RR, 2002, S. 455, 455f.; Großkomm.HGB/*Habersack*, § 128 Rdn. 47ff.; MünchKommHGB/*K. Schmidt*, § 128, Rdn. 34; Schlegelberger/*K. Schmidt*, HGB, § 128 Rdn. 34; *ders.*, GesR, § 49 V 2, S. 1436ff.; *Baumbach/Hopt*, HGB, § 128 Rdn. 27; *Koller*/Roth/Morck, HGB, §§ 128, 129 Rdn. 8; MünchKomm/*Bydlinski*, BGB, § 421 Rdn. 39ff.; Bamberger/Roth/*Gehrlein*, § 421 Rdn. 9, § 426 Rdn. 8.

Innenverhältnis zu tragende Anteil entsprechend §§ 24, 31 Abs. 3 GmbHG nach dem Verhältnis der Kapitalanteile der haftenden Gesellschafter[690].
Ob aus der Wertung von § 31 Abs. 3 GmbHG, nach dem grundsätzlich nur der Empfänger einer Auszahlung haftet, folgt, dass im Falle von Auszahlungen die Mitgesellschafter nur nachrangig haften[691], ist fraglich. Im Falle des Rückgriffsanspruches nach § 31 GmbHG rechtfertigt sich diese Regelung aus dem Gedanken, dass dem Empfänger grundsätzlich kein Vorteil verbleiben soll[692], und dass der Betrag, den er erhalten hat, zur Erfüllung dieses Anspruches ausreicht. Der durch existenzvernichtende Eingriffe verursachte Nachteil liegt für gewöhnlich jedoch deutlich über dem Wert des entzogenen Vermögens[693]. Daher ist es dem Gesellschafter, der die Auszahlung empfangen hat, auch nicht möglich, durch die Rückzahlung den gesamten Nachteil der Gläubiger zu kompensieren. Da auch die anderen Gesellschafter für die Verletzung der Vermögensbindung verantwortlich sind, erfordert eine gerechte Verteilung der Haftung auch ihre Einbeziehung. Um eine Privilegierung des Auszahlungsempfängers zu verhindern, ist allerdings zu fordern, dass dieser den empfangenen Vorteil vorrangig zurückzahlen muss. Das lässt sich zum einen auf den Rechtsgedanken des § 31 Abs. 3 GmbHG stützen. Zum anderen wird die Auszahlung oftmals als sittenwidrig einzustufen sein[694], so dass der GmbH ein Rückgewähranspruch aufgrund des Vindikationsrechtes zusteht. Muss der Gesellschafter einen Teil des Vorteils, den er empfangen hat, bereits nach §§ 30, 31 GmbHG an die Gesellschaft zurückerstatten[695], wird dieser Betrag freilich angerechnet. Der restliche Teil des Gläubigerausfalls wird dann quotal unter den Gesellschaftern aufgeteilt.

II. Geltendmachung

1. Geltendmachung bei Durchführung eines Insolvenzverfahrens

Wenn die Gläubiger ihren Anspruch gegen die Gesellschafter selbst geltend machen dürften, stünde zu befürchten, dass nur diejenigen Ersatz erlangten, die

---

690 *Lutter/Banerjea*, ZGR 2003, S. 402, 438f. Hinsichtlich der Durchgriffshaftung allgemein Hachenburg/*Ulmer*, GmbHG, Anh. § 30 Rdn. 63.

691 So *Lutter/Banerjea*, ZGR 2003, S. 402, 438f.

692 Ausgenommen ist freilich der gutgläubige Empfänger, dessen Erstattungspflicht nur soweit reicht, wie die Rückzahlung zur Befriedigung der Gesellschaftsgläubiger erforderlich ist. Für die Existenzvernichtungshaftung kann diese Einschränkung außer Betracht bleiben, da der Rückgewähranspruch regelmäßig nicht ausreicht, die Verbindlichkeiten zu befriedigen. Andernfalls scheidet eine Haftung wegen Existenzvernichtung schon am Kriterium der Subsidiarität.

693 S.o., 2. Kapitel A III 1 c), S. 19f.

694 S.o., 2. Kapitel:A.III.6.b), S. 34ff.

695 Das ist dann nötig, wenn Gläubiger vorhanden sind, denen keine Durchgriffsansprüche zustehen. Deren Quote ergibt sich nur aus dem der GmbH zur Verfügung stehenden Vermögens. Zu diesem zählen auch die Ansprüche gegen die Gesellschafter aufgrund der Verletzung von Kapitalerhaltungsvorschriften. Vgl. zur Notwendigkeit der Bildung einer Sondermasse unten, 3. Kapitel:B.II.1.a)bb), S. 163.

als erste handelten[696]. Zur Vermeidung von unerwünschten, durch einen Wettlauf der Gläubiger entstehenden unterschiedlichen Befriedigungsquoten wird vorgeschlagen, im Insolvenzverfahren die Geltendmachung der Ansprüche aufgrund existenzvernichtender Eingriffe analog § 93 InsO dem Insolvenzverwalter zuzuweisen[697]. Eine unmittelbare Anwendung von § 93 InsO kommt nicht in Betracht, weil die Vorschrift nur auf Gesellschaften mit akzessorischer Gesellschafterhaftung Bezug nimmt, zu denen die GmbH gerade nicht gehört. Daneben wird auch vertreten, in Fällen der Durchgriffshaftung bei der GmbH folge die Befugnis des Insolvenzverwalters zur Geltendmachung der Ansprüche aus § 92 InsO analog[698].

a) Aktivlegitimation des Insolvenzverwalters

aa) § 92 InsO analog

Brinkmann[699] will die Konzentrierung der Geltendmachung von Durchgriffsansprüchen auf den Insolvenzverwalter durch eine entsprechende Heranziehung des § 92 InsO erreichen. Zur Vermeidung sich aus der Konstruktion der Durchgriffshaftung ergebender haftungsrechtlicher Abweichungen zum GmbH-rechtlichen Konzept der Binnenhaftung sei es erforderlich, die Außen-

---

696 Uhlenbruck/*Hirte*, InsO, § 93 Rdn. 3; KSInsO/*Bork*, S. 1333, 1342; *Fuchs*, ZIP 2000, S. 1089, 1091; *Wilhelm*, DB 1986, S. 2113, 2116. Vergleiche zu den unterschiedlichen Auswirkungen von Innen- und Außenhaftung auch die Diskussion um die Haftung der Gesellschafter der Vor-GmbH. Für Innenhaftung BGHZ 134, S. 333, 335ff.; *Lutter/Hommelhoff*, GmbHG, § 11 Rdn. 9; *Ulmer*, ZIP 1996, S. 733, 734ff. A.A. *Beuthien*, ZIP 1996, S. 305, 308ff.; *K. Schmidt*, ZIP 1996, S. 353, 355ff.

697 Für eine entsprechende Anwendung von § 93 InsO: LAG Köln, ZIP 2003, S. 1893, 1897; *Altmeppen*, ZIP 2002, S. 1553, 1560; *Ulmer*, JZ 2002, S. 1049, 1050, *ders.*, ZIP 2001, S. 2021, 2024; *Keßler*, GmbHR 2002, S. 945, 950; *Jawansky*, DB 2003, S. 2757, 2760; *Lutter/Banerjea*, ZGR 2003, S. 402, 430; *Bruns*, WM 2003, S. 815, 818; *Hölzle*, ZIP 2003, S. 1897; *Lergon*, RNotZ 2003, S. 213, 233. Auf dieser Analogie baut anscheinend auch das Modell des BGH in BGHZ 151, S. 181 – „KBV" auf, wo lediglich festgestellt wird, dass die Gläubiger außerhalb des Insolvenzverfahrens grundsätzlich berechtigt seien, ihre Forderungen unmittelbar gegen die Gesellschafter geltend zu machen. Im Umkehrschluss weist dies darauf hin, dass es bei Zustandekommen eines Insolvenzverfahrens eben nicht so ist. Das LG Hildesheim, ZInsO 2001, S. 474, 475 und das OLG Celle, Urt. v. 29.8.2001 – 9 U 120/01 wenden § 93 InsO analog auf den Fall der Durchgriffshaftung wegen Vermögensvermischung an. Schon zur Rechtslage nach den Grundsätzen des qualifiziert faktischen Konzerns für eine analoge Heranziehung des § 93 InsO im Falle der Einmann-GmbH: *Ulmer*, Haftung im qualifizierten faktischen GmbH-Konzern, S. 41, 62f. Für eine Abwicklung jeder Haftung, die gegenüber allen Gläubigern eintritt über die Masse bereits vor Einführung des § 93 InsO: *K. Schmidt*, Wege zum Insolvenzrecht, S. 82. Einen Vorteil dieser Abwicklung sieht er unter anderem darin, dass die Geltendmachung der Haftung aus qualifiziert faktischen Konzern und Unterkapitalisierung für die Praxis geklärt würde. Das gleiche gilt dann für die verwandten Ansprüche aus existenzvernichtenden Eingriffen.

698 *Brinkmann*, Die Bedeutung der §§ 92, 93 InsO, S. 189.

699 *Brinkmann*, Die Bedeutung der §§ 92, 93 InsO, S. 189.

haftungsansprüche wie Vermögen der juristischen Person zu behandeln. Auf diese sei dann § 92 InsO analog anwendbar.
Dieser Vorschlag führt zwar zu dem gewünschten Ergebnis, ist allerdings nicht völlig überzeugend. *Brinkmann* lehnt die Vergleichbarkeit der Durchgriffshaftung wegen Vermögensvermischung mit der Gesellschafterhaftung aus § 128 HGB zumindest insolvenzrechtlich ab, und damit indirekt auch eine entsprechende Anwendung des § 93 InsO. Denn die akzessorische Gesellschafterhaftung hebe anders als die Durchgriffshaftung wegen Vermögensvermischung gerade nicht die Trennung der Vermögensmassen von Gesellschafter und Gesellschaft auf. Trotz der materiellrechtlichen Ähnlichkeit zu der Haftung aus § 128 HGB sei für die Durchgriffshaftung mithin eine analoge Anwendung von § 92 InsO gerechtfertigt. Gegen diese Ansicht spricht, dass sie gekünstelt wirkt. Aus der Erstreckung der Gesellschaftsschulden entsprechend § 128 HGB auf die Gesellschafter folgt nicht nur eine materiellrechtliche Vergleichbarkeit, sondern eben auch eine insolvenzrechtliche. Zumindest liegt die darüber vermittelte Haftungsüberleitung näher als die Behandlung der Durchgriffsansprüche als Vermögen der Gesellschaft. Denn zunächst sind die Forderungen der Gläubiger gegen die GmbH gerichtet, die Durchgriffshaftung erlaubt lediglich daneben eine Geltendmachung auch gegen die Gesellschafter. § 92 InsO bezieht sich jedoch auf eine Verringerung der Haftungsmasse, so dass für eine analoge Anwendung zumindest eine Nähe dieser Ansprüche zum Vermögen der GmbH zu fordern ist. Die Zuweisung der Geltendmachung von Ansprüchen aus Existenzvernichtung an den Insolvenzverwalter kann sich damit nicht aus einer analogen Anwendung des § 92 InsO ergeben.

bb) § 93 InsO analog

Nach § 93 InsO werden Ansprüche aufgrund persönlicher Haftung der Gesellschafter für Verbindlichkeiten einer Gesellschaft ohne Rechtspersönlichkeit durch den Insolvenzverwalter geltend gemacht. Anschließend werden die eingezogenen Beträge quotal unter den Gläubigern aufgeteilt. Mittels Zuführung dieser Ansprüche zur Masse wird dem Ziel einer gleichmäßigen Befriedigung der Gläubiger Rechnung getragen[700]. Ein weiterer Vorteil dieser Regelung liegt darin, dass eine Abweisung des Insolvenzantrages aufgrund von Massearmut verhindert wird, sofern ein Gesellschafter über ausreichendes Vermögen verfügt[701].
Führt die Regelung des § 93 InsO damit zu sachgerechten Ergebnissen, ist festzustellen, ob diese Regelung auch auf die Haftung für existenzvernichtende

---

700 Begründung RegE, BT-DruckS. 12/2443, S. 39; KSInsO/*Bork*, S. 1333, 1343f.; Uhlenbruck/*Hirte*, § 93 Rdn. 3; MünchKommInsO/*Brandes*, § 93 Rdn. 1; Kübler/Prütting/*Lüke*, InsO, § 93 Rdn. 3; Gottwald/*Haas*, InsO, § 94 Rdn. 61; *Bitter*, ZInsO 2002, S. 557; *H. F. Müller*, Der Verband in der Insolvenz, S. 232; *Oepen*, ZIP 2000, S. 526, 533f.; *Krüger*, NZI 2002, S. 367, 368.

701 MünchKommInsO/*Brandes*, § 93 Rdn. 1; Kübler/Prütting/*Lüke*, InsO, § 93 Rdn. 4; KSInsO/*Bork*, S. 1333, 1343f.; *H. F. Müller*, Der Verband in der Insolvenz, S. 232; *Fuchs*, ZIP 2000, S. 1089, 1092; *Bitter*, ZInsO 2002, S. 557; *Oepen*, ZIP 2000, S. 526, 534; *Krüger*, NZI 2002, S. 367, 368.

Eingriffe anzuwenden ist. § 93 InsO regelt die Geltendmachung der persönlichen Haftung von Gesellschaftern einer Gesellschaft ohne Rechtspersönlichkeit oder einer Kommanditgesellschaft auf Aktien. Auf die Gesellschafter einer GmbH findet diese Vorschrift daher auch im Falle ihrer persönlichen Haftung keine direkte Anwendung. In Betracht kommt jedoch eine Analogie zu dieser Norm.
Die für eine Analogiebildung nötige Regelungslücke ist im Falle der Geltendmachung einer Gesellschafterhaftung für existenzvernichtende Eingriffe gegeben. Für die Fälle der Durchgriffshaftung enthält das Gesetz keine Regelung. Gegen die entsprechende Heranziehung des § 93 InsO wird eingewendet, der dadurch bewirkte Wechsel in der Aktivlegitimation sei dem Gesellschaftsrecht ebenso fremd wie das Konzept der Durchgriffshaftung[702]. Allein die Tatsache, dass die Wirkung einer Norm einem Rechtsgebiet fremd ist, vermag nicht die Ablehnung einer Analogie zu rechtfertigen. Hinreichende Beachtung findet die Frage nach einer Systemfremdheit der zu implementierenden Norm bei der Feststellung der vergleichbaren Interessenlage zwischen dem normierten und dem ungeregelten Sachverhalt. Zudem gilt § 93 InsO für sämtliche Personengesellschaften, so dass von einer Fremdheit für das Gesellschaftsrecht keine Rede sein kann.
Gegen eine Analogiefähigkeit der Vorschrift spricht der Wortlaut, der lediglich Gesellschaften ohne Rechtspersönlichkeit und KGaA benennt. Es ist jedoch davon auszugehen, dass der Gesetzgeber angesichts der Zurückhaltung der Rechtsprechung in Bezug auf die Annahme von Durchgriffsfällen diese Sachverhalte nicht bedacht hat. Deshalb ist der Aufzählung kein enumerativer Charakter zuzusprechen, so dass eine Erstreckung auch auf die persönliche Haftung von Gesellschaftern anderer Gesellschaftsformen möglich ist.
Eine Übertragung der Regelung des § 93 InsO auf die Haftung für existenzvernichtende Eingriffe ist mithin zulässig, wenn der Haftungsdurchgriff der persönlichen Gesellschafterhaftung vergleichbar ist, und die Interessenslagen die gleichen sind[703]. Die Vergleichbarkeit zwischen dem Haftungsdurchgriff und der akzessorischen Gesellschafterhaftung nach § 128 HGB ergibt sich schon daraus, dass die Erstreckung der Haftung für Gesellschaftsverbindlichkeiten auf die Gesellschafter nach dem hier vertretenen Konzept auf einer analogen Anwendung des § 128 HGB beruht[704]. Zudem will § 93 InsO verhindern, dass im Falle eines Insolvenzverfahrens über das Vermögen von Gesellschaften ohne Rechtspersönlichkeit der Grundsatz gleichmäßiger Gläubigerbefriedigung durch einen Wettlauf der Gläubiger ausgehöhlt wird. Schließlich soll die Eröffnung von Insolvenzverfahren auch in Fällen ermöglicht werden, in denen die Gesellschaft zwar kein Vermögen mehr besitzt, ein Gesellschafter jedoch solvent ist[705]. Dieselbe Gefahr ungleichmäßiger Befriedigung der Gläubiger

---

702 *Nasall*, ZIP 2003, S. 969, 972.

703 Vgl. zu den Voraussetzungen eines Analogieschlusses *Larenz*, Methodenlehre der Rechtswissenschaft, S. 381ff.; Staudinger/*Coing*, Einleitung Rdn. 157.

704 S.o., 2. Kapitel C II 2, S. 83ff. Ähnlich auch *Ulmer*, JZ 2002, S. 1049, 1050.

705 KSInsO/*Bork*, S. 1333, 1343f.; Uhlenbruck/*Hirte*, § 93 Rdn. 3; MünchKommInsO/*Brandes*, § 93 Rdn. 1; Kübler/Prütting/*Lüke*, InsO, § 93 Rdn. 3. A.A. *Brinkmann*, ZGR

besteht auch in der Situation der Existenzvernichtungshaftung, soweit das Restvermögen der GmbH und das der Gesellschafter nicht die kompletten Forderungen abdecken. Im Falle der Existenzvernichtung ist wegen der z.T. drastischen Eingriffe diese Gefahr sogar als noch größer einzustufen, als bei den aufgezählten Gesellschaftsformen. Und auch bei der GmbH kann die Zahl der unerwünschten masselosen Insolvenzen durch eine Hinzuziehung des Privatvermögens der Gläubiger verringert werden. Die Interessenlage im Falle der Insolvenz aufgrund Existenzvernichtung entspricht damit derjenigen der Insolvenzeröffnung über das Vermögen einer Gesellschaft ohne Rechtspersönlichkeit oder KGaA[706]. Die Vorschrift des § 93 InsO ist damit analog auch auf die Durchgriffshaftung zu übertragen[707], mithin auf die Existenzvernichtungshaftung anwendbar[708].

Während des Insolvenzverfahrens steht die Aktivlegitimation hinsichtlich der Ansprüche der Gläubiger gegen die Gesellschafter aus dem Gesichtspunkt der Existenzvernichtungshaftung somit dem Insolvenzverwalter zu. Um die Vorteile dieser Regelung zu sichern, ist es erforderlich, auch die Sperrwirkung des § 93 InsO[709] auf die Situation einer Insolvenz durch Existenzvernichtung zu übertragen. Dadurch sind die Gläubiger vom Zeitpunkt der Insolvenzeröffnung an nicht mehr berechtigt, ihre Forderungen gegen die Gesellschafter geltend zu machen. Die Sperrwirkung gilt auch für die Gläubiger, die am Insolvenzverfahren nicht teilnehmen[710]. Eine Geltendmachung des Haftungsdurchgriffs seitens der Gläubiger kommt damit nur im Falle der Ablehnung eines Insolvenzverfahrens in Betracht. Da das Insolvenzgericht jedoch im Rahmen der Prüfung der Kostendeckung auch die Haftung für Existenzvernichtung zu berücksichtigen hat[711], kommt es dazu nur im Falle mangelnder Solvenz der Gesellschafter bzw. irriger Ablehnung des Verfahrens.

Da nicht alle Gläubiger der Gesellschaft berechtigt sind, die Durchgriffshaftung gegenüber den Gesellschaftern geltend zu machen, muss der Insolvenzverwalter eine Sondermasse bilden[712]. Aus dem Vermögen der GmbH werden alle Gläubiger anteilig nach der Insolvenzquote befriedigt. Der Erlös, den der Insolvenzverwalter aus der Einziehung der Ansprüche der Gläubiger aus existenzvernichtender Haftung erzielt, steht nicht allen Gläubigern zu. Neugläubi-

---

2003, S. 264ff., der die Hauptfunktion der Vorschrift in der Erhaltung und Verbesserung von Sanierungschancen des insolventen Unternehmens sieht.

706 Ebenso *Jawansky*, DB 2003, S. 2757, 2761.

707 LG Hildesheim, ZInsO 2001, S. 474, 474f.; *K. Schmidt*, ZGR 1996, S. 209, 217; Uhlenbruck/*Hirte*, InsO, § 93 Rdn. 8; *Oepen*, ZInsO 2002, S. 162, 170. A.A.: Kübler/Prütting/*Noack*, Gesellschaftsrecht, Rdn. 499, 506.

708 So auch *Lutter/Hommelhoff*, GmbHG, § 13 Rdn. 22.

709 MünchKommInsO/*Brandes*, § 93 Rdn. 13; KSInsO/*Bork*, S. 1333, 1343; Uhlenbruck/*Hirte*, § 93 Rdn. 4; Kübler/Prütting/*Lüke*, InsO, § 93 Rdn. 13ff.; *Oepen*, ZInsO 2002, S. 162, 165; *Brinkmann*, ZGR 2003, S. 264, 265.

710 MünchKommInso/*Brandes*, § 93 Rdn. 13.

711 So hinsichtlich von Ansprüchen aus § 93 InsO i.V.m. § 128 HGB Uhlenbruck/*Hirte*, § 93 Rdn. 203; MünchKommInsO/*Haarmeyer*, § 22 Rdn. 149; *K. Schmidt*, GesR, § 52 III 3 b), S. 1515; Kübler/Prütting/*Noack*, Gesellschaftsrecht, Rdn. 469.

712 Ebenso: *Lutter/Banerjea*, ZGR 2003, S. 402, 432.

ger sowie Gläubiger, welche das mit dem existenzvernichtenden Eingriff verbundene Risiko bewusst übernommen haben, sind zur Befriedigung aus dieser Masse nicht berechtigt. Mit dem Forderungsbetrag, der über die Quote ohne Einbeziehung der Durchgriffsansprüche hinausgeht, fallen sie aus. Zum Vermögen der Gesellschaft, das unter alle Gesellschafter verteilt wird, zählen auch Ansprüche gegen die Gesellschafter aus §§ 30, 31 GmbHG, die aus einem existenzvernichtenden Anspruch herrühren.

b) Konsequenzen

aa) Auswirkungen auf deliktische Ansprüche

Existenzvernichtende Eingriffe der Gesellschafter können häufig zugleich deliktische Ansprüche der Gläubiger, insbesondere aus § 826 BGB, § 823 Abs. 2 BGB i.V.m. § 266 StGB begründen[713]. Wie die Ansprüche aus Existenzvernichtungshaftung stehen auch die deliktischen Ansprüche den Gläubigern unmittelbar gegen die Gesellschafter zu. Würden die Gläubiger diese deliktischen Ansprüche neben dem Insolvenzverfahren unmittelbar gegen die Gesellschafter geltend machen können, könnte dies zu einer Insolvenz des Gesellschafters führen, mit der Konsequenz, dass der Insolvenzverwalter nichts mehr erhielte. Dadurch würden die Gläubiger benachteiligt, die auf eine Geltendmachung neben dem Insolvenzverfahren verzichtet, und auf eine Befriedigung durch das Insolvenzverfahren vertraut haben. Letztendlich führte diese Situation dazu, dass die Gläubiger bemüht wären, ihre deliktischen Ansprüche trotz Durchführung eines Insolvenzverfahrens unmittelbar gegen die Gesellschafter durchzusetzen. Als Konsequenz entstünde für die Ansprüche aus existenzvernichtenden Verhaltensweisen ein Wettlauf der Gläubiger[714]. Dieser würde nur nicht über die spezielle Existenzvernichtungshaftung ausgetragen, sondern über die weitgehend parallel laufenden deliktischen Ansprüche. Damit wäre aber der durch die Zuweisung der Ansprüche wegen existenzvernichtender Eingriffe an den Insolvenzverwalter gewonnene Vorteil zunichte gemacht. Dieses Problem erkennt auch das LAG Köln[715]. Um diesen Vorteil nicht zu konterkarieren, müsste auch die Geltendmachung der deliktischen Ansprüche in die Hände des Insolvenzverwalters gelegt werden[716]. Eine Rechtsgrundlage

---

713 So wurde in den einer Haftung wegen Existenzvernichtung stattgebenden Urteilen zumeist auch ein Schadensersatzanspruch aus § 826 BGB aufgrund der gleichen Handlungen angenommen, vgl. BGHZ 151, S. 181 – „KBV"; LAG Köln, ZIP 2003, S. 1893. Lediglich im Falle des OLG Jena, ZIP 2002, S. 631 wurde eine derartige Schadensersatzpflicht nicht diskutiert. Die Haftung aus § 823 Abs. 2 BGB i.V.m. § 64 Abs. 1 GmbHG beruhte auf anderen tatsächlichen Grundlagen. Das OLG Rostock, ZIP 2004, S. 118, ließ das Bestehen eines Anspruches aus § 826 BGB offen, da die Haftung des Beklagten in streitgegenständlicher Höhe ohnehin nach den Grundsätzen über den existenzvernichtenden Eingriff begründet war.

714 Vgl. hierzu auch MünchKommInsO/*Brandes*, § 92 Rdn. 1; Kübler/Prütting/*Lüke*, InsO, § 92 Rdn. 7ff.

715 LAG Köln, ZIP 2003, S. 1893, 1897.

716 Angesprochen wird dieses Problem auch von *Bitter*, ZIP 2002, S. 557, 558.

für diese Folgerung weiß die Entscheidung des LAG Köln nicht zu nennen. Damit bleibt zu fragen, wie dem geschilderten Problem abzuhelfen ist.

(1) Erstreckung von § 93 InsO auf konkurrierende deliktische Ansprüche?

Der scheinbar einfachste Weg zu diesem Ziel ist die Erstreckung von § 93 InsO auch auf konkurrierende Ansprüche. Die analoge Anwendung des § 93 InsO auf die Existenzvernichtungshaftung bewirkte dann eine Versagung der Geltendmachung mit dieser konkurrierender Ansprüche durch die Gläubiger. Allerdings wird eine Erstreckung dieser Norm auf Forderungen gegen Gesellschafter aus konkurrierenden Anspruchsgrundlagen von der überwiegenden Meinung in Literatur[717] und Rechtsprechung[718] abgelehnt. Die meisten Autoren wie auch die zitierten Entscheidungen beziehen sich zwar auf die parallele Inanspruchnahme des Gesellschafters aus einer Bürgschaft bzw. aus §§ 34, 69 AO. Die dafür angeführte Begründung, § 93 InsO regele lediglich Ansprüche aus der akzessorischen Gesellschafterhaftung, lässt sich aber auf die konkurrierenden deliktischen Ansprüche übertragen. Die Gegenansicht beruft sich in erster Linie auf Sinn und Zweck des § 93 Inso. Die mit dieser Regelung intendierte Wirkung, einen Wettlauf der Gläubiger zu verhindern, würde vereitelt, soweit konkurrierende Ansprüche nicht auch erfasst würden[719].
Das Argument, der Wortlaut der Norm beziehe sich auf jede persönliche Haftung[720], vermag nicht zu überzeugen. Die Verwendung des Ausdrucks der persönlichen Haftung der Gesellschafter in anderen Normen[721] und die Regierungsbegründung[722] sprechen für eine Bezugnahme dieses Begriffs lediglich auf § 128 HGB. Die Kommission für Insolvenzrecht hatte zwar eine Einbeziehung persönlicher Ansprüche gegen die Gesellschafter erörtert, wenn der Ge-

---

717 Kübler/Prütting/*Lüke*, InsO, § 93 Rdn. 18; MünchKommInsO/*Brandes*, § 93 Rdn. 21; Kübler/Prütting/*Noack*, Gesellschaftsrecht, Rdn. 509; Uhlenbruck/*Hirte*, InsO, § 93 Rdn. 17f.; Braun/*Kroth*, InsO, § 93 Rdn. 27; Hess/*Weis*/Wienberg, InsO, § 93 Rdn. 11; *Haas/Müller*, NZI 2002 S. 366, 367; *K. Schmidt*, KTS 2001, S. 373, 389f.; *ders.*, ZGR 1996 S. 209, 217ff.; *K. Schmidt/Bitter*, ZIP 2000 S. 1077, 1082; *Bitter*, ZInsO 2002 S. 557, 559; *ders.*, WuB VI C. § 93 InsO 1.02, S. 1181, 1183; *Fuchs*, ZIP 2000 S. 1089; *Bunke*, KTS 2002, S. 471ff.; *ders.*, NZI 2002, 591ff.; *Gerhard*, ZIP 2000, S. 2181, 2188.

718 BFH, 2.11.2001 VII B 155/01 = WM 2002 S. 1361 = WuB VI C. § 93 InsO 1.02 (*Bitter*); BGH, 4.7.2002 – IX ZR 265/01 = BGHZ 151, S. 245 = NJW 2002 S. 2718 = WuB VI C. § 93 InsO 1.02 (*Bitter*); ebenso LG Bayreuth, 30.5.2000 – 33 O 244/00 = ZIP 2001 S. 1782 = EWiR 2002, S. 163 (*Fuchs*).

719 OLG Schleswig, ZIP 2001, S. 1968; *Oepen*, Massefremde Masse, 1999 S. 147ff.; *Bork*, NZI 2002 S. 362, 366; *Kesseler*, ZInsO 2002 S. 549, 554; *Wessel*, DZWIR 2002, S. 53, 54; *ders.*, EWiR 2002, S. 217, 218. Dieses Problem wird auch von der Gegenansicht erkannt, die eine Lösung allerdings nur de lege ferenda für möglich hält, BGHZ 151, S. 245, 251; *Bitter*, ZInsO 2002, S. 557, 562.

720 *Kesseler*, ZInsO 2002, S. 549ff.

721 *Bitter*, ZInsO 2002, S. 557, 558 legt überzeugend dar, dass der systematische Bezug dieses Ausdrucks auf die akzessorische Haftung nach § 128 HGB hinweist.

722 RegE BT-DruckS. 12/2443, S. 139f.

sellschafter den Anspruchstatbestand gegenüber allen Gesellschaftsgläubigern verwirklicht, im Wortlaut kommt das aber nicht zum Ausdruck.
Aufgrund des eindeutigen Wortlauts und dem Willen des Gesetzgebers ist daher eine Erstreckung des § 93 InsO auf konkurrierende deliktische Ansprüche abzulehnen. Zu diesem Ergebnis für den Bereich existenzvernichtender Eingriffe werden auch die Vertreter einer extensiven Interpretation kommen, die ihre Ansicht auf den Gedanken einer Umgehung des § 93 InsO durch Einzelvereinbarungen stützen[723]. Denn die konkurrierenden Deliktsansprüche entstehen qua Gesetz, sind also nicht Folge einer auf Umgehung hinzielenden Absprache.

(2) Verhinderung eines Gläubigerwettlaufs durch § 92 InsO

Der Verhinderung eines Gläubigerwettlaufs durch Anordnung einer Sperrwirkung dient auch § 92 InsO. Danach ist für die Geltendmachung von Ansprüchen der Gläubiger auf Ersatz für einen diesen gemeinschaftlich durch Verminderung des zur Insolvenzmasse gehörenden Vermögens entstandenen Schadens allein der Insolvenzverwalter zuständig. Insolvenzgläubiger sind solche Personen, die zur Zeit der Insolvenzeröffnung einen begründeten Vermögensanspruch gegen den Schuldner haben, § 38 InsO. Die Gläubiger der GmbH sind daher Insolvenzgläubiger i.S.d. Vorschrift. Die Tatbestandsvoraussetzung des Gesamtschadens soll Individualschäden ausgrenzen, also Ansprüche aus Handlungen, die nur einzelne Gläubiger betreffen, und nicht die allen Gläubigern zur Verfügung stehende Masse schmälern[724]. Existenzvernichtende Eingriffe bewirken eine Verminderung des Vermögens der GmbH und damit des zur Insolvenzmasse gehörenden Vermögens vor Eröffnung des Insolvenzverfahrens. Da sämtliche Gläubiger dadurch eine Benachteiligung erfahren, haben sie den Schaden gemeinschaftlich erlitten. Das Neugläubiger keinen Anspruch aus der Haftung wegen Existenzvernichtung haben, ist unschädlich, entscheidender Zeitplunkt ist die Insolvenzeröffnung. Zu diesem Zeitpunkt war ihre Eigenschaft als Gläubiger jedoch noch gar nicht begründet. Eine zeitliche Begrenzung enthält die Vorschrift nicht, die Bezugnahme auf die Insolvenzeröffnung verdeutlicht jedoch, dass ein gewisser Zusammenhang mit dem Insolvenzverfahren bestehen muss[725]. Für existenzvernichtende Maßnahmen, welche die Insolvenz herbeiführen wird man diesen Zusammenhang als gegeben ansehen[726]. Da die Vorschrift auch für Kapitalgesellschaften gilt, ist eine analoge

---

723 So anscheinend *Bork*, NZI 2002, S. 362, der davon spricht, der Gläubiger wolle durch die schuldrechtliche Vereinbarung vor der insolvenzrechtlichen Entscheidung des § 93 InsO fliehen.

724 Uhlenbruck/*Hirte*, InsO, § 92 Rdn. 5, 9; *MünchKommInsO/Brandes*, § 92 Rdn. 11; Uhlenbruck/*Hirte*, InsO, § 92 Rdn. 6. *Hasselbach*, DB 1996, S. 2213, 2214.

725 Es ist damit grds. unerheblich, ob das anspruchsbegründende Ereignis vor oder nach Eröffnung des Insolvenzverfahrens stattgefunden hat, *Krüger*, NZI 2002, S. 367, 368; *Hasselbach*, DB 1996, S. 2213, 2215.

726 Ähnlich *Hasselbach*, DB 1996, S. 2213, 2215, der von Handlungen spricht, die unmittelbar und in konsequenter Abfolge die Insolvenz des Gemeinschuldners bewirken. Dem folgend Kübler/Prütting/*Lüke*, InsO, § 92 Rdn. 13; Uhlenbruck/*Hirte*, InsO, § 92 Rdn. 6.

Anwendung nicht nötig. Die aus der existenzvernichtenden Verhaltensweise folgenden deliktischen Ansprüche können daher während der Dauer des Insolvenzverfahrens nach § 92 InsO allein vom Insolvenzverwalter geltend gemacht werden[727]. Ein unerwünschter Wettlauf der Gläubiger kann damit vermieden werden. Eine Klage des Gläubigers aus Delikt ist nach Eröffnung des Insolvenzverfahrens wegen des durch § 92 InsO vermittelten Fehlens der Prozessvoraussetzung der Prozessführungsbefugnis[728] als unzulässig abzuweisen.

bb) Insolvenzeröffnung nach Klageerhebung

Wird das Insolvenzverfahren erst nach Klageerhebung eines Gläubigers gegen einen Gesellschafter eröffnet, wird ein von einem einzelnen Gläubiger angestrengtes Verfahren unterbrochen[729]. Der Insolvenzverwalter kann das Verfahren aufnehmen, den Klageantrag auf Ersatz des Gesamtschadens erweitern und Ersatz des Schadens zur Masse verlangen[730]. Hat der Gläubiger im Zeitpunkt der Eröffnung des Insolvenzverfahrens bereits einen Vollstreckungstitel erwirkt, kann er diesen für die Dauer des Insolvenzverfahrens nicht geltend machen. Unter den Begriff der Geltendmachung fällt nach dem Telos der Vorschrift auch die Zwangsvollstreckung[731]. In entsprechender Anwendung des § 727 ZPO kann der Insolvenzverwalter die Umschreibung des Titels beantragen[732].

---

727 Das übersieht das LAG Köln, welches zwar ebenfalls eine Geltendmachung der Ansprüche durch den Insolvenzverwalter befürwortet, zur Begründung aber nur darauf verweist, anderenfalls würde die Beschränkung in der Geltendmachung des Anspruches aus existenzvernichtendem Eingriff konterkariert werden, LAG Köln, ZIP 2003, S. 1893, 1897. Eine Anwendung von § 92 InsO auf existenzvernichtende Eingriffe liegt schon deshalb nahe, weil die Vorschrift insbesondere Anwendung bei Vermögensverschiebungen findet, FK/*App*, InsO, § 92 Rdn. 5; Kübler/Prütting/*Lüke*, InsO, § 92 Rdn. 14; *Krüger*, NZI 2002, S. 367, 368.

728 Uhlenbruck/*Hirte*, InsO, § 92 Rdn. 27; Kübler/Prütting/*Lüke*, InsO, § 92 Rdn. 70; MünchKommInsO/*Brandes*, § 92 Rdn. 12; *Hasselbach*, DB 1996, S. 2213, 2215f.; MünchKommAktG/*Hefermehl/Spindler*, § 93 Rdn. 154; KK/*Mertens*, AktG, § 93 Rdn. 155; *Hüffer*, AktG, § 93 Rdn. 35.

729 Das ist unstreitig. Uneinheitlich ist lediglich die Begründung für die Unterbrechung. Für eine entsprechende Anwendung des § 17 Abs. 1 S. 1 AnfG: BGH NJW 2003, S. 590, 590f. = WuB VI C. § 93 InsO 1.03 (*Pape*); OLG Stuttgart, DB 2002, S. 1929. Für eine Unterbrechung nach § 240 ZPO: MünchKommInsO/*Brandes*, § 92 Rdn. 25; *Hasselbach*, DB 1996, S. 2213, 2215f.; Uhlenbruck/*Hirte*, InsO, § 92 Rdn. 27; KK/*Mertens*, AktG, § 93 Rdn. 152; FK/*App*, InsO, § 92 Rdn. 10; Nerlich/Römermann/*Wittkowski*, InsO, § 93 Rdn. 7 a; MünchKommAktG/*Hefermehl/Spindler*, § 93 Rdn. 154; Kübler/Prütting/*Lüke*, InsO, § 92 Rdn. 67; *Hüffer*, AktG, § 93 Rdn. 35.

730 Uhlenbruck/*Hirte*, InsO, § 92 Rdn. 27; MünchKommInsO/*Brandes*, § 92 Rdn. 25; *Hasselbach*, DB 1996, S. 2213, 2215f.

731 Kübler/Prütting/*Lüke*, InsO, § 92 Rdn. 71; *Oepen*, ZInsO 2002, S. 162, 165; FK/*App*, *InsO*, § 92 Rdn. 10.

732 OLG Dresden, ZInsO 2000, S. 607; OLG Stuttgart, NZI 2002, S. 495; Kübler/Prütting/*Lüke*, InsO, § 92 Rdn. 71; FK/*App*, *InsO*, § 92 Rdn. 10; *Wessel*, DZWIR 2002, S. 53, 54.

2. Problem der masselosen Insolvenz

Kommt es aufgrund unzureichender Masse nicht zur Eröffnung eines Insolvenzverfahrens, sind die §§ 92, 93 InsO nicht einschlägig. Jedem Gläubiger ist es dann freigestellt, seine Ansprüche gegen die Gesellschafter geltend zu machen. Es ist allerdings nicht davon auszugehen, dass dieser Durchsetzung von Ansprüchen aufgrund existenzvernichtender Eingriffe durch die Einzelgläubiger große praktische Bedeutung zukommt. Bei der Prüfung, ob das zur Verfügung stehende Vermögen der GmbH die voraussichtlichen Kosten des Insolvenzverfahrens deckt, stellt das Insolvenzgericht im Falle von existenzvernichtenden Eingriffen auch die daraus resultierenden Ansprüche der Gläubiger gegen die Gesellschafter ein[733]. Damit kann die Einzelverfolgung der Ansprüche nur bei mangelnder Solvenz der Gesellschafter in Betracht kommen, da andernfalls ein Insolvenzverfahren eröffnet würde. Die irrige Ablehnung eines Insolvenzverfahrens mangels Masse kann als Ausnahme außer Ansatz bleiben. Hat das Insolvenzgericht festgestellt, dass der oder die Gesellschafter nicht in nennenswertem Umfang solvent sind, so werden die Gläubiger in aller Regel von Vollstreckungsversuchen in das Privatvermögen dieser Personen absehen, um nicht das Prozesskostenrisiko tragen zu müssen. Die theoretische Möglichkeit eines Wettlaufs der Gläubiger im Falle masseloser Insolvenz wird in der Praxis damit so gut wie nie auftreten, so dass die Entstehung von Unbilligkeiten nicht zu befürchten ist.

3. Ergebnis

Die Geltendmachung von Ansprüchen wegen existenzvernichtender Eingriffe steht somit während des Insolvenzverfahrens allein dem Insolvenzverwalter zu. Das gleiche gilt für konkurrierende deliktische Ansprüche. Im Falle der Durchführung eines Insolvenzverfahrens wird damit ein Wettlauf der Gläubiger verhindert und eine gleichmäßige Befriedigung der Gläubiger erreicht. Wird kein Insolvenzverfahren eröffnet, sind die Gläubiger berechtigt, ihre Ansprüche aus der Existenzvernichtungshaftung selbst geltend zu machen, mit der Konsequenz, dass ein Gläubigerwettlauf droht. De lege lata lässt sich das nicht verhindern. Außerhalb eines Insolvenzverfahrens fehlt eine Institution wie der Insolvenzverwalter, der die Ansprüche gebündelt geltend machen und für eine gleichmäßige Verteilung der Erlöse sorgen kann. In der Praxis wird sich letzteres Problem nicht allzu gravierend auswirken. Nur im Falle unzureichenden Vermögens sowohl der Gesellschaft, als auch der Gesellschafter kommt es zu einer Ablehnung des Insolvenzverfahrens. Dann aber ist die unmittelbare Geltendmachung für die Gläubiger ohnehin wenig attraktiv.

---

733 So hinsichtlich von Ansprüchen aus § 93 InsO i.V.m. § 128 HGB: Uhlenbruck/*Hirte*, § 93 Rdn. 203; MünchKommInsO/*Haarmeyer*, § 22 Rdn. 149; *K. Schmidt*, GesR, § 52 III 3 b), S. 1515; Kübler/Prütting/*Noack*, Gesellschaftsrecht, Rdn. 469.

III. Beweislastverteilung

Nach den allgemeinen prozessualen Regeln trifft den Anspruchsteller die Darlegungs- und Beweislast für die anspruchsbegründenden Tatsachen[734]. Somit hätte für den Fall der Geltendmachung existenzvernichtender Eingriffe der Insolvenzverwalter bzw. der Gläubiger die anspruchsbegründenden Tatsachen darzulegen. Er müsste also einen Eingriff der Gesellschafter darlegen, der zur Existenzbeendigung der Gesellschaft geführt hat, und dessen nachteilige Auswirkungen nicht schon durch die Kapitalerhaltungsvorschriften ausgeglichen werden können. Das kann sich als kompliziert erweisen, da z.B. die Darlegung der Unzulänglichkeit von Ansprüchen aus §§ 30, 31 GmbHG Kenntnisse der relevanten betrieblichen Interna voraussetzt[735]. Ähnliche Probleme bestanden für die Gläubiger auch unter Geltung der Rechtsprechung zum qualifiziert faktischen Konzern, bzw. treffen sie bei der Geltendmachung der Unterbilanzhaftung. Abgemildert wurdem bzw. werden die Schwierigkeiten in diesen Fällen, durch Erleichterungen bei der Darlegungs- und Beweislast für die Anspruchssteller[736]. Es stellt sich damit die Frage, ob derartige Erleichterungen auch für die Anspruchsteller existenzvernichtender Eingriffe zu gewähren sind.

1. Beweiserleichterungen

a) Sekundäre Behauptungslast des Gesellschafters

Nach § 138 Abs. 3 ZPO gelten Tatsachen, die nicht ausdrücklich bestritten werden, als zugestanden. Zu bestreiten hat der Klagegegner gemäß § 138 Abs. 2 ZPO die vom Kläger behaupteten Tatsachen. Die bloße Behauptung von Tatsachen, die den Tatbestand des existenzvernichtenden Eingriffs erfüllen, ist auch dem Kläger möglich, der keine Kenntnis relevanter betrieblicher Interna hat. Schwierigkeiten bestehen allerdings hinsichtlich solcher Details, die Kenntnisse von der wirtschaftlichen Lage der GmbH voraussetzen. Entschei-

---

[734] Das ist unbestritten, vgl. nur BGHZ 100, S. 190, 195f.; BGH ZIP 1997, S. 2008, 2009; BGH NJW 2001, S. 2096, 2098; MünchKommZPO/*Peters*, § 138 Rdn. 18; MünchKommZPO/*Prütting*, § 286 Rdn. 109; *ders.*, Gegenwartsprobleme, S. 265ff., 278ff.; *Leipold*, Beweislastregeln und gesetzliche Vermutungen, S. 45f.; Stein/Jonas/*Leipold*, § 286 Rdn. 38; Zöller/*Greger*, ZPO, Vor § 284 Rdn. 17a; *Meyke*, Darlegen und Beweisen im Zivilprozeß, S. 49f.

[735] *Vetter*, ZIP 2003, S. 601, 611f. Auf die Schwierigkeiten der Gläubiger, Beeinträchtigungen des Unternehmens nachzuweisen weist auch *Ulmer*, in Hommelhoff/Stimpel/Ulmer, Heidelberger Konzernrechtstage, S. 69 hin. Ebenso *Pape*, ZIP 2004, S. 598, 601.

[736] Aus dem unübersehbaren Schrifttum zu den Beweiserleichterungen und den Vermutungsregeln im qualifiziert faktischen Konzern siehe *Ulmer*, in Ulmer (Hrsg.), Haftung im qualifizierten faktischen GmbH-Konzern, S. 42, 65ff.; *Decher*, in Ulmer (Hrsg.), Haftung im qualifizierten faktischen GmbH-Konzern, S. 25, 34ff.; Scholz/*Emmerich*, GmbHG, Anh. KonzernR, Rdn. 114f.; *Lutter/Hommelhoff*, GmbHG, Anh. § 13 Rdn. 35ff.; Hachenburg/*Ulmer*, GmbHG, Anh. § 77 Rdn. 143ff. (jeweils m. w. N.); *Kleindiek*, GmbHR 1992, S. 574, 577ff. Hinsichtlich der Unterbilanzhaftung vgl. BGH ZIP 1997, S. 2008, 2008f.; *Hornstein*, GmbHR 1998, S. 229, 230. Für eine Änderung der Beweislast Hachenburg/*Ulmer*, GmbHG, § 11 Rdn. 93.

dend ist somit, wie genau diese Behauptungen erfolgen müssen, um den Beklagten zu einem Bestreiten zu veranlassen, und ob der Beklagte in diesem Fall von sich aus die entscheidenden Tatsachen offenbaren muss. Grundsätzlich trifft den Klagegegner die Pflicht zu einem substantiierten Bestreiten nur dann, wenn der Anspruchsteller eine ebenfalls substantiierte Klagebegründung vorgetragen hat[737]. Erst ein substantiiertes Bestreiten durch den mit den betrieblichen Interna vertrauten Beklagten setzt den Kläger aber oftmals von den relevanten Tatsachen in Kenntnis. Zuvor wird er zu einer substantiierten Klagebegründung nicht in der Lage sein. Damit stellt sich das Problem, dass der Kläger nach der Konzeption des Gesetzes nur dann die notwendigen Tatsachen vom Beklagten erfährt, wenn er seine Klage zuvor auch hinsichtlich dieser Umstände substantiiert hat.

Einen Ausweg aus diesem Dilemma weist der Grundsatz der sekundären Behauptungslast[738]. Danach besteht die Pflicht zu einem substantiierten Bestreiten des nicht substantiierten Klägervortrages auch dann, wenn der Kläger von den entscheidenden Tatsachen keine Kenntnis hat, und sich diese auch nicht verschaffen kann, dem Beklagten die Aufklärung jedoch ohne Schwierigkeiten möglich und zumutbar ist. Diese „sekundäre Behauptungslast" führt zur Geständnisfiktion des § 138 Abs. 3 ZPO, soweit die belastete Partei den sich daraus ergebenden Anforderungen nicht genügt[739]. Die Darlegungslast liegt damit insoweit beim Klagegegner, als er die Behauptungen des Klägers substantiiert zu bestreiten hat. Die Beweislast liegt dagegen weiterhin beim Kläger, der damit auch das Risiko eines non liquet, also der Nichtbeweisbarkeit trägt[740]. Freilich kann nicht eine Behauptung des Klägers ins Blaue hinein eine solche Wirkung entfalten. Es ist vielmehr erforderlich, dass der Kläger hinreichende Anhaltspunkte für die Erfüllung des jeweiligen Anspruchstatbestandes darlegt und gegebenenfalls beweist[741].

b) Weitergehende Vorschläge

aa) Beweislastumkehr

Andere Vorschläge wollen auch das Risiko eines non liquet zu Lasten der Gesellschafter gehen lassen. Der Kläger müsse nur die Vornahme eines Ein-

---

[737] MünchKommZPO/*Peters*, § 138 Rdn. 18f.; Zöller/*Greger*, ZPO, § 138 Rdn. 8, 8a.

[738] St. Rspr., BGHZ 12, S. 49, 50; 86, S. 23, 30; 100, S. 190, 195f.; 109, S. 139, 149; MünchKommZPO/*Peters*, § 138 Rdn. 21f.; Zöller/*Greger*, ZPO, § 138 Rdn. 8b, Vor § 284 Rdn. 34ff.; Hachenburg/*Ulmer*, GmbHG, Anh. § 77 Rdn. 148; *Kleindiek*, GmbHR 1992, S. 574, 581.

[739] Umstritten ist allerdings die dogmatische Begründung für die „sekundäre Behauptungslast". Die Rechtsprechung leitet sie aus der allgemeinen Pflicht redlicher Prozessführung ab, ebenso *Stein/Jonas/Leipold*, § 138 Rdn. 28ff. Für eine Begründung aus der Prozessförderungspflicht in Verbindung mit der Wahrheits- und Vollständigkeitspflicht MünchKommZPO/*Peters*, § 138 Rdn. 22; *ders.*, FS Schwab, S. 399, 401; *Schlosser*, JZ 1991, S. 599, 604.

[740] *Kleindiek*, GmbHR 1992, 574, 581; *Peters*, FS Schwab, S. 399, 407.

[741] S.o., Fn. 736.

griffs nachweisen[742]. Die Beweislast für die Kausalität des Eingriffs für die Insolvenz und die Tatsache, dass die Kapitalerhaltungsvorschriften nicht zu einem vollständigen Ausgleich der Nachteile führen, obliege dem Gesellschafter.

bb) Privilegierung der Gläubiger von Konzerngesellschaften

Drygala[743] schlägt eine differenzierende Lösung vor. Die allgemeinen Erleichterungen bei der Darlegungslast kämen den Gläubigern nur bei abhängigen Konzerngesellschaften zugute. Gegenüber unabhängigen Gesellschaften hingegen obliege den Gläubigern weiterhin die volle Darlegungs- und Beweislast. Wie der Anscheinsbeweis zeige, spielten bei der prozessualen Verteilung der Darlegungs- und Beweislast statistische Wahrscheinlichkeiten eine gewichtige Rolle. In einer konzernierten GmbH sei die Wahrscheinlichkeit nachteiliger Einwirkungen durch den beherrschenden Gesellschafter signifikant höher als im Falle einer GmbH, deren Gesellschafter nur an dieser Gesellschaft beteiligt seien. Dieser höheren Wahrscheinlichkeit nachteiliger Eingriffe bei Konzernunternehmen könnte man durch Erleichterungen bei der Darlegungslast angemessen Rechnung tragen. Würde man dagegen auch in der unabhängigen GmbH die Umkehr der Darlegungslast erlauben, so ginge dies an der Tatsache vorbei, dass das Interesse des Gesellschafters am Wohlergehen der GmbH nachteilige Handlungen effektiv begrenze.

cc) Vermögensvermischung als alternative Haftungsbegründung

Schwierig für den Kläger zu beweisen ist insbesondere die Tatsache der mangelnden Ausgleichsfähigkeit des der GmbH entstandenen Schadens über die §§ 30, 31 GmbHG[744]. Zur Behebung dieses Problems wird ein Rückgriff auf die anerkannte Fallgruppe der Durchgriffshaftung wegen Vermögensvermischung empfohlen[745]. Könne der Insolvenzverwalter wegen unzureichender Buchführung nicht feststellen, ob ein Fall der §§ 30, 31 GmbHG vorliegt, so folge schon aus der mangelhaften Buchführung die Durchgriffshaftung wegen

---

742 OLG Rostock, ZIP 2004, S. 118, 121; *Vetter*, ZIP 2003, S. 601, 612. Eventuell ist auch der BGH hinsichtlich des Tatbestandsmerkmals der Subsidiarität dieser Ansicht, wie man aus der negativen Formulierung herauslesen könnte, dass der Anspruch aus Existenzvernichtung in Frage komme, „soweit nicht der der GmbH insgesamt zugefügte Nachteil bereits nach §§ 30, 31 GmbHG ausgeglichen werden kann", BGHZ 151, S. 181, 187.

743 *Drygala*, GmbHR 2003, S. 729, 737f.

744 Der Vorschlag, das Problem der Subsidiarität bei der Geltendmachung dadurch zu beseitigen, dass an dieses Tatbestandsmerkmal keine hohen Anforderungen gestellt werden sollen (so *Drygala*, GmbHR 1993, S. 317, 320), ist abzulehnen. Die Konstruktion einer Durchgriffshaftung ist nur bei Bestehen einer Regelungslücke zulässig, und auch dann auf Ausnahmefälle zu begrenzen. Lässt sich ein Sachverhalt unter Zuhilfenahme der gesetzlich vorgesehenen Instrumente bewältigen, entfällt die Rechtfertigung für den Durchgriff. Eine Aufweichung dieses Tatbestandsmerkmals ist somit nicht anzuerkennen, siehe auch *Krieger*, ZGR 1994, S. 375, 383f. Dafür ist anscheinend auch *Ulmer*, JZ 2002, S. 1049, 1051, der von logischer Stringenz des Tatbestandsmerkmals der Subsidiarität spricht

745 *Lutter/Banerjea*, ZGR 2003, S. 402, 425ff. Ähnlich *Altmeppen*, ZIP 2002, S. 1553, 1558.

Vermögensvermischung[746]. Komme es zur Ablehnung der Eröffnung des Insolvenzverfahrens, so könnten die Gläubiger ihren Durchgriffsanspruch mithin alternativ auf Vermögensvermischung oder Existenzvernichtung stützen. Denn dann habe der Insolvenzverwalter keine Ansprüche aus §§ 30, 31 GmbHG festgestellt, so dass diese entweder nicht bestünden, oder nicht dokumentiert seien. Lägen keine Verstöße gegen die Kapitalerhaltungsvorschriften vor, komme die Subsidiarität nicht zum Tragen, und die Haftung wegen Existenzvernichtung sei einschlägig. Wolle sich der Gesellschafter jedoch auf die Subsidiarität der Haftung wegen existenzvernichtender Eingriffe zurückziehen, könne ihm vorgehalten werden, im Falle ausreichender Buchführung hätte das Insolvenzgericht das Bestehen eines Anspruchs aus § 31 GmbHG erkannt, er hafte daher unter dem Gesichtspunkt der Vermögensvermischung. Der Durchgriffshaftung kann der Gesellschafter damit nur entgehen, wenn er nachweist, dass ein Anspruch wegen Verletzung der Kapitalerhaltungsvorschriften besteht und ordnungsgemäß dokumentiert wurde.

c) Stellungnahme

Eine Beweislastumkehr ist wegen der damit verbundenen einschneidenden Wirkungen nur in Ausnahmefällen anzuerkennen. Als richterliche Rechtsfortbildung ist die Schaffung neuer Fallgruppen der Beweislastumkehr mithin von einer strukturell angelegten Beweisnot abhängig[747]. Soweit sich auch mit weniger scharfen Regelungen billige Ergebnisse erzielen lassen, bedarf es eines Rückgriffs auf eine Beweislastumkehr nicht. Zunächst ist daher festzustellen, inwieweit die anderen Vorschläge zu vertretbaren Ergebnissen gelangen. Nur soweit das nicht der Fall sein sollte, wird eine Umkehr der Beweislast in Erwägung zu ziehen sein.

In seiner Ausgangsposition ist *Drygala* zuzustimmen. In der Tat liegt die Wahrscheinlichkeit nachteiliger Einzeleingriffe in Konzerngesellschaften höher als im Falle unabhängiger Gesellschaften[748]. Allerdings geht die Umkehr der Darlegungslast nicht von einer Wahrscheinlichkeit schädigender Handlungen aus, auch wenn Wahrscheinlichkeiten bei der Frage der prozessualen Darle-

---

[746] Es entspricht gefestigter Rechtsprechung und auch der in der Literatur überwiegenden Ansicht, dass eine Durchgriffshaftung aufgrund Vermögensvermischung in Betracht kommt, wenn die Abgrenzung zwischen Privat- und Geschäftsvermögen so verschleiert wird, dass die Beachtung der Kapitalerhaltungsvorschriften nicht mehr nachprüfbar ist, vgl. BGHZ 95, S. 330, 334 – „Autokran"; 125, S. 366, 368; *Stimpel*, FS Goerdeler, S. 601, 615; Rowedder/Schmidt-Leithoff/*Pentz*, GmbHG, § 13 Rdn. 141; *Lutter/Hommelhoff*, GmbHG, § 13 Rdn. 10; Scholz/*Emmerich*, GmbHG, § 13 Rdn. 86; *Michalski*, GmbHG, § 13 Rdn. 349; *Röhricht*, FS BGH, S. 83, 89.

[747] MünchKommZPO/*Prütting*, § 286 Rdn. 121; *ders.*, Gegenwartsprobleme der Beweislast, S. 260f.; *Krieger*, in Hommelhoff/Stimpel/Ulmer, Heidelberger Konzernrechtstage, S. 58f.; Larenz, Lehrbuch des Schuldrechts, Bd. I, § 24 I b, S. 376; Kleindiek, GmbHR 1992, S. 574, 580.

[748] Sog. „Konzerngefahr", vgl. dazu BGHZ 95, S. 330, 334, 342 – „Autokran"; ausführlich *Ulmer*, ZHR 148 (1984), S. 391, 396ff.; Emmerich/*Habersack*, Konzernrecht, Anh. § 318 Rdn. 4; *Emmerich*, Der GmbH-Konzern, S. 3, 9ff.; Hachenburg/*Ulmer*, GmbHG, Anh. § 77 Rdn. 97; *Limmer*, Die Haftungsverfassung des faktischen GmbH-Konzerns, S. 11f.

gung eine Rolle spielen. Maßgebend ist allein die Möglichkeit des Klägers zur Erlangung von Kenntnissen, bzw. die Tatsache, dass zur Bereitstellung der erforderlichen Informationen allein der Beklagte in der Lage ist. Die Tatsache, dass nachteilige Eingriffe in unabhängigen Gesellschaften weniger wahrscheinlich sind, als in konzernierten GmbH vermag nichts an dem Befund zu ändern, dass derartige Handlungsweisen auch in unabhängigen Gesellschaften vorkommen, wie das Beispiel BGHZ 151, S. 181 – „KBV" zeigt. Allein der Hinweis auf die geringe Wahrscheinlichkeit nachteiliger Eingriffe in unabhängige GmbH kann es aber nicht rechtfertigen, den Gläubigern in diesen Fällen faktisch die Möglichkeit einer erfolgreichen Klage zu nehmen. Eine Differenzierung bei der Darlegungs- und Beweislast zwischen unabhängigen und konzernierten Gesellschaften ist damit abzulehnen.
Der Vorschlag, den Nachweis des Tatbestandsmerkmals der Subsidiarität unter Zuhilfenahme der Vermögensvermischung zu erleichtern, ist überzeugend. Kann der Insolvenzverwalter anhand der Unternehmensunterlagen nicht feststellen, inwieweit Ansprüche nach den §§ 30, 31 GmbHG vorliegen, so sind die Voraussetzungen der Durchgriffshaftung wegen Vermögensvermischung gegeben: Da der Insolvenzverwalter bei einer ordnungsgemäßen Buchführung regelmäßig in der Lage ist, das Bestehen dieser Ansprüche nachzuvollziehen, spricht in dem Fall, dass er dies nicht kann, eine Vermutung für die Vermögensvermischung. Der Kläger kann daher diesbezüglich einen prima facie Beweis in Anspruch nehmen, so dass es dem Klagegegner obliegt, diese Vermutung auszuräumen. Sofern der Insolvenzverwalter seinen Aufgaben ordnungsgemäß nachkommt, wird er das Problem der Subsidiarität daher ohne Schwierigkeiten meistern können. Die Gläubiger müssen nur für den unwahrscheinlichen Fall, dass der Insolvenzverwalter trotz ausreichender Buchführung den Anspruch aus §§ 30, 31 GmbHG nicht erkannt hat, und dieser Anspruch den kompletten Nachteil ausgleichen kann, mit einer Abweisung der Klage wegen Subsidiarität rechnen. Ein Beweisantritt des Gesellschafters für das Bestehen eines solchen Anspruchs ist nicht zu verlangen. Kann der Gesellschafter eine ordnungsgemäße Buchführung darlegen, so scheidet eine Haftung wegen Vermögensvermischung aus. Sähe man in diesem Fall den Nachweis fehlender Ersatzmöglichkeiten nach den §§ 30, 31 GmbHG und damit das Fehlen der Subsidiarität als erbracht an, weil Insolvenzgericht bzw. Insolvenzverwalter solche Ansprüche nicht feststellen konnten, so bedeutete dies eine Beweislastumkehr. Eine Beweislastumkehr dahingehend anzunehmen, dass der Gesellschafter darlegen und notfalls beweisen müsste, dass ein Anspruch aus einer Verletzung der Kapitalerhaltungsvorschriften vorliegt, ist nur für den Fall in Betracht zu ziehen, dass die oben skizzierte Verteilung der Darlegungs- und Beweislast sich als unzureichend darstellt. Dem ist jedoch nicht so. Der Hinweis auf die Haftung wegen Vermögensvermischung hilft über die Klippe der Subsidiarität hinweg.

Die Belastung des Beklagten mit der sekundären Behauptungslast führt zu sachgerechten Ergebnissen[749], wie auch die Erfahrungen zum qualifiziert faktischen Konzern bzw. bei der Geltendmachung der Unterbilanzhaftung im Rahmen der Vor-GmbH zeigen[750]. Stehen dem Kläger die notwendigen Informationen zur Verfügung, sind weitergehende Vorteile nicht nötig. Auf der anderen Seite muss es ihm zumindest zugemutet werden, hinreichende Anhaltspunkte darzulegen, einer Klage „auf gut Glück" kann kein Vorschub geleistet werden. Sofern der Kläger nicht in der Lage ist, den Tatbestand substantiiert darzulegen, genügen tatsächliche Anhaltspunkte. Dann obliegt es dem Beklagten, diese auszuräumen, soweit ihm dies zumutbar ist. Probleme hinsichtlich der Subsidiarität der Haftung lassen sich mittels einer alternativen Haftungsbegründung über Vermögensvermischung beseitigen. Eine Beweislastumkehr ist daher nicht anzuerkennen.

2. Praktische Konsequenzen

Die tatsächliche Belastung der Parteien mit der Darlegungs- und Beweislast richtet sich damit zum einen nach der Frage, inwieweit die Vermögensverhältnisse der GmbH ordnungsgemäß dokumentiert wurden, und zum anderen nach dem Grundsatz der sekundären Behauptungslast. Hinsichtlich dieses Rechtsinstituts stellt sich allerdings zunächst die Frage, inwieweit seine Grundsätze Anwendung auf die Prozesslage im Falle existenzvernichtender Eingriffe finden[751]. Da die Einschlägigkeit dieser Regeln maßgeblich von den Informationsmöglichkeiten des Klägers abhängt, erscheint es angebracht, zwischen der Geltendmachung durch den Insolvenzverwalter einerseits und durch die Gläubiger andererseits zu differenzieren. Denn dem Insolvenzverwalter stehen im Insolvenzverfahren weitgehende Informationsrechte zu, die ihm Zugang auch zu sensiblen Unternehmensdaten eröffnen.
Der Tatbestand der Durchgriffshaftung für existenzvernichtende Eingriffe setzt einen Eingriff der Gesellschafter voraus, der ursächlich für die Vernichtung der Existenz der Gesellschaft geworden ist. Keine Probleme bereitet die Frage nach der Existenzvernichtung der GmbH. Die Insolvenz der Gesellschaft als Vernichtung ihrer Existenz[752] wird in aller Regel offenkundig und unstreitig sein. Schwierigkeiten bei der Beantwortung der Frage, ob dem Kriterium der Subsidiarität Genüge getan wurde, lassen sich mittels des Tatbestandes der Vermögensvermischung lösen. Damit bleiben als Problemfälle der Eingriff und seine Kausalität für die Existenzvernichtung. Welche schädigenden Handlungen die Gesellschafter vorgenommen haben, ist zumeist nur anhand von internen Un-

---

[749] Für eine Anwendung der sekundären Behauptungslast auch *Lutter/Hommelhoff*, GmbHG, § 13 Rdn. 25.

[750] Hinsichtlich des qualifiziert faktischen Konzerns: Hachenburg/*Ulmer*, GmbHG, Anh. § 77 Rdn. 148; *Lutter/Hommelhoff*, GmbHG, Anh. § 13 Rdn. 35. Zu einer anderen Beurteilung kommt Scholz/*Emmerich*, GmbHG, Anh. Konzernrecht Rdn. 115. Für die Unterbilanzhaftung: *Hornstein*, GmbHR 1998, S. 229, 230.

[751] Ebenso LAG Köln, ZIP 2003, S. 1893, 1896; OLG Rostock, ZIP 2004, S. 118, 121; *Vetter*, ZIP 2003, S. 601, 612; *Keßler*, GmbHR 2002, S. 945, 950f.

[752] S.o., 3. Kapitel A II, S. 116ff.

terlagen des Unternehmens festzustellen. Ebenso erfordert die Beurteilung der Kausalität dieser Einwirkung für die Vernichtung der Existenz der GmbH Einblick in die Finanzen der Gesellschaft.

a) Klage durch den Insolvenzverwalter

Dem Insolvenzverwalter stehen durch seine Stellung weitgehende Informationsbefugnisse zu. Nach § 97 Abs. 1 S. 1 InsO trifft den Gemeinschuldner ihm gegenüber eine Auskunftspflicht über alle das Insolvenzverfahren betreffende Verhältnisse. § 101 Abs. 1 S. 1 InsO erstreckt diese Verpflichtung für den Fall, dass der Gemeinschuldner keine natürliche Person ist, auf dessen Organe. Die Auskunftspflicht besteht auch hinsichtlich solcher Informationen, die für den Auskunftsverpflichteten von Nachteil sind[753]. Ergänzt werden die Informationsrechte des Insolvenzverwalters durch die Mitwirkungspflichten seitens der organschaftlichen Vertreter der Gesellschaft[754]. Eine weitere wichtige Informationsquelle hinsichtlich der Vermögensverhältnisse der Gesellschaft bilden insbesondere die Geschäftsbücher. Da diese nach § 36 Abs. 2 Nr. 1 InsO zur Insolvenzmasse gehören hat der Insolvenzverwalter sie gemäß § 148 Abs. 1 InsO in Besitz zu nehmen. Auf diese Weise kann der Insolvenzverwalter sich, eine ordnungsgemäße Buchführung vorausgesetzt, einen detaillierten Überblick über die in die GmbH wirkenden Handlungen der Gesellschafter verschaffen und ihre Konsequenzen für die Gesellschaft feststellen[755]. Auf der Grundlage dieser Informationen kann der Insolvenzverwalter mithin beurteilen und auch substantiiert darlegen, inwieweit ein Eingriff des Gesellschafters vorgelegen hat, und weshalb dieser für die Existenzbeendigung kausal geworden ist. Dem Gesellschafter in dieser Lage eine sekundäre Behauptungslast aufzuerlegen, erweist sich damit als unnötig. Dem Insolvenzverwalter stehen alle zur Begründung des Anspruchs erforderlichen Informationen zur Verfügung, eine Abweichung vom Grundprinzip der Darlegungs- und Beweislast ist nicht erforderlich. Lediglich im Falle einer unzureichenden Buchführung besteht die Möglichkeit, dass die fraglichen Informationen nicht zu erlangen sind. In diesem Fall kann der Insolvenzverwalter den von ihm geltend gemachten Anspruch wie dargelegt auf die Durchgriffshaftung wegen Vermögensvermischung stützen.

Unter Zugrundelegung der allgemeinen Grundsätze zur Verteilung der Darlegungs- und Beweislast kommt es im Falle der Geltendmachung der Ansprüche durch den Insolvenzverwalter somit nicht zu einer Benachteiligung der Klägerpartei aufgrund unzureichender Informationen. Modifizierungen dieses Prin-

---

[753] BVerfG NJW 1981, S. 1431, 1432f.; KSInsO/*Henssler*, S. 1283ff., Rdn. 34; *ders.*, ZInsO 1999, S. 121, 123; Nerlich/Römermann/*Mönning*, InsO, § 20 Rdn. 32; *H. F. Müller*, Der Verband in der Insolvenz, S. 92.

[754] Siehe dazu *H. F. Müller*, Der Verband in der Insolvenz, S. 93ff. m.w.N.

[755] Eine umfassende Informationsmöglichkeit des Insolvenzverwalters erwähnen auch BGH ZIP 1997, S. 2008, 2008f.; *Krieger*, in Hommelhoff/Stimpel/Ulmer, Heidelberger Konzernrechtstage, S. 58f.; *ders.*, ZGR 1994, S. 375, 389; *Lutter*, in Hommelhoff/Stimpel/Ulmer, Heidelberger Konzernrechtstage, S. 201; Hachenburg/*Ulmer*, GmbHG, Anh. § 77 Rdn. 146; *Kleindiek*, GmbHR 1992, S. 574, 580.

zips sind in diesem Fall mithin nicht erforderlich[756]. Im Falle unzureichender Buchführung kann der Insolvenzverwalter die Klage auf eine Durchgriffshaftung wegen Vermögensvermischung stützen. Das ist auch sachgerecht, da gerade eine solche Sachlage ihm einen Großteil seiner Informationsvorteile nehmen würde, so dass er dann auf eine Erleichterung des Nachweises einer Haftung angewiesen ist. Diese Funktion erfüllt der Tatbestand der Vermögensvermischung als alternative Haftungsbegründung.

b) Klage der Gläubiger

aa) Anwendbarkeit der sekundären Behauptungslast

Den einzelnen Gläubigern der insolventen Gesellschaft stehen keine Einsichtsrechte in die Unterlagen der GmbH zu. Sie haben daher im Normalfall weder detaillierte Kenntnis von der Vornahme eines Eingriffs durch die Gesellschafter bzw. dessen Kausalität für die Existenzvernichtung, noch die Möglichkeit, sich die relevanten Informationen zu verschaffen. Beließe man es bei der allgemeinen Verteilung der Darlegungslast, so wäre eine Klage der Gläubiger gegen die Gesellschafter unter dem Gesichtspunkt des existenzvernichtenden Eingriffs aussichtslos, da die Gläubiger zu einem substantiierten Vortrag nicht in der Lage sind. Aus diesem Grunde ist es erforderlich, den Gesellschaftern im Falle einer Klage der Gläubiger die sekundäre Behauptungslast aufzuerlegen.

bb) Darlegungspflichten des Gläubigers

Damit muss der Kläger Umstände darlegen und gegebenenfalls beweisen, die nahe legen, dass der beklagte Gesellschafter einen Eingriff in die Gesellschaft vorgenommen hat, der für die Existenzvernichtung kausal geworden ist. Da die Gläubiger über keine Informationsrechte gegenüber der Gesellschaft verfügen, dürfen an einen derartigen Vortrag keine hohen Anforderungen gestellt werden. Allein der Hinweis auf die Insolvenz der GmbH, oder die Ablehnung einer solchen mangels Masse reicht jedoch noch nicht aus, dem Beklagten die Pflicht zu einem substantiierten Bestreiten aufzuerlegen. Diese Tatsachen lassen für sich genommen noch auf keine nachteilige Einflussnahme der Gesellschafter schließen[757]. Nicht erforderlich ist dagegen der Nachweis einer Entnahme von Gesellschaftsvermögen. Ausreichend ist es, einen Anhaltspunkt für das Verteilen von Gesellschaftsaktiva an Gesellschafter oder diesen nahe stehende Perso-

---

756 So noch zur Rechtslage des qualifiziert faktischen Konzerns: *Krieger*, in Hommelhoff/Stimpel/Ulmer, Heidelberger Konzernrechtstage, S. 59; *ders.*, ZGR 1994, S. 375, 389; *Lutter*, in Hommelhoff/Stimpel/Ulmer, Heidelberger Konzernrechtstage, S. 201; *Kleindiek*, GmbHR 1992, S. 574, 580.

757 Ähnlich *Drygala*, GmbHR 2003, S. 729, 738, der es ablehnt, gegen jeden Gesellschafter den Verdacht zu erheben, er sei auf den Konkurs seiner GmbH aus.

nen nachzuweisen[758]. Ist es den Gläubigern einmal gelungen, konkrete Anhaltspunkte dafür darzulegen, so folgt aus der Insolvenz der GmbH gleichzeitig ein Anhaltspunkt dafür, dass diese Entnahme zumindest zu dieser beigetragen hat. Für die Annahme, dass schon eine so praktizierte Verteilung der Darlegungs- und Beweislast eine effiziente Verfolgungsmöglichkeit der Gläubiger gewährleistet, spricht auch die Auswertung der einschlägigen Entscheidungen. In zwei zum existenzvernichtenden Eingriff ergangenen Entscheidungen, BGHZ 151, S. 181 - „KBV“ und LAG Köln, Urteil vom 20.6.2003 - 4 SA 128/03[759], ist es den klagenden Gläubigern gelungen, die Tatbestandsvoraussetzungen eines existenzvernichtenden Eingriffs darzulegen. Auch in den zum qualifiziert faktischen Konzern ergangenen Entscheidungen BGHZ 95, S. 330 – „Autokran“ und BGHZ 122, S. 123 – „TBB“ konnten jeweils Kapitalabflüsse zugunsten der Gesellschafter bzw. mit ihnen verbundener Unternehmen im Rahmen einer Klage von Gläubigern festgestellt werden.
Ist es dem Gläubiger damit möglich, die Tatbestandsmerkmale des Eingriffs und dessen Kausalität für die Existenzvernichtung darzulegen, muss er noch das negative Tatbestandsmerkmal nachweisen, nämlich dass keine Ansprüche der Gesellschaft aus den Kapitalerhaltungsvorschriften einschlägig sind, die den entstandenen Nachteil vollständig kompensieren. Im Gegensatz zu dem Nachweis des Eingriffs bzw. seiner Kausalität für die Existenzvernichtung wäre hierfür nicht nur die Darlegung von Anhaltspunkten erforderlich, dass ein bestimmtes Verhalten stattgefunden hat, sondern die genaue Bezifferung des Nachteils und des Anspruches aus §§ 30, 31 GmbHG. Zumindest hinsichtlich dieses Tatbestandsmerkmals liegt es damit nahe, an eine Beweislastumkehr zu Lasten der Gesellschafter zu denken. Denn eine so detaillierte Darstellung der Vermögensverhältnisse ist dem Gläubiger nicht möglich. Vor der Anwendung einer Beweislastumkehr ist jedoch zu untersuchen, ob nicht tatsächliche Gegebenheiten eine Lösung dieses Problems ermöglichen. Dabei zeigt sich, dass auch insoweit die beschriebene Darlegungs- und Beweislastverteilung genügt.
Denn in den meisten Fällen von Existenzvernichtung entstehen der Gesellschaft durch die Insolvenz über den bloßen Vermögensabzug hinaus weitere Verbindlichkeiten, die durch den Erstattungsanspruch nach § 31 GmbHG nicht ausgeglichen werden[760]. Hat der Gläubiger Anhaltspunkte für eine Existenzvernichtung durch den Abzug von Vermögen dargetan, so bedeutet dies demzufolge ebenso einen Anhaltspunkt dafür, dass keine Ansprüche nach den Kapitalerhaltungsvorschriften bestehen, welche den Nachteil vollständig ausgleichen. Ähnliche Folgerungen zieht anscheinend auch der BGH, wenn er formuliert, dass ein Verlust des Haftungsprivilegs eintritt, „soweit der Nachteil

[758] Eine solche Darlegungslast für zumutbar halten auch *Wiedemann*, FS 50 Jahre BGH, S. 337, 354; *Kessler*, GmbHR 2002, S. 945, 951; *Lutter/Banerjea*, ZGR 2003, S. 402, 426. Noch weitergehend *Drygala*, GmbHR 2003, S. 729, 738.
[759] LAG Köln, ZIP 2003, S. 1893.
[760] *Fleck*, ZHR 149 (1985), S. 387, 395; *ders.*, FS GmbHG, 1992, S. 391, 392f.; *Winter*, Mitgliedschaftliche Treuebindungen im GmbH-Recht, S. 204; *Vonnemann*, Haftung der GmbH-Gesellschafter bei materieller Unterkapitalisierung, S. 205.

nicht nach den §§ 30, 31 GmbHG ausgeglichen werden kann“[761]. Dieser Aussage liegt offenkundig die Vorstellung zugrunde, dass dies in der Regel nicht der Fall sein wird, und es damit Aufgabe des Gesellschafters ist, Gegenteiliges darzulegen. Zwar deutet die Aussage des BGH mehr in Richtung einer Beweislastumkehr[762], doch ist eine solche nicht erforderlich. Vielmehr genügt bei genauer Betrachtung der in Frage stehenden Fallgruppen die Behandlung nach den Grundsätzen der sekundären Beweislast[763].

cc) Direktanspruch der Gläubiger hinsichtlich §§ 30, 31 GmbHG

Kann der Gesellschafter beweisen, dass Ansprüche aus §§ 30, 31 GmbHG den gesamten der GmbH durch den betreffenden Eingriff entstandenen Schaden abdecken, wäre eine Klage des Gläubigers unter dem Gesichtspunkt der Subsidiarität abzuweisen.
Zur Vermeidung dieser Konsequenz wird vorgeschlagen, unter Rekurs auf Zumutbarkeitserwägungen von einer Befugnis der Gläubiger zur Geltendmachung des Anspruchs aus § 31 GmbHG nach den §§ 93 Abs. 5, 117 Abs. 5, 309 Abs. 4, 310 Abs. 4, 317 Abs. 4, 318 Abs. 4 AktG auszugehen[764]. Das ist abzulehnen. Die Einräumung einer solchen Möglichkeit für die Gläubiger bedeutete, die gesetzlich vorgesehene Vorgehensweise einer Pfändung des Anspruches bei der Gesellschaft und Überweisung an den Gläubiger zu unterlaufen. Es ist aber nicht einzusehen, warum der Gläubiger, der einen Anspruch aus existenzvernichtendem Eingriff geltend macht, verfahrensmäßig eine Vereinfachung erhalten soll, wenn dieser Anspruch nicht einschlägig ist. Der Gläubiger, der dem gesetzlichen Konzept folgt, wird auch auf den Umweg einer Anspruchspfändung verwiesen.
Auch das Argument, anderenfalls käme es erst gar nicht zu einer Geltendmachung der Ansprüche durch die Gläubiger, weil diese nicht bereit seien, in das Vermögen einer insolventen GmbH zu vollstrecken, vermag nicht zu überzeugen. Es steht ohnehin zu bezweifeln, dass Gläubiger bei einer Ablehnung des Insolvenzverfahrens mangels Masse, und damit der Feststellung durch das Insolvenzgericht, es bestünden keine Ansprüche wegen Existenzvernichtung, respektive die Gesellschafter seien nicht solvent, zu einem Vorgehen gegen die Gesellschafter bereit sind. Nur in diesem Fall bekommen aber die Gläubiger überhaupt erst die Möglichkeit zu einem eigenen Vorgehen. Wollen die Gläubiger jedoch trotz dieser Sachlage ihre Forderungen geltend machen, so werden

---

[761] BGHZ 149, S. 10, 16; 151, S. 181, 187 – „KBV“.

[762] So auch *Vetter*, ZIP 2003, S. 601, 612.

[763] Als vertretbar erscheint hinsichtlich der Frage, ob Ansprüche aus §§ 30, 31 GmbHG den gesamten Nachteil auszugleichen vermögen auch die Anwendung des prima facie Beweises, da diese Ansprüche im Regelfall nicht dazu ausreichen.

[764] *Lutter/Banerjea*, ZGR 2003, S. 402, 427. Für die Begründung eines unmittelbaren Anspruchs der Gläubiger gegen die Gesellschafter vor dem Hintergrund einer Innenhaftung für existenzvernichtende Eingriffe: Roth/*Altmeppen*, GmbHG, § 43 Rdn. 62; *Altmeppen*, ZIP 2001, S. 1837, 1846; *Ulmer*, ZIP 2002, S. 2021, 2027; *Burgard*, ZIP 2002, S. 827, 830.

sie dies in der Regel nur tun, weil sie Informationen besitzen, die ein Vorgehen gegen die Gesellschafter als vorteilhaft erscheinen lassen[765]. Dann ist ihnen aber auch der Umweg über die Klage gegen die GmbH zuzumuten. Sie werden sich dann auch durch diese Erschwernis nicht von einer Geltendmachung abhalten lassen. Wollen die Gläubiger hingegen ohne derartiges Wissen trotz derart schlechter Befriedigungsaussichten klagen, ist nicht einzusehen, sie hierzu auch noch durch eine Abkürzung des gesetzlich vorgeschriebenen Weges zu ermutigen. Aufgrund der durch die vorherige Prüfung durch den Insolvenzverwalter und der geringen Wahrscheinlichkeit eines vollständigen Nachteilsausgleichs durch die §§ 30, 31 GmbHG vermittelten schwachen Praxisrelevanz dieser Fallgestaltung kann zudem auch nicht von einer für den Gläubigerschutz dringend gebotenen Durchbrechung allgemeiner Prinzipien gesprochen werden.
Ferner wird eingewandt, die Möglichkeit, dass der beklagte Gesellschafter nach jahrelangem Prozess erst in der letzten Instanz den Ausgleichsanspruch aus den §§ 30, 31 GmbHG darlegt, bedeutete ein unbilliges Ergebnis[766]. Dazu wird es bei konsequenter Ausschöpfung der von der ZPO bereitgestellten Instrumente aber nicht kommen. Denn gemäß §§ 138 Abs. 3; 282 Abs. 1, 296 Abs. 2 ZPO wäre der Beklagte an die Geständnisfiktion gebunden, da es ihm durch die ihm zur Verfügung stehenden Unterlagen und seine Kenntnisse bereits in erster Instanz möglich war, und nach § 282 ZPO auch oblag, diese Einwendung vorzubringen[767].
Eine Direktanspruch der Gläubiger für die Ansprüche der GmbH aus §§ 30, 31 GmbH für den Fall, dass der Gesellschafter das Bestehen dieser Ausgleichsansprüche in hinreichender Höhe darlegt, ist mithin nicht anzuerkennen.

c) Zusammenfassung

Im Normalfall der Geltendmachung der Durchgriffshaftung wegen existenzvernichtender Eingriffe der GmbH-Gesellschafter durch den Insolvenzverwalter ist eine Abweichung vom Grundprinzip der Belastung des Anspruchstellers mit der Darlegungs- und Beweislast hinsichtlich der anspruchsbegründenden Tatsachen nicht erforderlich. Der Insolvenzverwalter kann aufgrund seiner umfangreichen Informationsrechte der Darlegungs- und Beweispflicht voll nachkommen. Die Gläubiger haben keine so weit reichenden Informationsbefugnisse. Um ihnen trotzdem die Möglichkeit einer effektiven Geltendmachung ihrer Rechte zu geben, wird dem beklagten Gesellschafter die sekundäre Behauptungslast auferlegt. Die Gläubiger kommen ihrer Pflicht zur Darlegung bereits dann nach, wenn sie Umstände darlegen und ggf. beweisen, die hinreichende Anhaltspunkte für einen zur Existenzvernichtung führenden Eingriff sind. Derartige hinreichende Anhaltspunkte können etwa die Verschiebung von Gesellschaftsaktiva an Gesellschafter oder ihnen nahe stehende Personen sein.

---

[765] Solche Informationen können etwa aus der Einsichtnahme in die Insolvenzverfahrensakten resultieren, vgl. dazu *Pape*, ZIP 2004, S. 598, 599.
[766] Auf diese Möglichkeit weisen *Lutter/Banerjea*, ZGR 2003, S. 402, 425 hin.
[767] Ähnlich *Lutter/Hommelhoff*, GmbHG, § 13 Rdn. 19.

Dem Gesellschafter steht es dann frei, die Tatbestandsmerkmale des Eingriffs, der Kausalität oder der fehlenden Subsidiarität durch einen substantiierten Vortrag auszuräumen.
Wendet der Gesellschafter gegen eine auf die Existenzvernichtung gestützte Klage der Gläubiger ein, es bestünden Ansprüche aus §§ 30, 31 GmbHG, so ist er damit noch nicht der Durchgriffshaftung entronnen. Da der Insolvenzverwalter diesen Anspruch nicht hat erkennen können, besteht die Vermutung einer nicht ordnungsgemäßen Buchführung, so dass der Gesellschafter ohne den Nachweis des Gegenteils sich aufgrund des prima facie Beweises einer Haftung wegen Vermögensvermischung ausgesetzt sieht.

IV. Einwendungen und Einreden

Der Wegfall der Haftungsbeschränkung gewährt den Gläubigern eine Kompensation für die Nachteile, die sie durch den existenzvernichtenden Eingriff erleiden, der die ihnen zur Verfügung stehende Haftungsmasse verringert. Aus diesem Gedanken folgt zugleich, dass es unbillig wäre, es den Gesellschaftern zu verwehren, sich auf die der GmbH zustehenden Einwendungen und Einreden zu berufen. Die Gläubiger sollen durch den Anspruch wegen Existenzvernichtung nicht besser gestellt werden, als sie ohne in stünden. Begründen lässt sich das Recht der Gesellschafter, die der GmbH gegen den Anspruch zustehenden Einwendungen und Einreden zu verwenden durch die analoge Anwendung des § 129 HGB, welche sich als logische Folge der Haftungserstreckung auf die Gesellschafter in entsprechender Anwendung des § 128 HGB darstellt[768].
Ansprüche wegen existenzvernichtender Eingriffe unterliegen der regelmäßigen Verjährungsfrist von drei Jahren gemäß § 195 BGB[769]. Die Frist beginnt mit dem Ablauf des Jahres, in dem der Anspruch entstanden ist, und der Gläubiger von den anspruchsbegründenden Umständen Kenntnis erlangt oder ohne grobe Fahrlässigkeit erlangen müsste, § 199 Abs. 1 BGB. Ein Anspruch ist entstanden, wenn er im Wege der Klage geltend gemacht werden kann[770]. Daraus folgt, dass trotz der Nähe der Durchgriffshaftung zur Haftung nach § 128 HGB nicht auf die Entstehung des Anspruches gegen die GmbH abzustellen ist[771]. Vielmehr können die Gläubiger bzw. der Insolvenzverwalter den Anspruch erst dann geltend machen, wenn der existenzvernichtende Eingriff

768 So auch *Jawansky*, DB 2003, S. 2757, 2758. Auf die Durchgriffshaftung im Allgemeinen bezogen *Lutter*, ZIP 1985, S. 1425, 1426.

769 *Bruns*, WM 2003, S. 815, 822f. *Fembacher/Walz*, BB 2004, S. 680, 683 wollen dagegen ohne Begründung je nach geltend gemachtem Anspruch unterscheiden.

770 BGHZ 55, S. 340, 341; BGH NJW-RR 2000, S. 647, 648; MünchKomm/*Grothe*, BGB, Bd. 1a, § 199 Rdn. 4; Bamberger/Roth/*Henrich*, BGB, § 199 Rdn. 4.

771 Vgl. zur Rechtslage nach §§ 128, 129 HGB, wonach hinsichtlich des Beginns der Verjährung auf des Entstehen des Anspruches gegen die Gesellschaft abgestellt wird: BGHZ 104, S. 76, 80f.; MünchKommHGB/*K. Schmidt*, § 129 Rdn. 7; Baumbach/*Hopt*, HGB, § 129, Rdn. 1; Schlegelberger/*K. Schmidt*, HGB, § 129 Rdn. 7; *ders*., GesR, § 49 II 3 b), S. 1418f.; *Koller*/Roth/Morck, HGB, §§ 128, 129 Rdn. 3; Ebenroth/Boujong/Joost/*Hillmann*, HGB, § 129 Rdn. 4.

zur Insolvenz geführt hat. Für den Beginn der Verjährung ist damit auf die Insolvenz der GmbH abzustellen. Zu diesem Zeitpunkt wird der Gläubiger in der Regel auch Kenntnis der anspruchsbegründenden Umstände haben. Ist das nicht der Fall, so ist auf den Zeitpunkt abzustellen, zu welchem er diese erlangt oder ohne grobe Fahrlässigkeit erlangt hätte.

4. Kapitel: Fallgruppen der Existenzvernichtungshaftung

In der Literatur wird eine Reihe von Verhaltensweisen genannt, die zu einer Haftung wegen Existenzvernichtung führen sollen[772]. Den genannten Fallgruppen ist gemein, dass sie zur Beendigung der GmbH führen können. Allein die Tatsache, dass ein bestimmtes Verhalten die Vernichtung der GmbH in ihrer Existenz bewirken kann, reicht allerdings nicht aus, daran eine Haftung zu knüpfen. Erforderlich ist vielmehr, dass sich die Fallgruppe unter den Tatbestand einer methodisch in zulässiger Weise herausgearbeiteten Haftung subsumieren lässt. Für die Frage nach einer Haftung für existenzvernichtende Eingriffe ist damit maßgebend, inwieweit in dem betreffenden Verhalten eine Missachtung der Bindung des GmbH-Vermögens zur vorrangigen Befriedigung der Gesellschaftsgläubiger liegen kann.

A. GmbH-Stafette

Das Schlagwort der GmbH-Stafette beschreibt Fallgestaltungen, in denen Gesellschafter eine Gesellschaft zerstören, indem sie dieser GmbH Vorteile entziehen und auf eine Auffanggesellschaft überleiten[773]. Da verschiedene Posten als Objekt dieser Handlungsweisen in Betracht kommen, muss innerhalb dieser Fallgruppe weiter differenziert werden.
Eine Missachtung der Vermögensbindung stellen Handlungsweisen dar, in denen der GmbH Vermögenswerte ohne ausreichenden Ausgleich entzogen werden[774]. Durch eine Übertragung von Forderungen, liquiden Mitteln oder den Abzug sonstiger Aktiva kann die GmbH insolvent werden. In Bezug auf eine Haftung wegen Existenzvernichtung fraglich ist dann lediglich das Vorliegen des negativen Tatbestandsmerkmals der Subsidiarität[775]. Denn der Entzug von Vermögenswerten wird ebenso von den Kapitalerhaltungsvorschriften erfasst. Bewirkt der Vermögensabzug die Insolvenz der Gesellschaft, so kann die Rückzahlung allein des ausgezahlten Betrages gemäß § 31 GmbHG jedoch aufgrund der zusätzlich anfallenden Verluste den zugefügten Nachteil regelmäßig nicht vollständig ausgleichen[776]. In der Insolvenzverursachung durch Überleitung von Vermögenswerten auf eine andere GmbH liegt damit in der Regel ein existenzvernichtender Eingriff.
Auch eine Übertragung von Produktionsmitteln, Aufträgen, Personal oder immateriellen Posten wie Patenten und Kundendaten kann letztendlich in eine

---

772 Zusammenstellungen z.B. bei Münch.Hdb.GesR.III/*Decher*, § 69 Rdn. 13ff.; Emmerich/*Habersack*, KonzernR, Anh. § 318 Rdn. 37; *Henze*, NZG 2003, S. 649, 658; *Vetter*, ZIP 2003, S. 601; *Bruns*, WM 2003, S. 815, 819.

773 Fälle von GmbH-Stafetten lagen bereits zweimal Entscheidungen zum existenzvernichtenden Eingriff zu Grunde, BGHZ 151, S. 181 – „KBV" und LAG Köln, ZIP 2003 S. 1893 (mit Anm. *Hölzle*).

774 S.o., 3. Kapitel A I, S. 101ff.

775 Von Kausalität des Eingriffs für die Existenzvernichtung soll vorliegend ausgegangen werden, diese ist letztlich Frage des Einzelfalles.

776 S.o., 2. Kapitel A III 1 c), S. 19f.

Insolvenz der GmbH münden. Anders als bei der Übertragung von Vermögenswerten führen diese Maßnahmen nicht unmittelbar zur Insolvenz der Gesellschaft. Vielmehr beseitigen sie lediglich die Fähigkeit der GmbH am Markt zu bestehen[777]. Wirtschaftet die GmbH dann weiter, kann dies die Insolvenz nach sich ziehen. Damit ist aber zugleich gesagt, dass der Grund für die Existenzvernichtung nicht in der betreffenden Handlung selbst liegt, sondern in der Aufrechterhaltung der Geschäftstätigkeit. Durch den Abzug dieser Posten wird das Vermögen der Gesellschaft nicht unmittelbar geschmälert. Auch nach Durchführung der Übertragung steht genauso viel Vermögen zur Gläubigerbefriedigung bereit wie vorher. In der jeweiligen Maßnahme kann daher keine Außerachtlassung der Vermögensbindung zur vorrangigen Befriedigung der Gläubiger gesehen werden. Die Erwirtschaftung von Verlusten stellt aber keinen Verstoß gegen dem Haftungsprivileg zugrunde liegende Wertungen dar, kann also nicht zu einer Durchgriffshaftung wegen Existenzvernichtung führen. In derartigen Fällen soll nach der Konzeption des GmbHG die Insolvenzverschleppungshaftung, § 64 GmbHG, den gebotenen Gläubigerschutz sicherstellen[778].

Die Fallgruppe der GmbH-Stafette führt somit nur dann zu einer Haftung wegen Existenzvernichtung, soweit Vermögen entzogen wird.

B. Entzug von Liquidität

Den Insolvenztatbestand der Zahlungsunfähigkeit nach sich ziehen kann ein Abzug von Liquidität aus der GmbH. Wird dabei das Stammkapital nicht angegriffen ist die Subsidiarität zu den Kapitalerhaltungsvorschriften nicht relevant. Hat die GmbH nur eine dünne Eigenkapitaldecke, so können die in der Insolvenz anfallenden Verluste zu einem Ausfall der Gläubiger führen. Gewöhnlicherweise wird das bei einer zahlungsunfähigen GmbH der Fall sein. Denn soweit eine GmbH noch Aktiva besitzt, so kann sie diese einsetzen, um sich Liquidität zu beschaffen.

Damit stellt sich auch für den Entzug liquider Mittel die Frage nach der Einschlägigkeit der Existenzvernichtungshaftung. Durch den kompensationslosen Abzug von Liquidität wird der GmbH Vermögen entzogen, welches in der folgenden Insolvenz nicht mehr zur Befriedigung der Gläubiger eingesetzt werden kann. Der Entzug von Liquidität weist damit Eingriffsqualität auf. Auch das Vorliegen der anderen Tatbestandsmerkmale ist unproblematisch zu bejahen, falls es infolge des Entzugs zur Insolvenz kommt. Die Kapitalerhaltungsvorschriften sind nicht in der Lage, einen vollständigen Ausgleich zu gewähren, insbesondere dann, wenn lediglich Vermögen oberhalb der Stammkapitalziffer betroffen ist.

Der Abzug benötigter liquider Mittel aus der GmbH kann damit zu einer Haftung wegen Existenzvernichtung führen.

---

777 Für die Übertragung von Produktionsmitteln wird von einem vollständigen Ausgleich ausgegangen. Anderenfalls gilt das für die Übertragung von Vermögen Gesagte.

778 S.o., 3. Kapitel A I 3 c), S. 110f.

C. Cash-Management

Der BGH nahm eine Fallgestaltung als Anlass für die Schöpfung der Existenzvernichtungshaftung, in der eine GmbH große Mengen an Kapital in einen Liquiditätsverbund gezahlt hatte, diese aber bei eigenem Bedarf nicht zurückerhielt[779]. Durch die Einbindung in einen Liquiditätsverbund (Cash-Pool) werden die Konten der beteiligten Gesellschaften zu bestimmten Zeitpunkten ausgeglichen. Debitorische Konten bekommen Kapital zugeführt, Überschüsse werden abgezogen. Wird einer Gesellschaft mehr Vermögen entzogen als zugeführt, so erwirbt sie dadurch Ansprüche in gleicher Höhe gegen den Liquiditätsverbund. Für Kredite, die der Konzernspitze oder der eigens geschaffenen Finanzierungsgesellschaft gewährt werden, stehen die beteiligten Firmen in der Regel gesamtschuldnerisch ein[780]. Die Herstellung eines Cash-Managements erfüllt damit gleich zwei Handlungsweisen, die Eingriffsqualität aufweisen. Zum einen den Entzug von Liquidität gegen einen Rückzahlungsanspruch. Diese Fallgruppe entspricht der Kreditgewährung. Erhält die zahlende Gesellschaft keinen Anspruch auf Rückzahlung, ist die Fallgruppe des Vermögensentzuges einschlägig. Auf der anderen Seite kann es zu einer Bestellung von Sicherheiten für eine Kreditgewährung an die finanzierende Gesellschaft kommen. Beide Fallgruppen stellen Eingriffe in die Gesellschaft dar, es kommt jeweils zu einer Missachtung der Vermögensbindung zur vorrangigen Befriedigung der Gläubiger[781]. Sowohl die Darlehensgewährung als auch die Bestellung von Sicherheiten erfolgen in der Regel bilanzneutral. Andernfalls entspricht ihre Behandlung derjenigen beim Entzug von Vermögen.

I. Darlehensgewährung

1. Existenzvernichtung durch Zahlungsunfähigkeit

Die Auszahlung eines Darlehens verringert die der GmbH zur Verfügung stehende Liquidität. Entzieht der Liquiditätsverbund der GmbH Liquidität, ohne ihr ausreichende Mittel zu belassen, und sind die Forderungen gegen diesen uneinbringlich, kann es zur Zahlungsunfähigkeit gemäß § 17 InsO und damit einer Existenzvernichtung kommen[782]. Die anderen Tatbestandsmerkmale liegen bei diesen Fallgestaltungen für gewöhnlich ebenfalls vor, so dass von einer Haftung für existenzvernichtende Eingriffe auszugehen ist.

---

[779] BGHZ 149, S. 10 – „Bremer Vulkan".

[780] Darstellungen des Cash-Managements finden sich bei *Hommelhoff/Kleindiek*, in: Lutter/Scheffler/Schneider, Handbuch der Konzernfinanzierung, § 21; *Wehlen*, in: Lutter/Scheffler/Schneider, Handbuch der Konzernfinanzierung, 1998, § 23; *U. H. Schneider*, in: Lutter/Scheffler/Schneider, Handbuch der Konzernfinanzierung, § 25; *Jula/Breitbarth*, AG 1997, S. 256ff.; *Bayer*, FS Lutter, S. 1011ff.; *Cahn*, ZHR 166 (2002), S. 278ff.; *Jäger*, DStR 2000, 1653ff., 1736ff.; *Burgard*, VGR (2002), S. 45ff.; *Vetter*, VGR (2002), S. 69ff.; *Sieger/Hasselbach*, BB 1999, S. 645ff.

[781] S.o., 3. Kapitel A I 2 a), b), S. 103ff.

[782] Darauf weist *Burgard*, VGR (2002), S. 45, 65 hin.

2. Existenzvernichtung durch Überschuldung

Fraglich ist, ob in der Fallgruppe der Darlehensgewährung auch dem Insolvenzverursachungstatbestand der Überschuldung Bedeutung zukommt. Die Überschuldung i.S.v. § 19 InsO ist anhand der Aufstellung einer Bilanz festzustellen. Zunächst einmal ist die Auszahlung eines Darlehens jedoch bilanzneutral[783]. Bilanzielle Wirksamkeit kommt der Auszahlung von Krediten erst zu, wenn der Kreditnehmer nicht mehr in der Lage ist, den in Anspruch genommenen Kredit zu bedienen. Dazu kommt es in der hier interessierenden Fallgruppe aber erst zu einem späteren Zeitpunkt. Ist der Darlehensempfänger bereits im Zeitpunkt der Auszahlung nicht solvent, entfaltet die Maßnahme sofort bilanzielle Wirksamkeit und steht dem Entzug von Vermögen gleich. Fraglich ist, ob für den Eingriff auf den Eintritt des bilanziellen Nachteils abzustellen ist, oder aber die Überschuldung als durch den Bestellungsakt bewirkt angesehen werden kann, da dieser die Bilanzwirksamkeit nach sich zog.

Ein Abstellen auf den Eintritt der Bilanzwirksamkeit der Maßnahme als Anknüpfungspunkt für den Eingriff scheidet aus. Der Vermögensverfall des Kreditnehmers stellt keine Außerachtlassung der Bindung des Gesellschaftsvermögens zur vorrangigen Gläubigerbefriedigung dar. Fraglich ist damit nur noch, ob der Eintritt der bilanziellen Nachteiligkeit schon als durch die Darlehensgewährung bewirkt angesehen werden kann. Hat sich die wirtschaftliche Lage erst durch die zwischenzeitliche Geschäftstätigkeit dergestalt verschlechtert, dass es zur Insolvenz aufgrund der Abschreibung der Forderung kommt, hieße dies, die Gesellschafter letzten Endes aufgrund des schlechten Wirtschaftens haften zu lassen. Würden die Gesellschafter die GmbH unmittelbar nach Auszahlung des Darlehens liquidieren, so könnte der Insolvenzverwalter den ausgezahlten Betrag sofort beim Empfänger zurückerlangen. Da von dessen Solvenz auszugehen ist –andernfalls wäre die Auszahlung ohnehin bilanzwirksam und damit für eine Überschuldung relevant– entstünde den Gläubigern kein Nachteil. Die Herbeiführung einer Überschuldung kommt aufgrund der Maßgeblichkeit der Bilanz im Rahmen des § 19 InsO nur bei einer Verschlechterung der Solvenz des Kreditnehmers in Betracht. Derartige Entwicklungen sollen den Gesellschaftern im Rahmen der Existenzvernichtung nicht zur Last gelegt werden. Entsprechend den grundlegenden Wertungen des § 13 Abs. 2 GmbH müssen die Gläubiger das gewöhnliche Geschäftsrisiko tragen. Dazu zählt auch, dass eine GmbH insolvent wird, weil ein Schuldner seine Verbindlichkeiten nicht begleichen kann. An dieser Risikoverteilung ändert sich auch dadurch nichts, dass der Schuldner gleichzeitig noch Gesellschafter der GmbH ist. Es gibt keinen Erfahrungssatz, welcher den Gesellschaftern einer GmbH ein höheres Solvenzrisiko unterstellt als anderen Personen. Die Gläubiger müssen das Ausfallrisiko des Gesellschafters daher ebenso tragen wie das jedes anderen Schuldners, es besteht keine höhere Gefährdung für das Gesellschaftsvermögen.

---

[783] S.o., Fn. 483.

Das gilt ungeachtet der Tatsache, dass die Kapitalerhaltungsvorschriften für Kreditgewährungen an Gesellschafter höhere Anforderungen stellen, als bei Darlehen an Dritte. Diesen erhöhten Anforderungen wird dadurch Rechnung getragen, dass für den Begriff der Auszahlung die bilanzielle Betrachtungsweise außer Acht gelassen wird. Grund für die Abkehr von der Maßgeblichkeit der Bilanz ist die Erwägung, dass eine sofortige Zahlung nach dem GmbHG nicht einer zeitlich hinausgeschobenen Forderung gleichzustellen ist. Dem wird dadurch Rechnung getragen, dass die Darlehensgewährung als Auszahlung behandelt wird. Damit ist die zeitliche Verzögerung der Rückzahlung berücksichtigt. Die Tatsache, dass die Kreditgewährung hinsichtlich der Überschuldung ohne Bedeutung ist, liegt dagegen in zwei anderen Faktoren begründet. Zum einen in der bei § 19 InsO allein maßgeblichen bilanziellen Betrachtungsweise. Denn bei Solvenz des Schuldners liegt in der Kreditgewährung keine bilanzwirksame Maßnahme. Die Bewertung einer Kreditgewährung als Auszahlung führt jedoch nicht zu einer Bewertung als bilanzwirksam. Zur Bilanzwirksamkeit führt erst die Insolvenz des Schuldners. Aber auch, wenn ein Ausfall der Gesellschaft mit ihrer Darlehensforderung gegen den Gesellschafter die Insolvenz nach sich zieht, so rechtfertigt dies keinen Durchgriff nach den Grundsätzen der Existenzvernichtungshaftung. Die Herbeiführung der Insolvenz beruht in diesem Fall nicht kausal auf der Außerachtlassung der vorrangigen Bindung des Gesellschaftsvermögens zur Befriedigung der Gläubiger sondern auf der Insolvenz des Kreditempfängers. Die Tatsache, dass die Kreditgewährung als Auszahlung i.S.v. §§ 30, 31 GmbHG zu behandeln ist, hat keinen Einfluss darauf, ob auch die Insolvenz des Gesellschafters als Verletzung der Vermögensbindung einzuordnen ist. Eine Darlehensgewährung im Rahmen eines Cash-Managements ist damit nur dann beachtlich, wenn sie aufgrund der Beseitigung der Liquidität der GmbH deren Zahlungsunfähigkeit bewirkt.

II. Bestellung von Sicherheiten

Auch in der Bestellung einer Sicherheit kann ein Eingriff i.S.d. Existenzvernichtungshaftung liegen. Das gilt auch dann, wenn sich diese ohne Bilanzwirksamkeit vollzieht. Sollte die Bestellung der Sicherheit sich unmittelbar bilanziell auswirken, besteht kein Unterschied zur Sachlage des Vermögensentzuges.

Die Bestellung von Sicherheiten führt nicht unmittelbar zu einer Verminderung der Liquidität der GmbH und kann deshalb nicht zur Insolvenz aufgrund von Zahlungsunfähigkeit führen. Erst die tatsächliche Inanspruchnahme der Sicherheit kann eine Verringerung der liquiden Mittel bewirken. Eine Überschuldung kann dagegen bereits eintreten, wenn die Inanspruchnahme der Sicherheit objektiv wahrscheinlich ist. Denn von diesem Zeitpunkt an ist sie auf der Passivseite der Bilanz zu vermerken. Dann liegt die Fallgruppe des Vermögensentzuges vor. Außerhalb des Vermögensentzuges können die Insolvenzgründe der Überschuldung und der Zahlungsunfähigkeit nur durch die Inanspruchnahme der Sicherheit eintreten. Die Inanspruchnahme der Sicherheit als Minde-

rung des Gesellschaftsvermögens wird aber nicht durch eine Handlung der Gesellschafter bewirkt, sondern durch den Vermögensverfall der Finanzierungsgesellschaft bzw. der Konzernmutter. Fraglich ist demzufolge, ob für die Beurteilung der Existenzvernichtungshaftung auch auf einen dieser späteren Zeitpunkte abgestellt werden kann[784].
Wollte man argumentieren, die Bestellung der Sicherheit führe letztendlich zu ihrer Inanspruchnahme, so stellte dies eine unzureichende Berücksichtigung der Tatsache dar, dass die Inanspruchnahme zu diesem Zeitpunkt nicht einmal wahrscheinlich ist. Andernfalls läge durch die Bilanzwirksamkeit ohnehin die Fallgruppe des Vermögensentzuges vor. Die Rechtfertigung der Behandlung einer Gewährung von Sicherheiten als Eingriff liegt darin, dass der zeitlich hinausgeschobene Rückgriffsanspruch gegen den Gesellschafter keinen Ausgleich für die Minderung des Gesellschaftsvermögens darstellt. Diesem Faktor wird durch die Behandlung der Sicherheitenbestellung als Vermögensminderung Rechnung getragen. Zur Inanspruchnahme der Sicherheit und einer daraus eventuell folgenden Insolvenz kommt es infolge eines Vermögensverfalls beim Gesellschafter. Wie bereits im Zusammenhang mit der Darlehensgewährung dargelegt, ist aber ein Vermögensverfall des Gesellschafters keine Außerachtlassung der Bindung des GmbH-Vermögens zur Befriedigung der Gläubiger. Als Eingriff ist mithin allein auf den mit der Bestellung einhergehenden Vermögensnachteil abzustellen. Bedingt durch die Tatsache, dass die Bestellung einer Sicherheit keinen Abzug der Liquidität bewirkt, kommt die Verursachung einer Zahlungsunfähigkeit nicht in Betracht. Auch eine Bewirkung der Existenzvernichtung durch Überschuldung ist nur möglich, sofern sich die Sicherheitenbestellung schon im Zeitpunkt der Auszahlung als bilanzwirksam darstellt. In diesem Fall ist eine Gleichbehandlung mit dem Vermögensentzug geboten. Eine Sicherheitenbestellung, die nicht unmittelbar bilanzielle Wirkung hat, kann damit keine Haftung wegen Existenzvernichtung herbeiführen. Der in der Inanspruchnahme liegende Vermögensentzug ist nicht auf den Eingriff durch die Bestellung der Sicherheit zurückzuführen, sondern auf den Vermögensverfall des Gesellschafters. Das Risiko des Vermögensverfalls eines Schuldners ist jedoch vom übernommenen Risiko der Gläubiger umfasst. Diese Lösung bietet Gesellschaftern und Geschäftsführern auch die nötige Rechtssicherheit. Sie können ex ante leicht beurteilen, ob die konkrete Handlung im Rahmen eines Cash-Managements das Risiko einer Durchgriffshaftung nach sich zieht. Sie müssen lediglich zum Zeitpunkt der Bestellung der Sicherheit prüfen, ob ihre Inanspruchnahme wahrscheinlich ist. Wollte man hingegen auch die zeitlich spätere Inanspruchnahme als Eingriff i.S.d. Existenzvernichtungshaftung werten, so könnte das mit einer Sicherheitenbestellung verbundene Risiko nicht beurteilt werden. Eine derartige ex post Betrachtung würde die Gesellschaftsorgane unangemessen benachteiligen, und auch die Vorteile des Cash-Managements in Frage stellen[785]. Bestellt die GmbH eine Sicherheit für

---

784 So wohl *Burgard*, VGR (2002), S. 45, 66.

785 Eine derartige Betrachtungsweise erscheint gerade vor der Diskussion im Gefolge von „Inspire Art“ als problematisch (s.u., 5. Kapitel, B, S. 198ff.). Will die deutsche GmbH im Rahmen des zu erwartenden Gesellschaftsrechts-shoppings nicht ein Schattendasein fris-

noch ungewisse, zukünftige Verbindlichkeiten, so ist jede Aufnahme von Verbindlichkeiten seitens der Finanzierungsgesellschaft wie eine neuerliche Sicherheitsbestellung zu werten. Bei jeder Aufnahme neuer Verbindlichkeiten ist damit zu prüfen, ob die Inanspruchnahme zum Zeitpunkt der Sicherheitenbestellung wahrscheinlich ist und damit ein existenzvernichtender Eingriff in Frage kommt.

III. Zusammenfassung

Ein Cash-Management führt nur dann zu einer Haftung wegen Existenzvernichtung, wenn der Abzug des Kapitals die Illiquidität der GmbH zur Folge hat, bzw. schon im Zeitpunkt des Kapitalabzuges der Rückzahlungsanspruch nicht werthaltig, oder die Inanspruchnahme einer Sicherheit wahrscheinlich ist. Diese Behandlung von Cash-Management-Systemen bewahrt den Unternehmen in weitem Umfang die Möglichkeit, ihre Vorteile zu nutzen[786]. Eine Mindestsicherung gegen missbräuchliche Verhaltensweisen wird durch die Abkehr von der rein bilanziellen Betrachtungsweise im Rahmen der Kapitalerhaltungsvorschrifen bewirkt[787]. Auf ein praktisches Problem für die Durchgriffshaftung in Fällen des Cash-Managements verweist *Vetter*[788]. Üblicherweise kommt es nicht bloß zur Insolvenz einer einzelnen Gesellschaft, sondern des gesamten Konzerns. Dann aber hilft auch die Existenzvernichtungshaftung nicht, eine Befriedigung der Forderung zu erreichen. Eine Lösung dieser Problematik kann im Rahmen der Existenzvernichtungshaftung nicht gefunden werden.

D. Management-Buy-Out

Fälle des Management-Buy-Outs sind in vielen Spielarten denkbar. Die Bezeichnung des Management-Buy-Outs benennt den Aufkauf einer Gesellschaft durch das eigene Management. Den unterschiedlichen Methoden zum Erreichen dieses Ziels ist gemein, dass der Kaufpreis entweder unmittelbar aus dem Vermögen der Ziel-GmbH stammt, oder die Darlehensaufnahme mit einer Bestellung von Sicherheiten an ihrem Vermögen einhergeht[789]. Denn das Management hat in aller Regel nicht ausreichende Mittel, den Erwerb der Zielgesellschaft ohne Drittmittel durchzuführen.

---

ten, ist vielmehr eine weitere Liberalisierung zu befürworten. Eine Belastung mit einem ex ante nicht abschätzbaren Risiko sollte jedenfalls vermieden werden.

786 Für die Konsequenzen einer extensiveren Auslegung des Tatbestandes der Existenzvernichtungshaftung vgl. die zur Vermeidung dieser Haftung vorgeschlagenen Vorkehrungen im Falle eines Cash-Managements bei *Vetter*, VGR (2002), S. 69, 97ff.

787 S.o., 3. Kapitel, A I 2, S. 103ff.

788 *Vetter*, VGR (2002), S. 69, 97.

789 Umfassende Darstellungen bei Scholz/*Westermann*, GmbHG, § 30 Rdn. 32; *Kerber*, WM 1989, S. 473ff. sowie 513ff.; *Koppensteiner*, ZHR 155 (1991), S. 97; *Weber*, ZHR 155 (1991), S. 120; *Wittkowski*, GmbHR 1990, S. 544. Eine Untersuchung, inwieweit sich die Existenzvernichtungshaftung auf Fälle des Management-Buy-Out auswirkt findet sich bei *Esters*, GmbHR 2004, S. 105.

Obwohl die Erwerber zum Zeitpunkt der Transaktion noch keine Gesellschafter der Ziel-GmbH sind, werden sie im Rahmen des § 30 GmbHG wie Gesellschafter behandelt[790]. Eine Übernahme dieser Wertung ist auch für die Existenzvernichtungshaftung angezeigt, um Umgehungen zu vermeiden. Wird das Darlehen von den Gesellschaftern bzw. einer zwischengeschalteten Erwerbsgesellschaft aufgenommen, und werden nur Sicherheiten aus dem Vermögen der Ziel-GmbH gestellt, so gilt das bereits zu der Aufnahme von Sicherheiten im Rahmen eines Cash-Managements Gesagte: Eine Haftung für Existenzvernichtung kommt nur im Falle anfänglicher Bilanzwirksamkeit in Betracht. Eine Anwendung der Grundsätze hinsichtlich der Gewährung von Darlehen ist einschlägig, falls die Ziel-GmbH als Darlehensgeberin auftritt.
Schwieriger zu beurteilen ist die Behandlung der Fallgruppe, dass eine Erwerbsgesellschaft, welche die Anteile der Ziel-GmbH hält, diese zur Besicherung der entstehenden Kosten verpfändet bzw. den Kaufpreis an die Alt-Gesellschafter entrichtet. Die wohl überwiegende Ansicht in der Literatur stellt sich auf den formalen Standpunkt, dass diese Gestaltung nicht zu beanstanden ist, da sie nur der Absicherung eigener Schulden der Erwerbsgesellschaft diene[791]. Einer materiellen Sicht nach folgt die Möglichkeit eines Verstoßes gegen § 30 GmbHG daraus, dass die zwischengeschaltete Gesellschaft allein für die Zwecke des Management-Buy-Outs von den Gesellschaftern gegründet wurde. Deshalb läge de facto eine Leistung an die Gesellschafter vor, so dass es dem Sinn der Kapitalerhaltungsvorschriften entspreche, auch diese Transaktion an § 30 GmbHG zu messen[792]. Diese wirtschaftliche Betrachtungsweise ist abzulehnen. Sie bedeutet eine Missachtung der juristischen Person der Zwischengesellschaft. Wie bei der Diskussion der Durchgriffsmodelle bereits dargetan kann aber nur in Ausnahmefällen eine Außerachtlassung der juristischen Person befürwortet werden. Inwieweit vorliegend eine Außerachtlassung der Wertungen des § 13 Abs. 2 GmbHG und damit eine teleologische Reduktion nach der Normzwecklehre erreicht werden soll, ist nicht ersichtlich, mithin abzulehnen[793].
Aufgrund der mannigfachen Gestaltungen eines Management-Buy-Outs lässt sich keine einheitliche Antwort auf die Frage nach der Einschlägigkeit der Existenzvernichtungshaftung in diesen Fällen finden. Es ist jeweils eine Betrachtung der im Einzelfall gewählten Konstruktion nötig

---

[790] Baumbach/*Hueck/Fastrich*, GmbHG, § 30 Rdn. 20; Scholz/*H. P. Westermann*, GmbHG, § 30 Rdn. 42; *Lutter/Hommelhoff*, GmbHG, § 30 Rdn. 22; Roth/*Altmeppen*, GmbHG, § 30 Rdn. 24; *Canaris*, FS Fischer, S. 31, 32f.; *Wittkowski*, GmbHR 1990, S. 544, 547.

[791] *Koppensteiner*, ZHR 155 (1991), S. 97, 114f.; *Weber*, ZHR 155 (1991), S. 120, 124; *Peltzer*, DB 1987, S. 973, 977; *Rutke*, WM 1989, S. 805, 805f.; *Gondesen*, WM 1989, S. 201, 207; *Wittkowski*, GmbHR 1990, S. 544, 550.

[792] Scholz/*H. P. Westermann*, GmbHG, § 30 Rdn. 32; Kerber, WM 1989, S. 513, 514f.

[793] So auch *Wittkowski*, GmbHR 1990, S. 544, 550f.

E. „Aschenputtel“-Gesellschaften

Die Existenzvernichtung einer GmbH kann auch darin ihren Grund haben, dass diese Risiken und kostenintensive Tätigkeiten zugewiesen bekommt, während die Chancen der unternehmerischen Tätigkeit anderen Unternehmen zugeordnet werden. Die Konzipierung einer GmbH als „Aschenputtel“ kann jedoch keinen relevanten Eingriff i.S.d. Existenzvernichtungshaftung bedeuten[794]. Allein durch diese Konzipierung wird der GmbH nicht das zur Bedienung ihrer Verbindlichkeiten erforderliche Vermögen entzogen. Der Vermögensverfall tritt lediglich durch die Geschäftstätigkeit ein. Eine Sanktionierung nachteiliger Geschäftstätigkeit bezweckt die Existenzvernichtungshaftung nicht[795]. Den hierdurch entstehenden Gefahren ist durch eine effektive Anwendung der Insolvenzverschleppungshaftung zu begegnen.

F. Abzug von Personal und Entziehung von Unternehmensfunktionen

Sowohl ein Abzug von Personal, als auch die Entziehung bestimmter Geschäftsfelder sind bilanziell nicht darstellbar. Fehlt einer Gesellschaft notwendiges Personal, etwa weil dieses für eine andere Unternehmung der Gesellschafter eingesetzt wird, ist ihr die Möglichkeit genommen, Gewinn aus der Durchführung von Aufträgen mit diesen Personen zu erzielen. Das gleiche gilt für die Aufgabe eines bestimmten Geschäftsfeldes zugunsten anderer Unternehmen. Führt dies dazu, dass die GmbH mit Verlusten wirtschaftet, kann es zur Insolvenz der Gesellschaft kommen. Da diese Formen der Einwirkung das Vermögen unangetastet lassen, dieses lediglich durch die Fortführung der Geschäfte gemindert wird, liegen in den beschriebenen Verhaltensweisen keine existenzvernichtenden Eingriffe.

G. Darlehensvergabe ohne ausreichende Besicherung

Vergibt die GmbH ein Darlehen ohne ausreichende Besicherung, so kann bereits mit der Gewährung des Darlehens eine Existenzvernichtung aufgrund von Zahlungsunfähigkeit einhergehen. Andernfalls kommt eine Haftung wegen Existenzvernichtung nur in Betracht, soweit bereits zum Zeitpunkt der Auszahlung des Darlehens der Darlehensnehmer nicht solvent ist, und die Forderung deswegen abzuschreiben ist[796].

H. Bestellung von Sicherheiten

Die Bestellung von Sicherheiten kann nur dann zu einer Haftung wegen Existenzvernichtung führen, wenn im Zeitpunkt der Bestellung der Sicherheit ihre

[794] S.o., 3. Kapitel A I 3 g), S. 114f.
[795] S.o., 3. Kapitel A I 3 c), S. 110f.
[796] Siehe hierzu die detaillierten Ausführungen oben, 4. Kapitel C II 1, S. 186.

Inanspruchnahme wahrscheinlich ist, so dass sie durch ihre Bilanzierung zu einer Überschuldung führt[797].

I. Risikogeschäfte

Die Rechtsform der GmbH soll die Durchführung auch riskanter Unternehmungen ermöglichen, indem das Risiko der Gesellschafter auf das von ihnen eingesetzte Kapital begrenzt wird. Ein Verstoß gegen die Wertungen des Haftungsprivilegs kann daher nicht in der Vornahme risikobehafteter Geschäfte liegen[798]. Eine Grenze für Risikogeschäfte ist da zu ziehen, wo sie sich als Spekulation zu Lasten der Gläubiger erweist. Da diese Fallgestaltungen aber schon durch § 826 BGB sanktioniert sind, ist es auch aus Gründen des Gläubigerschutzes nicht erforderlich, die Existenzvernichtungshaftung auf Risikogeschäfte auszudehnen.

J. Nicht differenzierbare Einzeleingriffe

Im Falle ordnungsgemäßer Buchführung ist regelmäßig nachzuvollziehen, welche Eingriffe die Gesellschafter in die Gesellschaft vorgenommen haben. Lediglich in so genannten „Waschkorblagen", in denen nur eine unzureichende oder überhaupt keine Buchführung stattgefunden hat, sind einzelne Eingriffe nicht mehr erkennbar. Die überwiegende Ansicht geht in diesen Fällen von einer Anwendbarkeit der Durchgriffshaftung wegen Vermögensvermischung aus[799]. Voraussetzung für die Inanspruchnahme des Haftungsprivilegs ist neben der Vermögensbindung auch die Trennung des Vermögens von Gesellschafter und GmbH[800]. Damit kommt es im Falle der Missachtung der Vermögenstrennung zu einer teleologischen Reduktion des § 13 Abs. 2 GmbHG mit der Folge, dass die Gläubiger analog § 128 HGB ihre Forderungen auch gegen die Gesellschafter geltend machen können.

Aus Gesichtspunkten des Gläubigerschutzes besteht damit keine Notwendigkeit, für diese Fälle eine Haftung wegen Existenzvernichtung zu begründen. Zudem beruht die Existenzvernichtungshaftung auf der Vermögensbindung zur vorrangigen Befriedigung der Gläubiger. Eine Anwendung der Existenzvernichtungshaftung aufgrund einer Missachtung der Vermögensbindung auf „Waschkorblagen" sieht sich der Schwierigkeit gegenüber, einzelne Eingriffe nachzuweisen, die dieses Prinzip nicht beachten. Das gleiche Problem stellt sich bezüglich der Kausalität des Eingriffs für die Existenzvernichtung. Eben zur Vermeidung dieser Schwierigkeiten kann es sich empfehlen, auf eine Haftung für Vermögensvermischung als alternative Haftungsbegründung abzustellen[801].

---

797 Siehe hierzu die detaillierten Ausführungen oben, 4. Kapitel C III 2, S. 187f.
798 S.o., 3. Kapitel A I 3 b), S. 108f.
799 S.o., Fn. 746.
800 BGHZ 151, S. 181 – „KBV".
801 S.o., 3. Kapitel B III 1 b) cc), S. 173.

Nicht differenzierbare Einzeleingriffe stellen somit keinen Fall der Existenzvernichtungshaftung dar.

K. Zusammenfassung

Eine Haftung der GmbH-Gesellschafter für existenzvernichtende Eingriffe kommt in Frage in Fällen des Vermögensentzuges im Rahmen einer GmbH-Stafette, dem Entzug benötigter Liquidität sowie bei der Vergabe von Darlehen, wenn die Auszahlung zur Zahlungsunfähigkeit führt, oder wenn der Rückzahlungsanspruch nicht vollwertig ist. Die Stellung von Sicherheiten kann nur dann eine Existenzvernichtungshaftung zur Folge haben, wenn ihre Inanspruchnahme zum Zeitpunkt der Bestellung wahrscheinlich ist. Die Einrichtung eines Cash-Managements richtet sich in Abhängigkeit von der jeweiligen Handlung nach den Regeln für die Vergabe von Darlehen bzw. die Bestellung von Sicherheiten. Aufgrund der vielen unterschiedlichen Gestaltungsmöglichkeiten eines Management-Buy-Outs lässt sich keine allgemein gültige Aussage zu der Behandlung dieser Sachverhalte treffen. Je nach konkreter Ausgestaltung der Transaktion kann es auch hier zu einer Haftung wegen Existenzvernichtung kommen.

Keine möglichen Fälle der Existenzvernichtungshaftung sind die Konzipierung einer Gesellschaft als „Aschenputtel"-GmbH, der Abzug von Personal und die Entziehung von Geschäftsaktivitäten, die Vornahme von Risikogeschäften und so genannte „Waschkorblagen".

Im Vergleich zu den in der Literatur vertretenen Ansichten wird vorliegend ein eher restriktives Bild der Existenzvernichtungshaftung gezeichnet. Diese einschränkende Auslegung folgt aus einer konsequenten Berücksichtigung der dogmatischen Herleitung dieses Haftungstatbestandes. Die Existenzvernichtungshaftung ist kein Allheilmittel zur Verhinderung jedweder, die Gläubiger benachteiligender Handlungen[802]. Insbesondere genügt es nicht, pauschal alle Einwirkungen der Gesellschafter, welche zu einer Existenzvernichtung der GmbH führen können, in die Haftung einzubeziehen. Denn Ausgangspunkt der Haftung ist die Außerachtlassung der Bindung des Gesellschaftsvermögens zur vorrangigen Befriedigung der Gläubiger. Solange dieser Haftungsfonds durch die fragliche Handlung nicht unmittelbar nachteilig betroffen ist, kommt eine Haftung für existenzvernichtende Eingriffe nicht in Betracht. Auch zur Wahrung des Ausnahmecharakters der Durchgriffshaftung und des Prinzips der Haftungsbeschränkung ist diese einschränkende Auslegung zu bevorzugen.

[802] Ähnlich äußert sich *Ulmer*, JZ 2002, S. 1049, 1052, wenngleich seine Prognose, dem Haftungsdurchgriff wegen eingriffsbedingter Existenzvernichtung komme keine allzu große praktische Bedeutung zu, angesichts der Rechtsprechung in diesem Bereich als unzutreffend bezeichnet werden muss.

5. Kapitel: Ausblick

A. Auswirkungen auf die qualifizierte materielle Unterkapitalisierung

Der überwiegende Teil des Schrifttums befürwortet einen Haftungsdurchgriff der Gläubiger einer insolventen GmbH gegen deren Gesellschafter, wenn diese die Gesellschaft mit unzureichendem Eigenkapital ausgestattet haben[803]. Die Rechtsprechung und ein Teil des Schrifttums standen einer solchen Haftungsfigur dagegen bislang ablehnend gegenüber[804]. Von materieller Unterkapitalisierung einer GmbH wird gesprochen, wenn die Gesellschaft verglichen mit ihrem Geschäftsumfang zu wenig Eigenkapital aufweist[805]. In der Regel wird mangels eindeutiger Kriterien zur Bestimmung einer angemessenen Kapitalausstattung ein Durchgriff nur für den Fall einer qualifizierten Unterkapitalisierung befürwortet. Diese soll vorliegen, wenn für Insider klar erkennbar ist, dass die Kapitalsausstattung unzureichend, und ein wirtschaftlicher Misserfolg zu Lasten der Gläubiger unter normalen Umständen mit hoher Wahrscheinlichkeit zu erwarten ist[806]. Die durch diese Risikostruktur der Gesellschaft bewirkte Gefährdung der Gläubiger ist vergleichbar mit der durch existenzvernichtende Eingriffe bewirkten Gläubigerbenachteiligung. Denn wenn der GmbH von vornherein das zur Gläubigerbefriedigung erforderliche Kapital vorenthalten wird, ist das vergleichbar mit der Situation, dass dieses später von den Gesellschaftern abgezogen wird. Nach der Schöpfung der Existenzvernichtungshaftung durch den BGH wurden daher Stimmen laut, die daraus eine Anerkennung auch der

---

803 Hachenburg/*Ulmer*, GmbHG, Anh. § 30; *ders.*, FS Duden, S. 661, 676; *Michalski*, GmbHG, § 13 Rdn. 358ff.; Rowedder/Schmidt-Leithoff/*Pentz*, GmbHG, § 13 Rdn. 137; *Lutter/Hommelhoff*, GmbHG, § 13 Rdn. 6; *Wiedemann*, GesR, § 10 IV 3, S. 570ff.; *Stimpel*, FS Goerdeler, S. 601, 608; *Bitter*, Konzernrechtliche Durchgriffshaftung, S. 110f. Für eine Binnenhaftung *K. Schmidt*, GesR, § 9 IV 4, S. 240ff.; *Banerjea*, ZIP 1999, S. 1153ff.

804 BGHZ 68, S. 312; BAG ZIP 1999, S. 24, 26; ZIP 1999, S. 878. Anders in der Rspr. lediglich das BSG, vgl. NJW 1984, S. 2117, 2118ff.; ZIP 1996, S. 1134, 1135f. Scholz/*Winter*, GmbHG, § 5 Rdn. 18f.; *Wilhelm*, Rechtsform und Haftung bei der juristischen Person, S. 308ff.; *Ehricke*, Das abhängige Konzernunternehmen, S. 145ff.; *ders.*, AcP 1999, S. 257, 275ff.; *Vonnemann*, Haftung der GmbH-Gesellschafter bei materieller Unterkapitalisierung, insbeS. S. 203ff.; *ders.*, GmbHR 1992, S. 77ff.; *Weitbrecht*, Haftung der Gesellschafter bei materieller Unterkapitalisierung der GmbH, insbeS. S. 81; *Kahler*, BB 1985, S. 1429; *Schulze-Osterloh*, ZGR 1983, S. 129, 143ff.; Baumbach/*Hueck/Fastrich*, GmbHG, § 5 Rdn. 6.

805 Vgl. zur Definition der Unterkapitalisierung die in Fn. 803 Genannten. Im Gegensatz zur materiellen Unterkapitalisierung bezeichnet der Begriff der nominellen Unterkapitalisierung die Situation, dass die Gesellschaft gemessen an ihrem Geschäftsumfang ein zu geringes bilanziell ausgewiesenes Eigenkapital aufweist, unter Einbeziehung eigenkapitalersetzender Darlehen der Gesellschafter jedoch über ein ausreichendes Kapitalpolster verfügt. Für hinreichenden Gläubigerschutz sorgen in diesem Fall die Tatbestände der eigenkapitalersetzenden Darlehen, §§ 32a, b GmbHG.

806 Vgl. nur Hachenburg/*Ulmer*, GmbHG, Anh. § 30 Rdn. 23; *Stimpel*, FS Goerdeler, S. 601, 608; *Michalski*, GmbHG, § 13 Rdn. 365; Rowedder/Schmidt-Leithoff/*Pentz*, GmbHG, § 13 Rdn. 135; *Lutter/Hommelhoff*, GmbHG, § 13 Rdn. 6;

Haftung für materielle Unterkapitalisierung folgern. Andere wiederum sehen die Unterkapitalisierung als einen Unterfall der Existenzvernichtungshaftung.

I. Unterkapitalisierung als Fallgruppe der Existenzvernichtungshaftung?

Zur Begründung einer Existenzvernichtungshaftung bei Unterkapitalisierung wird angeführt, der Grund für die Existenzvernichtungshaftung sei die Missachtung der Bindung des Gesellschaftsvermögens zur vorrangigen Befriedigung der Gläubiger. Daher müssten die Gesellschafter auch dann haften, wenn sie der GmbH nicht einmal das erforderliche Vermögen zur Verfügung stellten bzw. dieses durch Eingriffe minderten. Die materielle Unterkapitalisierung stelle damit einen Anwendungsfall der Existenzvernichtungshaftung dar[807]. Zum Teil wird auch allein die nachträgliche Unterkapitalisierung als Teilbereich der Existenzvernichtungshaftung behandelt, da es sich bei der anfänglichen Unterkapitalisierung um ein Problem der Kapitalausstattung handelte, ein Eingriff mithin nicht vorliege[808].

Eine Differenzierung zwischen anfänglicher und nachträglicher Unterkapitalisierung ist überflüssig. Eine Pflicht, die GmbH bei der Gründung mit einem am Geschäftszweck bzw. –umfang ausgerichteten Mindestkapital auszustatten, gibt es nicht[809]. Daher kann sich der Vorwurf der Unterkapitalisierung nur auf die Relation des Eigenkapitals zum Geschäftsumfang oder den eingegangenen Risiken beziehen[810]. Diese Bezugspunkte entstehen jedoch in der Regel erst mit der Geschäftstätigkeit, so dass einer Unterscheidung zwischen anfänglicher und nachträglicher Unterkapitalisierung keine Bedeutung zukommt[811].

Bei der Existenzvernichtungshaftung führt der Vermögensabzug zur Insolvenz der Gesellschaft. Im Gegensatz dazu wird bei der Beurteilung, ob eine Gesellschaft unterkapitalisiert ist, auf den mit Art und Umfang des Unternehmens verbundenen Finanzbedarf abgestellt[812]. Gerät die Gesellschaft in die Insolvenz, weil ihr Eigenkapital zu gering ist, um eine bestimmte Zeit, in der mit Verlust gewirtschaftet wird, zu überstehen, so greift die Existenzvernichtungshaftung im Gegensatz zur Unterkapitalisierung nicht, auch wenn erst der Abzug von Vermögen zu der dünnen Kapitaldecke geführt hat. Denn für einen

---

807 *Priester*, ZGR 1993, S. 512, 526; *Ulmer*, JZ 2002, S. 1049.

808 *Nissing*, Eigeninteresse der Gesellschaft oder Liquidation auf kaltem Wege?, S. 72f. Dagegen wendet sich *Burgard*, WuB II C. § 13 GmbHG 1.02, S. 149, 153 mit dem Hinweis, auch die Aufnahme der Geschäftstätigkeit mit einer unterkapitalisierten GmbH stelle eine Spekulation zu Lasten der Gläubiger dar.

809 Das ist mittlerweile allgemein anerkannt, vgl. BGHZ 31, S. 258, 268; 68, S. 312, 319; 76, S. 326, 334; Hachenburg/*Ulmer*, GmbHG, Anh. § 30 Rdn. 10; Scholz/*Winter*, GmbHG, § 5 Rdn. 18f.; Baumbach/*Hueck/Fastrich*, GmbHG, § 5 Rdn. 5; Rowedder/*Schmidt-Leithoff*, GmbHG, § 5 Rdn. 8; *Ehricke*, AcP 199 (1999), S. 257, 276.

810 Zu den verschiedenen in der Literatur erörterten Haftungskonzepten siehe die Zusammenfassung bei Hachenburg/*Ulmer*, GmbHG, Anh. § 30 Rdn. 14.

811 Allein aus dem im Gesellschaftsvertrag vereinbarten Zweck der GmbH lassen sich dagegen keine Rückschlüsse auf die Risikostruktur der Gesellschaft ziehen.

812 So Hachenburg/*Ulmer*, GmbHG, Anh. § 30 Rdn. 14ff., dem die meisten Autoren folgen.

solchen Fall hält das GmbHG den Tatbestand der Insolvenzverschleppung, § 64 Abs. 1 bereit[813]. Allein schlechtes Wirtschaften stellt keinen Eingriff i.S.d. Existenzvernichtungshaftung dar[814]. Inwieweit für einen derartigen Fall eine Haftung wegen Unterkapitalisierung zu befürworten ist, mag an dieser Stelle dahinstehen. Jedenfalls kann eine darauf gestützte Unterkapitalisierung keinen Unterfall der Existenzvernichtungshaftung darstellen[815].

II. Anerkennung einer Haftung wegen materieller Unterkapitalisierung?

Stellt die qualifizierte materielle Unterkapitalisierung damit keinen Unterfall der Existenzvernichtungshaftung dar, so erscheint es dennoch möglich, dass in konsequenter Fortführung dieses Haftungsinstituts auch eine Durchgriffshaftung aufgrund materieller Unterkapitalisierung anzuerkennen ist. Denn eine Bindung des Gesellschaftsvermögens zur Befriedigung der Gläubiger macht nur dann Sinn, wenn der GmbH auch genügend Vermögen zur Verfügung steht[816]. Für den Fall, dass eine GmbH zu wenig Kapital hat, ihre Gläubiger zu befriedigen, bewirkt § 64 Abs. 1 GmbHG einen ausreichenden Schutz vor der Erwirtschaftung von Verlusten. Ist kein ausreichendes Vermögen zur Gläubigerbefriedigung vorhanden, muss danach ein Insolvenzantrag gestellt werden, wodurch die Anhäufung weiterer Verbindlichkeiten unterbunden werden soll. *Bitter* wendet ein, dass, sofern man eine angemessene Risikoteilung als dem Haftungsprivileg zugrunde liegende Wertung akzeptiere, eine Durchbrechung auch dann zuzulassen sei, wenn den Gläubigern aufgrund einer Unterkapitalisierung ein übergroßes Risiko aufgebürdet werde[817]. Dieses Argument enthält keinen neuen Ansatzpunkt. Denn die Aufbürdung des übergroßen Risikos beruht nicht allein auf dem ungenügenden Eigenkapital, sondern auf seiner Relation zu dem Geschäftszweck bzw. den mit der Geschäftstätigkeit verbundenen Risiken. Diesbezüglich gilt dann wiederum das bereits Gesagte: Allein die Möglichkeit eines großen Verlustes durch die Vornahme eines Geschäftes kann noch keine Haftung für den Fall des Fehlgehens bewirken. Und soweit das Kapital infolge der Geschäftstätigkeit sukzessive verloren geht, genügt der Tatbestand der Insolvenzverschleppungshaftung. Aus der Haftung wegen Existenzvernichtung lassen sich damit keine Rückschlüsse auf die Anerkennung einer Haftung für den Fall materieller Unterkapitalisierung ziehen.

---

813 S.o., 3. Kapitel A I 3 c), S. 110f. Ebenso auch *Vonnemann*, Haftung der GmbH-Gesellschafter bei materieller Unterkapitalisierung, S. 49ff., 205; *ders.*, GmbHR 1992, S. 77ff.

814 S.o., 3. Kapitel A I 3 c), S. 110f.

815 So im Ergebnis auch *Schön*, ZHR 168 (2004), S. 268, 290.

816 *Wiedemann*, ZGR 2003, S. 283, 295; *Lutter/Banerjea*, ZGR 2003, S. 402, 419f.

817 *Bitter*, WM 2001, S. 2133, 2139f.

III. Ergebnis

Die Haftung wegen qualifizierter materieller Unterkapitalisierung stellt somit weder eine Fallgruppe der Existenzvernichtungshaftung dar, noch zieht eine Haftung für existenzvernichtende Eingriffe zwingend eine Anerkennung dieses Haftungsmodells nach sich. In Einzelfällen, in denen es zu Überschneidungen beider Tatbestände kommt, vermag die Haftung wegen Existenzvernichtung eine Haftung für Unterkapitalisierung überflüssig zu machen. Ob neben einer Existenzvernichtungshaftung und dem positiv normierten Haftungssystem der GmbH noch Raum für eine Haftung wegen qualifizierter materieller Unterkapitalisierung ist, erscheint zweifelhaft.

B. Bedeutung der Existenzvernichtungshaftung hinsichtlich „Inspire Art“

I. EuGH v. 30.9.2003 – Rs. C-167/01 – „Inspire Art“

Am 30.9.2003 verkündete der EuGH sein Urteil in der Rechtssache „Inspire Art“[818].

Niederländische Unternehmer hatten in England eine private limited company by shares (plc) gegründet und beantragten in den Niederlanden die Eintragung einer Zweigniederlassung. Diese Zweigniederlassung war tatsächlich der Hauptsitz der Gesellschaft. Die Eintragung sollte ohne den Zusatz erfolgen, dass es sich bei der Gesellschaft um eine „formal ausländische Gesellschaft“ handelte, wie es jedoch eine Regelung in einem niederländischen Gesetz, dem WFBV, vorsieht. Zudem fordert das WFBV, dass die Gesellschaft über ein bestimmtes Nennkapital verfügen muss, um in den Vorteil der Haftungsbeschränkung zu kommen. Das Kantongericht Amsterdam sah diese Voraussetzungen nach dem WFBV als erforderlich an, hatte jedoch Zweifel an ihrer Europarechtskonformität und bat deshalb um Vorabentscheidung des EUGH.

Der EuGH kam zu dem Ergebnis, sowohl die Publizitätsregelung, als auch die das Mindestkapital betreffende Vorschrift des WFBV seien europarechtswidrig. In Fortentwicklung der Grundsätze seiner „Centros“ – Entscheidung erklärte der EuGH, dass die Mindestkapitalvorschriften des WFBV eine Beschränkung der in den Art. 43, 48 EGV geregelten Niederlassungsfreiheit darstellten, die nicht gerechtfertigt sei[819]. Die Begründung für die Unzulässigkeit der Publizitätspflicht wurde auf die Unvereinbarkeit mit der Elften gesellschaftsrechtlichen Richtlinie 86/666 EWG gestützt. Die diesbezüglichen Ausführungen sollen vorliegend außer Betracht bleiben.

---

[818] EuGH v. 30.9.2003 – RS. C-167/01 – „Inspire Art“ = NJW 2003, S. 3331 = AG 2003, S. 680 = NZG 2003, S. 1064 = ZIP 2003, S. 1885 = WM 2003, S. 2042 = GmbHR 2003, S. 1260 = IPRax 2004, S. 46.

[819] Geprüft wurde eine Rechtfertigung nach § 46 EGV, den allgemeinen Anforderungen bei einer Beeinträchtigung von Grundrechten sowie aufgrund einer betrügerischen oder missbräuchlichen Berufung auf das Gemeinschaftsrecht.

II. Problemstellung

Damit ist klar, dass Gesellschaften, die nach dem Recht eines Mitgliedsstaates gegründet wurden, ihren Verwaltungssitz aber in einem anderen Mitgliedsstaat haben, in dem auch der Schwerpunkt ihrer Geschäftstätigkeit liegt, grundsätzlich nicht den gesellschaftsrechtlichen Regelungen des Sitzstaates unterstellt werden dürfen[820]. Eine Anwendung des Rechts des Sitzstaates ist möglich, soweit dieses weniger umfassend ist, denn dann liegt kein Eingriff in die Niederlassungsfreiheit vor[821]. Das Gesellschaftsstatut als die Rechtsordnung, nach der sich die Behandlung gesellschaftsrechtlicher Fragen richtet, regelt alle gesellschaftsrechtlich zu qualifizierende Fragen umfassend[822]. Für die Bestimmung des anzuwendenden Gesellschaftsstatuts ausländischer Briefkastengesellschaften gilt nach „Inspire Art" immer das Recht des Gründungsstaates, wie es die Gründungstheorie vorsieht[823]. Damit stellt sich für das deutsche Gesellschaftsrecht, das den Gläubigerschutz zu einem Großteil über gesellschaftsrechtliche Regelungen wie die Kapitalerhaltung regelt ein Problem. Wird eine Gesellschaft nach dem Recht eines Mitgliedsstaates gegründet, der den Schutz der Gläubiger weniger durch sein Gesellschaftsrecht, als vielmehr über andere Rechtsgebiete gewährleistet, so resultiert daraus ein Defizit an Gläubigerschutz. Denn das mangelhafte fremde Gesellschaftsrecht gilt auch für die in Deutschland tätige Gesellschaft, während sich die insolvenz- und deliktsrechtlichen Regeln nach dem verhältnismäßig schwächeren deutschen Statut richten[824]. Im Anschluss an „Inspire Art" wird daher überlegt, wie man auch für diese Fälle einen hinreichenden Schutz der Gläubiger erreichen kann.

---

820 So jedenfalls die in Fn. 823 als Vertreter der Gründungstheorie Genannten sowie *Behrens*, IPRax 2004, S. 20, 24; *Eidenmüller*, JZ 2004, S. 24, 25; *v. Halen*, WM 2003, S. 571, 575; *Paefgen*, WM 2003, S. 561, 567.

821 *Spindler/Berner*, RIW 2004, S. 7, 10.

822 BayOLG, EuZW 1992, S. 548 (m. Anm. *Behrens*); Staudinger/*Großfeld*, IntGesR., 1998, Rdn. 16; *v. Halen*, Das Gesellschaftsstatut nach der Centros-Entscheidung des EuGH, S. 31; *Weller*, IPRax 2003, S. 207, 208.

823 In Deutschland ging man bisher dagegen von der umfassenden Geltung der Sitztheorie aus, vgl. nur BGHZ 53, S. 181, 183; 97, S. 269, 271; Staudinger/*Großfeld*, Internationales Gesellschaftsrecht, Rdn. 72ff.; Erman/*Hohloch*, BGB, Anh. II Art. 37 EGBGB Rdn. 25f.; MünchKomm/*Kindler*, BGB, 3. Aufl. 1999, IntGesR Rdn. 5. Mittlerweile befürwortet die wohl überwiegende Ansicht von der Gründungstheorie aus: EuGH, Urteil v. 5.11.2002, RS. C-208/00 – „Überseering": BGH, Urteil v. 13.3.2003 – VII ZR 370/98 = GmbHR 2003, S. 527 (m. Anm. *Stieb*), *Forsthoff*, DB 2003, S. 979; *Behrens*, IPRax 2003, S. 193; *Weller*, IPRax 2003, S. 520; *ders.*, DStR 2003, S. 1800, 1804; *Bayer*, BB 2003, S. 2357, 2363; *Binz/Mayer*, GmbHR 2003, S. 249, 255. Bezüglich der Rechtsfähigkeit für die Gründungsanknüpfung: *Bungert*, DB 2003, S. 1043. Abweichend: BGHZ, Urteil v. 29.1.2003 – VIII ZR 155/02 = IPRax 2003, S. 265; sowie BGH, Urteil v. 1.7.2002 – II ZR 380/00 = IPRax 2003, S. 62; *Kindler*, IPRax 2003, S. 41. Einschränkend *Altmeppen*, NJW 2004, S. 97, der lediglich hinsichtlich der Gründungsvorschriften das Recht des Gründungsstaates für maßgeblich hält, ansonsten jedoch die Sitztheorie beibehalten will. Ebenso *Altmeppen/Wilhelm*, BB 2004, S. 1083.

824 Ähnlich *Geyrhalter/Gänßler*, NZG 2003, S. 409, 413; *Eidenmüller/Rehm*, ZGR 2004, S. 159, 175; *Schön*, ZHR 168 (2004), S. 268, 291.

III. Lösungsvorschläge

Zur Lösung dieser Problematik werden unterschiedliche Vorschläge unterbreitet. Diese sollen im Folgenden kurz dargestellt und bewertet werden.

1. Sonderanknüpfung an das deutsche Gesellschaftsrecht

Trotz der abschließenden Wirkung des Gesellschaftsstatuts des jeweiligen Gründungsstaates bleibt es jedem Mitgliedsstaat unbenommen, im Einzelfall Sonderanknüpfungen zum Schutz zwingender Allgemeininteressen vorzunehmen, die Scheinauslandsgesellschaft also inländischem Recht zu unterstellen. Diese Erstreckung des inländischen Rechts muss dazu aus zwingenden Gründen des Allgemeininteresses gerechtfertigt, und zur Erreichung des Ziels geeignet und erforderlich sein[825]. Zwingender Grund des Allgemeininteresses kann auch der Gläubigerschutz sein[826]. Inwieweit eine Anwendung der Haftung für existenzvernichtende Eingriffe aus Gründen des Gläubigerschutzes zwingend notwendig ist, lässt sich nur schwer beurteilen[827].
Basiert der Gläubigerschutz des Gründungsstaates allerdings auf Regelungen, die nicht dem Gesellschaftsrecht entspringen, so scheint die Anwendung der Existenzvernichtungshaftung möglich[828]. Das Gleiche ist der Fall, soweit das jeweilige Gründungsrecht nicht in der Lage ist, einen ausreichenden Gläubigerschutz zu gewährleisten[829]. Im Grundsatz ist allerdings davon auszugehen, dass auch die anderen Mitgliedsstaaten funktionierende Gläubigerschutzregeln besitzen[830].

---

825 Sog. „Gebhard-Formel“, EuGH, Slg. 1995, I-4165, Rdn. 37 – RS. Gebhard; *Ulmer*, NJW 2004, S. 1201, 1204; *Eidenmüller/Rehm*, ZGR 2004, S. 159, 169ff.; *Eidenmüller*, ZIP 2002, S. 2233, 2242; *ders.*, JZ 2004, S. 24, 27; *Großrichter*, DStR 2003, S. 159, 168; *Behrens*, IPRax 2004, S. 20, 21, 25; *Leible/Hoffmann*, RIW 2002, S. 925, 935; *Spindler/Berner*, RIW 2004, S. 7, 13; *Weller*, DStR 2003, S. 1800, 1804.

826 EuGH, Slg. 1999, I-1459, Rdn. 34ff. – „Centros“; *Ulmer*, NJW 2004, S. 1201, 1208; *Eidenmüller*, ZIP 2002, S. 2233, 2242; *ders.*, JZ 2004, S. 24, 27; *Spindler/Berner*, RIW 2004, S. 7, 13; Lutter/Hommelhoff/*Lutter/Bayer*, GmbHG, § 12 Rdn. 14.

827 *Eidenmüller*, ZIP 2002, S. 2233, 2242.

828 *Eidenmüller*, JZ 2004, S. 24, 28 sieht darin einen „kollisionsrechtlich begründeten Normenmangel“. In diesem Fall sei der Sitzstaat berechtigt, seine Schutzvorkehrungen jedenfalls soweit zur Anwendung zu bringen, als die Gesellschaft auch nach ihrem Gründungsrecht unterliegen würde. Ebenfalls für eine Begrenzung von Sonderanknüpfungen auf Fälle des Normenmangels: *Eidenmüller/Rehm*, ZGR 2004, S. 159, 182.

829 *Ulmer*, NJW 2004, S. 1201, 1208; *Roth*, IPrax 2003, S. 117, 125; *Spindler/Berner*, RIW 2004, S. 7, 14; *Behrens*, IPRax 2004, S. 20, 21, 25; *Eidenmüller*, JZ 2004, S. 24, 28. Gegen eine solche Vorgehensweise *Borges*, ZIP 2004, S. 733, 742 unter Hinweis auf die damit verbundenen praktischen Schwierigkeiten.

830 *Behrens*, IPRax 2003, S. 193, 207; *ders.*, IPRax 2004, S. 20, 25; *Eidenmüller/Rehm*, ZGR 2004, S. 159, 182; *Eidenmüller*, JZ 2004, S. 24, 28.

2. Missbrauch der Rechtsform

Ein Schutz der Gläubiger ist in jedem Fall möglich über eine Haftung wegen Missbrauch der Rechtsform[831]. Denn ein solcher unterfällt aufgrund seiner Herleitung aus dem allgemeinen Prinzip von Treu und Glauben nicht dem nationalen Gesellschaftsrecht[832]. Nach der Rechtsprechung des EuGH kann allein in der Tatsache, dass eine Gesellschaft sich die Unterschiede im Gesellschaftsrecht der EU zu nutze macht allerdings noch kein Missbrauch gesehen werden[833]. Eine generell abstrakte Regelung von Missbrauchsfällen ist den Mitgliedsstaaten verwehrt, eine Verhängung von Sanktionen kommt nur in Einzelfällen in Betracht[834]. Damit kann in Einzelfällen sicherlich ein ausreichender Schutz der Gläubiger erreicht werden. Allerdings werden hierüber wohl nur solche Fälle erfasst, die ohnehin unter § 826 BGB zu subsumieren sind. Eine Einordnung des existenzvernichtenden Eingriffs unter die Fallgruppe des Missbrauchs dürfte indes ausscheiden[835]. Denn Anknüpfungspunkt dieser Rechtsfigur ist ein Verstoß gegen die § 13 Abs. 2 GmbHG zugrunde liegenden Wertungen[836]. Wollte man nun die gleichen Verhaltensweisen auch bei den Niederlassungen ausländischer Gesellschaften einer Haftung unterwerfen, bedeutete das nichts anderes, als die Anwendung des deutschen Gesellschaftsrechts. Denn die Einordnung der haftungsauslösenden Verhaltensweisen beruht auf den Wertungen des Haftungsprivilegs des GmbHG. Eine Anwendung des deutschen Gesellschaftsrechts kann aber nicht auf dem Umweg einer Qualifizierung als Missbrauchsfall erreicht werden.

3. Alternativanknüpfung der Existenzvernichtungshaftung

Die kollisionsrechtliche Anknüpfung des Insolvenzrechts richtet sich gemäß Art. 4 EuInsVO nach dem tatsächlichen Geschäftsschwerpunkt[837], Anknüpfungsmoment des Deliktsrechts ist gemäß Art. 40 Abs. 1 EGBGB der Ort der

---

831 *Eidenmüller/Rehm*, ZGR 2004, S. 159, 178ff.; *Eidenmüller*, JZ 2004, S. 24; *Spindler/Berner*, RIW 2004, S. 7, 8.

832 EuGH, Slg. 1983, S. 421; *Fleischer*, JZ 2003, S. 865, 871; *Roth*, NZG 2003, S. 1081, 1085; MünchKomm/*Roth*, BGB, § 242, 176ff.; *Kindler*, NZG 2003, S. 1086, 1089f.; *Bayer*, BB 2003, S. 2357, 2364f.; *Drygala*, EwiR 2003, S. 1029, 1030.

833 EuGH Slg. 1999, I-1459, I-1493f. Tz. 27ff. – „Centros"; *Kindler*, NZG 2003, S. 1086, 1088; *Eidenmüller/Rehm*, ZGR 2004, S. 159, 179; *Eidenmüller*, JZ 2004, S. 24, 26; *Ulmer*, NJW 2004, S. 1201, 1203; *Spindler/Berner*, RIW 2004, S. 7, 9; *Weller*, IPRax 2003, S. 520, 522; *Geyrhalter/Gänßler*, DStR 2003, S. 2167, 2171; *Borges*, ZIP 2004, S. 733, 742; Lutter/Hommelhoff/*Lutter/Bayer*, GmbHG, § 12 Rdn. 14.

834 Schlussanträge des Generalanwaltes *Alber*, 30. 1. 2003, RS. C-167/01, Tz. 115ff. – „Inspire Art"; *Geyrhalter/Gänßler*, DStR 2003, S. 2167, 2169; *Ulmer*, NJW 2004, S. 1201, 1203; *Weller*, IPRax 2003, S. 207, 209; *Borges*, ZIP 2004, S. 733, 742. Vgl. hierzu auch *Schön*, FS Wiedemann, S. 1271, 1288f.; *Fleischer*, JZ 2003, S. 865, 873.

835 *Spindler/Berner*, RIW 2004, S. 7, 9. A.A. *Horn*, NJW 2004, S. 893, 899; *Borges*, ZIP 2004, S. 733, 742.

836 *Spindler/Berner*, RIW 2004, S. 7, 11.

837 *Roth*, NZG 2003, S. 1081, 1085; *H. F. Müller*, NZG 2003, S. 414, 414f.; AG Hamburg, ZIP 2003, S. 1008, 1009; *Geyrhalter/Gänßler*, NZG 2003, S. 409, 413.

unerlaubten Handlung. Für EU-ausländische Briefkastenfirmen mit Verwaltungssitz und Tätigkeitsschwerpunkt in Deutschland kommt demnach in Bezug auf die in diesen Rechtsgebieten verankerten Gläubigerschutzvorschriften deutsches Recht zur Anwendung[838]. Zur Gewährleistung eines Mindestmaßes an Schutz für die Gläubiger wird deshalb vorgeschlagen, die Haftung der Gesellschafter für existenzvernichtende Eingriffe als insolvenzrechtliche oder deliktsrechtliche Regelung einzuordnen.

Die Zuordnung eines Rechtsinstituts zu einer Kollisisonsnorm richtet sich nicht nach dessen formaler Anknüpfung, sondern nach einer funktionalen Betrachtung[839]. Die Durchgriffshaftung wegen Existenzvernichtung stellt als Durchbrechung der Haftungsordnung der GmbH ein gesellschaftsrechtliches Institut dar[840]. Dafür spricht auch der sachliche Zusammenhang zu den anderen Normen des Gläubigerschutzes in der GmbH[841]. Aufgrund der abschließenden und umfassenden Regelung des Gesellschaftsstatuts kommt damit eine Anwendung der Existenzvernichtungshaftung auf EU-ausländische Briefkastenfirmen mit Sitz in Deutschland grundsätzlich nicht in Betracht.

Trotz der Einordnung als primär gesellschaftsrechtliches Institut muss indes eine Anwendung der Existenzvernichtungshaftung auf die interessierenden Sachverhalte nicht ausscheiden. Denn nach dem Konzept der Alternativanknüpfung ist die Anwendung eines Rechtsinstituts schon dann möglich, wenn sie nach einem einschlägigen Statut zulässig ist[842]. Danach würde es für die Anwendbarkeit der Existenzvernichtungshaftung ausreichen, wenn sie nicht nur gesellschaftsrechtlich, sondern zumindest auch delikts- oder insolvenzrechtlich einzuordnen wäre[843]. Aufgrund der Nähe des existenzvernichtenden

---

838 *Ulmer*, JZ 1999, S. 662, 664; *ders.*, NJW 2004, S. 1201, 1205; *Zimmer*, NJW 2003, S. 3585, 3589; *Spindler/Berner*, RIW 2004, S. 7, 9; *Weller*, DStR 2003, S. 1800, 1804; *ders.*, IPRax 2003, S. 207, 209.

839 BGHZ 29, S. 137, 139; *Kroppholler*, Internationales Privatrecht, § 17 I, S. 122ff.; *Kindler*, NZG 2003, S. 1086, 1090; *Bayer*, BB 2003, S. 2357, 2365.

840 BGHZ 78, S. 318, 334; MünchKomm/*Kindler*, IntGesR, Rdn. 486ff.; *Ulmer*, JZ 1999, S. 662, 664; *Zimmer*, NJW 2003, S. 3585, 3588; *Bayer*, BB 2003, S. 2357, 2365; *Weller*, IPRax 2003, S. 207, 208; *Großrichter*, DStR 2003, S. 159, 169; *Leible/Hoffmann*, RIW 2002, S. 925, 929; *Horn*, NJW 2004, S. 893, 899; *Altmeppen/Wilhelm*, BB 2004, S. 1083, 1088; Staudinger/*Großfeld*, IntGesR, Rdn. 354; *Schön*, ZHR 168 (2004), S. 268, 292. Im Ergebnis kommt auch *Altmeppen*, NJW 2004, S. 97, 101f. zu einer gesellschaftsrechtlichen Qualifikation der Existenzvernichtungshaftung.

841 *Zimmer*, Internationales Gesellschaftsrecht, S. 349ff. will für Fälle, in denen das Ergebnis mit dem vom deutschen Recht intendierten Gläubigerschutz unvereinbar erscheint, die eine persönliche Haftung ausschließende Norm des ausländischen Rechts durch Haftungsregeln des deutschen Rechts verdrängen lassen. Ebenso: *ders.*, NJW 2003, S. 3585, 3588; *Ulmer*, JZ 1999, S. 662, 665.

842 Umfassend: *Heyn*, Die „Doppel-" und „Mehrfachqualifikation" im IPR; MünchKomm/*Sonnenberger*, BGB, Einl. IPR Rdn. 481ff.; *v. Bar/Mankowski*, Internationales Privatrecht I, § 7 Rdn. 178; *Kroppholler*, Internationales Privatrecht, § 15 II 4 a), S. 115f.; *Zimmer*, NJW 2003, S. 3585, 3588.

843 *Spindler/Berner*, RIW 2004, S. 7, 10 sehen die Begründung neuer kollisionsrechtlicher Qualifikationsmöglichkeiten generell als untauglich an. Der Anwendungsbefehl der Regelung sei unbeachtlich, entscheidend sei allein, ob diese als „quasigesellschaftsakzessorische Vorschrift" Auswirkungen auf die Niederlassungsfreiheit habe.

Eingriffs zur Haftung aus § 826 BGB wird die Ansicht vertreten, über die Behandlung nach dem Gesellschaftsstatut hinaus wäre eine Anwendung des Deliktsstatuts in Betracht zu ziehen[844]. Zudem wird aus der Herleitung der Haftung aus dem Gedanken der „kalten Liquidation" eine insolvenzrechtliche Anknüpfung gefolgert[845].

Die Existenzvernichtungshaftung hat die Funktion, eine Lücke des deutschen Rechts hinsichtlich des Gläubigerschutzes auszugleichen. Sie greift nur dann, wenn die Forderungen der Gläubiger aufgrund der Existenzvernichtung der GmbH nicht mehr bedient werden können. Diese Anknüpfung der Haftung an die Insolvenz der Gesellschaft spricht in der Tat dafür, die Existenzvernichtungshaftung als Regelung auch mit insolvenzrechtlicher Funktion einzuordnen. Der Anspruch der Gläubiger gegen die Gesellschafter stellt zusätzliches verwertbares Vermögen dar. Im Regelfall wird dieses Vermögen infolge der Geltendmachung durch den Insolvenzverwalter zugunsten der Masse gleichmäßig auf alle berechtigten Gläubiger aufgeteilt. Als Instrument zur Sanktionierung von Verhaltensweisen, die eine Benachteiligung der Gläubiger in der Insolvenz bedeuten, ist die Existenzvernichtungshaftung den Vorschriften der Insolvenzanfechtung vergleichbar[846]. Ebenso vertretbar ist die Zuordnung zur deliktsrechtlichen Kollisionsnorm. Denn der Gesellschafter wird für ein Fehlverhalten der Haftung unterworfen, durch das er andere Personen –in der Regel schuldhaft– geschädigt hat.

Neben ihrer primär gesellschaftsrechtlichen Funktion nimmt die Haftung für Existenzvernichtung auch insolvenzrechtliche und deliktische Funktionen wahr. Nach dem Konzept der Alternativanknüpfung kann diese Haftungsfigur daher auch Anwendung auf EU-ausländische Briefkastenfirmen mit Verwaltungssitz und Tätigkeitsschwerpunkt in Deutschland finden. Eine ähnliche Lösung bietet der Vorschlag einer einschränkenden Auslegung des Gesellschaftsstatuts. Da das Gesellschaftsstatut abschließend und umfassend, die Existenzvernichtung in erster Linie gesellschaftsrechtlich einzuordnen sei, komme eine Anwendung über das Insolvenz- oder das Deliktsstatut aufgrund einer einschränkenden Auslegung des Gesellschaftsstatuts in Betracht[847].

Unabhängig davon, welchem dieser Vorschläge man folgt, wirkt es seltsam, dass eine gesellschaftsrechtliche Regel keine Anwendung findet, weil sie gegen die Niederlassungsfreiheit verstößt, allein aufgrund einer zusätzlichen Qualifi-

---

844 *Schanze/Jüttner*, AG 2003, S. 661, 669f.; *Zimmer*, NJW 2003, S. 3585, 3588; *Kindler*, NZG 2003, S. 1086, 1090.

845 *Weller*, IPRax 2003, S. 207, 209; *ders.*: IPRax 2003, S. 324, 328: *ders.*: IPRax 2003, S. 520, 524; *Kindler*, NZG 2003, S. 1086, 1090; *Zimmer*, NJW 2003, S. 3585, 3589. *Roth*, NZG 2003, S. 1081, 1085 spricht von „vorinsolvenzrechtlicher Qualität" der Existenzvernichtungshaftung. Weitergehend *Wackerbarth*, Grenzen der Leitungsmacht, S. 109f. Ausgehend davon, dass in der Insolvenz der Gesellschaft geklärt wird, ob und inwieweit die Gesellschafter einen Beitrag zur Insolvenzmasse leisten müssen, spreche viel dafür, auch die Klärung einer Durchgriffshaftung im Insolvenzverfahren vorzunehmen. Dann könne sich die Frage der Durchgriffshaftung sinnvoll nur nach dem Recht des Staates richten, in dem auch das Insolvenzverfahren durchgeführt wird.

846 A.A.: *Ulmer*, NJW 2004, S. 1201, 1207; *Schön*, ZHR 168 (2004), S. 268, 292.

847 *Horn*, NJW 2004, S. 893, 899.

zierung als nicht gesellschaftsrechtlich dann aber doch zulässig sein soll. Dazu ist Folgendes zu bemerken: Um eine Einschränkung der Niederlassungsfreiheit zu verhindern, muss gewährleistet werden, dass eine nach dem Recht eines Mitgliedsstaates ordnungsgemäß errichtete Gesellschaft ohne Beeinträchtigung ihrer Rechtsform ihren Verwaltungssitz in jeden anderen Staat der EU verlegen darf. Dieses Ziel lässt sich am besten dadurch erreichen, dass man die Rechtsform der Gesellschaft nach dem Recht ihres Gründungsstaates bestimmt. Aus der Einordnung des Gesellschaftsstatuts als einheitlich und umfassend folgt dann weiter, dass als gesellschaftsrechtlich zu qualifizierende Normen nur aus dem Gründungsstaat, nicht aber aus dem Zuzugsstaat zur Anwendung kommen können. Für andere Regelungskomplexe hingegen gilt diese Prämisse nicht. Somit ist die Existenzvernichtungshaftung an sich nicht EU-rechtswidrig, sondern folgte ihre Unanwendbarkeit als gesellschaftsrechtliche Regelung allein aus dem Prinzip des einheitlichen Gesellschaftsstatuts. Denn eine Beschränkung der Rechtsform im Falle des Zuzugs fremder Gesellschaften oder irgendwelche anderen Nachteile ausländischer Gesellschaften, die sich in Deutschland niederlassen wollen, gehen von ihr nicht aus. Damit ist es aber kein Widerspruch zur Niederlassungsfreiheit, die Haftung wegen existenzvernichtender Eingriffe als Rettungsanker für den Gläubigerschutz über eine Qualifikation als insolvenzrechtliche bzw. deliktsrechtliche Regelung in Stellung zu bringen.
Dies kann zum einen über eine einschränkende Auslegung des Gesellschaftsstatuts geschehen. Allerdings scheint dieser Weg aufgrund des Widerspruches zu dem Grundsatz der umfassenden Wirkung des Gesellschaftsstatuts als kompliziert. Ohne große Widersprüche zu diesem Grundsatz stellt sich die Alternativanknüpfung dar. Voraussetzung für ihre Anerkennung ist lediglich die Einsicht, dass die Einordnung eines Rechtsinstituts als gesellschaftsrechtlich nicht seine insolvenzrechtliche bzw. deliktische Qualifikation beseitigt. Hat man dies erst einmal anerkannt, so ist es nur logisch, dass aufgrund dieser parallelen Anknüpfungen eine Anwendung in Betracht kommt[848].

IV. Zusammenfassung

Nach der Entscheidung des EuGH in der Rechtssache „Inspire Art" kommen die Gläubigerschutzregelungen des GmbHG gegenüber Scheinauslandsgesellschaften nicht zur Anwendung. Um einen Schutz für die Gläubiger von GmbH zu gewährleisten, wird versucht, die Durchgriffshaftung für existenzvernichtende Eingriffe auf sie zu erstrecken. Eine Anwendung über eine Sonderanknüpfung ist jedenfalls dann ein taugliches Instrument, falls aufgrund mangelnder gesellschaftsrechtlicher Gläubigerschutzvorkehrungen des Gründungsstaats eine Benachteiligung der Gläubiger zu befürchten ist. Eine Anwendung aus dem Gedanken eines Missbrauchs der Rechtsform ist skeptisch zu beurteilen. Diese Anknüpfung sanktionierte letztendlich einen Verstoß gegen gesell-

848 *Eidenmüller/Rehm*, ZGR 2004, S. 159, 175 schlagen den umgekehrten Weg vor. Durch eine Qualifizierung insolvenzrechtlicher Schutzinstrumente des Gründungsstaates als gesellschaftsrechtlich sollen diese zur Anwendung kommen.

schaftsrechtliche Wertungen, ohne zu begründen, warum insofern nicht die Anwendung des ausländischen Gesellschaftsstatuts entgegensteht. Eine klare Begründung liefert dagegen das Konzept der Alternativanknüpfung. Da die Haftung für existenzvernichtende Eingriffe auch insolvenzrechtlichen Bezug aufweist, kann die Beurteilung des Gesellschaftsrechts nach dem Recht des Gründungsstaates keinen Ausschluss dieser Haftung nach sich ziehen. Gegenüber der Sonderanknüpfung bietet diese Behandlung ausländischer Briefkastenfirmen den Vorteil, dass die Existenzvernichtungshaftung in jedem Fall einschlägig ist. Die Verfechter einer Sonderanknüpfung müssten hingegen zunächst für das Recht des jeweiligen Mitgliedsstaates feststellen, ob es derart beschaffen ist, dass eine Anwendung dieser Haftungsfigur für einen angemessenen Gläubigerschutz erforderlich ist.

6. Kapitel: Zusammenfassung der Ergebnisse

Es besteht weitgehende Übereinstimmung dahingehend, dass die Gesellschafter einen Ausfall der Gläubiger kompensieren müssen, der dadurch entsteht, dass die GmbH infolge ihres Verhaltens insolvent geworden ist. Des Weiteren wird kaum bezweifelt, dass das GmbH-Recht für die betreffenden Sachverhalte eine planwidrige Regelungslücke enthält. Ein buntes Bouquet an Meinungen bietet sich dagegen hinsichtlich der Frage, wie man einen angemessenen Schutz der Gläubiger in den relevanten Fallgestaltungen erreichen kann. Dogmatisch zu bevorzugen ist die Durchgriffshaftung. Das in § 13 Abs. 2 GmbHG niedergelegte Haftungsprivileg geht von einer Trennung der Vermögensmassen von GmbH und Gesellschaftern sowie einer Widmung des Gesellschaftsvermögens zur vorrangigen Befriedigung der Gesellschaftsgläubiger aus. Werden diese Voraussetzungen nicht eingehalten, entfällt die Rechtfertigung für das Haftungsprivileg. Die Normzwecklehre erklärt damit auf rechtstechnisch nicht zu beanstandende Art und Weise den Fortfall der Haftungskanalisierung auf das Gesellschaftsvermögen. Die Möglichkeit der Inanspruchnahme der Gesellschafter für die Verbindlichkeiten der Gesellschafter beruht auf einer analogen Anwendung von § 128 HGB. Das ist überzeugend, weil ohne die Haftungsbegrenzung auf das Gesellschaftsvermögen die Sachlage derjenigen in einer OHG vergleichbar ist. Richtet man die Herausarbeitung der Tatbestandsmerkmale strikt an der Ableitung der Haftung aus der Prämisse der Bindung des Gesellschaftsvermögens zur vorrangigen Befriedigung der Gläubiger aus, kann auch nicht eingewandt werden, die Rechtsfindung vollziehe sich gleichsam in einem rechtlichen Vakuum.

Der Tatbestand der Existenzvernichtungshaftung setzt voraus, dass es durch eine Außerachtlassung der Vermögensbindung zu einer Existenzvernichtung der GmbH kommt. Damit ist aber der Begriff einer Haftung wegen Existenzvernichtungshaftung ungenau. Haftungsauslösendes Moment ist die Außerachtlassung der Vermögensbindung, eine Herbeiführung der Existenzvernichtung genügt nicht. In der Existenzvernichtung manifestiert sich lediglich die Unfähigkeit der GmbH, ihre Verbindlichkeiten zu bedienen. Besser ist es daher, von einer Durchgriffshaftung wegen Entziehung gebundenen Vermögens zu sprechen. Zur Gläubigerbefriedigung gebundenes Vermögen kann aber nur solches sein, das im Falle der Krise auch verwertbar ist. Handlungsweisen, die nicht unmittelbar vermögensrelevant sind, können daher nicht haftungsauslösend sein. Das Gleiche gilt für die Vornahme riskanter Geschäfte, da die Rechtsform der GmbH gerade für solche Tätigkeiten eine Haftungsbegrenzung auf das Gesellschaftsvermögen bieten soll. Weitergehende Stimmen in der Literatur bezüglich der Haftung unterfallender Verhaltensweisen sind der Suggestivkraft des Schlagwortes einer Haftung wegen Existenzvernichtung erlegen. Den diskutierten Verhaltensweisen ist zwar gemein, dass sie zu einer Existenzvernichtung führen können, doch stellen sie keine Außerachtlassung der Vermögensbindung dar.

Existenzvernichtung bedeutet nichts weiter als Insolvenz der GmbH, entweder infolge von Zahlungsunfähigkeit oder Überschuldung. Für den Fall, dass die Einwirkung die Gesellschaft im Zeitpunkt der Überschuldung trifft, scheidet eine Haftung aufgrund von Subsidiarität aus. In diesen Fällen genügt bereits der Erstattungsanspruch nach §§ 30, 31 GmbHG, den zugefügten Nachteil vollständig auszugleichen. Das Tatbestandsmerkmal der Subsidiarität ist der Natur der Durchgriffshaftung als Rechtsinstitut geschuldet, welches nur bei Bestehen einer Regelungslücke in Betracht kommt. Abseits dieser Fallgruppe dürfte der Subsidiarität aufgrund der Schwäche der gesetzlichen Vorschriften keine allzu große praktische Bedeutung beschieden sein. Denn zu einer Abweisung einer Klage wegen Entziehung gebundenen Vermögens kommt es nur, soweit der gesamte Nachteil nach dem gesetzlichen Regelungssystem zu ersetzen ist. Deliktische Vorschriften bleiben dabei außer Betracht. Subjektive Momente sind für die Erfüllung des Tatbestandes unbeachtlich, wären für eine Begrenzung der Haftung aber ohnehin untauglich. Angesichts der auf Rechtsfolgenbegrenzung angelegten Regelung des § 31 Abs. 3 GmbHG ist es für die Gesellschaftsgläubiger von besonderem Interesse, dass auch teilnehmende Mitgesellschafter der unbegrenzten Haftung wegen Entziehung gebundenen Vermögens unterfallen können, soweit sie mit der Maßnahme einverstanden waren, oder sie mit Wissen um die Folgen geduldet haben. Eine Genehmigung des Eingriffs begründet mangels Kausalität keine Haftungserstreckung auf den genehmigenden Gesellschafter.

Aufgrund der dogmatischen Herleitung aus § 128 HGB analog haften die Gesellschafter der Höhe nach unbegrenzt. Argumente, die ein anderes Ergebnis rechtfertigen würden, sind nicht zwingend. Abweichend von der Haftung nach § 128 HGB steht Gläubigern der GmbH, die ihren Anspruch erst nach dem existenzvernichtenden Eingriff erworben haben, kein Durchgriffsrecht gegen die Gesellschafter zu. Zur Vermeidung ungleicher Befriedigungsaussichten der Gläubiger ist im Insolvenzverfahren über das Vermögen der GmbH eine Konzentrierung der Fähigkeit zur Geltendmachung der Gläubigerforderungen auf den Insolvenzverwalter zu befürworten. Der Insolvenzverwalter zieht die Forderungen der Gläubiger zur Masse, so dass eine gleichmäßige quotale Befriedigung erreicht wird. Um eine Umgehung dieser Regelung zu verhindern, erstreckt sich die Sperrwirkung auch auf konkurrierende deliktische Ansprüche. Außerhalb des Insolvenzverfahrens können die Gläubiger ihre Ansprüche selbst geltend machen.

Der Nachweis einiger Tatbestandsmerkmale des Haftungstatbestandes setzt Kenntnis betrieblicher Interna voraus. Dem Insolvenzverwalter bereitet der Nachweis aufgrund seiner mit weit reichenden Informationsmöglichkeiten verbundenen Stellung regelmäßig keine Schwierigkeiten. Den Gläubigern der GmbH sind dagegen im Falle einer Klage gegen die Gesellschafter Erleichterungen bei der Darlegung nach den Grundsätzen der sekundären Behauptungslast zu gewähren. Sie müssen nur Anhaltspunkte für ein den Haftungstatbestand ausfüllendes Verhalten des Gesellschafters darlegen. Dann obliegt es dem Gesellschafter diese Anhaltspunkte durch einen substantiierten Vortrag auszuräumen.

Literaturverzeichnis

Adler, Hans/Düring, Walther/Schmaltz, Kurt (Herausgeber): Rechnungslegung und Prüfung der Unternehmen; bearbeitet von Karl-Heinz. Forster u.a.
Teilband 6, Vorbemerkungen zu §§ 238-241 HGB, §§ 238-251 HGB; Stuttgart 1998
Zitierweise: *Adler/Düring/Schmaltz*

Altmeppen, Holger: Grenzenlose Vermutungen im Recht der GmbH – Zur Rechtsprechung des Bundesgerichtshofs zur konzernierten GmbH nach dem Urteil vom 23. 9. 1991 – II ZR 135/90 , DB 1991, S. 2225-2230

ders.: Anmerkung zur Verfassungsbeschwerde „Video-Urteil", ZIP 1992, S. 1668-1669

ders.: „Dritte" als Adressaten der Kapitalerhaltungs- und Kapitalersatzregeln in der GmbH, Festschrift für Bruno Kropff, Düsseldorf 1997, S. 641-667; Zitierweise: *Altmeppen*, FS Kropff

ders.: Anmerkung zu BGH, Urteil vom 21. 6. 1999 – II ZR 47/98, ZIP 1999, S. 1354-1355

ders.: Ungültige Vereinbarungen zur Haftung von GmbH-Geschäftsführern, – Zugleich Besprechung von BGH, Urteil vom 15. 11. 1999 – II ZR 122/98 –, DB 2000, S. 261-263

ders.: Zur Disponibilität der Geschäftsführerhaftung in der GmbH, – Zugleich Besprechung von BGH-Urteil vom 31. 1. 2000 – II ZR 189/99 – DB 2000, S. 657-661

ders.: Grundlegend Neues zum „qualifiziert faktischen" Konzern und zum Gläubigerschutz in der Einmann-GmbH; Zugleich Besprechung des Urteils des BGH vom 17. 9. 2001 – II ZR 178/99 „Bremer Vulkan", ZIP 2001, S. 1837-1847

ders.: Insolvenzverschleppungshaftung Stand 2001, ZIP 2001, S. 2201-2211

ders.: Gesellschafterhaftung und „Konzernhaftung" bei der GmbH, NJW 2002, S. 321-324

ders.: Ausfall- und Verhaltenshaftung des Mitgesellschafters in der GmbH; Zugleich Besprechung des BGH-Urteils vom 25. 2. 2002 – II ZR 196/00, ZIP 2002, S. 961-968

ders.: Zur Entwicklung eines neuen Gläubigerschutzkonzeptes in der GmbH, ZIP 2002, S. 1553-1563

ders.: Schutz vor „europäischen" Kapitalgesellschaften, NJW 2004, S. 97-104

Altmeppen, Holger/Wilhelm, Jan: Quotenschaden, Individualschaden und Klagebefugnis bei der Verschleppung des Insolvenzverfahrens über das Vermögen der GmbH, NJW 1999, S. 673-681

dies.: Gegen die Hysterie um die Niederlassungsfreiheit der Scheinauslandsgesellschaften, BB 2004, S. 1083-1089

Arbeitskreis für Insolvenz- und Schiedsgerichtswesen e. V., Köln (Herausgeber): Kölner Schrift zur Insolvenzordnung, Das neue Insolvenzrecht in der Praxis, 2. Auflage, Herne, Berlin 2000; Zitierweise: KSInsO/*Bearbeiter*

Arloth, Frank: Zur Abgrenzung von Untreue und Bankrott bei der GmbH, NStZ 1990, S. 570-575

Bähr, Biner/Hoos, Jan-Philipp: Anmerkung zu BGH, Urteil vom 24. 11. 2003 – II ZR 171/01, GmbHR 2004, S. 304-305

Baetge, Jörg: Bilanzen, 4. Auflage, Düsseldorf 1996; Zitierweise: *Baetge*, Bilanzen

Bamberger, Heinz Georg/Roth, Herbert (Herausgeber): Kommentar zum Bürgerlichen Gesetzbuch
Band 1, Gesamtsachverzeichnis, §§ 1-610, München 2003
Zitierweise: Bamberger/Roth/*Bearbeiter*, BGB

Banerjea, Nirmal Robert: Haftungsfragen in Fällen materieller Unterkapitalisierung und im qualifizierten faktischen Konzern, ZIP 1999, S. 1153-1162

Bastuck, Burkhard: Kreditbesicherung im Konzern – Geklärte Fragen, offene Fragen und Vertragsgestaltung –, WM 2000, S. 1091-1099

Bauder, Wolfgang: Anmerkung zu BGH, Urteil vom 29. 3.1993 – II ZR 265/91 – „TBB“; BB 1993, S. 1103-1105

Baumbach, Adolf/Hueck, Alfred: GmbH-Gesetz, 17. Auflage, München 2000; Zitierweise: Baumbach/Hueck/*Bearbeiter*, GmbHG

Baumbach, Adolf/Hopt, Klaus/Merkt, Hanno: Handelsgesetzbuch mit GmbH&Co., Handelsklauseln, Bank- und Börsenrecht, Transportrecht (ohne Seerecht), 31. Auflage, München 2003; Zitierweise: *Baumbach/Hopt*, HGB

Bayer, Walter: Zentrale Konzernfinanzierung, Cash Management und Kapitalerhaltung, Festschrift für Marcus Lutter, Köln 2000, S. 1011-1032; Zitierweise: *Bayer*, FS Lutter

ders.: Die EuGH-Entscheidung „Inspire Art“ und die deutsche GmbH im Wettbewerb der europäischen Rechtsordnungen, BB 2003, S. 2357-2366

Behrens, Peter: Das internationale Gesellschaftsrecht nach dem Überseering-Urteil des EuGH und den Schlussanträgen zu Inspire Art, IPRax 2003, S. 193-207 *ders.*: Gemeinschaftsrechtliche Grenzen der Anwendung inländischen Gesellschaftsrechts auf Auslandsgesellschaften nach „Inspire Art", IPRax 2004, S. 20-26

Bender, Gregor: GmbHR-Kommentar zum BGH-Urteil vom 25. 2. 2002, GmbHR 2002, S. 552-554

Benecke, Martina: Existenzvernichtender Eingriff statt qualifiziert faktischer Konzern: Die neue Rechtsprechung des BGH zur Haftung von GmbH-Gesellschaftern, BB 2003, S. 1190-1195

Beuthien, Volker: Die Vorgesellschaft im Privatrechtssystem (Teil I), ZIP 1996, S. 305-320

Binz, Mark/Mayer, Gerd: Die ausländische Kapitalgesellschaft & Co KG im Aufwind? Konsequenzen aus dem „Überseering"-Urteil des EuGH v. 5. 11.2002 – Rs. C-208/00, GmbHR 2003, S. 249-257

Bitter, Georg: Konzernrechtliche Durchgriffshaftung bei Personengesellschaften, Köln 2000;
Zitierweise: *Bitter*, Konzernrechtliche Durchgriffshaftung

ders.: Anmerkung zu BGH, Urteil vom 2. 10. 2000, WuB II C. § 13 GmbHG 1.01, S. 183-186

ders.: Das „TBB"-Urteil und das immer noch vergessene GmbH-Vertragskonzernrecht, ZIP 2001, S. 265-278

ders.: Der Anfang vom Ende des „qualifiziert faktischen GmbH-Konzerns" – Ansätze einer allgemeinen Missbrauchshaftung in der Rechtsprechung des BGH –, WM 2001, S. 2133-2141

ders., Anmerkung zu BFH, Beschluss vom 2. 11. 2001 und BGH, Urteil vom 4. 7. 2002, WuB VI C. § 93 InsO 1.02, S. 1181-1184

ders.: Anmerkung zu BGH, Urteil vom 25. 2. 2002, WuB II C. § 13 GmbHG 2.02, S. 793-796

ders.: Richterliche Korrektur der Funktionsuntauglichkeit des § 93 InsO? ZInsO 2002, S. 557-563

Bitter, Walter/Bitter, Georg: Alles klar im qualifiziert faktischen Konzern? Oder: Die Ausweitung der BGH-Rechtsprechung durch das BAG, BB 1996, S. 2153-2160

Blaurock, Uwe: Einfluß im Unternehmen und die gesellschaftsrechtliche Haftungsstruktur, Festschrift für Walter Stimpel, Berlin, New York, 1985, S. 553-569; Zitierweise: *Blaurock*, FS Stimpel

Borges, Georg: Gläubigerschutz bei ausländischen Gesellschaften mit inländischem Sitz, ZIP 2004, S. 733-744

Bork, Reinhard: Haftung des GmbH-Geschäftsführers wegen verspäteten Konkursantrags –Besprechung der Entscheidung BGHZ 126, 181 –, ZGR 1995, S. 505-528

ders.: Wie erstellt man eine Fortbestehensprognose, ZIP 2000, S. 1709-1713

ders: Die analoge Anwendung des § 93 InsO auf Parallelsicherheiten, NZI 2002 S. 362-366

Boujong, Karlheinz: Das Trennungsprinzip des § 13 Abs. 2 GmbHG und seine Grenzen in der neueren Judikatur des Bundesgerichtshofes; Festschrift für Walter Odersky; Berlin, New York 1996, S. 739-752; Zitierweise: *Boujong*, FS Odersky

Brammsen, Joerg: Strafbare Untreue des Geschäftsführers bei einverständlicher Schmälerung des GmbH-Vermögens, DB 1989, S. 1609-1615

Brandes, Helmut: Grundsätze der Kapitalerhaltung im Vertragskonzern, FS für Alfred Kellermann, Berlin 1991, S. 25-35

Braun, Eberhard: Insolvenzordnung, Kommentar, München 2002; Zitierweise: Braun/*Bearbeiter*, InsO

Brinkmann, Moritz: Die Bedeutung der §§ 92, 93 InsO für den Umfang der Insolvenz- und Sanierungsmasse, Köln, Berlin, Bonn, München 2001; Zitierweise: *Brinkmann*, Die Bedeutung der §§ 92, 93 InsO

ders.: Funktion und Anwendungsbereich des § 93 InsO, ZGR 2003, S. 264-282

Brockfeld, Eckart: Darlehen der AG und der GmbH an ihre Gesellschafter, Rheinfelden 1987; Zitierweise: *Eckart*, Darlehen der AG und der GmbH an ihre Gesellschafter

Bungert, Hartwin: Sitzanknüpfung für Rechtsfähigkeit von Gesellschaften gilt auch nicht mehr im Verhältnis zu den USA – Anmerkung zu BGH vom 29. 1. 2003 – VIII ZR 155/02 –, DB 2003, S. 1043-1046

Bunke, Caspar: Keine Durchsetzungssperre nach § 93 InsO für konkurrierende Steueransprüche aus §§ 69, 34 AO, NZI 2002, S. 591-594

ders.: Zur Anwendbarkeit des § 93 InsO auf konkurrierende Individualhaftungsansprüche gegen persönlichhaftende Gesellschafter, KTS 2002, S. 471-495

Burgard, Ulrich: Die Förder- und Treupflicht des Alleingesellschafters einer GmbH, ZIP 2002, S. 827-839

ders.: Garantie- und Verschuldenshaftung von Mitgesellschaftern einer GmbH, NZG 2002, S. 606-608

ders.: Anmerkung zu BGH, Urteil vom 17. 9. 2001, WuB II C. § 13 GmbHG 1.02, S. 149-154 *ders.*: Anmerkung zu BGH, Urteil vom 24. 6. 2002, WuB II C. § 13 GmbHG 1.03, S. 73-76

Bydlinski, Franz: Juristische Methodenlehre und Rechtsbegriff, 2. Auflage, Wien, New York 1991; Zitierweise: *Bydlinski*, Juristische Methodenlehre und Rechtsbegriff

Cahn, Andreas: Kapitalaufbringung im Cash Pool, ZHR 166 (2002), S. 278-306

ders.: Die Ausfallhaftung des GmbH-Gesellschafters, Besprechung der Entscheidung BGHZ 150, 61, ZGR 2003, S. 298-315

Canaris, Claus-Wilhelm: Die Rückgewähr von Gesellschaftereinlagen durch Zuwendungen an Dritte, Festschrift für Robert Fischer, Berlin, New York 1979, S. 31-64; Zitierweise: *Canaris*, FS Fischer

ders.: Die Feststellung von Lücken im Gesetz, Eine methodologische Studie über Voraussetzungen und Grenzen der richterlichen Rechtsfortbildung praeter legem, 2. Auflage, Berlin 1983; Zitierweise: *Canaris*, Die Feststellung von Lücken im Gesetz

Canaris, Claus-Wilhelm/Schilling, Wolfgang/Ulmer, Peter (Herausgeber): Staub, Großkommentar zum HGB
17. Lieferung: §§ 123-130b, 4. Auflage, Berlin, New York 1997
Zitierweise: Großkomm.HGB/*Bearbeiter*

Dauner-Lieb: Die Berechnung des Quotenschadens –Besprechung des Urteils BGH ZIP 1997, 1542–, ZGR 1998, S. 617-631

Deutsches Anwaltsinstitut e. V. (Herausgeber): Jahrbuch der Fachanwälte für Steuerrecht 1988/1989, Aktuelle steuerrechtliche Beiträge, Referate und Diskussionen der 39. steuerrechtlichen Jahresarbeitstagung, Wiesbaden vom 2. bis 4. Mai 1988, Herne, Berlin 1989; Zitierweise: JbFSt 1988/1989

Diem, Andreas: Besicherung von Gesellschafterverbindlichkeiten als existenzvernichtender Eingriff des Gesellschafters?, ZIP 2003, S. 1283-1289

Döser, Wulf: Der faktische Konzern, Ein Nachruf, AG 2003, S. 406-415

Drüke, Heiner: Die Haftung der Muttergesellschaft für Schulden der Tochtergesellschaft, Köln, Berlin, Bonn, München, 1990; Zitierweise: *Drüke*, Die Haftung der Muttergesellschaft

Drygala, Tim: Verhaltenshaftung im faktischen GmbH-Konzern, GmbHR 1993, S. 317-329

ders.: Abschied vom qualifizierten faktischen Konzern – oder Konzernrecht für alle?, GmbHR 2003, S. 729-740 *ders.*: Anmerkung zu EuGH, Urteil vom 30. 9. 2003 – Rs C-167/01, EWiR Art. 43 EG 4/03, S. 1029-1030

Ebenroth, Carsten Thomas/Boujong, Karlheinz/Joost, Detlev: Handelsgesetzbuch Band 1, §§ 1-342a, München 2001
Zitierweise: Ebenroth/Boujong/Joost/*Bearbeiter*, HGB

Ebert, Sabine: Folgepflicht und Haftung des GmbH-Geschäftsführers beim Erhalt und bei der Ausführung von Weisungen, GmbHR 2003, S. 444-449

Eckhold, Thomas: Materielle Unterkapitalisierung: Zur Gesellschafterverantwortlichkeit in der Gesellschaft mit beschränkter Haftung, Köln, Berlin, Bonn, München 2002; Zitierweise: *Eckhold*, Materielle Unterkapitalisierung

Ehricke, Ulrich: Das abhängige Konzernunternehmen in der Insolvenz, Tübingen 1998; Zitierweise: *Ehricke*, Das abhängige Konzernunternehmen

ders.: Zur Begründbarkeit der Durchgriffshaftung in der GmbH, insbesondere aus methodischer Sicht, AcP 199 (1999), S. 257-304

ders.: Zur Teilnehmerhaftung von Gesellschaftern bei Verletzung von Organpflichten mit Außenwirkung durch den Geschäftsführer der GmbH, ZGR 2000, S. 351-383

Eidenmüller, Horst: Wettbewerb der Gesellschaftsrechte in Europa, ZIP 2002, S. 2233-2245

ders.: Mobilität und Restrukturierung von Unternehmen im Binnenmarkt, Entwicklungsperspektiven des europäischen Gesellschaftsrechts im Schnittfeld von Gemeinschaftsgesetzgeber und EuGH, JZ 2004, S. 24-33

Eidenmüller, Horst/Rehm, Gebhard: Niederlassungsfreiheit versus Schutz des inländischen Rechtsverkehrs: Konturen des Europäischen Internationalen Gesellschaftsrechts, Zugleich eine Besprechung der Entscheidung Inspire Art, EuGH NJW 2003, 3331, ZGR 2004, S. 159-188

Emmerich, Volker: Das GmbH-Konzernrecht, in: Der GmbH-Konzern: (Gesellschaftsrecht, Rechnungslegung, Mitbestimmungsrecht, Kartellrecht, Steuerrecht), Köln 1976, S. 3-24; Zitierweise: *Emmerich*, Der GmbH-Konzern

Emmerich, Volker/Habersack, Mathias: Aktien- und GmbH-Konzernrecht, 3. Auflage, München 2003; Zitierweise: *Emmerich/Habersack*, Konzernrecht

Erle, Bernd: Die Funktion des Sperrjahres in der Liquidation der GmbH, GmbHR 1998, S. 216-222

Esters, Florian: Die GmbH als taugliches Objekt von Konzernfinanzierungen und LBOs nach „Bremer Vulkan" und „KBV"?, GmbHR 2004, S. 105-110

Fabritius, Andreas: Vermögensbindung in AG und GmbH – tiefgreifender Unterschied oder grundsätzliche Identität?, ZHR 144 (1980), S. 628-641

Fembacher, Tobias/Walz, Robert: Mehr Haftung als Haftungsbeschränkung? Eine Gesamtschau zu den Risiken der GmbH-Anteilsabtretung, BB 2004, S. 680-683

Fleck, Hans-Joachim: Die Drittanstellung des GmbH-Geschäftsführers, ZHR 148 (1984), S. 387-418

ders.: Missbrauch der Vertretungsmacht oder Treubruch des mit Einverständnis aller Gesellschafter handelnden GmbH-Geschäftsführers aus zivilrechtlicher Sicht, ZGR 1990, S. 31-49

ders.: Der Grundsatz der Kapitalerhaltung – seine Ausweitung und seine Grenzen, Festschrift 100 Jahre GmbH-Gesetz, Köln 1992, S. 391-419; Zitierweise: *Fleck*, FS GmbHG

Fleischer, Holger: Der Rechtsmissbrauch zwischen Gemeineuropäischem Privatrecht und Gemeinschaftsprivatrecht, JZ 2003, S. 865-874

Flum, Joachim: Der strafrechtliche Schutz der GmbH gegen Schädigungen mit Zustimmung der Gesellschafter, Konstanz 1990; Zitierweise: *Flum*, Der strafrechtliche Schutz der GmbH gegen Schädigungen mit Zustimmung der Gesellschafter

Flume, Werner: Allgemeiner Teil des Bürgerlichen Recht
Erster Band, Zweiter Teil: Die juristische Person, Berlin, Heidelberg 1983
Zweiter Band: Das Rechtsgeschäft, 2. Auflage, Berlin, Heidelberg, New York 1975
Zitierweise: *Flume*, BGB AT

ders.: Das Video-Urteil und das GmbH-Recht, DB 1992, S. 25-29

ders.: Die Haftung des GmbH-Geschäftsführers bei Geschäften nach Konkursreife der GmbH, ZIP 1994, S. 337-342

Forsthoff, Ulrich: Internationales Gesellschaftsrecht im Umbruch – Zugleich Anmerkung zu BGH-Urteil vom 13. 3. 2003 –, DB 2003, S. 979-981

Freitag, Robert: §§ 30, 31 GmbHG, „Bremer Vulkan-Urteil" und „Limitation Language" – (Ab-)Wege in der GmbH-Konzernfinanzierung? –, WM 2003, S. 805-815

Früh, Andreas: Kreditsicherung und Mithaftung bei Krediten an Konzernunternehmen, GmbHR 2000, S. 105-110

Fuchs, Karlhans: Die persönliche Haftung des Gesellschafters gemäß § 93 InsO, ZIP 2000, S. 1089-1098

ders.: Anmerkung zu LG Bayreuth, Urteil vom 30. 5. 2000 – 33 O 244/00, EWiR § 93 InsO 2/02, S. 163-164

Gäbelein, Wolfgang: Ende der Haftungsgrenzen im Konzern? Video-Urteil des BGH vom 23. 9. 1991 – II ZR 135/90, GmbHR 1992, S. 273-275

Geerds, Detlev: Anmerkungen zum Urteil des BGH v. 10. 7. 1996 – 3 StR 50/96, JR 1996 S. 340-341

Gerhard, Walter: Zur Haftung des ausgeschiedenen Gesellschafters im Rahmen des § 93 InsO, ZIP 2000, S. 2181-2188

Gesellschaftsrechtliche Vereinigung (Herausgeber): Gesellschaftsrecht in der Diskussion, Jahrestagung der Gesellschaftsrechtlichen Vereinigung (VGR)
Band 5, 2001; Köln 2002
Band 6, 2002; Köln 2003
Zitierweise: *Verfasser*, VGR

Geyrhalter, Volker/Gänßler, Peggy: „Inspire Art“ – Briefkastengesellschaften „on the Move“, DStR 2003, S. 2167-2172

dies.: Perspektiven nach „Überseering“ – wie geht es weiter?, NZG 2003, S. 409-414

Gieseke, Horst: Interessenskonflikte der GmbH-Geschäftsführer bei Pflichtenkollisionen, GmbHR 1996, S. 486-492

Görner, André/Kling, Michael: Die Ausfallhaftung des GmbH-Gesellschafters (II), Ausgewählte Fragen zum Anwendungsbereich im Rahmen der Kapitalaufbringung und –erhaltung, GmbHR 2004, S. 778-785

Goette, Wulf: Zur persönlichen Haftung des Geschäftsführers einer GmbH gegenüber Dritten aus Geschäften, die nach Eintritt der Konkursreife mit ihnen geschlossen werden, DStR 1994, S. 1048-1053

ders.: Der Stand der höchstrichterlichen Rechtsprechung zur Kapitalerhaltung und zum Rückgewährverbot im GmbH-Recht, GmbHR 1997, S. 1495-1500

ders.: Einige Aspekte des Eigenkapitalersatzrechts aus richterlicher Sicht, ZHR 162 (1998), S. 223-231

ders.: Anmerkung zu BGH, Urteil vom 17. 9. 2001, II ZR 178/99, DStR 2001, S. 1857

ders.: Die GmbH, Darstellung anhand der Rechtsprechung des BGH, 2. Auflage, München 2002; Zitierweise: *Goette*, GmbH

Gondesen, Helge: Rechtliche Aspekte des Management Buy-Out, WM 1989, S. 201-209

Gottwald, Peter (Herausgeber): Insolvenzrechtshandbuch, 2. Auflage, München 2001; Zitierweise: Gottwald/*Bearbeiter*, InsO

Gribbohm, Günter: Untreue zum Nachteil der GmbH –Zur Harmonisierung zivil– und strafrechtlicher Pflichten des GmbH-Geschäftsführers und – Gesellschafters–, ZGR 1990, S. 1-30

ders.: Strafrechtliche Untreue zum Nachteil der GmbH durch den GmbH-Geschäftsführer und die zivilrechtlichen Folgen, DStR 1991, S. 248-251

Groß, Wolfgang/Sonnenhol, Jürgen: Besicherung von Krediten an Konzernunternehmen, GmbHR 1995, S. 561-564

Großrichter, Helge: Ausländische Kapitalgesellschaften im deutschen Rechtsraum: Das deutsche Internationale Gesellschaftsrecht und seine Perspektiven nach der Entscheidung „Überseering“, DStR 2003, S. 159-169

Grunewald, Barbara: Die Gesellschafterklage in der Personengesellschaft und der GmbH, Tübingen 1990; Zitierweise: *Grunewald*, Die Gesellschafterklage

dies.: Gesellschaftsrecht, 5. Auflage, Tübingen 2002; Zitierweise: *Grunewald*, GesR

Haarmeyer, Hans/Wutzke, Wolfgang/Förster, Karsten: Handbuch zur Insolvenzordnung, 3. Auflage, München 2001; Zitierweise: *Haarmeyer/Wutzke/Förster*, Hdb. InsO

Haas, Ulrich: Geschäftsführerhaftung und Gläubigerschutz, München 1997; Zitierweise: *Haas*, Geschäftsführerhaftung und Gläubigerschutz

ders.: Die Gesellschafterhaftung wegen „Existenzvernichtung“, WM 2003, S. 1929-1941

Haas, Ulrich/Müller, Henning: Zur Reichweite des § 93 InsO, NZI 2002, S. 366-367

Hartmann, Christian: Der Schutz der GmbH vor ihren Gesellschaftern; Zu den Grenzen gesellschafterlicher Disposition über die Treuepflicht gegenüber der Gesellschaft, GmbHR 1999, S. 1061-1069

Hartmann, Christoph: Anmerkung zu OLG Düsseldorf, Urteil vom 26. 11.1998 – 6 U 57/97, EWiR § 302 AktG 1/99, S. 391-392

Hasselbach, Kai: Die Geltendmachung von Gesamtschadensansprüchen der Gläubiger durch den Insolvenzverwalter, Regelungsgehalt und Anwendungsbereich der neuen §§ 92, 93 InsO, DB 1996, S. 2213-2217

Heermann, Peter: Unternehmerisches Ermessen, Organhaftung und Beweislastverteilung, ZIP 1998, S. 761-769

Hellmann, Uwe: Verdeckte Gewinnausschüttungen und Untreue des GmbH-Geschäftsführers, wistra 1989, S. 214-218

Helmreich, Kilian: Die Gewährung von Darlehen durch die GmbH in der Situation der Unterbilanz an ihre Gesellschafter nach der aktuellen Rechtsprechung des BGH, Zugleich Besprechung des BGH-Urt. v. 24.11.2003 – II ZR 171/01, GmbHR 2004, S. 457-462

Henssler, Martin: Die Rechts- und Pflichtenstellung des GmbH-Geschäftsführers nach Einführung der Insolvenzordnung, ZInsO 1999, S. 121-127

ders.: Die Betriebsaufspaltung – Konzernrechtliche Durchgriffshaftung im Gleichordnungskonzern? Besprechung des Urteils BAG ZIP 1999, 723, ZGR 2000, S. 479-502

Henze, Hartwig: Entwicklungen der Rechtsprechung des BGH im GmbH-Recht – Freud und Leid der Kommentatoren, Zugleich Besprechung der Neuauflage des Scholz, Kommentar zum GmbH-Gesetz, Band I, GmbHR 2000, S. 1069-1078

ders.: Ausfallhaftung des GmbH-Gesellschafters, Anmerkung zu BGH, Urteil vom 25. 2. 2002 – II ZR 196/00, BB 2002, S. 1011-1012

ders.: Gesichtspunkte des Kapitalerhaltungsgebotes und seiner Ergänzung im Kapitalgesellschaftsrecht in der Rechtsprechung des BGH, NZG 2003, S. 649-659

Hess, Harald/Weis, Michaela/Wienberg, Rüdiger: Kommentar zur Insolvenzordnung mit EGInsO
Band 1, Insolvenzordnung, 2. Auflage, Heidelberg 2001
Zitierweise: *Hess/Weis/Wienberg*, InsO

Heyn, Hanns-Christian: Die „Doppel-“ und „Mehrfachqualifikation“ im IPR, Frankfurt am Main 1986; Zitierweise: *Heyn*, Die „Doppel-“ und „Mehrfachqualifikation“ im IPR

Hölzle, Gerrit: Existenzvernichtungshaftung, „Klimapflege“ und Insolvenzanfechtung, Zur Insolvenzanfechtung nach Befreiung aus der Haftung für Existenzvernichtung durch Zahlung der Gesellschaft, ZIP 2003, S. 1376-1383

Hoffmann, Jochen: Das GmbH-Konzernrecht nach dem „Bremer Vulkan“ – Urteil, NZG 2002, S. 68-74

Hommelhoff,Peter: Die Konzernleitungspflicht, Zentrale Aspekte eines Konzernverfassungsrechts, Köln 1982; Zitierweise: *Hommelhoff*, Die Konzernleitungspflicht

ders.: Zum Wegfall des Erstattungsanspruchs aus § 31 GmbHG, Festschrift für Alfred Kellermann, Berlin, New York, 1991, S. 165-179; Zitierweise: *Hommelhoff*, FS Kellermann

Hommelhoff, Peter/Stimpel, Walter/Ulmer, Peter (Herausgeber): Heidelberger Konzernrechtstage: Der qualifizierte faktische GmbH-Konzern, Analyse der Rechtsprechung – Folgerungen für die Praxis, Köln 1992; Zitierweise: *Verfasser*, in Hommmelhoff/Stimpel/Ulmer, Heidelberger Konzernrechtstage

Horn, Norbert: Die Haftung des Vorstands der AG nach § 93 AktG und die Pflichten des Aufsichtsrats, ZIP 1997, S. 1129-1139

ders.: Deutsches und europäisches Gesellschaftsrecht und die EuGH-Rechtsprechung zur Niederlassungsfreiheit – Inspire Art, NJW 2004, S. 893-901

Hornstein, Andre: Praktische Erfahrungen für die Durchsetzung von Ansprüchen aus Unterbilanzhaftung, GmbHR 1998, S. 229-231

Hueck, Götz/Lutter, Marcus/Mertens, Hans-Joachim/Rehbinder, Eckard/Ulmer, Peter/Wiedemann, Herbert/Zöllner, Wolfgang: Arbeitskreis GmbH-Reform, Thesen und Vorschläge zur GmbH-Reform, Band II, Heidelberg 1972; Zitierweise: Arbeitskreis GmbH-Reform, Thesen und Vorschläge zur GmbH-Reform Band II

Hüffer, Uwe: Aktiengesetz, 5. Auflage, München 2002; Zitierweise: *Hüffer*, AktG

Immenga, Ulrich: Die personalistische Kapitalgesellschaft, Bad Homburg 1970; Zitierweise: *Immenga*, Die personalistische Kapitalgesellschaft

Jäger, Axel: Kapitalaufbringung und Haftungsrisiken in Cash-Management-Systemen von GmbH-Konzernen, DStR 2000, S. 1653-1658; 1736-1741

Jawansky, Martin: Die Geltendmachung von Ansprüchen aus existenzvernichtendem Eingriff gegen GmbH-Gesellschafter durch den Insolvenzverwalter, DB 2003, S. 2757-2762

Joost, Detlev: Kapitalbegriff und Reichweite der Bindung des aufgebrachten Vermögens in der GmbH, GmbHR 1983, S. 285-290

ders.: Grundlagen und Rechtsfolgen der Kapitalerhaltungsregeln in der GmbH, ZHR 148 (1984), S. 27-55

Jula, Rocco/Beitbarth, Carmen: Liquiditätsausgleich im Konzern durch konzerninterne Darlehen, AG 1997, S. 256-265

Kahler, Ulrich: Die Haftung des Gesellschafters im Falle der Unterkapitalisierung einer GmbH, BB 1985, S. 1429-1434

Kerber, Markus: Die Übernahme von Gesellschaften mit beschränkter Haftung im Buy-Out-Verfahren, Überlegungen zum Spannungsverhältnis von Kapitalbindungsvorschriften und Buy-Out-Finanzierung, WM 1989, S. 473-480; 513-517

Kesseler, Christian: Persönliche Sicherheiten und § 93 InsO, ZInsO 2002 S. 549-557

Keßler, Jürgen: Kapitalerhaltung und normativer Gläubigerschutz in der Einpersonen-GmbH – zum „beiläufigen" Ende des „qualifiziert faktischen" GmbH-Konzerns, GmbHR 2001, S. 1095-1100 *ders.*: Die Durchgriffshaftung der GmbH-Gesellschafter wegen „existenzgefährdender“ Eingriffe – Zur dogmatischen Konzeption des Gläubigerschutzes in der GmbH, GmbHR 2002, S. 945-951

Kindler, Peter: „Anerkennung“ der Scheinauslandsgesellschaft und Niederlassungsfreiheit, IPRax 2003, S. 41-44

ders.: „Inspire Art“ – Aus Luxemburg nichts Neues zum internationalen Gesellschaftsrecht, NZG 2003, S. 1086-1090

Kirchhof, Hans-Peter/Lwowski, Hans-Jürgen/Stürner, Rolf (Herausgeber): Münchener Kommentar zur Insolvenzordnung
Band 1, §§ 1-102 InsO, Insolvenzrechtliche Vergütungsordnung, München 2001
Zitierweise: MünchKommInsO/*Bearbeiter*

Kleindiek, Detlef: Haftung, freie Beweiswürdigung und Beweiserleichterung im qualifizierten faktischen GmbH-Konzern, Zugleich eine Bilanz der Heidelberger Konzernrechtstage, GmbHR 1992, S. 574-584

Klug, Ulrich: Rechtslücke und Rechtsgeltung, Festschrift für Hans Carl Nipperdey, Band I, München 1965, S. 71-94; Zitierweise: *Klug*, FS Nipperdey

Knobbe-Keuk, Brigitte: Zum Erdbeben „Video“, DB 1992, S. 1461-1465

Kohlmann, Günter: Die strafrechtliche Verantwortlichkeit des GmbH-Geschäftsführers, Heidelberg 1990; Zitierweise: *Kohlmann*, Die strafrechtliche Verantwortlichkeit des GmbH-Geschäftsführers

ders.: Untreue zum Nachteil des Vermögens einer GmbH trotz Zustimmung sämtlicher Gesellschafter, Festschrift für Winfried Werner, Berlin 1984, S. 387-404; Zitierweise: *Kohlmann*, FS Werner

Kolks, Lars: Die Durchgriffshaftung im deutschen und kanadischen Recht der Kapitalgesellschaften, Frankfurt am Main 2004; Zitierweise: *Kolks*, Die Durchgriffshaftung

Koller, Ingo/Roth, Wulf-Henning/Morck, Winfried: Handelsgesetzbuch, Kommentar, 4. Auflage, München 2003; Zitierweise: Koller/Roth/Morck, HGB

Konzen, Horst: Der Gläubigerschutz bei Liquidation der masselosen GmbH, Festschrift für Peter Ulmer, Berlin 2003, S. 323-348; Zitierweise: *Konzen*, FS Ulmer

Koppensteiner, Hans-Georg: GmbH-rechtliche Probleme des Management Buy-Out, ZHR 155 (1991) S. 97-119

ders.: „Existenzvernichtung“ der GmbH durch ihren einzigen Gesellschafter – Eine rechtsvergleichende Skizze –, Festschrift für Heinrich Honsell, Zürich, Basel, Genf 2002, S. 607-623; Zitierweise: *Koppensteiner*, FS Honsell

Kornblum, Udo: Aktuelle bundesweite Rechtstatsachen zumUnternehmens- und Gesellschaftsrecht, GmbHR 2003, S. 1157-1173

Kramer, Bernhard: Strafbewehrte Vermögensbetreuungspflicht des Alleingesellschafters und seiner Organe zu Gunsten der abhängigen GmbH?, WM 2004, S. 305-309

Krieger, Gerd: Kann die Praxis mit TBB leben?, ZGR 1994, S. 375-394

Kropff, Bruno: Der GmbH-Beherrschungsvertrag: Voraussetzung für den Vorrang von Konzerninteressen?, Festschrift für Johannes Semler, Berlin 1993, S. 517-540; Zitierweise: *Kropff*, FS Semler

Kropff, Bruno/Semler, Johannes: Münchener Kommentar zum Aktiengesetz Band 3, §§ 76-117 AktG; MitbestG; § 76 BetrVG 1952; München 2004 Zitierweise: MünchKommAktG/*Bearbeiter*

Kropholler, Jan: Internationales Privatrecht einschließlich der Grundbegriffe des Internationalen Zivilverfahrensrecht; 4. Auflage, Tübingen 2001; Zitierweise: *Kropholler*, Internationales Privatrecht

Krüger, Stefan: Die Vergleichsbefugnis des Insolvenzverwalters bei Ansprüche nach §§ 92, 93 InsO, NZI 2002, S. 367-371

Kübler, Bruno: Anmerkung zu „TBB", NJW 1993, S. 1204-1205

ders.: Die Konkursverschleppungshaftung des GmbH-Geschäftsführers nach der „Wende" des Bundesgerichtshofes – Bedeutung für die Praxis, – Besprechung der Entscheidung BGHZ 126, S. 181 –, ZGR 1995, S. 481-504

Kübler, Bruno/Prütting, Hanns (Herausgeber): Kommentar zur Insolvenzordnung Sonderband 1: Gesellschaftsrecht, von *Ulrich Noack*, Köln 1999; Zitierweise: Kübler/Prütting/*Noack*, Gesellschaftsrecht

dies.: Kommentar zur Insolvenzordnung Band I, 18. Lieferung, Stand Oktober 2003 Zitierweise: Kübler/Prütting/*Bearbeiter*, InsO

Kübler, Friedrich: Haftungstrennung und Gläubigerschutz im Recht der Kapitalgesellschaften, Festschrift für Theodor Heinsius, Berlin, New York 1991, S. 397-424; Zitierweise: *Kübler*, FS Heinsius

ders.: Gesellschaftsrecht, 5. Auflage, Heidelberg 1998; Zitierweise: *Kübler*, GesR

Kühbacher, Uli: Darlehen an Konzernunternehmen, Besicherung und Vertragsanpassung, Berlin 1993; Zitierweise: *Kühbacher*, Darlehen an Konzernunternehmen

Kuhn, Ottmar: Strohmanngründung bei Kapitalgesellschaften, Tübingen 1964; Zitierweise: *Kuhn*, Strohmanngründungen

Labsch, Karl Heinz: Die Strafbarkeit des GmbH-Geschäftsführers im Konkurs der GmbH, wistra 1985, S. 1-9

Lackner, Karl/Kühl, Kristian: Strafgesetzbuch mit Erläuterungen, 24. Auflage, München 2001; Zitierweise: *Lackner/Kühl*, StGB

Landwehr, Meike: Die Durchgriffshaftung in konzernverbundenen Gesellschaften, Frankfurt am Main 2002; Zitierweise: *Landwehr*, Die Durchgriffshaftung

Larenz, Karl: Lehrbuch des Schuldrechts
I. Band: Allgemeiner Teil, 14. Auflage, München 1987
Zitierweise: *Larenz*, Lehrbuch des Schuldrechts

ders.: Methodenlehre der Rechtswissenschaft, 6. Auflage, Berlin, Heidelberg, New York, 1991; Zitierweise: *Larenz*, Methodenlehre der Rechtswissenschaft

Leffson, Ulrich/Rückle, Dieter/Großfeld, Bernhard (Herausgeber): Handwörterbuch unbestimmter Rechtsbegriffe im Bilanzrecht des HGB, Köln 1986; Zitierweise: HURB/*Bearbeiter*

Lehmann, Michael: Das Privileg der beschränkten Haftung und der Durchgriff im Gesellschafts- und Konzernrecht, Eine juristische und ökonomische Analyse, ZGR 1986, S. 345-370

Leible, Stefan/Hoffmann, Jochen: „Überseering" und das (vermeintliche) Ende der Sitztheorie, RIW 2002, S. 925-936

Leipold, Dieter: Beweislastregeln und gesetzliche Vermutungen, Berlin 1966; Zitierweise: *Leipold*, Beweislastregeln und gesetzliche Vermutungen

Lergon, Michael: Die persönliche Haftung des Gesellschafters einer GmbH, RNotZ 2003, S. 213-248

Limmer, Peter: Die Haftungsverfassung des faktischen GmbH-Konzerns, Köln 1992; Zitierweise: *Limmer*, Die Haftungsverfassung des faktischen GmbH-Konzerns

Lüke, Gerhard/Wax, Peter (Herausgeber): Münchener Kommentar zur Zivilprozessordnung
Band 1, §§ 1-354, 2. Auflage, München 2000
Zitierweise: MünchKommZPO/*Bearbeiter*

Lutter, Marcus: Kapital, Sicherung der Kapitalaufbringung und Kapitalerhaltung in den Aktien- und GmbH-Rechten der EWG, Karlsruhe 1964; Zitierweise: *Lutter*, Kapital

ders.: Die zivilrechtliche Haftung in der Unternehmensgruppe, ZGR 1982, S. 244-275

ders.: Die Haftung des herrschenden Unternehmens im GmbH-Konzern, ZIP 1985, S. 1425-1435 *ders.*: Haftung und Haftungsfreiräume des GmbH-Geschäftsführers, 10 Gebote an den Geschäftsführer, GmbHR 2000, S. 301-312

Lutter, Marcus/Banerjea, Nirmal Robert: Die Haftung wegen Existenzvernichtung, ZGR 2003, S. 402-440

dies.: Die Haftung des Geschäftsführers für existenzvernichtende Eingriffe, ZIP 2003, S. 2177-2180

Lutter, Marcus/Hommelhoff, Peter: GmbH-Gesetz Kommentar, 15 Auflage, Köln 2000; Zitierweise: *Lutter/Hommelhoff*

dies.: GmbH-Gesetz Kommentar, 16. Auflage, Köln 2004; Zitierweise: Lutter/Hommelhoff/ *Bearbeiter*, GmbHG

Lutter/Marcus/Scheffler, Eberhard/Schneider, Uwe H. (Herausgeber): Handbuch der Konzernfinanzierung, Köln 1998; Zitierweise: *Bearbeiter*, in: Lutter/Scheffler/Schneider, Handbuch der Konzernfinanzierung

Mansdörfer, Marco/Timmerbeil, Sven: Zurechnung und Haftungsdurchgriff im Konzern – Eine rechtsgebietsübergreifende Betrachtung –, WM 2004, S. 362-370

Mertens, Hans-Joachim: Anmerkung zu BGH, Urteil vom 23. 9. 1991 – II ZR 135/90 –„Video“, GmbHR 1991, S. 434

Meyer, Justus: Haftungsbeschränkung im Recht der Handelsgesellschaften, Berlin, Heidelberg, New York 2000; Zitierweise: *Meyer*, Haftungsbeschränkung

Meyke, Rolf: Darlegen und Beweisen im Zivilprozeß, 2. Auflage, Bonn 2001; Zitierweise: *Meyke*, Darlegen und Beweisen im Zivilprozess

ders.: Anmerkung zu OLG Jena, Urteil vom 28. 11. 2001 – 4 U 234/01, EWiR § 823 BGB 2/02, S. 243-244

Michalski, Lutz (Herausgeber): Kommentar zum Gesetz betreffend die Gesellschaften mit beschränkter Haftung (GmbH-Gesetz)
Band I, Systematische Darstellungen 1-7, §§ 1-34 GmbHG, München 2002
Band II, §§ 35-86 GmbHG, München 2002
Zitierweise: Michalski/*Bearbeiter*, GmbHG

Michalski, Lutz/Zeidler, Finn: Die Ausgleichshaftung im qualifiziert faktischen Konzern – eine Analyse für die Praxis, NJW 1996, S. 224-229

Mödl, Robert: Macht, Verantwortlichkeit und Zurechnung im Konzern, Frankfurt am Main 2003, Zitierweise: *Mödl*, Macht, Verantwortlichkeit und Zurechnung im Konzern

Mülbert, Peter: Sicherheiten einer Kapitalgesellschaft für Verbindlichkeiten ihres Gesellschafters, ZGR 1995, S. 578-612

ders. Abschied von der „TBB"-Haftungsregel für den qualifiziert faktischen GmbH-Konzern, DStR 2001, S. 1937-1947

ders.: Zukunft der Kapitalaufbringung/Kapitalerhaltung, Der Konzern 2004, S. 151-162

Müller, Hans-Friedrich: Der Verband in der Insolvenz, Köln, Berlin, Bonn, München, 2002; Zitierweise: *H. F. Müller*, Der Verband in der Insolvenz

ders.: Insolvenz ausländischer Kapitalgesellschaften mit inländischem Verwaltungssitz, NZG 2003, S. 414-418

Müller, Klaus: Darlehensgewährung der GmbH an ihren Gesellschafter, BB 1998, S. 1804-1807

Müller-Freienfels, Wolfram: Zur Lehre vom sogenannten „Durchgriff" bei juristischen Personen im Privatrecht, AcP 156 (1957), S. 522-543

Muhler, Manfred: Darlehen von GmbH-Gesellschaftern im Strafrecht, wistra 1994, S. 283-289

Mutter, Stefan: Das „TBB"-Urteil des BGH: Haftung im qualifizierten faktischen Konzern – NJW 1993, 1200, JuS 1993, S. 999-1003

Nacke, Ralf: Die Durchgriffshaftung in der U.S. amerikanischen Corporation unter Berücksichtigung der geschichtlichen Entwicklung des Privilegs der beschränkten Haftung und der neuesten Rchtsprechung von New York und Kalifornien – eine juristische und ökonomische Analyse, München 1988; Zitierweise: *Nacke*, Durchgriffshaftung

Nasall, Wendt: Der existenzvernichtende Eingriff in die GmbH: Einwendungen aus verfassungs- und insolvenzrechtlicher Sicht, ZIP 2003, S. 969-977

Nelles, Ursula: Untreue zum Nachteil von Gesellschaften, Berlin 1991, Zitierweise: *Nelles*, Untreue zum Nachteil von Gesellschaften, 1991

Nerlich, Jörg/Römermann, Volker: Insolvenzordnung, Kommentar, München 2003; Zitierweise: Nerlich/Römermann/*Bearbeiter*, InsO

Nissing, Karin: Eigeninteresse der Gesellschaft oder Liquidation auf kaltem Wege?, Baden-Baden 1993; Zitierweise: *Nissing*, Eigeninteresse der Gesellschaft oder Liquidation auf kaltem Wege

Oepen, Klaus: Massefremde Masse: Die Erstreckung von Insolvenzverfahren auf Forderungen von Insolvenz- oder Massegläubigern gegen zusätzliche Schuldner, Tübingen 1999; Zitierweise: *Oepen*, Massefremde Masse

ders.: Verstoßen die Klagesperren der §§ 92, 93 InsO gegen die Rechtsweggarantie der Europäischen Menschenrechtskonvention, ZIP 2000, S. 526-533 *ders.*: Die Zuständigkeiten des Insolvenzverwalters für Gesamtschadensersatzansprüche und Gesellschafterhaftung, Aktuelles zu §§ 92, 93 InsO, ZInsO 2002, S. 162-170

Oltmanns, Martin: Geschäftsleiterhaftung und unternehmerisches Ermessen, Die Business Judgement Rule im deutschen und im amerikanischen Recht, Frankfurt am Main 2001; Zitierweise: *Oltmanns*, Geschäftsleiterhaftung und unternehmerisches Ermessen

Paefgen, Walter: Gezeitenwechsel im Gesellschaftskollisionenrecht, WM 2003, S. 561-570

Pape, Gerhard: Anmerkung zu BGH, Beschluss vom 14. 11. 2002, WuB VI C. § 93 InsO 1.03, S. 353-355

ders.: Akteneinsicht für Insolvenzgläubiger – Ein ständiges Ärgernis, ZIP 2004, S. 598-605

Paulus, Christoph: Die Rolle der Gläubiger im neuen Insolvenzrecht, DZWIR 1999, S. 53-60

Peltzer, Martin: Rechtliche Problematik der Finanzierung des Unternehmenskaufs beim MBO, DB 1987, S. 973-978

Peltzer, Martin/Bell, Martin: Besicherung von Gesellschafterkrediten mit dem GmbH-Vermögen?, ZIP 1993, S. 1757-1765

Penzlin, Dietmar: Kritische Anmerkungen zu den Insolvenzeröffnungsgründen der drohenden Zahlungsunfähigkeit und der Überschuldung (§§ 18 und 19 InsO), NZG 2000, S. 464-470

Peters, Egbert: Auf dem Wege zu einer allgemeinen Prozeßförderungspflicht der Parteien? Festschrift für Karl Heinz Schwab, München 1990, S. 399-408; Zitierweise: *Peters*, FS Schwab

Polley, Notker: Wettbewerbsverbot und Geschäftschancenlehre, Eine Untersuchung am Beispiel der Geschäftsleitung von US-Corporation und deutscher GmbH, Baden-Baden 1993; Zitierweise: *Polley*, Wettbewerbsverbot und Geschäftschancenlehre

Priester, Hans-Joachim: Die eigene GmbH als fremder Dritter, Eigensphäre der Gesellschaft und Verhaltenspflichten ihrer Gesellschafter, ZGR 1993, S. 512-533

ders.: UneingeschränkterVerlustausgleich – zwingende Folge qualifizierter Konzernherrschaft, Festschrift für Johannes Semler, Berlin 1993, S. 561-591; Zitierweise: *Priester*, FS Semler

Priester, Hans-Joachim/Mayer, Dieter: Münchener Handbuch des Gesellschaftsrechts Band 3, Gesellschaft mit beschränkter Haftung, 2. Auflage, München 2003 Zitierweise: Münch.Hdb.GesR.III/*Bearbeiter*

Prütting, Hanns: Gegenwartsprobleme der Beweislast, München 1983; Zitierweise: *Prütting*, Gegenwartsprobleme

Radtke, Henning: Einwilligung und Einverständnis der Gesellschafter bei der sog. GmbH-rechtlichen Untreue, GmbHR 1998, S. 361-369

Raiser, Thomas: Konzernhaftung und Unterkapitalisierungshaftung, –Besprechung der Entscheidung BGH AG 1994, 179 (EDV-Peripherie), ZGR 1995, S. 156-169

ders.: Die Haftungsbeschränkung ist kein Wesensmerkmal der juristischen Person, Festschrift für Marcus Lutter, Köln, 2000; S. 637-650; Zitierweise: *Raiser*, FS Lutter

ders.: Die Haftung einer Schwestergesellschaft für die Schulden einer anderen Schwester nach dem Urteil „Bremer Vulkan" des BGH, Festschrift für Peter Ulmer, Berlin 2003, S. 493-509; Zitierweise: *Raiser*, FS Ulmer

Raiser, Thomas/Veil Rüdiger: Recht der Kapitalgesellschaften, 3. Auflage, München 2001; Zitierweise: *Raiser*, Recht der Kapitalgesellschaften

Rebmann, Kurt/Säcker, Franz Jürgen/Rixecker, Roland (Herausgeber): Münchener Kommentar zum Bürgerlichen Gesetzbuch
Band 1, Allgemeiner Teil §§ 1 – 240, AGB-Gesetz, 4. Auflage, München 2001
Band 1 a, Allgemeiner Teil (Auszug) §§ 80, 81, 105a, 126-127, 194-218, ProstG, München 2003
Band 2, Schuldrecht Allgemeiner Teil §§ 241-432, FernAbsG, 4. Auflage, München 2001
Band 2 a, Schuldrecht Allgemeiner Teil §§ 241-432, 4. Auflage, München 2003
Band 5, Schuldrecht Besonderer Teil III §§ 705 – 853, Partnerschaftsgesellschaftsgesetz, Produkthaftungsgesetz, 4. Auflage, München 2004
Band 11, Internationales Handels- und Gesellschaftsrecht, Einführungsgesetz zum Bürgerlichen Gesetzbuche (Art. 50-237), 3. Auflage, München 1999
Zitierweise: MünchKomm/*Bearbeiter*

Reemann, Jörg: Sicherheitsleistungen der GmbH für Verbindlichkeiten ihrer Gesellschafter und das Auszahlungsverbot des § 30 Abs. 1 GmbHG, MittRhNotK, 1996, S. 113-133

Rehbinder, Eckard: Zehn Jahre Rechtsprechung zum Durchgriff im Gesellschaftsrecht, Festschrift für Robert Fischer, Berlin, New York 1979, S. 579-603; Zitierweise: *Rehbinder*, FS Fischer

ders.: Minderheiten- und Gläubigerschutz im faktischen GmbH-Konzern, AG 1986, S. 85-99

Reiß, Wolfram: Verdeckte Gewinnausschüttungen und verdeckte Entnahmen als strafbare Untreue des Geschäftsführers?, wistra 1989, S. 81-86

Reuter, Dieter: Die Personengesellschaft als abhängiges Unternehmen, ZHR 146 (1982), S. 1-29

ders.: Ansätze eines Konzernrechts der Personengesellschaften in der höchstrichterlichen Rechtsprechung, AG 1986, S. 130-138

Röhricht, Volker: Die GmbH im Spannungsfeld zwischen wirtschaftlicher Dispositionsfreiheit ihrer Gesellschafter und Gläubigerschutz, Festschrift 50 Jahre BGH, Köln, Berlin, Bonn, München 2000, S. 83-122; Zitierweise: *Röhricht*, FS 50 Jahre BGH

Römermann, Volker (Herausgeber): Münchener Anwalts Handbuch GmbH-Recht, München 2002; Zitierweise: Römermann/*Bearbeiter*, MAH GmbH-Recht

Römermann, Volker/Schröder, Henning: Aufgabe des qualifiziert faktischen GmbH-Konzerns, Das „Bremer Vulkan"-Urteil des BGH vom 17. 9. 2001, GmbHR 2001, S. 1015-1020

Roth, Günter: Gläubigerschutz durch Existenzschutz, NZG 2003, S. 1081-1085

Roth, Günter/Altmeppen, Holger: GmbH-Gesetz Kommentar, 4. Auflage, München 2003; Zitierweise: *Roth/Altmeppen*, GmbHG

Roth, Wulf-Henning: Internationales Gesellschaftsrecht nach Überseering, IPrax 2003, S. 117-127

Rowedder, Heinz/Schmidt-Leithoff, Christian: GmbHG-Gesetz Kommentar, 4. Auflage, München 2002; Zitierweise: Rowedder/Schmidt-Leithoff/*Bearbeiter*, GmbHG

Rudolphi, Hans-Joachim/Horn, Eckhard/Samson, Erich/Günther, Hans-Ludwig/Hoyer, Andreas/Wolters, Gereon: Systematischer Kommentar zum Strafgesetzbuch
Band II, Besonderer Teil §§ 223-358, 7. Auflage, 54. Ergänzungslieferung, Stand März 2002
Zitierweise: SK/*Bearbeiter*, StGB

Rutke, Wolfgang: Haftungsrechtliche Gesichtspunkte beim Buy-Out einer GmbH, WM 1989, S. 805-807

Saenger, Ingo/Koch, Raphael: Kreditgewährung an Gesellschafter aus gebundenem Vermögen als verbotene Auszahlung auch bei vollwertigem Rückzahlungsanspruch, NZG 2004, S. 271-273

Schäfer, Carsten: Zur strafrechtlichen Verantwortlichkeit des GmbH-Geschäftsführers, GmbHR 1993, S. 780-798

Schanze, Erich: Anmerkung zu „TBB“, AG 1993, S. 376-378

Schanze, Erich/Jüttner, Andreas: Die Entscheidung für Pluralität: Kollisionsrecht und Gesellschaftsrecht nach der EuGH-Entscheidung „Inspire Art“, AG 2003, S. 661-671

Schaub, Bernhard: Anmerkung zu „Bremer Vulkan“, DNotZ 2002, S. 468-472

Schilling, Wolfgang: Grundlagen eines GmbH-Konzernrechts, Festschrift für Wolfgang Hefermehl, München 1976, S. 383-403; Zitierweise: *Schilling*, FS Hefermehl

Schilmar, Boris: Kapitalerhaltung versus Konzernfinanzierung? – Cash Pooling und Upstream-Besicherung im Lichte der neuesten BGH-Rechtsprechung, DB 2004, S. 1411-1416

Schlegelberger, Franz: Handelsgesetzbuch, Kommentar, von Geßler, Ernst/Hefermehl, Wolfgang/Hildebrandt, Wolfgang/Schröder, Georg/Martens, Peter/Schmidt, Karsten Band III/1. Halbband, §§ 105-160, 5. Auflage, München 1992 Zitierweise: Schlegelberger/*Bearbeiter*

Schlosser, Peter: Die lange deutsche Reise in die prozessuale Moderne, JZ 1991, S. 599-608

Schmidt, Karsten: Zur Gläubigersicherung im Liquidationsrecht der Kapitalgesellschaften, Genossenschaften und Vereine, ZIP 1981, S. 1-9

ders.: Zum Haftungsdurchgriff wegen Sphärenvermischung und zur Haftungsverfassung im GmbH-Konzern, BB 1985, S. 2074-2079

ders.: Konzernhaftung oder mitgliedschaftliche Haftung des privaten GmbH-Gesellschafters?, ZIP 1986, S. 146-149

ders.: Anmerkung zu BGH, Urteil vom 21. 3. 1988 – II ZR 194/87, EWiR § 130a HGB 1/88, S. 905-906

ders.: Konkursverschleppungshaftung und Konkursverursachungshaftung, Überlegungen zum Haftungsrecht der GmbH und der GmbH & Co., ZIP 1988, S. 1497-1508

ders.: Verlustausgleichpflicht und Konzernleitungshaftung im qualifizierten faktischen GmbH-Konzern, ZIP 1989, S. 545-551

ders.: Wege zum Insolvenzrecht der Unternehmen, Köln 1990; Zitierweise: *K. Schmidt*, Wege zum Insolvenzrecht

ders.: „Konzernhaftung“ nach dem TBB-Urteil – Versuch einer Orientierung, ZIP 1993, S. 549-554 *ders.*: Die wundersame Karriere des Unternehmensbegriffs im Reich der Konzernhaftung, Überlegungen über Rechtsfortbildung und Begriffsjurisprudenz, AG 1994, S. 189-195

ders.: Zur Durchgriffsfestigkeit der GmbH, Grenzen der Gesellschafter- und Geschäftsführerhaftung gegenüber Dritten nach dem BGH-Urteil vom 13. April 1994, ZIP 1994, S. 837-844

ders.: Anmerkung zu „TBB", NJW 1994, S. 447

ders.: Vorfinanzierung der Liquidationsquote im Einklang mit dem Ausschüttungssperrjahr?, DB 1994, S. 2013-2015

ders.: Außenhaftung und Innenhaftung bei der Vor-GmbH, ZIP 1996, S. 353-359

ders.: Labyrinthus creditorum – Gesellschaftsrechtliche Haftung im Insolvenzverfahren nach §§ 92, 93 InsO –, ZGR 1996, S. 209-224

ders.: Kein Abschied vom „Quotenschaden" bei der Insolvenzverschleppungshaftung! Altgläubigerschutz, Neugläubigerschutz und § 92 InsO, NZI 1998, S. 9-14

ders.: Haftungsrealisierung in der Gesellschaftsinsolvenz – Funktion und Aufgaben des Verwalters nach Gesellschafts- und Insolvenzrecht –, KTS 2001, S. 373-394

ders.: Gesellschafterhaftung und „Konzernhaftung" bei der GmbH, NJW 2001, S. 3577-3581

ders.: Gesellschaftsrecht, 4. Auflage, Köln, Berlin, Bonn, München 2002; Zitierweise: *K. Schmidt*, GesR

ders. (Herausgeber): Münchener Kommentar zum Handelsgesetzbuch
Band 2, Zweites Buch. Handelsgesellschaften und stille Gesellschaft, Erster Abschnitt. Offene Handelsgesellschaft, §§ 105-160; München 2004
Zitierweise: MünchKommHGB/*Bearbeiter*

Schmidt, Karsten/Bitter, Georg: Doppelberücksichtigung, Ausfallprinzip und Gesellschafterhaftung in der Insolvenz, Eine Analyse der §§ 43, 52, 93 InsO und § 32a Abs. 2 GmbHG, ZIP 2000, S. 1077-1089

Schneider, Uwe H.: Kredite der GmbH an ihre Geschäftsführer – Zugleich eine Untersuchung zum neuen § 43a GmbHG –, GmbHR 1982, S. 197-206

ders.: „Kapitalmindernde Darlehen" der GmbH an ihre Gesellschafter –Zugleich ein Beitrag zu den rechtlichen Grenzen der Finanzierung des Leveraged/Management Buy out–, Festschrift für Georg Döllerer, Düsseldorf 1988, S. 537-551; Zitierweise: *U. H. Schneider*, FS Döllerer

Schön, Wolfgang: Kreditbesicherung durch abhängige Kapitalgesellschaften, ZHR 159 (1995), S. 351-374

ders.: Der „Rechtsmissbrauch" im Europäischen Gesellschaftsrecht, Festschrift für Herbert Wiedemann, München 2002, S. 1271-1295; Zitierweise: *Schön*, FS Wiedemann

ders.: Zur „Existenzvernichtung" der juristischen Person, ZHR 168 (2004), S. 268-297

Schönke, Adolf/Schröder, Horst: Strafgesetzbuch Kommentar, 26. Auflage, München 2001; Zitierweise: Schönke/Schröder/*Bearbeiter*, StGB

Scholz, Franz: Kommentar zum GmbH-Gesetz
I. Band §§ 1-44 Anhang Konzernrecht, 9. Auflage, Köln 2000
II. Band §§ 45-87, 9. Auflage, Köln 2002
Zitierweise: Scholz/*Bearbeiter*, GmbHG

Schrell, Thomas/Kirchner, Andreas: Fremdfinanzierte Unternehmenskäufe nach der KBV-Entscheidung des BGH: Sicherheitspakete als existenzvernichtender Eingriff?, BB 2003, S. 1451-1456

Schröder, Henning: Kommentar zum BGH-Urteil vom 24. 6. 2002 – II ZR 300/00, GmbHR 2002, S. 904-905

Schulze-Osterloh, Joachim:Gläubiger- und Minderheitenschutz bei der steuerlichen Betriebsaufspaltung, ZGR 1983, S. 123-161

Seibert, Ulrich: Der Bundestag greift in die Diskussion zum Eigenkapitalersatz ein, GmbHR 1998, S. 309-310

Semler, Johannes: Fehlerhafte Geschäftsführung in der Einmann-GmbH, Festschrift für Reinhard Goerdeler, Düsseldorf 1987, S. 551-580; Zitierweise: *Semler*, FS Goerdeler

Serick, Rolf: Durchgriffsprobleme bei Vertragsstörungen, Unter Berücksichtigung von Organschafts- und Konzernverhältnissen, Karlsruhe 1959; Zitierweise: *Serick*, Durchgriffsprobleme

ders.: Rechtsform und Realität juristischer Personen, Ein rechtsvergleichender Beitrag zur Frage des Durchgriffs auf die Personen oder Gegenstände hinter der juristischen Person, 2. Auflage, Tübingen 1980; Zitierweise: *Serick*, Rechtsform und Realität juristischer Personen

Servatius, Wolfgang: Nutzungsweise Überlassung von Betriebsmitteln der GmbH an Gesellschafter als Auszahlung gemäß §§ 30, 31 GmbHG, GmbHR 1998, S. 723-727

Sieger, Jürgen/Hasselbach, Kai: Konzernfinanzierung durch Cash Pools und Kapitalerhöhung, BB 1999, S. 645-651

Sieker, Susanne: Die Verzinsung eigenkapitalersetzender Darlehen, ZGR 1995, S. 250-285

Smid, Stefan: Insolvenzordnung, 2. Auflage, Stuttgart, Berlin, Köln 2001; Zitierweise: Smid/*Bearbeiter*, InsO

Sonnenschein, Jürgen: Organschaft und Konzerngesellschaftsrecht unter Berücksichtigung des Wettbewerbsrechtes und des Mitbestimmungsrechts, 1. Auflage, Baden-Baden 1976; Zitierweise: *Sonnenschein*, Organschaft

Sotiropoulos, Georgios: Kredite und Kreditsicherheiten der GmbH zugunsten ihrer Gesellschafter und nahe stehender Dritter, Heidelberg 1996; Zitierweise: *Sotiropoulos*, Kredite

ders.: Fragen der Darlehensgewährung der GmbH an ihre Gesellschafter, insbesondere im Gründungs- und Liquidationsstadium, GmbHR 1996, S. 653-658

Spindler, Gerald/Berner, Olaf: Der Gläubigerschutz im Gesellschaftsrecht nach Inspire Art, RIW 2004, S. 7-16

Statistisches Bundesamt: Statistisches Jahrbuch 2003 für die Bundesrepublik Deutschland, Wiesbaden 2003; Zitierweise: Statistisches Jahrbuch 2003

Staudinger, Julius von: Kommentar zum Bürgerlichen Gesetzbuch mit Einführungsgesetz und Nebengesetzen
Geleitwort; Einleitung zum Bürgerlichen Gesetzbuch, Erstes Buch: Allgemeiner Teil, §§ 1-12; Verschollenheitsgesetz, Dreizehnte Bearbeitung, Berlin 1995
Erstes Buch: Allgemeiner Teil 5, §§ 164-240, Neubearbeitung 2004, Berlin 2004
Buch 2: Recht der Schuldverhältnisse, §§ 826-829; Produkthaftungsgesetz; Neubearbeitung 2003, Berlin 2003
Einführungsgesetz zum Bürgerlichen Gesetzbuche/IPR, Internationales Gesellschaftsrecht; Neubearbeitung 1998, Berlin 1998
Zitierweise: Staudinger/*Bearbeiter*

Stein, Friedrich/Jonas, Martin: Kommentar zur Zivilprozessordnung
Band 2, §§ 91 – 252; 21. Auflage, Tübingen 1994
Band 3, §§ 253 – 299a; 21. Auflage, Tübingen 1997
Zitierweise: Stein/Jonas/*Bearbeiter*

Stein, Ursula: Das faktische Organ, Köln, Berlin, Bonn, München, 1984; Zitierweise: *Stein*, Das faktische Organ

Steinbeck, Anja: Besicherung von Gesellschafterverbindlichkeiten durch die GmbH – Missbrauch der Vertretungsmacht durch den Geschäftsführer? – , WM 1999, S. 885-892

Stieb, Stephan: Kommentar zu BGH, Urteil vom 13. 3. 2003 – VII ZR 370/98, GmbHR 2003, S. 529-530

Stimpel, Walter: „Durchgriffshaftung“ bei der GmbH: Tatbestände, Verlustausgleich, Ausfallhaftung, Festschrift für Reinhard Goerdeler, Düsseldorf 1987, S. 601-621; Zitierweise: *Stimpel*, FS Goerdeler

ders.: Haftung im qualifizierten faktischen GmbH-Konzern – Besprechung der Entscheidung BGHZ 107, S. 7ff., ZGR 1991, S. 144-161

ders.: Zum Auszahlungsverbot des § 30 Abs. 1 GmbHG, Festschrift 100 Jahre GmbH-Gesetz, Köln 1992, S. 335-361; Zitierweise: *Stimpel*, FS GmbHG

Stobbe, Michael: Die Durchsetzung gesellschaftsrechtlicher Ansprüche der GmbH in Insolvenz und masseloser Liquidation, Köln 2001; Zitierweise: *Stobbe*, Die Durchsetzung gesellschaftsrechtlicher Ansprüche der GmbH in Insolvenz und masseloser Liquidation

Teubner, Gunther: Unitas Multiplex – Das Konzernrecht in der neuen Dezentralität der Unternehmensgruppen –, ZGR 1991, S. 189-217

Theobald, Wolfgang (Herausgeber): Entwicklungen zur Durchgriffs- und Konzernhaftung, Tagungsbeiträge eines Symposiums des Vereins für Wirtschaftsrecht und Rechtssoziologie Berlin und Gießen e. V., veranstaltet am 5. Mai 2000 in Gießen, Berlin 2002; Zitierweise: *Autor*, in: Entwicklungen zur Durchgriffs- und Konzernhaftung

Timm, Wolfram: Das Recht der faktischen Unternehmensverbindungen im Umbruch, NJW 1992, S. 2185-2195

Timm, Wolfram/Geuting, Markus: Abschied von der Strukturhaftung im qualifizierten faktischen Konzern?, ZIP 1992, S. 821-825

Tries, Hermann-Josef: Verdeckte Gewinnausschüttung im GmbH-Recht, Gesellschaftsrechtliche Schranken und Rechtsfolgen unter Hervorhebung des Sondervorteilsverbots, Köln 1991; Zitierweise: *Tries*, Verdeckte Gewinnausschüttung im GmbH-Recht

Tröndle, Herbert/Fischer, Thomas: Strafgesetzbuch und Nebengesetze, 51.Auflage, München 2003; Zitierweise: Tröndle/*Fischer*, StGB

Uhlenbruck, Wilhelm (Herausgeber): Insolvenzordnung, Kommentar, 12. Auflage, München 2003; Zitierweise: Uhlenbruck/*Bearbeiter*, InsO

Ulmer, Peter (Herausgeber): Hachenburg GmbH-Gesetz Kommentar
Erster Band: Allgemeine Einleitung, §§ 1-34, 8.Auflage, Berlin, New York 1992
Zweiter Band: §§ 35-52, 8. Auflage, Berlin, New York 1997
Dritter Band: §§ 53-85, Register, 8. Auflage, Berlin, New York 1997
Zitierweise: Hachenburg/*Bearbeiter*, GmbHG

ders.: Gesellschafterdarlehen und Unterkapitalisierung bei GmbH und GmbH & CO KG, Festschrift für Konrad Duden, München 1977, S. 661-683; Zitierweise: *Ulmer*, FS Duden

ders.: Volle Haftung des Gesellschafter/Geschäftsführers einer GmbH für Gläubigerschäden aus fahrlässiger Konkursverschleppung, NJW 1983, S. 1577-1582

ders.: Verlustübernahmepflicht des herrschenden Unternehmens als konzernspezifischer Kapitalerhaltungsschutz, Zur analogen Anwendung der §§ 302, 303 AktG im qualifizierten faktischen GmbH-Konzern, AG 1986, S. 123-130

ders.: Gläubigerschutz im „qualifizierten" faktischen GmbH-Konzern, NJW 1986, S. 1579-1586

ders.: Schutz der GmbH gegen Schädigung zugunsten ihrer Gesellschafter?, Festschrift für Gerd Pfeiffer, Köln, Berlin, Bonn, München 1988, S. 853-871; Zitierweise: *Ulmer*, FS Pfeiffer

ders.: Gesellschafterhaftung gegenüber der GmbH bei Vorteilsgewährung unter Verstoß gegen § 30 Abs. 1 GmbHG, Festschrift 100 Jahre GmbH-Gesetz, Köln 1992, S. 363-389; Zitierweise: *Ulmer*, FS GmbHG

ders.: Zur Haftungsverfassung in der Vor-GmbH, ZIP 1996, S. 733-739

ders.: Schutzinstrumente gegen die Gefahren aus der Geschäftstätigkeit inländischer Zweigniederlassungen von Kapitalgesellschaften mit fiktivem Auslandssitz, JZ 1999, S. 662-665

ders.: Von „TBB" zu „Bremer Vulkan" – Revolution oder Evolution? Zum Bestandsschutz der abhängigen GmbH gegen existenzgefährdende Eingriffe ihres Alleingesellschafters, ZIP 2001, S. 2021-2029

ders. (Herausgeber): Haftung im qualifizierten faktischen GmbH-Konzern – Verbleibende Relevanz nach dem TBB-Urteil?, ZHR Beiheft Nr. 70, Heidelberg 2002; Zitierweise: *Bearbeiter*, in Ulmer (Hrsg.), Haftung im qualifizierten faktischen GmbH-Konzern

ders.: Urteilsanmerkung zu BGH, Urteil vom 24. 6. 2002 – II ZR 300/00, JZ 2002, S. 1049-1052

ders.: Gläubigerschutz bei Scheinauslandsgesellschaften, Zum Verhältnis zwischen gläubigerschützenden nationalem Gesellschafts-, Delikts- und Insolvenzrecht und der EG-Niederlassungsfreiheit, NJW 2004, S. 1201-1210

Versteegen, Peter: Das TBB-Urteil als Wegbereiter einer allgemeinen Intransparenzhaftung in der GmbH? – zugleich Anmerkung zum Urteil des BGH vom 29. 3. 1993, DB 1993, S. 1225-1231

Vetter, Jochen: Rechtsfolgen existenzvernichtender Eingriffe, ZIP 2003, S. 601-612

Vomhof, Martina: Die Haftung des Liquidators der GmbH, Köln, Berlin, Bonn, München 1988; Zitierweise: *Vomhof*, Die Haftung des Liquidators der GmbH

von Bar, Christian/Mankowski, Peter: Internationales Privatrecht
Band I, Allgemeine Lehren, 2. Auflage, München 2003
Zitierweise: *v. Bar/Mankowski*, Internationales Privatrecht

von Halen, Curt Christian: Das Gesellschaftsstatut nach der Centros-Entscheidung des EuGH, Kollisionsrechtliche Tragweite, materiellrechtliche Folgen und gesellschaftsrechtliche Gestaltungsmöglichkeiten, Heidelberg 2001; Zitierweise: *v. Halen*, Das Gesellschaftsstatut nach der Centros-Entscheidung des EuGH

ders.: Das internationale Gesellschaftsrecht nach dem Überseering-Urteil des EuGH, WM 2003, S. 571-578

Vonnemann, Wolfgang: Strafbarkeit von GmbH-Geschäftsführern wegen Untreue zu Lasten der GmbH bei Zustimmung der Gesellschafter?, GmbHR 1988, S. 329-334

ders.: Die Feststellung der Überschuldung, Köln, Berlin, Bonn, München, 1989; Zitierweise: *Vonnemann*, Die Feststellung der Überschuldung

ders.: Haftung der GmbH-Gesellschafter bei materieller Unterkapitalisierung, Baden-Baden 1991; Zitierweise: *Vonnemann*, Haftung der GmbH-Gesellschafter bei materieller Unterkapitalisierung

ders.: Haftung von GmbH-Gesellschaftern wegen materieller Unterkapitalisierung, GmbHR 1992, S. 77-83

Wackerbarth, Ulrich: Grenzen der Leitungsmacht in der internationalen Unternehmensgruppe, München 2001; Zitierweise: *Wackerbarth*, Grenzen der Leitungsmacht

Weber, Dolf: GmbH-rechtliche Probleme des Management Buy-Out, ZHR 155 (1991), S. 120-131

Weitbrecht, Cornelius: Haftung der Gesellschafter bei materieller Unterkapitalisierung der GmbH, Köln, 1990

Weller, Marc-Philippe: Scheinauslandsgesellschaften nach Centros, Überseering und Inspire Art: Ein neues Anwendungsfeld für die Existenzvernichtungshaftung, IPRax 2003, S. 207-210

ders.: Das internationale Gesellschaftsrecht in der neuesten BGH-Rechtsprechung, IPRax 2003, S. 324-328

ders.: „Inspire Art“: Weitgehende Freiheiten beim Einsatz ausländischer Briefkastengesellschaften, DStR 2003, S. 1800-1804 *ders.*: Einschränkung der Gründungstheorie bei missbräuchlicher Auslandsgründung? IPRax 2003, S. 520-524

Wellkamp, Ludger: Organuntreue zum Nachteil von GmbH-Konzernen und Aktiengesellschaften, NStZ 2001, S. 113-120

Wessel, Wilhelm: Die Inanspruchnahme des persönlich haftenden Gesellschafters in der Insolvenz der Gesellschaft nach § 93 InsO, DZWIR 2002, S. 53-56

ders.: Anmerkung zu BFH, Beschluss vom 2. 11. 2001 – VII B 155/01, EWiR § 93 InsO 3/02, S. 217-218

Wessels, Peter: Aufsteigende Finanzierungshilfen in GmbH und AG, ZIP 2004, S. 793-797

Westermann, Hans-Peter: Haftungsrisiken eines „beherrschenden" GmbH-Gesellschafters, NZG 2002, S. 1129-1138

Westermann, Harm Peter (Herausgeber): Erman, Bürgerliches Gesetzbuch
Band I, §§ 1-811, UklaG, 11 Auflage, Köln 2004
Band II, §§ 812-2385, EGBGB, ErbbauVO, HausratsVO, LPartG, ProdHaftG, VAURG, WEG; 11. Auflage, Köln 2004
Zitierweise: Erman/*Bearbeiter*

ders.: Grundsatzfragen des GmbH-Konzerns, in: Der GmbH-Konzern (Gesellschaftsrecht, Rechnungslegung, Mitbestimmungsrecht, Kartellrecht, Steuerrecht), Köln 1976, S. 25-49; Zitierweise: *H. P. Westermann*, Der GmbH-Konzern

ders.: Weichenstellungen im Recht des „qualifizierten faktischen GmbH-Konzerns", DWiR 1992, S. 197-203

ders.: Anmerkung zu OLG Karlsruhe, Urteil vom 7. 8. 1992 – 15 U 123/91, DWiR 1993, S. 23-25

Wiedemann, Herbert: Haftungsbeschränkung und Kapitaleinsatz in der GmbH, in: Die Haftung des Gesellschafters in der GmbH, Verhandlungen der Fachgruppe für vergleichendes Handels- und Wirtschaftsrecht anlässlich der Tagung für Rechtsvergleichung in Berlin vom 27. bis 30. September 1967, S. 5-61; Zitierweise: *Wiedemann*, Die Haftung des Gesellschafters in der GmbH

ders.: Juristische Person und Gesamthand als Sondervermögen, Eine Bestandsaufnahme aus bürgerlich-rechtlicher, handels- und steuerrechtlicher Sicht, WM Sonderbeilage 4/1975, S. 3-44

ders.: Gesellschaftsrecht, Ein Lehrbuch des Unternehmens- und Verbandsrechts
Band I, Grundlagen, München 1980
Zitierweise: *Wiedemann*, GesR

ders.: Spätlese zu Autokran – Besprechung der Entscheidung BGHZ 95, S. 330ff. – , ZGR 1986, S. 656-671

ders.: Die Unternehmensgruppe im Privatrecht, Methodische und sachliche Probleme des deutschen Konzernrechts, Tübingen 1988; Zitierweise: *Wiedemann*, Die Unternehmensgruppe im Privatrecht

ders.: Anmerkung zu BGH, Beschluss vom 1. 3. 1993 – II ZR 292/91, EWiR § 64 GmbHG 1/93, S. 583-584

ders.: Reflexionen zur Durchgriffshaftung, Zugleich Besprechung des Urteils BGH WM 2002, 1804 – KBV, ZGR 2003, S. 283-297

Wilhelm, Jan: Die Vermögensbindung bei der Aktiengesellschaft und der GmbH und das Problem der Unterkapitalisierung, Festschrift für Werner Flume, Band II, Köln 1978, S. 337-397; Zitierweise: *Wilhelm*, FS Flume II

ders.: Rechtsform und Haftung bei der juristischen Person, Köln, Berlin, Bonn, München 1981; Zitierweise: *Wilhelm*, Rechtsform und Haftung

ders.: Um ein sauberes GmbH-Wesen: Hilfe des BGH bei Machenschaften der GmbH-Geschäftsführung, DB 1999, S. 2349-2351

ders.: Zurück zur Durchgriffshaftung – das „KBV"-Urteil des II. Zivilsenats des BGH vom 24. 6. 2002, NJW 2003, S. 175-180

Wilhelmi, Rüdiger: Der Grundsatz der Kapitalerhaltung im System des GmbH-Rechts, Baden-Baden 2001; Zitierweise: *Wilhelmi*, Der Grundsatz der Kapitalerhaltung im System des GmbH-Rechts

ders.: Die „neue" Existenzvernichtungshaftung der Gesellschafter der GmbH, DZWiR 2003, S. 45-57

Wimmer, Klaus (Herausgeber): Frankfurter Kommentar zur Insolvenzordnung, 3. Auflage, Neuwied, Kriftel 2002; Zitierweise: FK/*Bearbeiter*

Winter, Martin: Mitgliedschaftliche Treubindungen im GmbH-Recht, München 1988; Zitierweise: *Winter*, Mitgliedschaftliche Treubindungen

ders.: Eigeninteresse und Treuepflicht bei der Einmann-GmbH in der neueren BGH-Rechtsprechung, ZGR 1994, S. 570-594

Wodicka, Josef Maria: Die Untreue zum Nachteil der GmbH bei vorheriger Zustimmung aller Gesellschafter, Frankfurt am Main, 1993; Zitierweise: *Wodicka*, Die Untreue zum Nachteil der GmbH bei vorheriger Zustimmung aller Gesellschafter

Zeidler, Finn: Neues zur Haftung im qualifizierten faktischen Konzern? Eine Anmerkung zu BGH, GmbHR 1996, 366 und OLG Köln, GmbHR 1997, 220, GmbHR 1997, S. 881-883

Ziegenhain, Hans-Jörg: Der qualifizierte faktische Konzern in der Rechtsprechung des Bundesarbeitsgerichts zur betrieblichen Altersvorsorge, ZIP 1994, S. 1003-1007

Ziemons, Hildergard: Die Haftung der Gesellschafter für Einflussnahmen auf die Geschäftsführung der GmbH, Köln, Berlin, Bonn, München 1996; Zitierweise: *Ziemons*, Die Haftung der Gesellschafter für Einflussnahmen auf die Geschäftsführung der GmbH

Zimmer, Daniel: Internationales Gesellschaftsrecht, Heidelberg 1996; Zitierweise: *Zimmer*, Internationales Gesellschaftsrecht

ders.: Nach „Inspire Art“: Grenzenlose Gestaltungsfreiheit für deutsche Unternehmen?, NJW 2003, S. 3585, 3592

Zöller, Richard (Begründer): Zivilprozessordnung, Kommentar, 23. Auflage, Köln 2002; Zitierweise: Zöller/*Bearbeiter*

Zöllner, Wolfgang (Herausgeber): Kölner Kommentar zum Aktiengesetz
Band 2: §§ 76-117 AktG und Mitbestimmung im Aufsichtsrat, Zweite Auflage, Köln, Berlin, Bonn, München 1996
Zitierweise: KK/*Bearbeiter*

FSC
www.fsc.org
MIX
Papier | Fördert gute Waldnutzung
FSC® C083411

Kolibri 360 GmbH
Ferdinand-Jühlke-Straße 7
99095 Erfurt, Deutschland
produktsicherheit@kolibri360.de

Druck:
CPI Druckdienstleistungen GmbH
im Auftrag der
Kolibri 360 GmbH
Ferdinand-Jühlke-Str. 7
99095 Erfurt

FSC®
www.fsc.org
MIX
Papier | Fördert
gute Waldnutzung
FSC® C083411

Kolibri 360 GmbH
Ferdinand-Jühlke-Straße 7
99095 Erfurt, Deutschland
produktsicherheit@kolibri360.de

Druck:
CPI Druckdienstleistungen GmbH
im Auftrag der
Kolibri 360 GmbH
Ferdinand-Jühlke-Str. 7
99095 Erfurt